普通高等教育“十一五”国家级规划教材

高等院校房地产核心课程系列教材

房地产市场营销理论与实务

（第三版）

楼 江 编著

同濟大學出版社
TONGJI UNIVERSITY PRESS

内容提要

我国房地产市场正处于一个快速发展期，有关房地产的营销及其运作，亟待得到学科专业化的提升。本书作者在多年教学、实践的基础上，收集房地产业最新动态和发展趋势，对房地产的市场调研及预测、项目定位、营销策划、房地产经纪、营销及营销代理等，从理论和实务两个方面进行了系统阐述，资料翔实、完整，实例具体、生动，具有理论性强、可操作性强的特点。

本书适合于房地产相关专业学生学习，也可作为房地产营销人员和相关人员资质考试及业务进修的参考资料。

图书在版编目(CIP)数据

房地产市场营销理论与实务/楼江编著. —3 版. —上海：同济大学出版社，2007.9

(高等院校房地产核心课程系列教材)

普通高等教育“十一五”国家级规划教材

ISBN 978-7-5608-2695-4

Ⅰ. 房… Ⅱ. 楼… Ⅲ. 房地产—市场营销学—中国

Ⅳ. F299.233.5

中国版本图书馆 CIP 数据核字(2003)第 064345 号

高等院校房地产核心课程系列教材

房地产市场营销理论与实务(第三版)

楼 江 编著

责任编辑 沈志宏 责任校对 杨江淮 封面设计 李志云

出版发行 同济大学出版社 www.tongjipress.com.cn

(地址：上海市四平路 1239 号 邮编：200092 电话：021—65985622)

经 销 全国各地新华书店

印 刷 同济大学印刷厂

开 本 787mm×1092mm 1/16

印 张 22.75

印 数 6 201—8 300

字 数 567 000

版 次 2007 年 9 月第 3 版 2012 年 12 月第 3 次印刷

书 号 ISBN 978-7-5608-2695-4

定 价 35.00 元

高等院校房地产核心课程系列教材

编　委　会

前　言

改革开放以来，住房制度改革引起了我国城市居民生活的巨大变化。它以住房商品化为目标，对计划经济体制下的住房分配制度进行了彻底变革，并由此萌生出一个新兴产业——房地产业。

回顾十余年的房地产业发展历程，我国的房地产市场经历了由不成熟到比较成熟的过程。这种成熟不仅表现在开发商的开发行为上，而且也表现在购房者置业心态的变化上。

目前的房地产市场是一个需求引导供给的时代，因此，研究房地产市场的变化发展，首先必须研究市场供求关系，重点是研究消费者的需求数量和需求心理。

实践证明：房地产营销中的创意不只是来源于艺术发挥，而且是建立在对目标客户及其心态的调查和分析的基础上的；概念的推广不是兴致所至，而是必须要考虑概念建立与发挥效用需要投入多少资金，是否能打消目标客户购楼的心理障碍等因素。美国著名的咨询机构兰德公司认为，“营销”的真谛就是“解决问题”。当然房地产营销与其他产品的营销差别很大，房地产的每个项目、每个项目的不同进度阶段、开发商的资金回笼计划、面对怎样的目标客户、目标客户对房型户型及形象树立的期望等因素都是相互交织在一起的，而营销人员必须像“农民种田一样”勤勤垦恳地调查、整理，并结合项目实际，结合开发商和市场实际，才能取得房地产开发的成功。

房地产市场营销是建立在一般市场营销理论基础上的一门新课程，它具有很强的操作性。本书是作者根据多年来在本课程领域教学和科研中所掌握的市场营销理论与实务操作，以及房地产业最新发展信息和趋势，参考了近年出版的国内外市场营销书籍及来自咨询机构的经验和体会，并融入了作者的观点编撰而成。本书具有如下特点：

(1) 全书以营销过程为线索，分为理论篇和实践篇。首先从营销的技术思路上，深入浅出地提出并分析了房地产营销的基本理论，然后介绍了营销策划的实务操作。

(2) 本书从资料的收集整理、理论的分析阐述、实例的总结介绍到最后成书，注重理论联系实践，努力贴近现实，突出实用性和操作性。

(3) 注意适用性，尽量通俗易懂，本书既可以面向在校房地产相关专业的大学生，也可以用作房地产市场上操盘者的专业培训教材。

本书的编撰凝聚了作者及众多友好人士的心血，尤其要感谢的是深圳世联不动产咨询有限公司、同兴房地产估价有限公司的支持，此外，还要感谢同济大学经济与管理学院尹文静、朱杰及同济大学出版社沈志宏先生所付出的辛勤劳动。

书中观点如有不妥或谬误之处，敬请读者批评指正。

编著者

2007 年 9 月于同济

目　录

房地产市场营销实务篇

房地产市场营销理论篇

第一章　房地产市场营销概述

作为开篇章，本章的目的在于让读者在系统学习房地产市场营销理论及其实务操作之前，对房地产市场营销的基本概念有一个概括而明晰的了解，以便在掌握这些最基本的市场营销学概念的基础上，顺畅而循序渐进地理解后续各章的相关内容。

第一节　房地产市场概述

一、房地产市场的概念

“市场”起始于生产者和消费者的分离，有时是指商品交换关系的总和，有时是指商品交换的场所。针对房地产而言，所谓的房地产市场是指特定的商品——房地产在市场参与者之间进行交换或因交换所产生的各种关系的总和。由于房地产的特殊性，使房地产在其生产和交换的历史发展过程中，衍生出各种流通形态，如转让、租赁、信托、抵押和典当等。

在房地产市场活动中，从市场主体角度分析，房地产市场包括以下三个基本要素。

首先，必须存在一定数量的房地产商品形成供给。房地产市场必须要拥有一定数量的、不同种类和标准的房地产来用于交换。具有一定使用价值的一定数量的房地产是构成房地产市场的基本要素，是房地产市场交换活动的物质基础。没有这一要素，交换就不能成立，市场也就不复存在。

其次，必须存在一定数量的购买力。在房地产市场上，房地产价值得以实现的必要条件是市场上必须具有一定支付能力的需求，也就是具有一定的货币量及其所代表的购买力，这是构成房地产市场的又一基本要素。缺少这一要素，交换同样不能成立，市场活动也无从谈起。房地产市场的容量或市场的活跃程度与一个城市或地域的经济发展水平是密切相关的。

最后，必须存在参加交换的当事人。房地产交易是通过当事人双方的交换活动来实现房地产所有权或其他相关权益转移的。因此房地产市场必须存在参与交换活动的当事人，包括开发者、经营者、消费者和专职的房地产管理者、中介机构或经纪人等，这是构成房地产市场的主体。

二、房地产市场的特征

房地产市场的特征是由房地产商品的特殊性决定的。一般商品同类同质，可以相互替代，但房地产商品是不可以相互替代的。一般商品有统一的标准和规格，市场信息充分，各品牌可以相互比较，信息传播畅通；但房地产市场信息复杂、隐蔽，房地产权益为各种政策、法规所约束，一般消费者难以了解全局，难以进行准确的分析比较。因此，房地产市场是一个特殊的市场，房地产市场具有以下特征。

1. 房地产市场是房地产权益交易的市场

与一般商品不同，在房地产市场上交易的是相关房地产的权益，而不是房地产实物本身。这些权益包括房屋所有权、土地使用权或与其相关的他项权益（包括占有权、使用权、收益权和处分权)。这些权益具有明确的界定,有一定的排他性,单项权益或多项权益组合形成了性质的不同、复杂的交易行为,从而形成各种内容不同的房地产市场,如转让市场或买卖市场、租赁市场等。

2. 房地产市场是典型的区域性市场

房地产商品是不可移动的,具有典型的区域性。其区域性不仅表现在建筑风格、文化环境、所在地域的生活习惯上,而且表现在区域经济水平、土地资源特点、城市基础设施、生活环境等方面。因此,房地产权益交换的价格绝不仅仅是针对建筑物本身,更多的是针对上述各方面因素在房地产市场中的综合评价。同品质、同用途的建筑物即使在同一城市甚至在同一条街道上都是不可替代的。

3. 房地产市场具有不完全开放性

首先,地产资源的相对稀缺性及其必须由国家经营的特性,是决定房地产市场有限度开放的根本原因。土地属非再生资源,其相对稀缺和人类社会对房地产需求的绝对增长,是房地产市场运行的基本矛盾,这一矛盾决定了从总体上看房地产资源始终处于短缺状态,其价位始终处于上升趋势。

其次,城镇房地产的开发、流通与使用受国家计划、政策和城市规划的严格约束,这些都影响了房地产市场的自由度。市场经济主要通过价格机制、竞争机制和供求机制等配置社会资源。随着土地有偿使用和房屋商品化进程的深化,国家对房地产市场的管理将逐步加大指导性,减少指令性,放宽政策以活跃市场,但城镇房地产的开发、经营活动必须符合城市总体规划的要求,房地产商品的流通也要受城市规划的制约。

此外,资金限制也会影响房地产市场的开放度。房地产开发投资量大,资金是制约房地产开发及市场流通的重要因素。

4. 房地产市场交易形式具有多样性

一般商品的市场交易以买卖为主,但房地产市场交易伴随着相应的权益产生了多种交易形式。如土地使用权的出让、转让、抵押;房地产的买卖、租赁、调换以及派生出来的房屋抵押、典当、信托等。

5. 房地产市场的变化具有周期性

房地产业和国民经济一样也具有周期性,其变化的基本规律是:繁荣—衰退—萧条—复苏。房地产市场繁荣时期空置率低,租金和价格上升,开工面积、销售面积、土地出让面积增加,市场供应不断加大,市场需求增加,房地产企业利润提高。但由于房地产开发周期较长,随着市场需求的降低,市场供应不断增加,供过于求的状况必然产生,随之而来的空置率上升导致租金和价格下调。由于交易价格的下跌,开发面积逐渐减少,市场衰退、萧条进入调整期。而开发量的减少、价格的下调,又将刺激需求上升,吸引许多投资者(包括投机者)及大众消费者进入市场,消化市场供应,房地产市场调整结束,开始进入复苏期。

三、房地产市场的分类

从识别和把握房地产宏观市场环境的角度出发,可以按照地域、房地产的用途、等级及交易目的等标准,对房地产市场进行分类。

1. 按地域范围划分

房地产的不可移动性,决定了房地产市场是区域性市场。人们认识和把握房地产市场的状况，也多从地域的概念开始。因此，按地域范围对房地产市场进行划分，是房地产市场划分的主要方式之一。地域所包括的范围可大可小，最常见的是按城市划分，例如北京房地产市场、上海房地产市场、深圳房地产市场等。对于比较大的城市，其城市内部各区域间的房地产市场往往存在较大差异，因此还要按照城市内的某一个具体区域划分。但一般来说，市场所包括的地域范围越大，其研究的深度就越浅，研究成果对房地产投资者的实际意义也就越小。

2. 按房地产的用途和等级划分

由于不同类型的房地产从投资决策到规划设计、工程建设等方面均存在较大差异，因此按照房地产用途分类，可将其分解为若干分市场。如居住物业市场（含普通住宅市场、别墅市场、公寓市场等）、商业物业市场（写字楼市场、商场或店铺市场、酒店市场等）、工业物业市场（标准工业厂房市场、高新技术产业用房市场、研究与发展用房市场等）、特殊物业市场、土地市场（各种类型用地市场）等。根据市场研究的需要，有时还可以进一步按物业的档次或等级细分，如甲级写字楼市场、乙级写字楼市场等。

3. 按房地产交易形式划分

按照《中华人民共和国房地产管理法》的规定，房地产交易包括房地产转让、房地产抵押和房屋租赁。由于同一时期、同一地域范围内，某种特定类型房地产的不同交易形式具有明显的特殊性，因此，按不同房地产交易方式，将新建成的房地产商品划分为销售（含预售）、租赁（含预租）和抵押等子市场；针对存量房屋的交易划分为租赁、转让、抵押、保险等子市场。

4. 按房地产购买者目的划分

购买者购买房地产的目的主要有自用和投资两类。自用型购买者将房地产作为一种耐用消费品，目的在于满足自身生活或生产活动的需要，其购买行为主要受购买者自身特点、偏好等因素的影响。投资型购买者将房地产作为一种投资工具，目的在于将所购的房地产出租经营或转售，并从中获得收益和收回投资，其购买行为主要受房地产投资收益水平、其他类型投资工具的收益水平以及市场内使用者的需求特点、趋势和偏好等因素的影响。根据购买者目的不同，可以将房地产市场分为自用市场和投资市场。

5. 按房地产开发、销售与消费过程特点划分

房地产市场分为土地市场（一级市场）、房地产增量市场（二级市场）和房地产存量市场（三级市场）。在我国，一级土地市场的交易发生在投资者与政府之间，是一种典型的资源垄断市场和国家垄断市场，房地产经纪人除了为投资者或政府提供投资咨询外，难以参与市场运作。二级市场是新建商品房销售及土地使用权转让市场。三级市场则是存量房交易的市场，是消费者之间的交易活动。

此外，房地产市场还有其他一些划分方式。例如，按照房地产商品化程度，将房地产市场划分为商品房交易市场、经济适用房交易市场和公有房屋租赁市场等。

第二节　房地产市场营销学的产生与发展

一、房地产市场营销的概念

对于市场营销的概念，国内外的论述均较多。目前国内大多认可 1985 年美国市场营销协会提出的对市场营销的定义：“市场营销是规划和实施理念、商品和服务的设计和定价、促销和分销，实现满足个人和组织目标的交换过程”。可见市场营销就是通过对“理念、商品和服务”的设计、定价、促销和分销进行规划和实施，以达到实现交换的目的。

房地产营销是针对房地产这种特殊商品所进行的市场研究及客户定位、产品定位和价格定位等一系列策略的制定以及组织、安排和实施这些策略所采取的各项市场措施，以便完成最佳的房地产交易，取得预期的收益。

二、房地产市场营销理念的演变

房地产市场营销理念的演变大体经历了如下三个阶段。

1. 起步阶段

(1) 生产观念。该阶段最初表现为生产观念，这是一种最早指导开发企业市场营销活动的观念。这种观念认为：消费者喜爱那些能满足生产或生活必需的并且价格低廉的产品，因而生产导向型企业就致力于获得高生产效率和广泛的销售覆盖面。

生产观念是在卖方市场下产生的。20 世纪 80 年代末、90 年代初，商品房开发量不能满足需求的增长，多数商品供不应求，在这种卖方市场下，只要有商品，质量过关，价格便宜，就不愁在市场上找不到销路。于是生产观念就应运而生，在这种观念指导下，企业以产定销，集中一切力量来扩大开发、降低成本，开发出尽可能多的产品来取得更多利润。这种生产导向型的企业提出的口号是“我们会生产什么就卖什么”，不讲究市场营销。

显然，企业奉行生产观念是有一定前提条件的：一种情况是以产品供不应求的卖方市场为存在条件，这时消费者最关心的是能否得到产品，而不去注意产品的细小特征，于是企业不愁其产品卖不出去，集中力量想方设法扩大开发量；另外一种情况是生产成本很高的企业，为了提高生产率、降低成本来扩大市场，也奉行生产观念。例如，90 年代初，我国房地产开发初级市场，大规模开发住宅，降低了成本，使大多数工薪阶层能够承受，扩大了住宅消费市场；同时因开发的住宅有“厅”的设计，改变了人们传统的生活方式，十分畅销，以致忽略了人们对产品需求的个性差异，这正是当时生产观念的典型表现。生产观念并非在目前的房地产市场上就销声匿迹了，在一些特定的市场形势下，仍会起着重要作用。可见，生产观念在一定条件下是合理的，具有一定的指导作用。然而一旦市场形势发生变化，比如市场处于买方市场，生产观念就不合时宜，就会成为企业经营的严重障碍。因此，企业在新形势下必须以新的经营观念为指导。

(2) 产品观念。在经历了生产观念后，开发商发现消费者更喜欢高质量、多功能和有特色的产品，因而产品导向型企业的管理者就致力于生产高值产品，并不断地改进产品，使之日臻完美。这就是产品观念。这种观念认为，顾客欣赏精心制造的产品，他们能够鉴别产品的品质，并愿意承担较高的价格购买质量上乘的产品。然而，由于开发商常常只关注于自己的产品，对该产品在市场上是否迎合时尚，向何方向发展等关键问题缺乏敏感与关心，所以产品观念容易导致“营销近视症”，即不适当地把注意力放在产品上，而不是放在消费者的需求上。他们看不到在新的市场形势下，营销策略应随着市场情况的变化而变化，以为只要有好的产品就不怕顾客不上门，以产品之不变应市场之万变，因而不能及早地预测和顺应顾客需求变化以及市场形势的发展，树立新的市场营销观念和策略，最终导致企业经营的挫折和失败。有这样一个例子，一位销售人员在接待客户时自豪地说：“我们开发的商品房质量很高，阳台的玻璃用砖砸都不会碎。”一位客户回答道：“不过我们并不需要这种牢固的玻璃。”

(3) 推销观念。在经受了失败和挫折后，如果顺其自然，这个企业的产品通常会大量滞销。因而，企业必须积极推销和进行大量促销活动。企业如果能针对消费者的心理，采取一系列有效的推销和促销手段，使消费者对企业的产品发生兴趣，刺激消费者大量购买是完全可能的。这就产生了推销观念(或称销售观念)，这也是许多企业奉行的一种市场观念。

推销观念是在卖方市场向买方市场转化期间产生的。20 世纪 90 年代中期，在我国商品房大量积压，企业间竞争日益激烈，尤其是在资金周转严重不畅的情况下，更使许多企业家认识到产品销路成为企业生死攸关的问题。企业要在日益激烈的竞争中求得生存和发展，必须重视和加强推销工作，因而他们提出的口号是："我们卖什么就要尽快卖掉，尤其对楼盘而言必须尽快清盘。"推销导向型企业只是努力将自己生产的产品推销出去，而不考虑这些产品是否能满足消费者的要求以及销售以后顾客的意见，因此，推销观念仍属于以产定销的企业经营哲学。

事实上，建立在强化推销基础上的企业营销管理承担很大的风险。顾客有自己的消费偏好，不会仅仅因为营销人员的一面之词而去购买某种产品，且随着市场的不断成熟，消费者也日趋理性。如果企业了解消费者的各种需求，开发合适的产品，做好定价、分销等工作，产品就会比较容易地销售出去。

2. 成熟阶段

营销观念的形成是市场观念的一次"革命"，它是作为对上述诸观念的挑战而出现的一种崭新的企业经营哲学。房地产营销观念认为，实现企业诸目标的关键在于正确确定目标市场的需求和欲望，并且比竞争对手更有效、更迅速地传送目标市场所期望满足的东西。营销观念还有许多精辟的表述，如"发现欲望，并满足它们"，"开发你能够出售的商品房，而不是出售你能够开发的商品房"，"热爱顾客而非产品"，"尽我们最大的努力，使顾客的每一块钱都能买到十足的价值、质量和满意"等等。

科学技术和生产的迅速发展使人民文化生活水平迅速提高，消费者的需求向多样化发展并且变化频繁，营销观念正是在这种市场形势下应运而生的。营销观念的形成，不仅从形式上，更是从本质上改变了企业营销活动的指导原则，使企业经营哲学从以产定销转变为以销定产，第一次摆正了企业与消费者的位置，是市场观念的一次重大革命。在这种观念下，企业一切活动都以顾客需要为中心，企业把满足消费者的需求和欲望作为己任，顾客需要什么样的房地产，就开发什么样的房地产。

从表 1-1 中，可以进一步认识营销观念和上述推销观念的区别。

表 1-1　　营销观念与推销观念的对比

观　念	出发点	方法手段	经营目标
推销观念	企业现有产品	推销与促销 (着眼于每次交易)	通过销售来获得利润
营销观念	企业目标顾客及他们的需求、欲望	整体营销 (着眼于总体市场)	通过顾客的满意获得利润

可见，推销观念注重卖方需要，以公司已开发的房地产为出发点，要求大力推销与促销，以实现有利的销售。而营销观念则注重买方需要，以目标顾客及他们的需求、欲望为出发

点，通过融合和协调那些影响消费者满意程度的营销活动，来赢得和保持顾客。

3. 发展阶段

进入此阶段后，主要提倡的是战略营销观念。战略营销观念是用来修正市场营销观念的。这种观念认为，企业的任务是确定诸目标市场的需要、欲望和利益，并以保护或者提高消费者的社会福利为方式，比竞争者更有效、更迅速地向目标市场提供所期待的偏好，从而获得利润。从本质上说，战略营销观念是一种对顾客的需要和欲望的导向，这种导向旨在以使顾客产生满意感为前提而实施的企业综合营销活动。战略营销观念表明了对消费者主权论的信奉，即究竟应该生产什么的决定权不应在企业手里，也不应在政府手里，而应该在消费者手里；企业应该生产消费者所需要的东西，才能使消费者利益最大化，从而使企业赚取利润。战略营销与市场营销理念的区别如表 1-2。

表 1-2　　战略营销与市场营销的主要差别

观念	战略营销	市场营销
时间	长期的；决策具有长期的指向性	短期的、日常的；决策与给定的财务年度相关
对机会的敏感性	不断地寻求新的机会	只注重搜寻某一个机会
组织行为	取得企业横向的、纵向的不同部分之间的协同	注重分散的业务单位的利益
工作性质的要求	要求高度的创造性和新颖性	要求成熟、经验和控制导向

尽管西方企业经营管理的实践表明，在买方市场下，凡是真正接受和奉行营销观念的企业，其经营效益较好，企业面貌也会焕然一新。然而，现实生活中，只有极少数公司真正无愧为营销观念的出色实践者。在这些公司里，营销文化已深深扎根于公司的每个部门，无论是营销部，还是制造、财务、人事等部门都接受了顾客是上帝的观念，因而这些公司不仅以顾客为中心，而且能够随时有效地对顾客需求的各种变化作出反应。

当然，在一个企业中确实树立和奉行战略营销观念是一项相当艰巨的任务。企业以前信奉的经营哲学、原有的组织结构和管理人员都会对社会营销观念的推行起到或多或少的阻碍作用，即使企业通过改革组织结构、建立新的经营程序和方法，建立起强有力的营销部门并不断趋于成熟以后，这一营销理念的实施仍是十分困难的。

第三节　房地产市场营销学课程学习

一、房地产市场营销学的主要内容

房地产市场营销学的核心内容可以由图 1-1 所示的模型加以概括。

首先，市场营销是在一定环境中进行的，必然会受到环境的影响、推动和制约。影响房地产市场营销的环境包括经济环境、政治与法制环境、社会与文化环境、科学与技术环境以

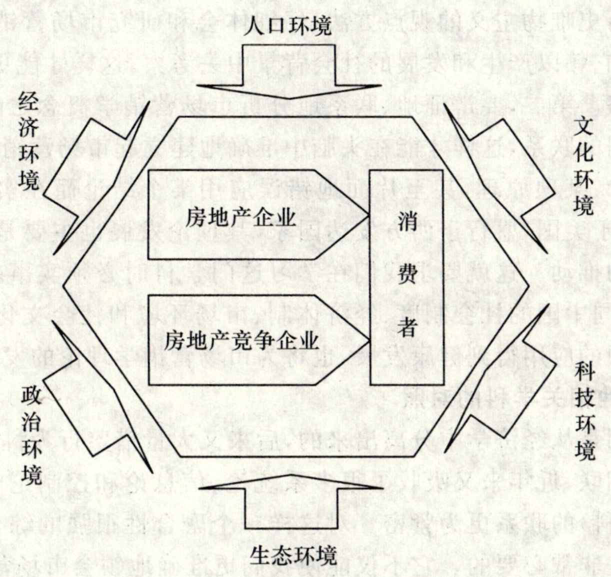

图 1-1　房地产营销学的内容

及生态与可持续发展环境等。这些环境中，既蕴涵着有利的机会，也潜伏着不利的威胁。市场营销者必须善于识别这些机会与威胁，并抓住机会避开威胁。

第二，市场营销者、顾客和竞争者三种市场主体都要受到环境的影响，其行为都可以视为环境的函数。同时也应注意，这三种市场主体对环境也有一定的反作用，消费者保护法、公平交易法、反垄断法等法律都是在三种主体相互作用的推动下而产生的。

第三，这个模型强调，市场营销者必须把竞争者因素作为满足顾客需要时不可或缺的影响力量，通过战略营销管理，创造和提高竞争优势，比竞争者更有效地满足顾客的需要。顾客导向和竞争导向都是不准确的，原因是，过于看重顾客需要，就会疲于奔命，难以建立竞争优势；而过于看重竞争，又有可能忽视顾客需要，甚至采用不当的竞争策略搅乱市场，形成恶性竞争。既要将顾客留住，又要提防竞争者的"插足"，二者的矛盾关系，只有在战略营销管理中才能获得协调与统一。

二、市场营销学的学习方法

学习市场营销学，首先要对本学科的特点有一个基本的把握，并根据这些特点选择和采用有针对性的学习方法，这样才能较为迅速地掌握本学科的体系与脉络，取得事半功倍的学习效果。概括地说，市场营销学有如下 4 个特点：第一，市场营销学是一门发展很快、动态性很强的学科；第二，市场营销学是大量从其他学科汲取养分的学科；第三，市场营销学是一门应用性学科；第四，市场营销学是科学性与艺术性相统一的学科。由于这些特点决定了学习本课程必须做到以下几点。

1. 必须学会运用唯物辩证法

市场营销学产生于 20 世纪初期，随着社会的变迁，特别是市场经济的发展而不断充实、完善、演进、变革，直到目前仍处在不断发展之中。对于这样一门学科，我们必须运用马克思主义唯物辩证法的思想、原理和方法去学习、领会和实践。这里，应重点把握这样几个基本问题：第一，要运用历史唯物主义的观点方法，仔细体会和研究市场营销学发展过程的社会历史动因，将其放在它赖以产生和发展的社会背景中去考察，这样才能更加清楚的掌握市场营销理论的发展脉络。第二，要辩证地、联系地分析市场营销学概念之间、原理之间及它们与整个科学体系之间的联系，这样才能在头脑中准确地建立起市场营销学的总体框架，防止片面地理解某个概念、某项原理，甚至片面地错误应用某个结论而在实践中造成损失。第三，市场营销学产生于美国，盛行于西方发达国家，其理论发展也主要是来自这些国家的企业实践和市场研究的推动。这就要求我们在学习这门学科时必须实事求是，同中国的具体实际相结合，主要是同中国的社会制度、经济体制、市场环境和社会文化相结合。这不仅能使市场营销学在我国的应用得到健康发展，也将为市场营销学理论的发展增添新的内容。

2. 要注意与其他相关学科的对照

市场营销学早期是从经济学中分离出来的，后来又大量借鉴行为科学的理论方法，它还与哲学方法论紧密相联，近年来又吸收了很多系统论、信息论和控制论的思想和方法，与管理学(包括各分支学科)的联系更为紧密。对这样一个融合性很强的综合学科，搞清其概念与原理的来龙去脉是非常必要的。它不仅能使我们更准确地领会市场营销学从其他学科借鉴来的概念与原理的准确含义，避免似是而非的概念混淆，还可以使我们加深对其理论背景的认识，并为市场营销学理论的丰富和发展做出贡献。

3. 学习市场营销学必须理论联系实际

市场营销学是一门应用性学科。它产生并发展于企业实践，也以指导企业实践为目标。换句话说，市场营销学不是一门纯逻辑推演性的学科，它更多地是房地产企业市场营销实践活动的理论总结。因此，在学习市场营销学时必须理论联系实际，从国内外企业实践中去体会理论，并在自己的实际运用中检验理论，如此反复地实践论证，才能更准确、更熟练、更灵活地运用市场营销学。

4. 学习市场营销学必须运用案例分析的方法

市场营销学同管理学及其任何一个分支一样，非常强调理论与其所运用的环境的匹配性，这已成为管理学的一个基本原则。案例分析方法可以有效地贯彻这个原则。所谓案例分析方法，就是将真实的开发项目记录下来形成案例，供学员们分析讨论。它被广泛地应用于世界各地的市场营销学教学之中，是学习市场营销学最有效的方法之一。通过案例分析模拟实践来培养市场营销能力，就成为仅次于真正实践的最有效的学习方法。

第二章　房地产营销的经济理论基础

资源的稀缺性是经济学研究所关注的基本问题之一。“生产什么”、“如何生产”和“为谁生产”构成了经济学的永恒主题和核心论题，即资源配置问题。本章所介绍的微观经济学以单个经济主体的经济行为作为研究对象，通过研究单个经济主体的经济行为和相应的经济变量，来说明价格机制如何解决资源配置问题。

第一节　需求、供给与价格

一、需求与需求弹性

1. 需求、需求表与需求曲线

需求是指消费者在某特定时期内和一定市场上，按价格愿意并且能够购买某种商品或劳动的数量的集合，而需求量是与该商品销售价格所对应的消费者购买欲望和购买能力的统一。因此，在说到人们对某种商品的需求量时，必须同时明确与该需求量所对应的商品价格。

需求表是以列表形式反映某种商品价格与该商品需求量之间关系的表格。把需求表的有关数据描绘在以需求量为横坐标、商品价格为纵坐标的平面坐标系上，得出表示某种商品价格与该商品需求量之间关系的曲线，即为需求曲线。

把某一商品所有个人需求加总，即把该商品每一价格对应的每个人的需求量相加，得出该商品市场上与每一价格对应的市场需求量。由此形成的市场需求表和市场需求曲线，可以反映该商品的市场需求状况。

2. 影响需求的因素与需求函数

在某种商品市场上，影响该商品市场需求的因素及其函数关系如下。

(1) 消费者偏好。反映消费者心理上对商品喜好程度的排序，从而影响对该商品的需求。

(2) 消费者的收入水平。一般而言，当其他条件不变时，人们的收入水平越高，对商品的需求也越多。因此消费者的收入水平和社会收入分配情况，对市场需求有重要的影响。

(3) 该商品本身的价格。商品的价格与其需求量之间存在相当稳定的负相关关系，即二者之间存在反向变动的关系。

(4) 其他商品的价格。商品之间的关系有两种，一种为互补关系，另一种为替代关系。前者是指两种商品共同满足一种欲望，两种互补商品之间价格与需求呈反相变动。而两种替代商品之间价格与需求呈同向变动。

(5) 消费者对商品未来价格的预期。消费者预期某种商品价格将上涨时，会增加对该商品的购买量，同时也会增加对其替代商品的需求。

此外，还有一些其他因素影响商品的市场需求，如人口数量与结构的变动，政府鼓励或抑制消费的政策等。

3. 需求规律

需求规律是人们从大量经验资料中所观察到的商品价格与其需求量之间变化依存关系的规律。其基本内容是:在其他条件不变的情况下,某商品的需求量与价格之间成反方向变动,即需求量随商品本身价格的上升而减少,随商品本身价格的下降而增加。需求规律在理论上可用"替代效应"和"收入效应"的综合作用即"价格效应"来解释。所谓替代效应,是指由于商品的相对价格发生变化,消费者增加对跌价商品的购买量以替代购买价格上涨商品的现象;而收入效应是指由于消费者的收入增加(或商品价格降低从而使消费者实际收入增加)而增加对该商品的购买量的现象。但对某些商品而言,由于消费者收入增加后会购买其他品质较高的商品,反而减少对其需求,因而表现为收入负效应。

需求规律反映的是一般商品的规律,也有某些例外。例如,由于消费者处于追逐"高雅"的心理选择消费,产生了所谓的"炫耀效应",以至于出现商品价格越高需求量反而越大的现象,如消费群体对高档品牌商品的追求等。还有少数商品,当其价格下降后,由于收入负效应相当大,消费者实际收入提高引起对商品需求减少的数量超过替代效应所引起的购买量的增加,导致事实上对该商品的需求量在其价格降低时反而减少,这类商品称为"吉芬商品"。以上特殊商品是不符合需求规律的例外。

4. 需求量的变化与需求的变化

需求量的变化是指在影响需求的其他因素不变的条件下,需求量在同一条需求曲线上随商品本身价格变化而发生的反方向变化。

需求的变化是指在商品本身价格不变的条件下,由于其他因素变化所引起的需求状况的变化。需求的变化表现为需求曲线的移动。

5. 需求弹性

需求弹性是指由于影响需求的诸多因素发生变化后,需求量作出反应的程度。从理论上分析,可以对影响需求的任何变量的弹性进行考察,但由于其中一些因素难以量化,因此通常考察的为需求的价格弹性、需求的交叉弹性和需求的收入弹性。而需求的价格弹性最具有代表性,因此本节仅讨论需求的价格弹性,并按通常习惯称之为需求弹性。

各种商品的需求弹性是不同的,通常用需求弹性系数来表示需求弹性的大小。需求弹性系数是需求量变动率与价格变动率的比值。以 E_d 表示需求弹性系数,以 $\Delta Q/Q$ 表示需求量变动率,以 $\Delta P/P$ 表示价格变动率,则需求弹性系数的一般公式为

$$E_d=\frac{\frac{\Delta Q}{Q}}{\frac{\Delta P}{P}}=\frac{\Delta Q}{\Delta P}\cdot\frac{P}{Q} \tag{2-1}$$

(1) 理解需求弹性和需求弹性系数的要点

① 需求弹性是指价格变动所引起的需求量变动的程度,即需求量变动对价格变动的反应程度。价格是自变量,需求量是因变量。

② 需求弹性系数是需求量变动率与价格变动率的比值,而不是需求量变动绝对量与价格变动绝对量的比值,这样可以排除计量单位的影响。

③ 需求弹性系数的数值可以是正值,也可以是负值,这取决于两个变量的变动方向。若他们同方向变动,则 E_d 为正值;反之 E_d 为负值。实际运用时,为方便起见一般都取其绝

对值，E_d 的绝对值表示变动程度的大小。

④ 同一条需求曲线上不同点的需求弹性系数大小并不一定相同。

(2) 需求弹性的分类范围

各种商品的需求弹性不同，为揭示某种商品及其在某一价格的弹性高低，通常根据需求弹性系数绝对值的大小进行分类：

① $|E_d|=0$，表明无论价格如何变动，需求量都固定不变，始终有 $\Delta Q=0$。如以价格为纵坐标，需求量为横坐标(以下同)，则需求曲线是一条与横轴垂直的线。此时称需求完全无弹性，或称需求弹性为零。

② $|E_d|=\infty$，表明在价格既定的条件下，需求量可以任意变动，需求曲线为一条与横轴平行的直线。此时称需求有完全弹性。

③ $|E_d|=1$ 表明价格每提高(或降低)一定比率，则需求量相应减少(或增加)相同的比率，其特征为 P，Q 的乘积 PQ 为定值，需求曲线为一条正双曲线，此时称需求为单一弹性。

④ $|E_d|>1$ 表明价格每提高(或降低)一定比率，则需求相应减少(或增加)更大的比率，需求曲线比较平坦，此时称需求富有弹性。

⑤ $1>|E_d|>0$，表明需求量变动率的绝对值小于价格变动比率的绝对值，需求曲线比较陡峭，此时称需求缺乏弹性。

(3) 影响需求弹性的因素

① 商品的替代品数目和可替代程度。一般而言，某种商品的替代品数目越多，其需求弹性越大。因为若该商品的价格上涨(或下降)，消费者就会减少(或增加)对该商品的购买量，而增加(或减少)对该商品替代品的购买量。这从另一个角度阐述了房地产估价中的替代原理。

② 消费者的需求程度及其占家庭预算的比例。如果某种商品为生活所必需，则它们的需求弹性通常很小，因为无论价格如何都必须购买。同时，商品在消费者家庭预算支出中占的比例也影响到它们的需求弹性。若某种商品占家庭支出比例较大，价格上涨必然造成需求量减少，需求弹性也较大；反之则需求弹性相对较小。

③ 商品本身用途的多样性。某种商品的用途越多，其需求弹性越大，因为用途越多的商品，当其价格发生变化时，会从多途径影响到对它的需求。

④ 商品的耐用程度。商品越是耐用，需求弹性越小。因为消费者一旦购买耐用品，即使它们的价格下降，消费者也不会在短期内重新购置。

⑤ 时间的长短。需求弹性是时间的函数，会随时间的变化而变化。一般而言，时间越长，消费者和厂商越容易找到新的替代品，因而需求也越有弹性。

(4) 需求的点弹性系数

前面定义的需求弹性系数是根据需求曲线两个点所代表的价格及其相应需求量的变化计算得出的，它代表的是需求曲线上两个点之间的一段弧弹性。而需求的点弹性系数(用 E 表示)是指需求曲线上任一点的弹性系数，它可以根据求弧弹性系数的方法再求极限得出：

$$E=\lim_{\Delta p\to 0}\frac{\Delta Q}{\Delta P}\cdot\frac{P}{Q}=\frac{\mathrm{d}Q}{\mathrm{d}P}\cdot\frac{P}{Q} \tag{2-2}$$

(5) 需求弹性与消费者支出(或销售者收入)之间的关系

若某种商品的需求富有弹性,则价格与消费者支出呈反方向变动。当价格上升时,消费者支出减少(或销售者收入减少);当价格下降时,消费者支出增加(或销售收入增加)。

若某种商品的需求为单一弹性,即价格升(降)的百分率与需求减(增)的百分率相等,此时价格 P 与需求量 Q 的乘积为定值,因此价格变化与消费者支出(或销售者收入)无关。

若某种商品的需求缺乏弹性,则价格与消费者支出呈同向变动。当价格上升时,消费者支出增加(或销售者收入增加);当价格下降时,消费者支出减少(或销售者收入减少)。

二、供给与供给弹性

1. 供给、供给表与供给曲线

供给是指厂商在一定市场上和某一特定时期内,与某一价格相对应,愿意并且能够供给的商品数量。

供给表是以列表形式反映某种商品价格与该商品供给量之间关系的表格。把供给表的有关数据描绘在以供给量为横坐标、商品价格为纵坐标的平面坐标系上,得出表示某种商品价格与该商品供给量之间关系的曲线,即为供给曲线。

2. 影响供给的因素与供给函数

影响商品供给的主要因素有:

(1) 商品本身的价格。在影响某种商品供给的其他因素既定不变的条件下,该商品的价格与其供给量之间存在正相关关系,即两者之间存在同向变动的关系。

(2) 其他商品的价格。当某种商品价格不变,而另一种商品价格上涨,则厂商将减少对该种商品的供给,增加对另一种商品的生产。

(3) 生产技术的变动和生产要素的价格。由于技术进步,或由于任何原因引起生产要素价格下降,都将使单位产品的生产成本下降,从而使得与任一价格对应的供给量增加。

(4) 政府的政策。政府主要通过计划、管制、税收、转移支付、货币政策等对国家经济发展进行宏观调控,并影响厂商的生产决策和消费者选择。如政府增加对某种产品的课税将使该产品售价提高,在一定条件下会通过需求的减少使供给减少;反之,如政府为刺激消费,降低商品税赋或给予补贴,使商品价格降低而增加需求,从而使供给增加。

(5) 厂商对未来的预期。厂商预料商品价格将上涨时会增加对该商品的供给量,反之则减少对该商品的供给量。

此外,还有一些其他因素也会影响商品的市场供给,如厂商从事生产的目标。在经济分析中,一般假定厂商的目标是利润最大化,但如果厂商以销售量或以销售额最大化为目标,则供给曲线就可能与以利润最大化为目标的厂商供给曲线有所不同。另外,商品供给情况与考察时间长短也有关系,如住宅等商品,考察时间不同,供给量差别很大。

3. 供给规律

供给规律反映了商品本身价格与其供给量之间变化的依存关系。其基本内容是:在其他条件不变的情况下,商品的供给量与价格之间同向变动,即供给量随商品本身价格的上升而增加,随商品本身价格的下降而减少,供给曲线是一条自左向右上方倾斜的曲线。

4. 供给量的变化与供给的变化

供给量的变化是指在影响供给的其他因素不变的条件下,供给量在同一条供给曲线上随商品本身价格变化而发生的同方向变化。

供给的变化是指在商品本身价格不变的条件下，由于其他因素变化所引起的供给状况的变化。供给的变化表现为供给曲线的移动。

5. 供给弹性

供给弹性是指由于影响供给的诸因素发生变化后，供给量作出反应的程度。一般考察的是供给的价格弹性，通常用供给价格弹性系数来表示价格变动引起供给量变动的程度。供给价格弹性系数是供给量变动率与价格变动率的比值，以 E_s 表示。若以$\frac{\Delta Q}{Q}$表示供给量变动率，以$\frac{\Delta P}{P}$表示价格变动率，则供给价格弹性系数的一般公式为：

$$E_s=\frac{\frac{\Delta Q}{Q}}{\frac{\Delta P}{P}}=\frac{\Delta Q}{\Delta P}\cdot\frac{P}{Q} \tag{2-3}$$

或

$$E_s=\lim_{\Delta P\to 0}\frac{\Delta Q}{\Delta P}\cdot\frac{P}{Q}=\frac{\mathrm{d}Q}{\mathrm{d}P}\cdot\frac{P}{Q} \tag{2-4}$$

（1）理解供给价格弹性和供给价格弹性系数的要点

① 供给价格弹性是指价格变动所引起的供给量变动的程度，即供给量变动对价格变动的反映程度。价格是自变量，供给量是因变量。

② 供给价格弹性系数是供给量变动率与价格变动率的比值，而不是供给量变动绝对量与价格变动绝对量的比值。

③ 供给价格弹性系数的数值一般都为正值，反映了供给量与价格同方向变动供给规律，E_s 的值表示变动程度的大小。

④ 同一条供给曲线上不同点的供给价格弹性系数大小并不一定相同。

（2）供给价格弹性的分类

各种商品的供给价格弹性不同，为了揭示某种商品及其在某一价格的弹性高低，通常根据供给价格弹性系数值的大小进行分类：

① $E_s=0$，这表明无论价格如何变动，供给量都固定不变，始终有 $\Delta Q=0$。如以价格为纵坐标，供给量为横坐标（以下同），则供给曲线是一条与横轴垂直的线。此时称供给完全无弹性，或称供给价格弹性为零。

② $E_s=\infty$，表明在价格既定的条件下，供给量可任意变动，供给曲线为一条与横轴平行的直线。此时称供给价格弹性无穷大，或称供给有完全弹性。

③ $E_s=1$，表明价格每提高（或降低）一定比率，则供给量相应增加（或减少）相同比率，此时称供给为单一弹性。对应点弹性而言，则表明过该点作供给曲线的切线必通过坐标原点。若供给曲线是以坐标原点为起始点的一条直线，则该供给曲线上任一点的价格弹性系数都是 1。

④ $E_s>1$，这表明价格每提高（或降低）一定比率，则供给量相应增加（或减少）更大的比率，供给曲线比较平坦，此时称供给富有弹性。

⑤ $1>E_s>0$，表明供给量变动率的绝对值小于价格变动比率的绝对值，供给曲线比较陡峭，此时称供给缺乏弹性。

(3) 影响供给价格弹性的主要因素

与需求弹性有所不同，影响供给价格弹性大小的因素主要表现在两个方面：一是从开发商开发商品房的能力和产品生产周期方面考虑，时间长短是决定供给价格弹性大小的主要因素；二是从开发商的商品房的成本方面考虑，由于开发商供给一定量产品所要求的售价取决于产品的成本，所以商品的成本状况决定供给价格弹性的大小。

在极短的时间内，开发商能够提供给市场的产品量，仅限于已开发的商品存量，供给量无法随价格变动而变动，因此供给价格弹性为零。同样，对于生产周期较长的产品，即使价格上涨，在极短时间内也无法形成现实供给，因而影响供给价格弹性。如房地产建设周期一般较长，所以通常采用预售的办法形成现实供给，从而增加供给价格弹性。在短期内，开发商可通过利用现有固定资产而增加可变生产要素来扩大产量。在长期，各开发商则通过调整生产能力来扩大生产规模，同时价格信号引导资源流向的作用，将使供给价格弹性增加，从而形成极短时期、短期及长期三种不同的供给曲线。

三、均衡数量与均衡价格

1. 均衡数量与均衡价格的概念

假定某种商品的需求状况和供给状况已知并既定不变，在市场竞争中的共同作用下，消费者愿意购买的数量与厂商愿意供给的数量恰好相等，而达到的某种相对稳定的状态的数量为该商品的均衡数量，此时所对应的价格(需求价格等于供给价格)为该商品的均衡价格。应当注意的是，均衡价格的形成即价格的决定，是在市场竞争的条件下由供需双方共同作用的结果，完全是自发形成的。

2. 需求、供给的变化对均衡数量和均衡价格的影响

设供给状况不变，需求状况由于其他因素变化而发生变化。当需求增加时，表现为需求曲线从原来位置向右上方移动，从而引起均衡数量增加、均衡价格上升；反之，当需求减少时，表现为需求曲线从原来位置向左下方移动，从而引起均衡数量减少、均衡价格下降。

设需求状况不变，供给状况由于其他因素变化而发生变化。当供给增加时，表现为供给曲线从原来位置向右下方移动，从而引起均衡数量增加、均衡价格下降；反之，当供给减少时，表现为需求曲线从原来位置向左上方移动，从而引起均衡数量减少、均衡价格上升。

当需求状况和供给状况同时变化时，均衡数量和均衡价格的变化视具体情况而定。假定需求曲线和供给曲线均为直线，当需求增加且供给也增加时，表现为需求曲线向右上方移动，供给曲线向右下方移动，因此均衡数量增加，而均衡价格可能上升，可能不升不降，也可能下降；当需求增加且供给减少时，表现为需求曲线向右上方移动，供给曲线向左上方移动，因此均衡价格上升，而均衡数量则可能增加，可能不增不减，也可能减少；当需求减少且供给增加时，表现为需求曲线向左下方移动，供给曲线向右下方移动，因此均衡价格下降，而均衡数量则可能增加，可能不增不减，也可能减少；当需求减少且供给也减少时，表现为需求曲线向左下方移动，供给曲线向左上方移动，因此均衡数量减少，而均衡价格则可能上升，可能不升不降，也可能下降。

第二节　消费者行为理论

一、效用

消费者决策是消费者行为理论的基本内容。所谓消费者决策是指消费者在既定的预算支出条件下，为使自己获得最大满足而作出的消费选择。消费者在消费某种商品中所获得的心理满足程度称为效用。效用取决于两种因素：一是由商品的自然属性所决定、具有满足人们某种需要的能力；二是人们在消费某种商品时对满足需要程度的主观感受。

效用的度量理论可以分为基数效用论和序数效用论。

以基数形式研究消费者效用最大化的理论，称为基数效用论。他们认为消费者能够用数字表示单个物品的效用大小，即以效用单位对消费者消费某种物品所获得的满足程度加以衡量。对于物品组合的消费，则假设每种物品的效用各自独立，将这些效用汇总而得到总效用。基数效用论采用的分析方法是边际效用分析法。

然而，效用毕竟是人们的一种心理感受，不同消费者对消费同一种物品所带来的满足程度并不相同，因此物品效用的大小没有客观标准，也不存在统一的判断尺度，它完全取决于消费者本身的偏好。为了弥补基数效用论的不足，西方经济学家又提出了序数效用论。他们认为，尽管不能用效用单位去计算效用，但效用的大小还是可以比较的。比如，消费者面对 A,B,C 三种商品，虽然他不能具体说出 A,B,C 三种商品各有多少效用，但他却能明确表示出对三种商品不同喜好的排序。序数效用论采用的分析方法是无差异曲线分析法。

二、边际效用分析

1. 总效用与边际效用

总效用(TU)是指消费一定数量物品所获得的总的满足程度。

边际效用(MU)是指某种物品每增加一个单位的消费量所引起的总效用的增加。

设效用函数为

$$TU=U(x_1,x_2,x_3,\cdots,x_m) \tag{2-5}$$

式中，TU 表示总效用，$x_1,x_2,\cdots,x_m$ 表示消费者购买 m 种商品各自的数量，U 为效用函数记号。则商品 x_i 的边际效用为

$$MUx_i=\lim_{\Delta x_i\to 0}\frac{\Delta U}{\Delta x_i}=\frac{\partial U}{\partial x_i} \tag{2-6}$$

若假定消费者消费其他物品的数量不变，只考虑消费一种物品的变化所引起的效用变化，则式(2-5)可简化为

$$TU=U(x) \tag{2-7}$$

此时，有

$$MU=\lim_{\Delta x\to 0}\frac{\Delta U}{\Delta x}=\frac{\mathrm{d}U}{\mathrm{d}x} \tag{2-8}$$

2. 边际效用递减规律

随着消费者在一定时间内对某种商品消费量的增加，他从每增加一单位商品的消费中

所获得的效用增量小于他消费前一单位商品所获得的效用增量。总效用有可能达到一个极大值，此时边际效用为零；若继续增加该商品的消费量，则会使边际效用为负值，从而减少总效用。这种在人们日常生活中普遍存在的现象，被称为边际效用递减规律。实际上，这也是西方经济学家通过考察和总结而提出的边际效用随消费某种物品数量而变化的理论命题。

边际效用递减规律可从两个方面进行解释。一是生理或心理的原因：随着消费某种物品的数量增多，人们在生理上得到的满足或在心理上产生反应的强烈程度逐渐减少。二是由于物品本身用途具有多样性，消费者往往会根据自己的主观偏好对不同用途按重要性进行分级，并根据其所能支配的物品数量按满足需要的重要性顺序进行消费，所以边际效用递减。

例如，人均居住面积达 $4m^2$，给人们带来的效用是解决居住困难问题，而随着人均居住面积不断增加，当由 $4m^2$ 增加到 $10m^2$，会感到效用的明显增加，而从人均面积 $24m^2$ 增加到 $30m^2$，效用的增加就不显著了。

三、无差异曲线分析

1. 无差异曲线

无差异曲线是指消费者在消费多种商品（为简明起见，一般假定为两种商品）的不同数量组合时，能获得相同效用的曲线。即无差异曲线上任一点所代表的两种商品的不同数量组合，给消费者带来的效用都完全相同，因此无差异曲线又称为等效用曲线。

无差异曲线主要有以下特点。

（1）无差异曲线是一条从左上方向右下方倾斜的曲线，斜率为负值。这说明在收入和商品价格既定的条件下，如果消费者要获得同等总效用，那么当他增加一种商品的消费时，必须同时减少另一种商品的消费。只是由于两种商品的价格不一定相同，因而一种商品增加而另一种商品减少的量不一定相同，但两种商品不能同时都增加或都减少。

（2）无差异曲线图上众多无差异曲线中，同一曲线上的各点代表相同总效用，不同曲线代表不同的总效用。离原点越近的无差异曲线所代表的总效用越小；离原点越远的无差异曲线所代表的总效用越大。

（3）无差异曲线图上的任意两条无差异曲线不能相交，否则因为相交点上代表的总效用相同，从而与两条无差异曲线总是代表不同的总效用特征发生矛盾。

（4）无差异曲线凸向原点。

2. 边际替代率

边际替代率是指在保持消费者效用不变的前提下，增加某种商品（如 X）一单位的消费量所要减少的另一种商品（如 Y）的数量，称为商品 X 替代商品 Y 的边际替代率，记为 MRS_{XY}。

设效用函数为

$$TU=U(x,y) \tag{2-9}$$

由于在无差异曲线上总效用不随 x 与 y 的变动而变动，因此有

$$\mathrm{d}TU=\frac{\partial U}{\partial x}\mathrm{d}x+\frac{\partial U}{\partial y}\mathrm{d}y=0 \tag{2-10}$$

从边际替代率本身的含义看，它可以用无差异曲线上任一点切线的斜率来描述，而该曲线上各点切线的斜率并不相同，因此无差异曲线上各点的边际替代率也不相同。经济学中通常将无差异曲线斜率值定义为商品 X 替代商品 Y 的边际替代率，它等于 X 的边际效用与 Y 的边际效用的比率。即

$$MRS_{XY}=\frac{\mathrm{d}x}{\mathrm{d}y}=\frac{\frac{\partial U}{\partial x}}{\frac{\partial U}{\partial y}}=\frac{MU_x}{MU_y} \tag{2-11}$$

根据边际效用的递减规律当增加商品 X 的消费时，X 的边际效用逐渐减少；而商品 Y 的消费量因商品 X 的增加而减少，故 Y 的边际效用增加，所以 X 替代 Y 的边际替代率（绝对值）呈现逐渐递减趋势，因而无差异曲线是一条凸向原点的曲线。

3. 预算线

无差异曲线与边际替代率只是反映消费者对两种商品不同数量组合的效用的评价，不能反映消费者实际能购买的商品数量以及从中能获得的效用，因为这些还与商品价格和消费者收入（通常假定它为全部用于购买商品的预期支出，这是实现效用最大化的必要条件）密切相关。假定商品的价格和消费者预期用于购买商品的支出是既定的，则消费者能购买到的商品的所有可能数量组合的集合，即为消费者预算线，也称为消费可能线或家庭预算线。在两种商品消费选择的条件下，预算线为商品 X 和 Y 所组成的坐标平面内的一条直线。

令 $x=0$，则 y 等于消费者预期支出(M)与商品 Y 的价格(p_Y)的比值。设此点为 A 点，则 A 点的坐标为$(0, M/p_Y)$；再令 $y=0$，则 x 等于消费者预期支出(M)与商品 X 的价格(p_X)的比值。设此点为 B 点，则 B 点的坐标为$(M/p_X, 0)$。连结 AB 两点的直线即为消费者预算线。因此，预算线可表示为

$$M=p_Xx+p_Yy \tag{2-12}$$

或

$$y=\frac{M}{p_Y}-\frac{p_X}{p_Y}x \tag{2-13}$$

四、消费者均衡

消费者均衡是指消费者在既定的收入状况下，将货币合理花费于各种消费品的组合，使消费者获得最大的效用总量，此时消费者不再改变其购买的各种消费品数量，即消费者的决策行为已达到均衡状态。

研究消费者均衡的假设条件是：①消费者的嗜好与偏好是既定的；②消费者的收入是既定的，且假定消费者的收入全部用来购买消费品；③消费者拟购买的商品价格是既定的，在以上假设条件下，实现消费者均衡的条件可通过对家庭预算支出约束条件下求解效用函数的极大值得出。即求解

$$\max U(x_1, x_2, x_3, \cdots, x_m)$$

$$\text{s. t.} \quad \sum_{j=1}^{m} p_j x_j = M \tag{2-14}$$

式中，p_j 表示第 j 种商品的价格，x_j 表示购买第 j 种商品的数据，M 为消费者的既定总收入。用拉格郎日乘数法求解可解得

$$\frac{MUx_1}{p_1} = \frac{MUx_2}{p_2} = \cdots = \frac{MUx_m}{p_m} \tag{2-15}$$

第三节　供给理论

作为产品的生产者和商品的供给者，厂商是指在市场经济条件下为获取利润而从事生产的某个经济单位。供给理论是研究厂商行为的理论，它包括两个方面：一是从实物形态研究的生产理论，二是从货币形态研究的成本理论。

一、生产理论

生产理论主要研究生产要素投入量变动与产出量变动之间的关系。

(一)生产与生产函数

生产是指厂商把各种生产要素作为投入品进行组合并转化成产品的过程。西方经济学一般将生产中各种资源投入概括为劳动、土地、资本和管理者才能等，统称为生产要素。而生产函数是指在既定的生产技术条件下，对各种生产要素的一定数量的组合与产品最大产出量之间依存关系的数学描述。

(二) 可变比例与边际收益递减规律

在不同行业的生产中，各种生产要素的配合比例是不同的。若生产某种产品所需要的各种生产要素的比例不可改变，则该生产函数称为固定生产函数。若生产某种产品所需要的各种生产要素的比例可以改变，则该生产函数称为可变比例生产函数。

1. 总产量、平均产量、边际产量

假定生产中所投入的各种生产要素除一种可变要素外，其他要素的投入固定不变，这种可变比例生产函数，反映的是产量与可变要素投入之间的关系。在上述假定条件下，总产量是指在一定量可变要素投入与固定要素投入组合所生产的全部产量。平均产量指每单位可变要素平均生产的产量。边际产量指可变生产要素每增加一个单位所增加的产量。它们可用公式表示为

$$TP = AP \cdot X \tag{2-16}$$

$$AP = \frac{TP}{X} \tag{2-17}$$

$$MP = \frac{\Delta TP}{\Delta X} \tag{2-18}$$

式中，TP，AP，MP，X 分别表示总产量、平均产量、边际产量以及某种可变要素的投入量。

2. 边际收益递减规律

边际收益递减规律也称生产要素边际产量递减规律，是指在技术水平不变的条件下，若其他要素固定不变，而不断增加某种可变要素的投入，开始会使总产量递增；当要素增加到一定限度后，虽然总产量继续增加，但增加的产量逐渐递减；超过了一定界限继续增加可变要素的投入，将使总产量减少。即可变生产要素增加所引起的产量(或收益)的变化可以分为产量递增、边际产量递减、总产量减少三个阶段。因此，生产要素存在合理投入的界限。下面通过总产量、平均产量和边际产量之间的关系进一步加以分析：

设资本等要素投入固定不变，随着劳动量的增加，最初总产量、平均产量和边际产量都是递增的，但各自增加到一定程度之后就分别递减。总产量曲线、平均产量曲线和边际产量曲线均表现出先升后降的特征如图 2-1。

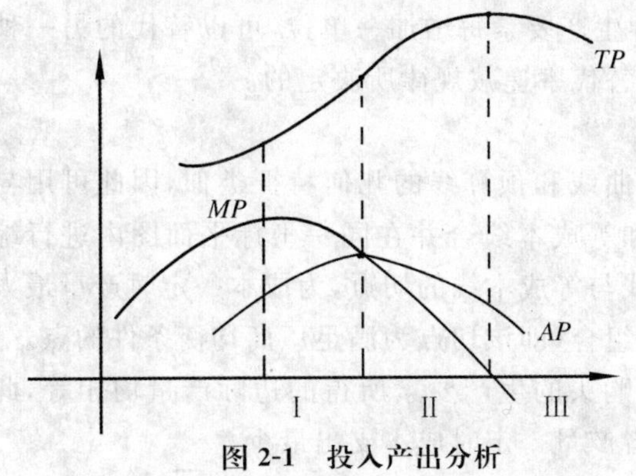

图 2-1　投入产出分析

TP 拐点对应的是 MP 最高点，当劳动要素的投入增加到一定量时，边际产量将达到最大值。此前，边际产量曲线的斜率为正，边际产量递增；超过此点，边际产量曲线斜率变为负，边际产量递减；而在该点的对应处，总产量曲线上的点为该曲线由向上凹转为向下凹的拐点。

继续增加劳动要素的投入，边际产量曲线将在平均产量曲线的最高点与之相交，此时边际产量等于平均产量($MP=AP$)，平均产量达到最大值。此前，平均产量递增，边际产量大于平均产量($MP>AP$)；超过此点后，平均产量递减，边际产量小于平均产量($MP<AP$)。

当劳动投入增加到使边际产量为零时，总产量达到最大值。此后边际产量为负，总产量将绝对减少。

作为理性的厂商，其决策选择既不会考虑第 I 阶段($MP>AP$)，也不会考虑第Ⅲ阶段($MP<0$)，而会在第Ⅱ阶段($MP\leqslant AP$ 至 $MP\geqslant 0$ 之间)进行选择。在第Ⅰ阶段，增加劳动投入会增加平均产量，若要素和产品价格不变且产品总可以销售出去时，增加平均产量则会增加厂商利润，因此厂商至少会将可变要素(劳动量)增加到使边际产量等于平均产量时为止。而在第Ⅲ阶段，由于边际产量为负，总产量绝对减少，因而厂商也不会选择。

(三) 等产量曲线分析与投入量的最优组合

1. 等产量曲线分析

现考虑式(2-17)所表示的生产函数，生产产品 Q 所需投入的生产要素为劳动(L)和资本(K)，两种要素都可以变动，而且相互替代。在上述假定条件下，等产量曲线是指这两种生产要素投入的不同数量组合所能获得相同产量的生产函数曲线。

等产量曲线与消费者均衡分析中的无差异曲线具有类似的几何特征，所不同之处在于：无差异曲线表达的是消费者对两种消费品效用的主观评价，而等产量曲线表达的是要素投入组合与产出量之间的纯技术关系，每条等量曲线代表一定数量的产品，等产量曲线上每一点所代表的两种数量组合都是有效率的。

等产量曲线主要有以下特点：

(1) 等产量曲线是一条从左上方向右下方倾斜的曲线，斜率为负值。这说明如果厂商要生产出一种不定数量的产品，那么当增加一种要素的投入时，必须减少另一种要素的投入。只是一种要素增加而另一种要素减少的量不一定相同，但两种要素不能同时增加或者一种要素固定不变而另一种要素增加，这不符合两种要素数量组合有效率的要求。而两种生产要素同时减少，则不能保持相等的产量水平。

(2) 等产量曲线图中众多等产量曲线中，同一曲线上的各点代表相同的产量，不同曲线代表不同的产量。等产量曲线按产量大小顺序排列，离原点越近的等产量曲线所代表的产量越小，离原点越远的等产量曲线所代表的产量越大。

(3) 等产量曲线图上的任意两条等产量曲线不能相交。否则因为相交点上代表的产量相同，从而与两条等产量曲线总是代表不同产量的特征发生矛盾。

(4) 等产量曲线凸向原点，它表示随着一种生产要素每增加一单位，可以替代的另一种生产要素的数量将逐次减少。这是由边际技术替代率递减规律所决定的。

2. 投入量的最优组合

由于等产量曲线和等成本线分别与无差异曲线和预算线的几何特征类似，因此可用与消费者均衡相同的分析方法，将等产量曲线图和等成本线合并在同一坐标平面图内进行综合考虑。在要素价格既定的条件下，等产量曲线与等成本线的切点，为成本一定时产量最大(或者产量一定时成本最小)的要素投入量最优组合，即该切点为满足厂商均衡条件的点。

由此可知，厂商均衡条件为：花费单位货币购买的生产要素所得的边际产量均相等，此时厂商的成本支出一定时可获得最大产量，或者产量一定时成本支出最少。

(四) 生产规模与规模报酬

生产规模是指一定量生产要素投入所能获取的最大产出量。当只有一种生产要素为可变生产要素，其他生产要素为固定投入要素时，生产规模由固定投入要素的规模所决定。而当所有生产要素都增加或减少时，生产规模则发生扩大或缩小的相应变化。

规模报酬是指在技术水平不变的条件下，当各种生产要素按相同比例增加，即生产规模扩大时产量变化的情况。人们经过考察发现，规模报酬存在递增、不变和递减三个阶段。即随着生产规模的扩大，最初会使产量的增加大于生产规模的扩大；当规模扩大使生产达到规模经济后，规模报酬保持不变；继续扩大生产规模并超过一定限度后，则会使产量的增加小于生产规模的扩大，规模报酬出现递减。

决定规模报酬的因素既有厂商的内在因素，也有外在因素，因此形成了对应不同生产规模的生产函数特征。

1. 内在经济与内在不经济

内在经济是指厂商在生产规模扩大时由于自身原因所引起的产量增加和成本降低。决定内在经济的主要因素有：厂商具有较雄厚的资金实力；可以配备更加先进的机器设备；实行企业内部合理的资源调配，组织有效的专业化和协作；实行科学的管理制度；提高副产品的综合利用效率；减少要素购买和产品销售等环节的资源消耗等。

内在不经济是指厂商在生产规模扩大时由于自身原因所引起的产量减少和成本增加。决定内在不经济的主要因素有：企业管理机构庞杂，管理效率低下；生产规模过大产生对生产要素的过度需求，从而刺激要素价格上涨导致生产成本增加及销售费用增加等。

2. 外在经济与外在不经济

外在经济是指整个行业生产规模扩大以后给个别厂商带来的产量增加和成本降低。引起外在经济的主要原因是:整个行业生产规模扩大后,个别厂商可以从中获得诸多便利,如获得低价优质的原料、吸纳优秀人才、利用便捷的交通运输设施、提高信息交流的效率等,从而增加产量和降低成本。

外在不经济是指整个行业生产规模扩大以后使个别厂商的产量减少和成本增加。引起外在不经济的主要原因是:整个行业的生产规模过大加剧同行业各厂商之间的激烈竞争,各厂商往往要在扩大市场销售份额、争夺生产要素市场等方面付出更高的代价。此外,整个行业的扩大,也会使环境污染问题严重,造成交通紧张,因此个别厂商为此也需承担更高的代价。

3. 适度规模

厂商的适度规模是指正好使收益(出售产品所获得的收入)递增达到最大时的生产规模,它与行业和厂商的生产技术特点以及市场条件密切相关。

(五) 生产可能性曲线与最大收益产量组合

1. 生产可能性曲线和边际转换率

生产可能性曲线是指在技术水平既定的条件下,投入的资源都能得到充分利用时所生产的各种商品最大可能的数量组合。为分析简便,不妨设 X,Y 分别为一定量的资源投入所生产的两种商品,则生产可能性曲线为由商品 X,Y 的产量 x,y 所组成的平面中一条从左上方向右下方倾斜、并凸向原点的曲线。这表示每增加一单位 X 商品的产量所要减少的 Y 商品的产量(绝对值)是随 X 商品的增加而递增的,其原因在于增加 X 商品的产量,必然要将原来用于生产 Y 商品的一部分资源转而用于 X 商品的生产,因此使 X 商品生产的边际产量递减,而 Y 商品生产的边际产量递增,从而使 X 商品增产的机会成本增加。

2. 等收益线与最大收益产量组合

等收益线是指在 X,Y 两种商品的价格既定时,能获得相同销售收入的两种商品的各种数量组合。

不难得知,只有在生产可能性曲线与等收益线相切的切点上,边际转换率与等收益线的斜率相等。因此,在该点上的两种商品的数量组合是生产可能性曲线上可以获得最大的销售收入的产量组合。

二、成本理论

(一) 经济学中的成本概念

人们在日常生活中所说的成本往往是"会计成本",即厂商在生产经营过程中作为成本项目计入会计账上的各项费用支出总和,包括工资、原材料、动力、运输等所支付的费用,以及固定资产折旧和借入资本所支付的利息等。

经济学中的成本概念不同于会计成本,是指厂商生产经营活动中所使用的各种生产要素的支出总和,称为"经济成本"。经济成本除了会计成本,还包括未计入会计成本中的厂商自有生产要素的报酬。这种报酬通常以企业"正常利润"的形式出现,主要补偿企业主自有资本投入应获的利息、企业主为企业提供劳务应得的薪金等。在经济分析中,正常利润被称作为成本项目计入产品的经济成本之内，又被称为“隐含成本”。这是组织生产所必须付出的代价，也可理解为生产经营过程中使用自有生产要素的机会成本。与此相应，会计成本也被称作“显见成本”。因此，经济成本等于显见成本与隐含成本之和。以下若无特别指明，成本的概念均指经济成本。当商品的销售收入正好能补偿经济成本时，厂商获得了正常利润。若销售收入超过经济成本，则厂商可获得超额利润。以上各种涵义的成本及利润的相互关系可用以下关系式表示：

经济成本＝会计成本(显见成本)＋隐含成本

经济利润＝销售收入－会计成本－隐含成本

(二) 成本分析

在成本分析中，主要是区分总成本、平均成本和边际成本，明确它们之间的关系，同时还要分清短期成本和长期成本的关系。

1. 总成本、平均成本和边际成本

总成本是指厂商在一定时期内生产一定量产品所需的成本总和，它随产量的增加而增加。在短期，即在生产规模既定的条件下，厂商不能根据它所要达到的产量调整其全部生产要素，因此总成本可分为固定成本与可变成本。其中固定成本是指厂商在短期内必须支付厂房、设备等不能调整的生产要素的费用。固定成本不随产量变动而变动，即使不生产也必须承担这些费用。可变成本是厂商在短期内所需支付的原材料、燃料、劳动投入等可调整生产要素的费用。可变成本是随产量变动的成本。而在长期，厂商可以根据其预期的产销量对生产规模进行调整。在该时期内，包括固定成本在内的一切成本项目都可以变动，因而长期成本中不存在固定成本与可变成本的区别。

平均成本是指生产单位产品平均所需的成本。

边际成本是指厂商每增加一单位产量所增加的总成本。

2. 短期成本的变动规律及其相互关系

(1) 固定成本、可变成本与总成本

固定成本在以产量为横坐标、成本为纵坐标平面中为一条与横坐标平行的直线。

可变成本的变动规律是：随着可变要素投入量的增加，产量逐渐增加，但由于最初固定生产要素与可变生产要素未得到充分利用，因此可变成本的增加率大于产量的增加率；以后随着固定生产要素与可变生产要素逐渐得到充分利用，从而使可变成本的增加率小于产量的增加率；当可变量要素和产量增加到一定数量后，由于边际收益递减规律的作用，因而使可变成本的增加率大于产量的增加率。

总成本变动规律与可变成本相同，将可变成本曲线向上平移一段等于固定成本的垂直距离即为总成本曲线。

(2) 平均固定成本、平均可变成本与平均成本

由于固定成本与产量变化无关，因此平均固定成本随产量增加而持续递减。它的变动规律是开始减少的幅度很大，以后减少的幅度越来越小。

平均可变成本变动的规律是，随着可变要素投入和产量的增加，生产要素的效率逐渐得到充分发挥，因而平均可变成本减少；但当产量增加到一定程度后，平均可变成本由于边际收益递减规律的作用而增加；因此平均可变成本曲线呈现 U 形。

平均成本变动的规律是由平均固定成本和平均可变成本共同决定的，当产量增加时，平

均固定成本迅速下降，且平均可变成本也在下降，因此平均成本迅速下降；随着产量进一步增加，平均固定成本越来越小，它对平均成本变动的影响已不重要，所以此后平均成本与平均可变动规律接近，即平均成本随产量增加而下降的幅度趋缓；当产量增加到一定程度之后，平均成本随产量的增加而增加；因此平均成本曲线也呈U形。

(3) 边际成本、平均成本与平均可变成本

边际成本的变动规律是：边际成本最初随产量的增加而减少，当产量增加到一定程度时则随产量的增加而增加，因此，边际成本曲线也是一条先下降而后上升的"*U*"形曲线。

当边际成本曲线 *SMC* 位于平均成本曲线 *SAC* 下方时，*SAC* 曲线处于递减阶段；当 *SMC* 曲线在 *SAC* 曲线上方时，*SAC* 曲线处于递增阶段；当 *SMC* 曲线与 *SAC* 曲线相交时，交点为 *SAC* 曲线的最低点，此时所对应的产量为平均成本最低时的产量。在总成本曲线 *STC* 上与该点所对应点的切线，正好通过原点。进一步的分析可得知，该点又称收支相抵点，此时价格与平均成本和边际成本相等，即：$P=SMC=SAC$，厂商的成本等于收益。

边际成本与平均可变成本的关系和平均成本的关系相同。当边际成本曲线 *SMC* 位于平均可变成本曲线 *AVC* 曲线下方时，*AVC* 曲线处于递减阶段；当 *SMC* 曲线位于 *AVC* 曲线处于递增阶段；当 *SMC* 曲线位于 *AVC* 曲线上方时，交点为 *AVC* 曲线的最低点，此时所对应的产量为平均可变成本最低时的产量。在可变成本曲线 *AVC* 上与该点所对应点的切线，也正好通过原点。

需要指出的是，边际成本从递减转入递增恰好与边际产量从递增转入递减相对应，边际成本曲线的最低点正好对应于边际产量由递增转为递减的转折点，也对应于总成本曲线或可变成本曲线由向下凹转为向上凹的转折点。但边际成本递增后，平均可变成本及平均成本仍可能处于递减阶段，这是由于决定边际成本变化的因素与决定平均可变成本及平均成本变化的因素并不完全相同。

3. 收益与利润最大化原则

(1) 总收益(*TR*)是指厂商销售一定量产品所得到的全部收入，总收益等于产品价格与销售量的乘积。

平均收益(*AR*)是厂商销售一定量产品平均每一单位产品所得到的收入。

边际收益(*MR*)是指每增加一个单位的产品销售量所增加的总收益。

当产品价格不变时，有平均收益＝边际收益＝产品的价格。但在不同的市场结构中，价格与产量的变动有关，因此收益变动的规律有所不同。

(2) 经济学中的利润是指经济利润(π)，它是总收益与总成本(经济成本)的差额。用公式表示为

$$\pi=TR-TC \tag{2-19}$$

当π为正值时，表示厂商不仅获得正常利润，而且还获得超额利润；当为负值时，表示厂商出现亏损，投入的生产要素不能全部获得补偿；当π为零时，表示收支相抵，厂商可获得正常利润。由于总收益和总成本都是产量 Q 的函数，故利润也是 Q 的函数，所以 $\pi(Q)$ 的一阶导数为零，是厂商实现利润最大化的必要条件。此时有

$$MR=MC \tag{2-20}$$

即，边际收益等于边际成本是厂商经营决策的利润最大化原则(或亏损最小条件)。

第四节　市场理论

在消费者行为理论中，假定消费者收入与消费品价格已知和既定，分析了消费者在既定收入的约束条件下，如何选择购买各种消费品的组合使之获得最大的效用。而在供给理论中，假定生产技术和生产要素的价格已知和既定，分析了厂商如何选择各种要素的最优组合，使花费既定成本时获得最大的产出量(或产量既定时所花费的成本最少)。在以上理论中厂商提供给消费者购买的商品价格被假定为已知和既定的，那么，作为商品的价格和产量是如何决定的呢？这也正是本节需要解决的问题。本节将以上理论结合起来并根据不同的市场结构进行分析，研究消费者和厂商之交易行为如何共同决定产品市场的价格和产量，因而统称为市场理论。

经济分析将不同的市场结构分为四种类型：完全竞争市场、完全垄断市场、垄断竞争市场和寡头垄断市场，不同的市场结构对产品的价格和产量的决定有不同的影响

一、完全竞争市场

1. 完全竞争市场的条件

完全竞争又称纯粹竞争，是一种竞争不受任何阻碍与干扰的市场结构。所谓完全竞争的市场，必须同时具备以下四个条件：

(1) *有足够多的生产者和消费者*。满足这一条件，则单个生产者(或消费者)增减其供给(或需求)对市场价格的形成难以产生影响，市场价格由众多的生产者和消费者的共同行为所决定。任何一个生产者(或消费者)都是价格的接受者，而不是价格的决定者。

(2) *产品是同质的*。即对消费者而言，所有生产者的产品具有相互完全替代的性质，因此如果某个生产者哪怕稍微提高其产品的售价，所有的消费者则不会购买他的产品而转向购买他的竞争者的产品。当所有生产者的产品售价都相同时，消费者随机购买不同生产者的产品。

(3) *资源完全自由流动*。完全竞争市场意味着资源可自由进入和流出，不存在任何障碍阻止资源的流动，不存在行业壁垒，生产要素可以根据市场需求的变化在不同行业间自由流动。

(4) *信息是完全畅通的*。即生产者和消费者对有关市场的信息具有完全的知识，双方关于市场的信息是对称的，他们都可以迅速获取完整的市场信息并作出正确决策，因此在交易中不存在欺诈和不公平。

2. 完全竞争市场上价格的决定

在完全竞争市场上，一个行业产品的市场价格由该整个行业产品的供给与需求状况所决定。对单个厂商而言，当行业产品的市场价格决定之后，这一价格是既定的，与他改变产量的个别行为无关。因此市场对单个厂商产品的需求曲线，是一条与横轴(产量)平行且距离等于产品市场价格的平行线，市场对单个厂商产品的需求有完全弹性。

对个别厂商而言，由于产品的市场价格既定不变，因此平均收益、边际收益和产品市场价格均相等，所以平均收益曲线、边际收益曲线和需求曲线相互重合，表现为同一条曲线。

3. 完全竞争市场上的短期均衡

在短期，由于生产规模既定，厂商不能根据市场需求调整其全部生产要素，整个行业的厂商个数也相对稳定，因此整个行业的产品可能出现供不应求或供过于求的状况。

对单个厂商而言，他按利润最大化原则决定产品的产量，厂商均衡的条件是边际收益等于边际成本。当整个行业的产品供不应求因而市场价格升高时，厂商均衡可能实现超额利润；当整个行业的产品供需平衡时，厂商均衡可实现正常利润（超额利润为零）；当整个行业的产品供大于求因而市场价格降低时，厂商可能亏损最小。当市场价格降低到使厂商产品的需求曲线（也是 *MR* 曲线）与边际成本曲线 *MC* 和平均可变成本曲线 *AVC* 相交时，表示厂商的总收益恰好可以收回全部可变成本，而固定成本不能得到任何补偿，所以此点为厂商短期均衡的停止营业点。如市场价格更低，则厂商生产时的亏损更大，因此厂商将停止生产。

4. 完全竞争市场上的长期均衡

从长期看，各个厂商都可以根据市场价格调整资源配置和生产规模来调整产量和产品的生产成本，或者通过自由进出某个行业，从而改变整个行业的供给状况和市场价格。当整个行业的产品供不应求因而价格升高时，各厂商都会扩大生产，其他厂商也会加入该行业进行生产，从而使整个行业的产品供给增加，导致价格水平降低；当整个行业的产品供过于求因而价格降低时，各厂商会减少生产，一些厂商也会退出该行业，从而使整个行业的产品供给减少，导致价格水平提高。通过完全的市场竞争，将使整个行业达到供求均衡，单个厂商既不可能继续获得超额利润，也不可能继续出现亏损，厂商的产量也不再调整，从而实现了长期均衡。此时，有 $MR=MC=AR=AC$。

当实现长期均衡时，长期均衡点就是收支相抵点，此时收益等于成本，各厂商只能获得正常利润。其次，在该均衡点上平均成本等于边际成本，这表明在完全竞争的市场条件下，厂商按长期均衡点所决定的均衡产量进行生产，可以实现成本最小化。也就是说，厂商在均衡点上以最小的成本实现了最大的利润，从而使生产要素得到最有效的利用。

完全竞争市场主要优点有：一是可以实现社会的供给与需求相等，从而实现资源的最优配置；二是厂商在实现利润最大化的同时承担的成本最少，因而最有效率；三是厂商长期均衡时平均成本最低因而产品价格也最低，因而对消费者有利。但主要缺点为：一是各厂商平均成本最低并非社会成本最低；二是产品同质的假设，无法满足消费者丰富多彩的多种需求；三是单个厂商的创新成果容易很快地被竞争者效仿，因而不利于激励创新和技术进步。

二、完全垄断市场

1. 完全垄断市场的涵义

完全垄断简称垄断，是指整个行业的市场完全处于独家厂商的控制之下，是一种没有任何竞争、由一家厂商控制某种产品的市场结构。

完全垄断市场的特征是：某产品市场只有惟一的生产者，该类产品没有十分相近的替代品，且该生产者能够排斥竞争者进入此行业，因此他能够控制这类产品的供给，从而控制此类产品的售价。

形成完全垄断的主要原因有：一是政府对某行业实行直接控制。通常表现为政府对关系到国民经济全局的重要行业、以及影响居民日常生活的公用事业等实行垄断。二是政府赋予厂商在某一行业具有特许经营权。三是具有高效生产规模的一家厂商即能提供足以满足全部市场需求的力量，其他厂商进入只会出现亏损。四是厂商独家控制了某些特殊的自然资源或矿藏，从而对需要这些资源进行生产的产品形成垄断。五是厂商的技术创新和产品创新受到法律所赋予的专利权保护等。

2. 完全垄断市场上的需求曲线

在完全垄断市场上，一个行业的产品由独家厂商来供给。因此，市场对整个行业产品的需求曲线也就是对一家厂商产品的需求曲线，此时需求曲线是一条表明需求量与价格呈反向变动、由左上方向右下方倾斜的曲线。

3. 完全垄断市场上短期均衡

在完全垄断市场上，虽然具有垄断地位的厂商可以通过对产量和价格的控制来实现利润最大化，但同时也受到市场需求的制约，所以厂商仍按边际收益等于边际成本的原则确定产量。当产量决定之后，短期内由于生产规模既定，厂商难以完全按照市场需求变动进行调整，因此仍可能出现供不应求或供过于求的状况，所以短期均衡时同样可能出现厂商获得超额利润、正常利润或出现亏损等三种情况。完全垄断市场上短期均衡的条件是：$MR=MC$。

4. 完全垄断市场上的长期均衡

在长期，厂商可以通过调节产量与价格实现利润最大化。厂商长期均衡的条件是边际收益与长期边际成本和短期边际成本都相等，即 $MR=LMC=SMC$。

完全垄断市场主要优点有：一是可以激励垄断厂商为维护其垄断地位而进行市场运作；二是适合于某些规模经济十分显著的产品生产，一方面垄断厂商大规模生产可能降低由多个小规模厂商生产的单位产品的平均成本，另一方面政府往往对这些行业的产品价格实行管制，因而可能以较低的价格给消费者提供更多产品。但主要缺点是：一是有时政府对垄断行业纯粹垄断地位的政策保护不能形成激励创新机制，从而进一步导致垄断厂商生产经营的低效率；二是在成本状况完全相同的状况下，垄断与完全竞争相比将导致较高的价格和较少的产量，降低生产资源的利用效率。

三、垄断竞争市场

1. 垄断竞争市场的涵义

完全竞争与完全垄断是两种极端的市场结构，而绝大多数行业既包含竞争因素也包含垄断因素。垄断竞争是仅与完全竞争的第二个条件不同、而与其他条件都相同的一种市场结构，即各厂商的产品不同质，存在一定的差别。这些差别主要表现在产品的质量、款式、颜色、包装、品牌、以及销售条件等方面，从而对消费者产生不同的心理效果，因此每一种有差别的产品都能以自身特色在一部分消费者中形成垄断地位，故每个厂商对自己的产品都享有一定排斥其他厂商竞争的垄断权利。同时，产品差别又是指同一种产品之间的差别，因而它们之间又有很高的替代性，从而又会引起竞争。此外，垄断竞争市场具有众多的生产者和消费者，加上资源可以自由流动和信息传递畅通，所以垄断竞争行业十分接近于完全竞争行业。

2. 垄断竞争市场的产品需求曲线

在垄断竞争市场上，厂商面临两条需求曲线。当某一厂商改变自己的产品价格，而同行业中与他竞争的厂商并不随之改变产品价格时，该厂商的销售量将大幅度变动，因此这条需求曲线比较平坦,表示该厂商的产品价格稍有变动,则需求量变化很大。这说明当其他厂商的产品价格不变而该厂商降低(或提高)其产品价格时,消费者会减少(或增加)对其他厂商产品的需求。当某一厂商改变自己产品的价格,而同行业中与他竞争的厂商也随之改变产品价格时,则该厂商的销售量将只有少量变动,此时该厂商的降价行为并不能吸引其竞争者原有的顾客,只是因为自己产品的降价而增加了需求,所以这条需求曲线相对比较陡峭。

3. 垄断竞争市场上的短期均衡

垄断竞争市场上厂商实现短期均衡的条件仍然是:MR 实现利润最大(或亏损最小),完全竞争市场上的厂商需要选择的变量只是他的产(销)量;完全垄断市场上的厂商需要确定的变量是他的产量或产品价格中的任何一个。垄断竞争市场上的厂商可以选择的变量有三个:一是产品的销售价格(和相应的产量);二是产品的质量;三是广告支出或销售费用。当实现短期均衡时,厂商获得超额利润、平均利润或出现亏损都是可能的,这取决于厂商在均衡产量下的平均成本是小于、等于还是大于销售价格。

4. 垄断竞争市场上的长期均衡

在长期,垄断竞争行业的厂商也可以通过调整生产规模来调节产量,而且其他厂商也可以进入或退出该行业。厂商长期均衡的条件是 $MR=SMC=LMC$,$AR=SAC=LAC$。

垄断竞争市场主要优点有:一是消费者可以获得有差别的产品,从而更广泛地满足不同消费者多样化的需求;二是有利于激励厂商从各方面进行创新。主要缺点是:一是厂商的平均成本和产品销售价格较高,资源存在一定程度的浪费,但与完全垄断市场相比,产量要高而价格要低;二是垄断竞争市场的销售成本主要是广告成本增加。

四、寡头垄断市场

1. 寡头垄断市场的涵义

寡头垄断是同时包含垄断因素和竞争因素而更接近于完全垄断的一种市场结构。它的显著特点是少数几家厂商垄断了某一行业的市场,这些厂商的产量占全行业总产量中很高的比例,从而控制着该行业的产品供给。同时,每家厂商的产量都占有相当大的份额,他们的产品既可同质,也可存在一定的差别,因此这些厂商之间又存在各种形式的竞争,而每家厂商的行为对整个行业的产品价格与产量的决定都有举足轻重的影响。

寡头垄断的形成首先是由某些产品的生产与技术特点所决定的,寡头垄断行业往往是生产高度集中的行业,如钢铁、汽车、石油等行业。其次,寡头厂商为保持自身地位而采取的种种排他性措施,以及政府对某些寡头厂商的扶持政策等,都可促进寡头垄断市场的形成。

2. 寡头垄断市场的特征

寡头垄断市场的明显特征是几家寡头厂商之间具有相互依存性。这种相互依存关系表现在,每家厂商在作出价格和产量的决策时,不仅要考虑自身的成本与收益情况,而且还要考虑到该决策对市场的影响以及其他厂商可能作出的应对策略。正是由于寡头厂商之间存在相互依存关系,使得某一寡头的某种决策会产生什么结果具有难以预见的不确定性,这是因为作出决策的寡头能否达到预期结果,取决于其他寡头(竞争者)对该决策的反应,而这些反应是无法准确预。所以,只能对竞争者的反应作出某种假设,否则难以确定寡头垄断市场达到均衡状态时的产品价格和产量。

在寡头垄断市场上,由于相互竞争的厂商很少且互相依存,所以他们往往相互结盟或协调行动，从而减少竞争和不确定性，并排斥其他厂商进入该行业。另一方面，各寡头之间又存在着利益矛盾，因此结盟或联手并不能取代竞争，而且寡头之间的竞争往往会更加激烈。

3. 寡头垄断市场上产量的决定

在寡头垄断市场上，当不存在相互勾结时，各寡头根据其他寡头的产量决策，按利润最大化原则调整自己的产量。这种产量决定的理论最初由法国经济学家古诺提出，是一种双头垄断模型，称为古诺模型，以后出现的几种古典寡头模型，只是对古诺模型的某些假定作了一些修改，仍是双头垄断模型，但这些原理同样适用于两个以上的寡头垄断。

当寡头之间存在结盟时，产量由各寡头协商确定。而确定的结果对谁有利，则取决于各寡头实力的大小。

4. 寡头垄断市场上价格的决定

寡头垄断市场上的价格，通常表现为由各寡头相互协调的行为方式所决定。这种协调可以有多种形式，它可以是以卡特尔正式协议为表现形式的公开结盟，但大多是各寡头共同默认和遵从一些行动准则而形成的非公开结盟。前者通过建立卡特尔，以达成的协议来协调各寡头的行动，统一确定产品价格，并规定各寡头产品的生产和销售的限额。后者则表现为寡头垄断市场上所通行的价格领先和成本加成等定价方法。

价格领先制是指一个行业的产品价格，通常，由某一寡头率先制定，其余寡头追随其后确定各自产品的售价。

价格领先制通常有两种形式：一是支配型价格领先，二是成本最低型价格领先，三是晴雨表型价格领先。支配型价格领先，是指由寡头垄断行业中占支配地位的厂商根据利润最大化原则确立产品的售价，其余规模小一些的厂商根据已确立的价格确定各自的产销量。成本最低型价格领先，是指由成本最低的寡头按利润最大化原则确定其产销量和销售价格，而其他寡头也将按同一价格销售各自的产品。若其他寡头也按利润最大化原则确定各自的产销量和销售价格，则他们会丧失一定的市场份额给成本最低的寡头。晴雨表型价格领先，是指寡头垄断行业中，某个厂商在获取信息、判断市场变化趋势等方面具有公认的特殊能力，该厂商产品价格的变动，起到了传递某种信息的作用，因此其他厂商会根据该厂商产品价格的变动而相应变动自己产品的价格。

成本加成法是寡头垄断市场上一种最常用的定价方法。该方法的主要步骤是：首先以厂商生产能力的某个百分比确定一个正常或标准的产量数字，然后根据这一产量计算出相应的平均成本，由此可以减少由于实际产量的变动而使厂商制定的价格产生频繁变动。然后在所估计的平均成本基础上加上固定百分比的加成，从而制定出产品的售价。成本加成法的加成比例，在一定时期内的一个行业中相对较稳定，该行业各厂商也是大体一致的，容易形成一种比较稳定的价格格局，使各厂商可根据市场变化比较一致地变动产品价格，避免价格竞争可能带来的不利后果。

寡头垄断市场主要优点有：一是可以实现规模经济，从而降低成本提高经济效益；二是更有利于创新，而这种创新与垄断竞争厂商那种局部的、个别产品的技术创新有所不同，它是整个生产过程的创新和科学技术的进步，因而更有效率。主要缺点有：各寡头之间的结盟往往会抬高产品价格，从而损害消费者利益和降低社会经济福利。

第三章　房地产投资机会分析

市场细分是一种企业市场营销的观念，最初提出这个观念的是本世纪中期美国市场学家温德尔·斯密。由于市场细分关系到目标市场的定位研究，是营销策划工作的重要阶段，因此本章重点探讨的是市场细分的基本理论和分析方法。

第一节　房地产市场调查

在现代市场经济条件下，市场信息成为企业竞争制胜的基础。市场调查是企业与内部环境及外部环境沟通的重要工具和手段。房地产市场调查也在整个房地产活动中扮演重要角色。本节将介绍一般的市场调查和房地产市场调查。

一、房地产市场调查概述

1. 一般市场调查概述

市场调查是市场营销活动中的一个重要元素。它把消费者、客户、公众和营销者通过信息联系起来，这些信息的职能包括：识别、定义市场机会和可能出现的威胁；制定、优化营销组合并评估其效果。

市场调查要确定说明问题所需的信息，设计收集信息的方法，监测和执行数据收集的过程，分析结果，并把调查中的发现和其含义提供给客户。

市场调查的目的是为管理部门提供参考依据。调查的服务对象可以是企业、公司、团体以及任何一切企事业单位的管理决策层或个人。市场调查的目的可能是为了制定长远性的战略规划，也可能是为制定某阶段或某问题的具体政策或策略提供参考依据。研究可以是学术性的，也可以是实用性的。

市场调查的内容可涉及民众的意见、观念、习惯、行为和态度等方面。既可以是抽象的观念，例如人们的理想、信念、价值观和人生观等；也可以是具体的习惯或行为，例如人们接触媒介的习惯、对商品品牌的喜好、购物习惯与行为等。

市场调查的原则是遵循科学性与客观性。调研人员应自始至终均保持客观的态度去寻求反映事物真实状态的准确信息，正视事实，接受调查的结果。从事调研活动不允许带有任何个人主观的意愿或偏见，也不应受任何人或管理部门的影响或"压力"。调研人员的座右铭应该是："寻找事物的本来面目，反映事物的本来面目"。市场调查的客观性要求从业人员具备高度的职业道德。应当采用科学的方法去设计方案、定义问题、采集数据和分析数据，从中提取有效的、相关的、准确的、可靠的、有代表性的当前的信息资料。

市场调查的结果是经过科学方法处理分析后的基础性数据和资料，可以用各种形式的调研报告向社会或委托人公布（如有协议或合同，应根据文件的要求执行）。调查中发现的问题、受到的启示以及有关的建议都应在报告中提示，以帮助管理决策部门利用这些信息并做出相应的反应或行为。但必须强调指出，市场调查的结果只是用于帮助管理部门做出正确的决策，其结果本身不是目的。

2. 房地产市场调查的概念

房地产市场调查是对房地产市场供求变化的各种因素及动态趋势进行的专门调查。通过调查收集有关资料和数据，经分析研究，掌握房地产市场变化规律，了解消费者对房屋质量、面积、价格等的意见和要求，以及市场对某种类型房屋的需求量和销售趋势等。

房地产市场调查有其必然性。这是因为，房地产商品的生产是为了交换而进行的，而要使交换取得成功，产品就必须为消费者提供效用，这就要知道消费者的具体需要。而要知道消费者需要什么，就必须进行市场调查。

在计划经济条件下，企业生产的房屋是“皇帝女儿不愁嫁”，从而也就不需要搞什么市场调查。随着商品经济的不断发展，一方面房地产市场商品数量大量增加，房屋类型日趋复杂；另一方面房地产市场需求越来越大，变化越来越快。这样，为了了解和掌握房地产市场需求和竞争情况，房地产市场调查就得到相应的发展。离开市场调查，不掌握房地产市场信息，企业就无法生存。

房地产市场调查不同于一般耐用消费品的调查，它是以房地产为特定对象，对相关的市场信息进行系统的收集、整理、记录和分析，对房地产市场进行研究与预测，并最终为营销决策服务的专业方法。

3. 房地产市场调查的必要性

(1) *房地产市场调查是企业进行经营决策的必要前提。*房地产要进行经营决策，首先要详细了解企业内部和外部环境情况，这是经营决策所必须的。而要掌握这些情况，就必须进行市场调查。

(2) *房地产市场调查是企业实现社会主义生产目的的必要条件。*企业生产的目的是为了满足人民日益增长的物质和文化生活需要，但是要满足人民群众的生活需要，首先就要了解人们需要什么，以便按照消费者的需要进行生产，尤其在消费者的需要不断变化的情况下。这就不但要调查，而且要及时进行调查。所以，房地产市场调查是企业实现生产目的的必要环节。

(3) *房地产市场调查是改善企业经营管理，提高经营决策水平的必要途径。*因为通过市场调查不仅可以了解到消费者对本企业商品房的意见、建议，还可以了解其他企业商品房的开发情况、销售情况及其经营策略，从而有利于企业学习先进经验，改善本企业的工作，提高经营管理水平。

(4) *房地产市场调查也是企业进行竞争的必要手段。*企业要具有较强的市场竞争力，就必须了解市场形势，“知己知彼”，才能“百战不殆”。而市场调查则是了解竞争行情、反馈市场信息的必要手段，同时也是提高企业竞争力的必要途径。

4. 房地产市场调查的原则

(1) *准确性原则。*资料的准确与可靠性，是房地产市场调查的核心。因为只有掌握客观真实的情况，才能做出正确有效的决策。因此，在房地产市场调查中，必须保持资料的准确性，客观如实地反映房地产市场情况。同时也要对收集到的市场情报进行认真的鉴定和评价，以去伪存真，做到准确可靠。

(2) *及时性原则。*由于房地产市场情况如同其他商品市场一样是瞬息万变的，如不及时调查发现问题，并做出适当决策，就会坐失良机，导致企业失去市场，甚至使企业亏损或破产。因此，必须坚持房地产市场调查的及时性。

(3) 计划性原则。房地产市场调查不仅是一项复杂而细致的工作，而且面广量大，所以在进行房地产市场调查时，必须要有周密的计划，围绕主题、分清主次、突出重点、统筹安排、严密组织。

(4) 系统性原则。对房地产市场调查所取得的信息资料要认真整理、合并分类，做到条理化、系统化和经常化，这样才能对市场情况做出比较正确全面的判断，克服片面性。

(5) 针对性原则。房地产市场调查是为经营决策服务的，这就要求一定要从实际需要出发做好调查，并且确保有的放矢，有针对性地进行。

(6) 经济效益合理性原则。即用最少的费用取得最佳的调查效果。因为调查的目的就是为了减少消耗，提高效益，避免经营的盲目性。所以在房地产市场调查过程中，同样要体现这一原则，即采用科学的调查方法，以减少调查费用的开支。

5. 房地产市场调查的特点

(1) 房地产市场调查的内容具有广泛性。房地产市场调查既包括简单的内容，如被调查者的性别、年龄、文化程度等基本情况，也包括像态度或爱好之类复杂的问题。有些问题被调查者可能不会回答，或不知道该如何回答，也可能是因为问题太敏感而不愿回答。例如消费者的户型和空间布局偏好调查，消费者不能面对实际户型空间，一般很难回答调查者的问题。要得到这些方面的信息必须依靠相当的专业知识、努力和智慧。仅靠一般的调查，就想得到所需的信息是不现实的。房地产市场调查分不同阶段，各个阶段的侧重点也不一样。

(2) 房地产市场调查具有很强的针对性。房地产市场调查在不同营销阶段其内容不同，实施调查需要具体问题具体分析。一个调查项目可以只花几千元，也可以花费几十万、几百万元；可以在一天之内完成，也可长达数月；可以只提供小范围的一点数据，也可以给出覆盖大范围的大量信息。房地产项目调查对时效性要求也很高，如销售率、价格等动态营销信息的调查，时间发生变化，动态营销信息也会发生改变。

(3) 房地产市场调查的方法具有多样性。调查研究的方案设计是多样的。收集数据可以采用实地调查、座谈会、面访、电话访谈或直接邮寄调查等方法。房地产市场调查开展的程度是有弹性的。收集数据的多少和复杂程度是可以选择的，这取决于所需求的信息和所拥有的经费。简单的调查只需几页记录纸和一个普通计算器，结果也就是几页报告；复杂的大规模的调查要采用高级计算机、数据分析程序和信息处理系统用于处理、计算并生成大量精确的信息。

(4) 房地产市场调查结果具有一定的局限性。房地产市场调查的结论不是完美无缺的。就像任何其他工作那样，房地产市场调查也不可避免地会有错误、误差和疏忽。对方案的缜密设计和细心实施就是为了避免较大的误差和疏忽。对调查信息的价值没有严重损害的细小错误可以忽略，如果在调查结束之后发现了细小的错误，就应当考察它们对调查信息有什么影响。仅仅因为一些细小的错误就贬低或抛弃调查的结果是不合适的，应当按照错误的具体情况进行修正处理，这样可能需要在解释结果时作些许修改。房地产市场调查结果不能直接指示决定。即使没有发现错误或疏忽，调查完全按设计方案进行，结果也不是完全正确的，不能指示或决定最终答案。调查结果只能被当成是一种证据，必须参考一般经验、常理和其他信息来对它进行评价。对调查的结果要认真思考、理解，判断其与人们的一般认识是否基本吻合，如果不相符，原因何在，必要时需作进一步的调研和分析。调查结果是重要的决策参考依据，但并不等于决策答案。

二、房地产市场调查的区别

由于房地产市场具有地域性和价值高等特点，房地产市场调查与一般耐用消费品的市场调查具有很大的不同。不同之处主要表现在：

（1）*房地产市场调查内容不同。*房地产市场调查具有多样性和复杂性，贯穿整个房地产营销过程。每个阶段具有不同的调查内容，如在房地产定位阶段，市场调查主要调查竞争项目的基本数据和消费者生活模式；一般耐用消费品市场调查主要内容是调查消费者的个人偏好。

房地产市场调查侧重点不同。房地产营销活动涉及环节和阶段众多，同样是消费者调查，房地产市场调查侧重消费者的生活模式、行为模式的研究分析；一般耐用消费品调查侧重对产品的消费习惯、消费偏好、消费者特征分析。

（2）*房地产市场调查方法不同。*由于房地产产品的多样性，房地产市场调查具有很强的专业性。房地产市场调查涵盖项目基本信息的调查、周边景观调查，不同的物业类型对消费者的识别调查以及消费者的活动、生活模式调查。如为了设计更加符合消费者特点的居住空间，需要对消费者的生活模式进行调查，这就涉及对不同的空间领域的理解和掌握，必需熟悉一定的房地产知识和建筑知识。房地产市场调查具有很强的地域性。一项在某个区域进行的房地产市场调查，由于项目的土地情况、交通状况、周边竞争项目的不同，调查难度不同，采取的方法也不同，房地产市场调查经常采取的方法有实地调查法、座谈会调查法等。

（3）*房地产市场调查主体不同。*房地产市场调查在分析消费者特征时也会采用一般耐用消费品的入户访问方式。房地产的入户访问存在很大的局限性，对访问者甄别的难度高，如收入水平的甄别、计划置业年限的甄别、计划置业面积的甄别、购买决策人甄别等；还有访问者的配合等问题。通常的情况是为找到满足条件的被访问者，需要访问的家庭数量是一般耐用消费品调查的数倍，准确性仍难以保证。房地产市场调查与一般耐用消费品市场调查相比调查费用高，调查开展及信息积累和处理都有较高的难度。房地产市场调查主体除消费者外还侧重对房地产市场产品的调查，如项目基地状况、交通及周边环境等信息，一般耐用消费品的市场调查主体则侧重于消费者。

三、房地产市场调查的信息

房地产市场信息是房地产供求状态的一种基本标志，是反映房地产市场及其发展变化趋势及规律、状况的知识、消息、情报和资料的总和。它一般表现为房地产市场及其经济活动的价格、租金、费用标准等等。

由于影响房地产市场发展的因素极为复杂，既有房地产开发经营活动内在的价值要素，也有一系列社会经济环境、个人心理、风俗习惯等易变因素，表现在房地产市场信息上，就是其内容范围既广泛又复杂。当然，这当中最主要的应属房地产市场供给与需求方面的信息。从一般情况来看，房地产市场信息的内容主要包括以下几个方面。

（1）*房地产市场结构信息。*如房地产三级市场体系和房地产金融市场、建材市场等各级各类市场的状态和变动趋势；各类市场的管理水平、规模、经营范围等；各类市场相互之间的关系及联系方式等方面的资料。

(2) 房地产市场管理信息。国家对房地产投资的态度、政策,国家对各类房地产市场的管理方式及政策,包括国家颁布的关于房地产市场管理的各种法律、条例、规章制度、通知、决定以及办法等的信息及变化。

(3) 房地产市场供应信息。它包括:①房地产市场环境信息。如本企业所处的外部环境及内部条件,外部威胁与市场机会,潜在竞争对手及其实力,竞争对手现状等;②房地产产品信息。房地产市场现有产品的数量、质量、结构、性能、生命周期等;③房地产的开发建设成本、投资者的预期收益等信息。

(4) 房地产市场需求信息。如人口总量及对不同住宅需求的人口结构;国民收入和居民个人可支配收入;各行业经济发展对房地产的需求;消费者的购买欲望、购买动机;现实需求与潜在需求等。

(5) 房地产市场价格信息。如国家现行价格政策、市场交易价格的变化、生产成本的变化、房地产企业的价格策略、价格变动对供求关系的影响程度等。

(6)新产品开发信息。如新产品、新工艺、新材料、新技术的发展状况;产品的更新换代情况;专利使用情况等信息。

(7) 房地产金融信息。如银行信贷政策调整、存贷款利率的变动、外汇管制政策与外汇牌价的变动、证券与股票市场的行情变化等信息。

(8) 其他相关信息。房地产市场信息是一种资源,具有十分重要的价值。在激烈的市场竞争中,市场信息越来越具有战略意义。

市场调查与市场信息密切相关,市场调查的目的就在于收集现实的最有价值的市场信息。市场信息则主要来源于市场调查,市场调查的一切活动都与市场信息相关,二者不可分离。

四、房地产市场调查的类型

市场调查按照不同的划分标准,可以分为多种类型,而且各具特色。研究市场调查的类型,目的在于针对不同类型的调查,制定不同的市场调查方案。

房地产市场调查亦是如此,如果按调查的时间、范围、目的、方式等可以划分为多种不同的类型。这里所讲的市场调查,主要是针对房地产企业而言的,这就使研究的范围比较具体明确。

房地产市场调查的范围、涉及面较广泛。对于房地产企业而言,所有与其经营活动相关的直接或间接因素都在其调查范围之内。

房地产市场调查依据房地产营销阶段分为房地产定位市场调查、房地产销售准备阶段市场调查、房地产销售过程市场调查和房地产再转让市场调查。

房地产定位市场调查除了进行公开在售项目基本数据调查、市场供求研究之外,还包括项目的细分市场分析、目标市场状况,以及消费者活动、购买动机、倾向、决策等心理过程的分析。

房地产销售准备阶段的市场调查除了例行的在售项目基本数据调查、市场供求研究外,还包括特定项目的销售状况、价格、目标消费者的特征研究,以及用科学方法收集消费者购买和使用产品的事实、意见、动机等有关资料,并予以分析研究。

房地产销售过程的市场调查主要包括房地产项目广告策略在目标市场中的反应和收效情况，收集并充分研究所收集到的资料，了解公司营销计划的执行情况、市场上其他在售项目的主要营销手段和销售状况、价格走势等；此外还包括消费者购买以及使用商品的事实情况调查，消费者购买商品的动机和使用商品的意见等。

房地产再转让市场调查包括房地产再转让过程中价格调查、成交客户特征和区域调查以及竞争状况调查，其中价格调查包括租赁价格调查、报盘价格调查和成交价格调查。

通常情况下，人们按照房地产企业进行市场调查的目的，把房地产市场调查大致分为以下几种类型。

1. 探索性调查

探索性调查是为了确定企业的发展方向、投资经营方向，或者是为了发现问题而进行的一种初步的定性调查。对于后者，也有人称之为诊断性调查。

当调查者对所要调查的问题的关键或范围尚不明确时，可先对周围市场环境中的一般现象作一般性了解，以找出关键所在，明确调查对象，确定调查重点，从而为进一步调查做准备。

如某一企业在近期内商品房滞销，但滞销的原因尚不清楚，是经济大气候造成的还是广告宣传不力造成的？是价格偏高还是质量有问题？是地理位置不好还是市场上又出现了新的竞争对手？这就要通过探索性调查发现关键原因所在，然后再进行更加深入具体的调查。

探索性调查可以利用现成资料或向有关专家咨询，以及询问用户或潜在消费者等，以求尽快地发现关键问题。

简言之，探索性调查要解决的是“做什么”的问题。

2. 描述性调查

描述性调查是为了揭示与被调查问题相关的因素的一种调查。它要描述哪些因素存在相关关系，而不追究何是因，何为果。这种调查一般要对资料进行收集、记录、整理和分析，对已找出的问题或假设存在的问题的性质、形式、存在、变化等具体情况作出现象性或本质性的描述。它比较精细、严密，是使用最多的一种调查方法。

如假设已查清企业商品房滞销是由于产品价格偏高，居民购买力下降等因素造成的，在此基础上可对调查的问题进行描述，如对商品房价格构成进行描述分析，对消费者现实购买力水平及变化、消费者对商品房价格的承受能力等进行具体描述。

与探索性调查相比，描述性调查一般较为严格规范，有详细而周密的调查方案设计，其调查的结果相对来说也比较实用。

简言之，描述性调查要解决的是“是什么”的问题。

3. 因果性调查

因果性调查是为了找出现象的原因和结果之间的相互联系而进行的调查。描述性研究给出的是问题中各因素的关联现象，因果性研究则要找出产生这种现象的原因，找出诸现象因素之间的因果关系，并对诸因素之间的主从关系、自变量与因变量的关系进行定量的研究和定性的分析，以便对“因”加以控制，获得好的“果”。

如要找出是什么原因造成商品房价格过高，是成本较高造成的还是企业预期利润过高造成的？还是摊派过多、税费过重造成的？对这些因素都要加以分析，从中找出何为主要原因，何为次要原因，哪些是原因，哪些是后果等。

通俗地说，因果性调查要解决的是“为什么”的问题。

4. 反馈性调查

反馈性调查是为了更好地改进经营活动而进行的调查。它主要是针对企业经营活动的效果、经营计划的执行情况进行调查。这种调查可以利用现成的统计资料或者对用户进行调查反馈来实施。

如企业对销售计划的执行情况进行调查，或者对用户进行售后服务效果调查等都属于反馈性调查。它可以使企业针对具体情况对经营活动进行调整、改进，使坏的变好，好的更好。

简言之，反馈性调查要解决的是“怎么样”的问题。

5. 预测性调查

顾名思义，预测性调查是为了对企业未来的发展状况或对企业经营活动的预期效果进行预测所作的调查。它要在收集、整理相关调查资料的基础上，通过有经验的专家对企业的市场环境和产品供需变动进行分析预测，以及时调整企业经营计划，纠正错误与偏差。

如某企业通过预测性调查发现，在未来两年内高档商品住宅将趋于饱和，而经济适用型住房更受欢迎，企业就可据此对企业经营计划作出相应调整，做出正确的决策。

简言之，预测性调查要解决的是“会怎样”的问题。

五、房地产市场调查的作用

能否准确而快速地掌握市场信息，从而制定正确的经营管理决策，是房地产企业经营成败的关键。这一点已为许多有识之士所认同。

由于市场调查作为一门学科在我国起步比较晚。加之传统计划经济体制下的惯性思维的影响，使得许多人对市场调查的重要性认识不足。而房地产业在我国又属新兴产业，种种原因使得我国的房地产企业对此缺乏清醒的认识。在20世纪90年代初期的房地产“热”当中，许多企业不顾市场实际情况，纷纷投资房地产，盲目上项目，结果不仅使企业陷入苦海无法自拔，而且造成了整个社会资源的大量浪费。实践已充分证明，市场调查对帮助房地产企业做出正确的决策具有极为重要的作用。

(1) *市场调查能为房地产企业进行市场预测和决策提供信息。*信息就是财富，市场调查得到的信息是市场发展变化的客观反映，能够为市场预测提供实际的依据。通过市场调查，可以使房地产企业了解市场的过去，观察市场的现在，掌握市场发展的变化趋势，科学地预测市场的未来，从而制定正确的市场决策。市场调查越深入细致，市场预测和决策越科学可行。

(2) *市场调查有助于房地产企业确立正确的发展方向。*我国的房地产业发展很快，在经历了发展初期的混乱之后，随着市场规律作用的不断发挥以及外部环境的日益完善，房地产市场逐渐规范化，从无序走向有序，并逐步呈现出其自身的规律性。通过市场调查，可以使房地产企业了解市场上各种房地产产品的供需状况，竞争对手的实力及其发展动向，从而根据企业自身条件确定正确的发展方向，在错综复杂的市场环境中探求企业生存和发展的立足点。

(3) *市场调查有助于房地产企业制定正确的销售策略和生产计划。*房地产产品由于其自身的特殊性，如价值总额高、投资回收期长以及不可移动等，使房地产企业在每次决策前都必须慎之又慎。企业可以通过市场调查,了解消费者的购买愿望,了解市场潜在需求,并进而生产出市场所需要的房地产商品。同时,在激烈的市场竞争中,一些信誉好、知名度高的企业,常常可以获得良好的销售业绩。通过市场调查,企业可以摸清消费者购买心理和购买动机,能为搞好商品的广告宣传提供信息,从而扩大企业知名度,增强企业产品销售的直接效果。另外,通过市场调查,可以使房地产企业正确地预测市场需求的变动,从而决定延期销售或是提前销售,以最大限度地增加企业的经济效益。

(4) *市场调查有助于房地产企业改善经营管理,提高企业竞争力。*建立市场经济最终是要实现供略大于求的买方市场,更好地满足人们的需求。随着社会经济的发展和居民个人可支配收入的提高,人们的需求趋于多样化,对房地产商品的需求更是如此,因而各房地产企业之间的竞争日趋激烈。企业只有通过市场调查,摸清自己在行业竞争中所处的位置,看清自己的优势与劣势,寻找差距,改进工作,在瞄准市场、优质服务、争创信誉等方面多动脑筋,通过正当的竞争手段,取长补短,才能使自己在竞争中立于不败之地。

(5) *市场调查有助于房地产企业把握正确的宏观经济政策。*现代市场经济区别于传统市场经济的特点之一,就是加入了宏观调控这一因素。房地产业是国家的支柱产业之一,因而受国家宏观经济政策和经济计划的影响特别大。宏观调控要建立在市场调节的基础上才能有效地发挥作用。而房地产企业的经营战略和发展方向,只有符合国家宏观经济政策,才会有充分的发展余地和前途。通过市场调查,可以使企业更好地把握国家宏观经济政策的走势,从而使企业的经营决策更加具有针对性和超前性。

第二节　房地产市场预测

一、房地产市场预测概述

1. 房地产市场预测的概念

房地产市场预测是指通过对房地产市场的调查和目前销售情况的分析、判断,以及对未来销售趋势的估计作出对某一种房屋类型的市场潜力的预测,以指导房地产企业开发适销对路的产品,减少生产的盲目性。

人们有目的有计划的行为,事先必然有一个对未来的思考和研究过程,这就是预测。日常生活中的预测,已知因素多,未知因素少,简单、直观,而且多数预测对象以往都经历过,预测目的较易达到,这类预测属于经验预测。预测以科学的面貌出现在经营活动领域,是在20世纪20年代以后出现的。它是适应社会化大生产的需要而形成和发展起来的,到60年代已广泛地应用于经营活动过程中。

科学的市场预测,是运用科学的知识和手段,分析研究历史资料和调查资料,对市场销售趋势或可能的结果进行事先推测和估量的活动。简单地说,预测就是由过去和现在去推测未来,由已知去推测未知。从预测的这一含义可知,要作出较为科学的预测,一是对预测对象必须有较深刻的认识和了解;二是要掌握与对象有关的各种信息;三是要有科学的预测手段。

预测的一般过程就是在掌握必要的信息以后,通过对信息进行定性和定量的分析,得出预测的结果。预测结果的准确性首先取决于输入信息的可靠程度。如果输入的信息是虚假的,那么,预测的结果就是错误的。其次要靠对输入信息的科学分析。有了可靠的信息,再加上科学的分析，才能有科学的预测结果。人们之所以能根据过去和现在推测出未来，由已知推测出未知，是因为任何市场变化都是有规律的，这种规律性通过预测分析是可以认识和掌握的。预测未来，归根结底是为了找到现在行动的最优途径。

2. 房地产市场预测的必要性

(1) *市场预测是房地产企业投资决策的依据*。房地产企业的每一个开发项目，都需要投入大量的资金，加之每一个项目的开发周期都比较长，因而市场不确定性很大，投资风险系数较高。这就要求房地产企业在作投资决策以前，必须进行科学的市场预测，把握市场机会，尽量回避市场风险。

(2) *市场预测是市场营销决策的前提*。市场预测是房地产企业制定和调整市场营销策略的重要依据。市场总是瞬息万变的，但市场的变化并非毫无章法，而是遵循一定的规律的。通过市场调查，可以使房地产企业把握市场的总体动态和各种营销环境因素的变化趋势，正确地分析和判断消费者需求的变化，从而科学地选定目标市场，或者根据市场的变化，调整自己的营销策略，做到在市场中永远领先一步。

(3) *科学的市场预测能够使房地产企业在激烈的市场竞争中掌握主动*。同其他市场一样，房地产市场也是一个竞争激烈的市场，每一个房地产企业在市场上都面临着众多的竞争对手。对企业来说，要想在竞争中取胜，不仅要掌握市场需求的变化，还要掌握市场供给的变化，掌握竞争对手的经营动态。只有通过科学的市场预测，才能使企业更加清楚自己在市场竞争中的地位。避开竞争对手的锋芒，真正地把握投资开发的机遇，提高企业的竞争能力，使本企业开发的房地产产品在市场上保持适度的超前性，在市场竞争的夹缝中求得生存与发展。

3. 房地产市场预测的意义

(1) *房地产市场预测有利于平衡和满足社会对房地产的需要*。人们生活的需要由于收入水平的提高、人口的增长、消费习惯的改变而在不断变化。为此，要使人们对房地产的需要得到充分满足，就必须进行科学的推算和估计。只有这样，才能在投资、房屋设计、房地产数量、规格、质量等方面与人民的生活需要相适应。

(2) *房地产市场预测有利于制定科学的开发经营计划*。通过房地产市场预测，可以了解房地产市场发展变化的趋势，以及对房地产企业开发经营活动所带来的影响，从而指导企业自觉按市场规律办事，为制定科学的计划和开发经营决策提供依据。

(3) *房地产市场预测有利于企业改善经营管理，提高经济效益*。在商品经济条件下，房地产企业的生存和发展与房地产市场息息相关，而房地产市场信息又是瞬息万变的，如果不了解房地产市场的动态和发展趋势，盲目开发经营，势必带来巨大的损失，只有通过对房地产市场的预测，掌握大量的房地产市场信息和数据资料，才能不断地改善经营管理水平，提高经济效益。

实践证明，有市场预测和无市场预测，预测准确与否，对房地产企业经营的影响极大。哪个企业注意利用了房地产市场预测，而且预测比较准确，哪个房地产企业生产和经营情况就好。

(4) *市场预测有助于企业减少经营的盲目性和风险性*。房地产市场受各种市场因素的影响很大，企业必须对各种因素的变化趋势有清楚的了解，才能顺应市场的变化。比如说通过预测可以使企业了解宏观经济大气候的变化。如果预测经济将趋于高涨，企业对房地产产品可以延期销售；如果预测经济将趋于低迷，企业则可以预售房地产产品。另外，房地产市场受国家宏观调控影响很大，通过预测可使企业把握国家宏观经济政策走势，及时调整经营策略，将资金投向国家扶持的项目，减少盲目性，避免因国家宏观经济政策变化带来的风险。

4. 房地产市场预测的种类

市场预测按不同的划分标准，可以划分成许多不同的类型。

(1) 宏观市场预测与微观市场预测。按市场预测的范围可分为宏观市场预测和微观市场预测。

① 宏观预测。宏观市场预测是从整体的宏观的视角，对房地产市场发展的总趋势进行的综合性预测。宏观预测要求预测人员具备长远的战略思想，全面认识过去、准确预测未来，深刻认识各种重大问题对房地产市场的影响，粗线条地预测整个房地产市场发展的框架，了解总体市场供求状况，掌握总体市场供求潜量。

② 微观预测。微观预测是从房地产企业的微观视角对房地产市场供求状况及变化趋势进行的预测。其目的在于帮助企业科学地选定目标市场，制定正确的营销策略。

(2) 长期预测、中期预测和短期预测。按市场预测的时间长短可分为长期预测、中期预测和短期预测。其实长期、中期和短期的市场预测并没有严格的、固定的划分标准。多数情况下，人们把 5 年和 5 年以上的预测称为长期预测；把 1 年以上、5 年以下的预测称为中期预测；1 年和 1 年以下的预测称为短期预测。

① 长期预测。长期预测能为企业制定长远规划，选择战略目标，制定重大经济管理决策提供科学的依据。房地产企业进行的预测多为长期预测。

② 中期预测。中期预测可以为企业制定实现 5 年计划和长期规划的措施、方案提供信息资料。相对来说，中期预测结果比长期预测具体一些。

③ 短期预测。短期预测通常进行比较频繁，可以为近期安排市场提供数据资料，对了解市场动态、抓住市场有利时机具有重要意义。

(3) 定性预测和定量预测。按预测的方法和性质分，可分为定性预测和定量预测。

① 定性预测。定性预测又称判断预测，主要是用理论分析和人们的直觉经验、主观判断对房地产市场的未来发展前景作出估计。

② 定量预测。定量预测是根据已掌握的调查资料和市场信息，利用统计方法和数学模型，对未来一定时期内房地产市场可能达到的数量和数量关系所进行的预测。

5. 房地产市场预测的原则

① 客观性原则。房地产市场预测实质上是借助于历史统计资料和调查研究资料来推测未来。遵循客观性原则，就是在预测过程中，必须从房地产市场的客观实际出发，尊重历史资料，认真分析研究现状，揭示其本质联系和必然发展趋势。不唯书、不唯上，要唯实。

② 连续性原则。所谓连续性原则，就是说过去和现在的情况将会持续到未来。也就是说，未来是在过去和现在的基础上发展的，因此，它在很多方面同过去和现在存在着相似处。采用连续性的原则进行分析和研究，可以从过去和现在推测出未来，作出比较准确的预测。例如，要预测未来若干年后房地产市场的需求总量，就要把房地产市场发展的过去、现在和将来看作是一个连续性的过程，根据过去和现在的各类房屋的需求情况，去测算未来的需求水平。如果离开连续性的原则去考虑未来的需求状况，就不是科学预测，而只能是一种没有

根据的臆测。

③ 类推原则。所谓类推原则，就是根据以往房地产市场营销发展的模式和规律，推测出未来房地产市场营销发展变化的情况。例如，当房地产市场中的商品房价格处于均衡时，商品房需求量和供给量就相一致；当市场上的商品房价格高于均衡价格时，商品房就积压；当市场上的商品房价格低于均衡价格时，商品房就供不应求等。

6. 市场预测的局限

市场预测是在市场调查广泛收集市场信息资料的基础上，依据一定的科学原理，运用一定的程序和方法，来获取关于未来市场变化趋势的各种信息。这些信息反映了市场各种因素之间相互作用的关系与程度，反映了市场发展变化的规律性。因此，市场预测具有科学性，不是主观臆测。

当然，市场预测也不一定是完全正确无误的，其自身具有不可避免的局限性。

首先，市场的发展变化并不是过去和现在情况的简单重复，总是要受到各方面因素的影响。加之认识和资料的局限性，使得事先对未来任何事物的估计和推测，都会在一定程度上与将来发生的实际情况产生这样或那样的偏差。因此，预测不可能完全准确，预测值只能是一个近似值，也就是说预测具有近似性。我们所要做的，就是要尽量减少误差程度，提高预测精度，使预测成为决策的可靠依据。

其次，人们对未来的认识总有一定的局限性，预测中往往受到知识、经验、时间、条件以及认识工具等多方面因素的限制。

最后，预测时所用到的数学模型一般都简化了一些因素和条件等。这就使预测形成的结果具有一定的局限性，往往不能表达市场变化的确切状况，使预测的应用范围和预测深度受到不同程度的影响。对于这一点，我们无论是在作预测还是在作决策时都应有一个清醒的认识。

二、房地产市场预测的一般程序

房地产市场预测必须遵循一定的工作程序，才能达到预期效果。同时，是否遵循一定的科学程序，也是科学预测与经验估计的最大区别。

1. 确定预测目标，拟定预测计划

房地产市场预测的内容非常广泛，所以预测工作开展第一步就是要明确预测的目标和对象，即了解为什么进行预测和预测什么。预测目标必须是具体、准确和清楚的。只有预测目标明确、要求具体，才能有的放矢地开展预测工作。预测目标不同，预测内容、预测所需资料和预测方法也随之不同。因此，确定预测目标是进行市场预测的关键性步骤。此外，明确预测目标也有助于选择预测的精度、要求、重点和表达方式，从而确定应投入的费用、时间、预测的时间水平等。

预测目标明确后，就要据此拟定预测的工作计划。预测计划是预测目标的具体化，要制定具体周详、切实可行的预测计划。预测计划包括预测机构的组建、预测人员的培训、预测工作各阶段的安排以及预测费用的预算等。此外，预测计划还应包括收集资料方法的确定、预测方法的选择以及对预测精确度的要求等内容。在具体的实施过程中，一旦发现有新的变化，应及时修改计划。

2. 收集和整理信息资料

资料是预测的前提和基础，资料的多寡及可靠程度对预测结果是否准确有直接影响。确定预测目标后，首要的工作就是广泛收集和系统整理与本次预测对象有关的市场信息资料，包括预测单位内部和外部的历史资料和现实资料两类。历史资料包括历年的社会经济统计资料、业务活动资料和市场研究信息资料；现实资料包括目前社会经济和市场发展动态、生产与流通形势、消费需求变化等资料。整理资料时，对计算口径、计算方法、时间范围等前后不一致的要进行调整，对受某些非正常因素影响所形成的异常数据应予以剔除。资料的收集和整理力求准确、全面、及时、适用，以便保证预测能顺利开展，提高预测质量。

3. 选择预测方法，建立预测模型

根据预测目标、房地产市场供求形态及所掌握资料的情况，选择合适的预测方法。预测的方法有很多，各有其适用对象和条件，如果方法选择不当，将很难达到预期目的。在预测中，有时可以把几种预测方法结合起来使用，以便综合处理信息数据并相互验证预测结果，提高预测的可信度。运用预测方法的核心是建立描述、概括预测对象特征和发展变化规律的预测模型。预测模型是以数学方程式表达的各种变量之间的函数关系，它抽象地描述企业市场营销活动中各种因素、现象之间的相互关系。定性预测模型是逻辑思维和推理的程序，定量预测模型通常是以数学关系式表示的数学模型。预测模型要在满足预测要求的前提下，尽量简单、方便、实用。

4. 确定预测结果，进行分析评价

根据预测模型输入有关资料和数据，经过运算即可得到初步的预测结果。因为模型只是对客观事物近似的反映，只考虑了影响事物进程的主要方面和可以量化的方面，因此，预测结果决不会与实际结果完全一致。这就要求对初步预测结果的可靠性和精确性进行验证，估计预测误差的大小。在分析评价的基础上，修正初步预测值，得到最终的预测结果。在对预测结果进行分析、评价过程中，除使用统计检验外，通常还使用理论检验、资料检验和专家检验。理论检验是运用经济学、市场学的理论知识，采用逻辑方法，检验预测结果的可靠性程度。资料检验是重新验证、核对预测所依赖的数据，将新补充的数据和初步预测结果与历史数据进行对比分析，检验预测结果是否符合市场发展情况。专家检验是请有关专家对预测结果作出评价和论证。

5. 写出预测报告，呈现预测结果

市场预测所形成的最终结果，就是预测报告。在对预测结果进行检验之后，就要着手编写预测报告，呈现预测结果。预测报告有两种，一种是一般性报告，另一种是专门性报告。一般性报告主要供领导参考，目的是提供市场预测结果和市场营销活动建议。其内容主要包括预测对象过去和现在的状况、影响预测对象的各种因素、预测结果、预测对象未来发展趋势以及达到预期目标的各种方式和必须条件等。专门性报告主要是供市场研究人员、咨询人员参考。其内容主要包括获取和处理数据的方法、预测方法和预测模型、预测结果和主要计算程序、检验过程等。呈现预测结果是市场预测的最后一步。一个预测的价值要体现在其应用的价值上。一个预测，无论是多么的准确，如果最后不被别人利用，那也是毫无价值的。向有关人员呈现预测的结果是一项艺术性很强的工作，它最终决定了预测的实际价值。这当中应注意两点：第一，要阐明预测的效用，使决策者相信预测结果与所需做的决策密切相关、大有用途；为了使决策者明确预测的结果，则最好用图表的形式。第二，要说明预测的可信性。要记住决策者不一定是预测的专家，他对预测者所谈的各种术语不一定都能理解，所以预测者必须设法以容易理解的方法，说明预测的可靠性。

市场预测的各个步骤是相互联系的，在时间先后次序上可以交叉进行，不要一成不变，而应该根据预测目的和实际工作进度，灵活运用。

三、房地产市场预测的内容

房地产市场预测的内容十分广泛，从预测对象来看，它既包括对房地产市场供求关系及发展趋势的预测，也包括对与房地产市场相联系的各种经济、社会、自然环境等一切因素及其发展变化对房地产市场供求关系的影响与影响程度的预测。我们这里所说的预测内容，是指在通常情况下，进行房地产市场预测所应当包括的主要内容。

1. 国民经济发展趋势预测

这通常是房地产市场预测的首要内容。房地产业作为国民经济支柱产业之一，受国家宏观调控的影响很大。房地产市场近几年来的波折，使人们懂得房地产市场不是孤立存在的，它受国民经济发展趋势大气候的直接影响，与整个国民经济休戚相关。这一预测包括国家总的经济状况的变化、货币投放状况、物价变化、国民收入状况、股市走势、市场消费结构及其发展趋向等。

2. 国家宏观经济政策预测

房地产业投资额度大，投资回收期长，一旦投资失误，其损失将是不可估量的，这就要求企业对宏观经济政策有清楚的了解，具有预见性，尽量将资金投入国家政策扶持的方向。这一预测包括国家关于房地产产业政策调整对房地产市场的影响，当地政府政策导向及房地产产业政策对市场带来的影响，国家和当地政府对房地产市场商品总的供求政策对房地产企业生产带来的影响。

3. 房地产市场需求量预测

房地产市场需求量分潜在需求量和有效需求量，这都是企业进行预测的内容。但对企业来说，重点应该预测有效需求量，即市场容量。房地产产品的范围很广泛，且同一类产品在实际需求上也存在很大的差异。如住宅、商业用房、写字楼、别墅等，在进行预测时，要首先确定房地产产品的范围。进行需求量的预测，一方面要了解某产品的社会拥有量，另一方面又要了解某产品的社会饱和点，二者之差即为市场需求量。对市场需求量进行预测，必须研究影响市场潜量的各种因素，即研究市场营销环境。如人口、分配政策、社会购买力与购买指数、社会文化、购买心理、竞争等许多不可控制因素。同时还要研究企业可控因素，如产品、定价、分销和促销策略变化对市场需求量的影响。通过预测社会和客户的需求量，竞争对手的开发量与营销量，来确定本企业的开发量及营销策略。

4. 市场占有率预测

市场占有率是指在一定的市场范围内，企业所生产的某种产品的销售量（额）占同类产品总销售量（额）的比重，用公式表示为：

$$\text{市场占有率}=\frac{\text{本企业某种产品的销售量（或销售额）}}{\text{市场上同类产品全部销售量（或销售额）}}\times 100\%$$

市场占有率表明一个企业在市场活动中所占的份额。在当今经济高度发展的社会，除极个别的情况外，任何一个部门或企业都不可能独占市场，只能在市场中占有一定份额。对于房地产企业来说更是如此。市场占有率实际上是企业产品竞争能力大小的标志。通过研究本企业现在和过去的市场占有率，以及当前同类企业经营水平、竞争能力、各自优势等情况，预测市场占有率，可以促使企业改善经营管理，提高生产技术水平，促进产品更新换代，提高服务质量和服务水平，最根本的一条是为企业经营决策提供依据。

5. 技术发展预测

技术的发展对房地产产品的发展具有决定性的影响，建筑和装修的新材料、新技术和新工艺及其在房地产产品生产上的应用，都会影响用户对房地产产品的需求，从而对房地产市场产生重大影响。技术发展预测包括对新技术、新材料、新工艺、新发明、新设备以及新产品所具有的特点、性能、应用领域、应用范围、应用速度、经济效益，以及它们对房地产产品生命周期的影响进行预测。

6. 产品生命周期预测

广义的产品生命周期是指一种新产品试制定型以后，从投入市场开始到被市场淘汰停产为止所经过的时间。产品的整个生命周期大致可以分为试销期、成长期、成熟期和衰退期四个阶段。当然这四个阶段是针对一般情况而言的，并不是所有产品都要经过这四个阶段。如房地产产品的四个阶段划分就很不明显，但这并不等于房地产产品没有生命周期。房地产产品的生命周期问题是房地产企业经营不可忽视的一个重要问题，遗憾的是我国房地产企业界对此问题尚未给予足够的重视，房地产产品生命周期预测能够使房地产企业了解房地产产品处于哪一个周期阶段，分析房地产的发展趋势，制定和采取相应的经营、营销策略。

7. 营销前景预测

营销前景预测是对今后一段时期内最可能的房地产产品销售水平的预测。它包括今后一段时期内房地产产品销售、开发品种、规格、地域、价格等的变化情况。当企业的市场潜量和销售潜量确定后，就可以进行这种销售前景的预测。销售潜量是指某一产品在市场上的可能销售量，但它并不等于实际销售量。对这一点，预测时应予以考虑。

8. 价格走势预测

价格的变化会影响企业经营利润的变化，也会影响市场需求的变化，还影响国家、企业与消费者之间经济利益分配关系的变化。价格反映各方面的经济关系，因此，房地产价格预测是房地产市场预测的重要内容。房地产属于高价值产品，各房地产企业由于营销策略、开发成本以及竞争能力等的不同，使得房地产产品的价格差别很大。了解、把握房地产价格走势的变化，是企业成功制定价格策略的关键。

价格的变化与供求关系的变化是相互影响的，二者在一定程度上存在因果关系。因此，在进行房地产市场预测时，一方面要注意收集开发成本的变化、供求关系的变化、货币价值与货币流通量的变动以及国家经济政策等因素资料，以预测其可能对价格产生的影响；另一方面，也要预测由于价格的变化对市场供求关系带来的影响及其发展趋势，充分估计到价格变化的影响作用。

9. 企业盈亏预测

所谓盈亏预测也即量、本、利分析预测，或盈亏临界分析预测。也就是对房地产开发企业的开发成本、开发量、利润、价格之间的关系作出评价及预测。盈亏预测主要是预测盈亏平衡点，从而推测出实现目标利润所要达到的营销额。

四、房地产市场预测的方法

房地产市场预测方法是达到预测目的的手段。采用什么样的预测方法与预测内容和预测期限有关。近几十年来，随着预测在经营管理中被广泛地应用，预测方法日益增多。归纳起来，可分为定性预测和定量预测两大类。

（一）定性预测方法

房地产市场预测的精确性在很大程度上取决于所选择的预测方法是否合适。选择预测方法，要从预测对象的特性出发，根据预测的目的和要求，收集资料的情况，预测费用与效益的比较等因素，进行综合考虑。

预测的方法有很多种，各种方法都有其自身的特点、用途和一定的适用范围。实际使用中往往要针对某一问题，综合运用各种方法，相互补充，相互校正，以提高预测的可靠性。

一般认为当掌握的相关资料不多时，或者当预测要求不是很高时，可以选择采用定性预测的方法。其实随着科学技术的发展，社会现象日益复杂，市场情况瞬息万变，顾客需求趋于多样化、复杂化，有许多问题是无法定量化的，或者定量化所需的代价是非常高昂的，因此定量化的数学模型并不是万能的。一味地追求定量化将使预测科学走向绝境。因此我们必须充分重视并有效利用各种定性的方法。定性预测法又称判断预测法，它主要依据直接的调查资料、个人的经验、知识和能力，对未来的情况作出预测。定性预测中也常伴有数量内容，但其目的并不在于准确地推算具体数字，而在于判断市场未来发展的性质和方向。

1. 专家意见法

这是利用有关专家的专业知识和经验进行预测，依赖专家索取信息，并对过去和现在发生的过程进行综合分析，从而对发展的远景作出判断。专家意见法主要有三种方法：

（1）*专家会议法*。这是指参加会议的专家就预测问题进行讨论、分析；最后综合大家的意见，作出预测的方法。专家会议可使企业获得大量的信息资料，得到各种可供参考的不同方案，集思广益，卓有成效。它的不足之处是：容易受心理因素的影响，如屈服于某权威的意见；或随和大家的意见而不敢提出个人卓有创见的建议，而且，一般对自己提出的意见不愿作当场的修正等。

（2）*头脑风暴法*。它是指在组织专家会议时应遵循以下原则：①就专家会议的组织者来说，必须就所论问题提出一些具体要求，并严格规定提出设想时所用术语，以便限制所论问题的范围，使参加者把注意力集中于所论问题，而不至于漫无边际地离题空发议论。②任何与会者不能对别人的意见提出怀疑，不能放弃和终止讨论各种设想，不管这种设想是否可行，抑或是想入非非。③支持和鼓励参加者解除思想顾虑，创造一种自由的气氛激发参加者的积极性。④鼓励参加者对已经提出的设想进行改进和综合，为准备修改自己设想的人提供优先发言权。⑤发言简短，不需详细论述。因为时间长，不利于产生富有成效的创造性气氛。⑥不允许参加者空谈事先准备好的建议。

由此可见，头脑风暴法是一种无所顾虑的创造性思维的专家会议，利用头脑风暴法从事预测，有可能在比较短的时间内得到富有成效的创造性成果。会议与会人数以10～15人为宜，会议时间一般为1小时左右。领导人员不宜参加这种会议。与会者若相互认识，要从同一职位的人员中选取；与会者相互不认识，可以从不同职位的人员中选取，这时不论成员是什么学历或职称都应同等对待。

(3) 特尔菲法。它是专家会议的一种发展,是以匿名的方式通过几轮函询,征求专家们的意见,直到专家的意见趋向一致。

特尔菲法有三个特点:①匿名。即参加预测的专家互相间不知情,故可消除心理因素的影响,专家可以参考前一轮的预测结果,修改自己的意见而无需作出公开说明,因而无损自己的威望。②反馈。专家意见提出后,预测机构对其进行汇总,汇总的结果再次寄给所有的被邀请参与预测的专家,各专家根据汇总材料进行分析,提出新的意见再寄给预测组织者,再次进行汇总,再次反馈,如此往复反馈,专家们意见会趋向一致,最后得出一个专家们都认为较好的结论。③集中判断。特尔菲法通过几十位专家的意见,把众说纷纭的意见由预测部门集中、汇总、归纳,可以说,它是一种集中性的判断。

2. 经理评判意见法。

经理评判意见法,就是由房地产企业经营的总管把与市场有关或熟悉了解市场情况的各种经理人员(包括销售经理、开发经理、财务经理、市场研究人员等)召集在一起,让他们对未来的市场情况发表自己的意见,作出自己的判断,然后将各种意见汇总起来,进行分析研究,得出市场预测的结果。

这种预测方法的主要优点如下:第一,迅速及时、经济,不需要经过复杂的计算,也不需要多少预测费用,就可以及时拿到预测结果;第二,由于这种方法集中了各个方面熟悉市场情况的有经验的经理人员的意见,因此,可以发挥集体的智慧,使预测的结果更加准确;第三,使用这种方法不需要有大量的统计资料,第四,如果市场情况发生了变化,可以立即进行修改。

主要缺点:一是预测的结果容易受主观因素的影响;二是对市场的变化、顾客的期望等问题不能详细了解。

3. 销售人员估计法

销售人员估计法,就是在进行市场预测时,把本企业的销售人员召集在一起,让他们对下一年度的销售额做出估计,然后把他们的估计销售额汇总起来作出下一年度的销售预测。

这种预测方法的主要优点如下:第一,它与经理评判意见法一样,不需要经过复杂的计算。因此,预测速度比较快,也比较节省费用。第二,由于销售人员一直在市场里活动,对市场情况相当熟悉,对消费者的情况也比较了解,所以,他们预测的结果往往比较准确。正因为如此,这种方法使用也很广泛。

当然,这种预测方法也有一定的缺点,它同经理评判意见法一样,具有主观的因素,容易受个人偏见的影响。假如有的销售人员对形势发展认识比较乐观,他估计的预测数字就可能偏高;反之,有的销售人员对形势发展抱悲观态度,他估计的预测数字就可能偏低。特别当有些企业把完成销售任务同销售人员的成绩结合在一起,这就会给预测结果带来更大的影响。因为销售人员怕把数字估计高了,将来完不成销售任务而得不到奖励。因此,不愿意把那些有可能争取到的销售额估计进去,这样就会使整个预测数字不准确。

(二) 定量预测方法

1. 时间序列法

时间序列就是按时间顺序排列起来的数字序列。用时间序列法来预测的原理是:事物发展变化是有规律的,假设这种规律会延续下去,就可以用过去的统计资料分析出事物变化发展的规律,并依据此规律来推算未来的情况。此法虽不很精确,但因只需用过去现成的资料，所以简便易行，受到人们广泛的普遍重视和应用。

时间序列分析法的种类很多，下面介绍几种主要方法：

(1) 简单平均法。这是用企业过去几年或几个月时间实际销售量资料，求其平均值，作为下一时期的预测值。计算公式为

$$y_t=\frac{y_1+y_2+\cdots+y_n}{n}$$

式中 y_t——表示 t 期的预测值；

$y_1,y_2,\cdots,y_n$——1 至 n 期的实际销售量；

n——表示资料期数。

(2) 移动平均法。移动平均法主要有算术移动平均法和加权移动平均法。

① 算术移动平均法。它是以相同权数对观察期的数据按一定跨越期求移动平均值，以最后一个移动平均值为基础确定预测值。算术移动平均法只有运用于观察值没有明显的季节性变动，或长期趋势变动较平滑的情况下，进行预测才是适宜的。

② 加权移动平均法。它是对观察值分别给以权数，按权数求得移动平均值，并在最后一个移动平均值的基础上确定预测值的方法。在计算中，由于近期观察值对预测值有较大的影响，所以对于接近预测期的观察值给以较大权数。

(3) 指数平滑法。它是利用前后两期实际和预测资料，并考虑其各占比重来进行预测。计算公式为

$$y_t=D_{t-1}+(1-\alpha)y_{t-1}$$

式中 y_t——t 期预测值；

y_{t-1}——t 前期预测值；

D_{t-1}——t 前期实际值；

α——平滑系数。

2. 一元线性回归法

一元线性回归法又称一元线性相关分析法，是时间序列的延伸，是分析相关经济现象的一种方法。“回归”两字用来表明一种现象由另一种现象的变化而发生的变化。它常常根据某个自变量 x 的变动，来推测另一个因变量 y 变动的方向和程度。所以它是一种根据自变量和因变量之间的相关关系，建立回归方程，利用回归方程进行预测的回归预测方法。计算公式为

$$y=a+bx$$

式中 y——表示因变量(预测目标)；

x——表示自变量(影响因素)；

a,b——回归参数。

第三节 房地产市场细分

一、房地产市场细分的概念和特点

1. 市场细分概念的形成

市场细分的含义是：销售者(企业)按照细分变数，把社会上某类产品的市场总体，细分

为需要不同的产品和市场营销组合的分市场或子市场的过程。其中任何一个细分市场或子市场，都是一个有相似欲望和需要的消费者群。市场细分是企业进入市场的有效战略，它是直接为企业选择有利的目标市场服务的。在市场细分的基础上，企业进一步针对各个不同的分市场的需求差异，加以区别，评价与选择一个或几个分市场作为目标市场，开发适销对路的产品和发展相应的市场营销组合，以满足目标市场的需要。这也就是企业的“目标市场营销”策略。

市场细分这一学术观念的形成，反映了市场营销实践发展的客观要求。企业的市场营销思想一般经过三个阶段：即大量市场营销到产品差异市场营销，再到目标市场营销。所谓大量市场营销，是指企业大量生产某种产品，通过众多渠道大量推销给所有的购买者。它是在“生产观念”的经营思想指导下的市场营销观念，是与一个国家在工业化初期，物资还不丰富，产品供不应求的状况相适应的。而产品差异市场营销，是指企业生产两种或更多的产品，提供不同的花色、规格、质量等，以供不同的购买者选购。这种市场营销观念在本世纪20年代到第二次世界大战结束时期的工业发达国家产生和推行。当时由于科学技术进步，科学管理和生产规模扩大，生产力提高，产品迅速增加，市场出现供过于求，销售者之间竞争日趋激烈，价格下跌，利润相应下降。并由于同行业中各个企业的产品都大体相似，谁也不能完全控制产品销售价格，于是企业界开始认识到产品差异的潜在价值，并实行了产品差异市场营销策略。到了20世纪50年代，工业发达国家，不少先进企业开始从“产品差异市场营销”转而实行“目标市场营销”，而这种营销策略的基础就是市场细分。

由于市场细分理论具有十分现实的经济意义，所以一经推出就得到企业界的推崇，并在市场营销实践中获得了巨大的成功。

2. 房地产市场细分的概念

所谓房地产市场细分，是指人们在“目标市场营销”观念的指导下，依据一定的细分变数，将房地产市场总体细分为若干具有相似需求和欲望的房地产消费者或购买群（即房地产买方分市场或子市场）的过程。

上述房地产市场细分概念包涵三层基本意思：一是房地产市场细分与目标市场营销观念是一脉相承的。事实上，市场细分是房地产开发经营企业实行目标市场营销策略的基础环节和必备前提。二是房地产市场细分的依据是反映房地产消费者或购买者现实需求、欲望的一系列“细分变数”，如地段环境、面积大小、规格式样、价格高低、室内装修等方面的需求标准。三是通过房地产市场细分，最终是要把房地产市场中的买方总体，划分为一个个需求欲望相似的消费者或购买者群。

房地产市场细分不同于一般的房地产市场分类。通常，房地产市场的分类标志包括：物品形态——房产市场，地产市场等；流通方式——房地产售买市场、房地产租赁市场等；流通方式的层次结构——房地产一级市场、二级市场，三级市场等；使用性质——住房市场、经营用房市场等。上述房地产市场分类，都不是从消费者或购买者的角度出发，按照消费者需求爱好的差别来划分的，所以它们都不属于房地产市场细分的范畴。

3. 房地产市场细分的特点

与其他商品市场相比，房地产市场不仅面广量大、结构层次复杂，而且房地产商品本身及其消费主体又有许多自身所具备的显著的特点。所以，房地产市场细分与其他市场细分相比，除了有其共性的一面外，还有如下几个特点：

(1) 房地产市场细分必须以房地产市场的基本分类为前提。房地产市场要比单一商品(如洗衣机、汽车、自行车、服装等)的供求关系所构成的市场复杂得多。房地产市场作为一个庞大的行业市场,它包括了多种类别商品的交换关系。其中基本分类有:房产市场、地产市场和物业管理市场、住房市场与经营用房市场等。因为市场细分一般是以某一类商品市场作为对象进行细分的,而且只有这样,市场细分才是可行的和有实际意义的,所以对由多类商品市场构成的综合型房地产市场进行细分,必须以该市场的基本分类为基础。

(2) 房地产消费对象一般不是个人,而是家庭和事业单位。消费者情况是房地产市场细分的一项重要"细分变数",而"细分变数"在量上的确定,直接与消费者的基本构成单位有关。对于其他商品来说,如服装、自行车、书刊杂志、烟酒等,其消费者的基本构成单位一般是个人,而房地产消费者则一般是以个人的集合体——家庭或企事业单位为基本构成单位的。因此,在确定房地产消费者需求爱好、收入水平等"细分变数"时,绝不能简单套用以个人为单位的调查统计方法,而应客观反映家庭和企事业单位的总体上的需求爱好或收入水平。如果简单的以个人的年龄、职业和性别作为住宅市场的"细分变数",这样做是没有任何实际意义的。

(3) 家庭人口数量、结构和收入是住宅市场细分的一项主要"变数"。家庭作为居住使用住宅的一个基本单位,它所包含的人口数和结构,以及家庭收入,是决定其住宅面积大小、平面分割布局、室内装修档次等需求爱好的主要依据。

住宅作为一项基本的社会生活要素而为每家每户所必需;同时它又是一种高价值的商品,并不是社会上所有的住宅消费者都具有"等价支付"的能力,特别是在中国目前工资水平普遍较低的情况下,大多数人都不具备这种"等价支付"能力。这就造成了如下两种基本的住宅需求类型:一类是"政府资助型"或"单位资助型",人们通常称之为"福利住宅";另一类则是"等价支付型",亦即"商品住宅"。

在福利性住宅需求中,主要应用"家庭人口数量及结构"这一细分变数;而对商品性住宅需求来说,则应同时注重"家庭人口数量、结构"和"收入"这两个细分变数。

(4) 房地产市场细分应充分显示消费者对房地产需求的环境评价与偏好。房地产是不动产,房地产市场是不动产市场。由于不动产所固有的空间位置的不可移动性,就必然存在一个不动产所处的周围环境问题。

房地产的"环境"具有三重性质:第一是自然地理环境,如地形、地貌以及气候条件等;第二是经济地理环境,如距离市中心的远近、交通便利程度等;第三是人文环境,如居民素质、社会风气、文化教育设施等。人们对房地产的需求爱好,实际上是对房地产及其周围环境进行综合评价和选择的结果。因此,在细分房地产市场时,应充分考虑到人们对房地产需求的环境评价与偏好。

(5) 房地产市场细分应注重消费者对房地产管理、服务的需求。房地产不仅是一种"物",同时也是一种"社会关系"。体现在房地产上的这种社会关系具体包括:经济关系、法律关系、邻里关系、社区关系等。房地产还具有使用上的长期性,财产或权利流转中的专业性、复杂性,以及装潢维修技术性强的特点。因此,人们对房地产的现时需求,往往是与今后自己那份房地产的权利保障性和使用(或处分)便利性联系起来考虑的。这就需要提供优质的房地产管理、服务劳动加以解决。从市场细分的角度说,只有注重消费者对房地产管理、服务的需求,才能选择有利的目标市场与产品定位,以促进房地产市场营销。

二、房地产市场细分的作用

房地产市场细分是直接为房地产业各类开发经营企业市场营销服务的一项有效战略。细分市场并据以选择有利目标市场，对于推进房地产企业营销活动，至少有以下几方面的作用：

1. 有利于发现新的市场机会

房地产市场是一个容量大、品种多、配套服务性强、需求标准多样的市场。与其他产业市场相比，它客观上存在着更多的市场机会。抓住一个新的市场机会，对房地产企业来说，就意味着开拓了一个新的经营业务领域，占据了更多的市场份额。从这个意义上说，只有不断发现和抓住新的市场机会，房地产企业才能在市场营销中"左右逢源"，显示勃勃生机。

市场细分是企业不断发现新的市场机会的有效手段。企业在对房地产市场营销进行周密调查的基础上，根据当前市场竞争的状况，分析了解各个不同的房地产消费者群的需求的满足程度，从而发现未被满足或未被充分满足的需要。这些未被满足或未被充分满足的细分市场或子市场，往往存在着极好的市场机会。房地产开发经营企业应抓住这些市场机会，制订最佳的市场营销战略，以提高自己在整个房地产市场中的占有率。比如不少地方商品房售后管理服务方面一直存在着严重的脱节现象，这就是一个未被满足的物业管理细分市场。在当前房地产开发经营竞争日趋激烈的情况下，对于那些势单力薄，在竞争中处于不利地位的企业来说，采取"避实就虚"的战术抢先进入物业管理细分市场，组建"物业管理公司"，或独立经营，或与开发公司联手经营物业管理业务，这很可能就是一种成功的目标市场选择方案。

2. 有利于小企业开发市场

房地产小企业(如房管所、修建工程队等)一般在人力、物力、财力和信息方面的资源能力有限，在房地产整体市场或较大的分市场上缺乏竞争能力。如果这类小企业善于发现一部分房地产消费者未被满足的需要，细分出一个与本企业的实力和优势相适应的小市场，推出相应的产品或服务，往往能获得较大的经济效益。如上海房屋建筑物的屋面漏雨或墙面渗水一直是个久治不愈的老大难问题，每逢下雨天，特别是黄梅季节来临，房管部门报修告急电话铃声不断。这就是一个未被满足的"捉漏"细分市场。一些小企业如能把它作为自己的目标市场，研究出一套"捉漏防渗"的绝活，必定会取得很好的社会声誉和经济效益。

3. 有利于企业集中使用资源，避免分散力量，从而取得最大的经济效益

即使是规模大、实力雄厚的房地产企业，其人力、物力和财力也总是有一定限度的。面对商品种类繁多的房地产市场，在同一时期中，它不可能面面俱到都去开发、经营、管理。而通过市场细分，企业就能找到最适合自己的一项或几项经营业务，从而把自己的人、财、物资源在一个时期相对集中地投入到这些业务中去，以取得最大经济效益。

4. 有利于调整企业市场营销策略

如果房地产企业仅为整体市场提供单一规格或式样的产品和服务，制定统一的市场营销策略。虽然这样经营起来比较容易，成本也比较低，但是信息反馈比较迟钝，对市场情况变化的反应也比较慢。而在细分房地产市场的情况下，由于企业的产品定位以及市场营销策略都是依据不同的房地产消费者群的特殊需求爱好设计的，所以企业比较容易觉察和估计消费者的反应，一旦市场情况发生变化，企业就能比较灵活地采取应变措施。

三、房地产市场细分的方法

1. 房地产市场细分的原则

房地产市场细分有许多方法，但并不是所有的市场细分都是有效的。比如住宅的购买者可以分为汉族、回族、蒙古族等，也可按家庭成员的平均文化程度或平均年龄加以区分，但是这些细分变数显然与购买住宅没有什么必然联系。因此这种细分是徒劳无益的。要使市场细分对房地产经营企业有用，必须遵守以下四个细分原则：

(1) 可衡量性。它是指被大致测定的各个细分市场的现实(或潜在)购买力和市场规模大小。比如需要购买可自由分隔和装修的毛坯房的消费者群规模有多大，他们的购买力和地段选择性怎样，这些情况都要有确切的实际调查资料来显示。如果能做到这一点，这个住宅的细分市场才符合可衡量性的原则，从而实现有效的细分。而有些细分变数是很难衡量的，如购房用以保值或炫耀经济实力的分市场就不易衡量，这种细分没有多少实用价值。

(2) 可进入性。它是指房地产经营企业有可能进入所选定的分市场的程度。如果某个房地产物业管理公司，发现需要物业管理特色服务的消费者群分散在相距很远的多幢大楼里，而且他们在整幢大楼的住户中只占很小的比例。在这种情况下，该物业管理公司要进入这个市场几乎是不可能的。除非这些消费者居住区域相对集中并具有一定的规模，公司才能进入这个分市场。

(3) 可盈利性。它是指房地产经营企业所选定的分市场的规模足以使本企业有利可图。一个细分市场应该是适合制定独立的市场营销计划的最小单位，并且具有相当的发展潜力。如果细分市场无利可图，也没有发展潜力，那么这种细分市场是没有实际意义的。

(4) 可行性。它是指房地产经营企业对自己所选择的细分市场，能否制订和实施相应有效的市场营销计划。企业对房地产市场总体可以细分出众多的分市场，但并不是所有的分市场都能够符合企业经营能力。有的是技术上不能胜任，有的是由于企业的人事规模和资金、用地规模的限制，尚不足以同时为太多的房地产分市场制订和实施个别的市场营销计划。总之，企业对市场的细分必须符合可行性的原则。

任何时候都应该牢记：真正的市场细分化决不是以细分为目的，为细分而细分，而应以发掘市场机会、增加企业利润为目的。另一点需要指出的是，市场细分必须适度，并不是分得越细越好，过分的市场细分，就会徒增房地产商品的规格和种类，缩小细分市场的开发批量和营销规模，并使房地产开发成本和营销成本增加，从而使产品的价格有可能超过消费者的承受能力。这样反而会造成企业营销业绩的降低。

2. 房地产市场细分变数的概念

所谓“细分变数”，是指房地产市场中的购买者或租赁者对房地产商品的不同欲望和需要。譬如有的喜欢经济实惠的廉价房，有的需要设备齐全、装潢豪华的高级公寓，有的偏爱怡情脱俗的自然景观，也有的追求车水马龙的都市风情等。人们对房地产商品的这些不同的欲望和需要，就是房地产开发经营企业据以进行市场细分的变数。这些变数所概括的房地产需求者群的欲望和需要的差异，构成细分房地产市场的基础。

房地产市场中的商品，有三个基本类别：一是房产，二是地产，三是房地产劳务。与此相应，房地产市场也可区分为房产市场、地产市场这两个相对独立的房地产商品分类市场。其中每一个分类市场都可依据一定的细分变数进行市场细分。

以下我们针对房产市场的细分变数问题进行探讨。根据房产的社会经济用途，房产市场又可进一步区分为住宅市场与非居住用房市场，这里所说的非居住用房市场，主要是指生产营业用房市场。一般说来，住宅市场是面向家庭和居民的消费者市场，而生产营业用房市场则是为工厂、商店、宾馆提供生产经营"要素"的产业市场。由于这两类市场中需求主体性质各异，所以应对它们的市场细分变数分别加以讨论。

房地产业市场细分的方法，归纳起来主要有六种，详细介绍如下。

(1) 营业区域细分。由于每一家中介公司的背景不同，其实力也不尽一致。例如某家中介公司的成员过去可能较具办公大楼的中介经验，那么若能找出商务圈办公市场所在，交由经验老到的经纪人去办，其成绩必然要比四处发反馈式直邮碰运气要理想得多。大体而言，营业区域的区分标准如下：① 旧市区与新市区；② 高级住宅区与大众住宅区；③ 商业区、住宅区及准工业区；④ 繁华商业区、衰退商业区及计划再开发区；⑤ 中小型业者主占区、大型业者独占区以及开放竞争区；⑥ 人口递增区、人口持平区及人口递减区。

(2) 中介委托动机细分。市场上每天都有人在寻找房源，也每天都有房子待售，但每个方案的原因都不一样，每一位买方客户的需要也不一样，以下数种分类标准将有助于业者有效地把握商务圈内的脉搏：① 因换工作而产生买卖房屋的意愿；② 想换面积较大的房子；③ 由三代分居变成三代同堂，故打算将现有房子卖掉；④ 宁可多花时间在路程上，也要追求居住环境的享受；⑤ 希望卖掉手头的不动产，以取得创业资金；⑥ 希望能迁居到市中心；⑦ 其他。

(3) 中介时期细分。每年的二、三月是就业市场变动的高峰，九月则逢毕业人潮汹涌入市，这均为租赁业的景气时期，市场购买气氛亦提高不少。业者可根据每个时期的景气因素制定战术以取得客户信任。

(4) 客户细分。客户可以细分为以下几类：① 个人或法人；② 大面积所有者或小面积所有者；③ 是否为不动产继承人；④ 职业(公务员、一般职员、商人或其他)；⑤ 其他。

(5) 中介商品细分。有关中介商品的细分大致如下：① 住宅；② 办公大楼；③ 店面；④ 厂房；⑤ 其他。

每一种中介商品的运作方法均不相同，营业对象也截然不同，置业者应订立不同战略。

(6) 营业方法细分。该方法包含了以下五个要领：① 初步接触的方法；② 收集顾客情报的方法；③ 同业情报的收集方法；④ 宣传、广告的方法；⑤ 与其他同业合作的方法。

四、房地产市场细分的程序

市场细分是房地产经营企业决定目标市场和设计市场营销组合的重要前提。一般可按如下程序细分。

1. 依据需要选定产品市场范围

每一个企业都有自己的任务和追求目标，作为制定发展战略的依据，房地产经营企业也不例外。对跨入房地产业的企业来说，首先要考虑选定可能的产品市场范围。

房地产商品市场范围应以市场的需求而不是产品特性来定。比如一家住宅租赁公司，打算建筑一幢简朴的小公寓。从产品特性如房间大小、简朴程度等出发，公司就可能认为这幢小公寓是以低收入家庭为对象的。但是从市场需求的角度分析，便可看到许多并非低收入的家庭，也是潜在顾客。如有的家庭收入并不低，在市区已有宽敞舒适的屋室，但又希望在宁静的郊区再有一套住房，作为周末生活或度假的去处。这就是说，公司不应把这种普通小公寓看成只是提供给低收入家庭居住的房子，而要在这种小公寓的市场范围中加入非低收入家庭的那部分需求。

2. 列举潜在顾客的基本需求

选定产品市场范围以后，房地产经营公司的营销专家们，就可以通过“头脑风暴法”，从地理变数、行为和心理变数等几个方面，大致估算一下潜在的顾客对产品有哪些方面的需求。通过这一步所掌握的情况有可能不太全面和准确，但这样做能为以后的深入分析提供一份征询讨论稿。

譬如，这间住宅租赁公司可能发现，人们希望这类小公寓满足的基本需求包括：遮风蔽雨、停放车辆、安全、经济、设计良好、方便工作、学习与生活、不受外来干扰、足够的起居空间、满意的内部装饰、公寓管理和维护等。

3. 分析潜在顾客的不同需求

接下来，该住宅租赁公司再依据人口变数做抽样调整，向不同的潜在顾客征询上述哪些方面需求对他们更为重要。比如，在校外租房住宿的大学生，可能认为最重要的需求是遮蔽风雨、停放车辆、经济、方便上课和学习等；新婚夫妇的希望是遮蔽风雨、停放车辆、不受外来干扰、满意的公寓管理等；较大的家庭则要求遮蔽风雨、停放车辆、经济、足够的儿童活动空间等。这一步至少应进行到有三个分市场出现。

4. 舍去潜在顾客的共同需求

现在公司需要舍去各分市场或公寓各消费者群的共同需求。这些共同需求固然很重要，但只能作为设计市场营销组合的参考，而不能作为市场细分的基础。比如说，遮蔽风雨、停放车辆和安全方面的需求，几乎是每一个潜在顾客都希望的。对此，公司可以把它们作为产品决策的重要依据，在市场细分时则要舍去。

5. 为市场暂时取名

公司在舍去了各分市场的共同需求后，对剩下的那些特殊需求，要作进一步分析；并结合各分市场的顾客特点，暂时定一个名称，以便在分析中形成一个简明的、容易识别和表述的概念。据此，该住宅租赁公司根据小公寓市场各类顾客的基本情况，为各分市场分别取名如下：

① 工作为主者——单身，希望住所离工作地点近，经济实惠；

② 度假者——在市区有住房，希望节假日过一点郊外的生活；

③ 向往城市者——在乡间有住房，但希望能靠近城市生活。

结合上述三类顾客特征及需求特点，可配合绘制方框图 3-1。

6. 进一步认识各细分市场特点

公司还要对每一个细分市场的顾客需求及其行为特征作更深入的考察。看看对各细分市场的特点掌握了哪些，还需要了解什么。这样做的目的是为了进一步明确现有的细分市场有无必要再作细分，或重新合并。公司经过这一步骤发现，图 3-1 中的度假者与向往城市者的需求差异很大，应当分为两个细分市场。同样的公寓设计，也许能同时迎合这两类顾客，但对他们所作的广告宣传和人员构成的方式都可能不同。企业要善于发现这些差异。如果他们原来被归属于同一个分市场，现在就要把他们区分开来。

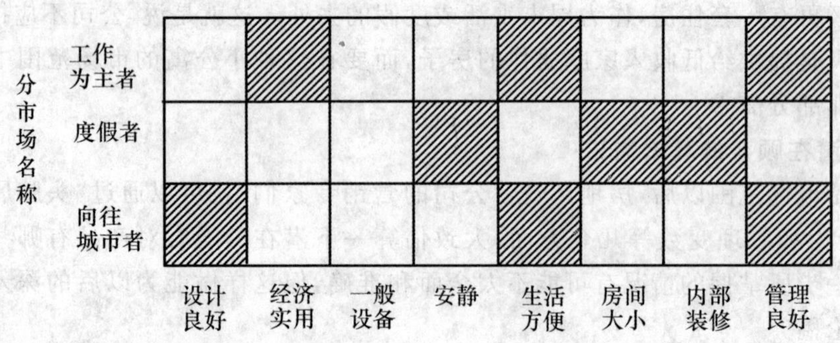

图 3-1　住宅(公寓)需求特点

7. 测量各分市场的规模大小

通过前六个步骤,基本确定了细各分市场的类型。接下来,公司应把每个分市场同人口变数结合起来分析,以测量各分市场潜在顾客的数量。这是因为企业进行市场细分,是为了在适当的市场范围中寻找最多的获利机会,而这取决于各分市场中由顾客多少决定的销售潜力。所以,在这里如果不引入分市场的人口变数是危险的。有时可以发现,某些分市场中的顾客很少,以至于误入这个分市场的公司开发营销成本增加、产品积压、买卖亏本。公司可以从有关部门取得某个地区详尽的人口资料,计算出年轻人占人口的比例,最后得到不同地区年轻人的数量。

公司经过上述七个步骤对公寓住宅市场细分之后,最后要考虑的问题就是如何决定本公司的目标市场战略,如何为目标市场提供最优的市场营销组合。公司在决策时,还要综合其他各种相关因素进行分析。方框图 3-2 中所显示的各分市场顾客追求和排斥的项目,就为公司提供了制订适宜的市场营销组合的基本依据。

五、房地产目标市场选择

市场细分为企业选择目标市场创造了条件,但企业在进入某个分市场之前,还必须深入分析各分市场是否具有获利性的经济价值,以便选择有利的目标市场。对企业来说,只有那些既能发挥本企业相对优势,又能提供足够的获利机会的市场,才值得去占领。

房地产经营企业对目标市场的选择,一般要经过以下三个阶段:

1. 总体市场分析

假设某省有一家房地产经营公司,通过对全省住宅市场状况和本公司特点的研究,决定用顾客类别和住宅类别两组变数细分住宅市场。如表 3-1 所示。

据表 3-1 所示,顾客类别分外商、归侨侨眷、个体户、高薪市民四类。产品分花园住宅、高级公寓、普通住宅三类。经过上述细分,总体市场分为 12 个单元,每个单元代表一个细分市场。在每个细分市场中列出该公司当年的销售实绩(公司尚未进入的细分市场,销售实绩为零),如在归侨、侨眷的高级公寓分市场,公司的当年销售额为 400 万元,为公司在全市场销售额的 24.8%(400÷1610);而在高薪市民的花园住宅分市场,销售实绩为零,它表示公司尚未进入这个分市场,或者表示在花园住宅市场上也许就不存在高薪市民这类顾客。

表 3-1　　全省住宅市场状况统计　　单位：万元

产品组合＼顾客组合	外　商	归侨侨眷	个 体 户	高薪市民	总销售额
花园住宅	200.00	40.00	—	—	240.00
高级公寓	150.00	400.00	200.00	100.00	850.00
普通住宅	—	240.00	180.00	100.00	520.00
小　计	350.00	680.00	380.00	200.00	1610.00

2. 细分市场的分析

上述房地产经营公司当年在各个分市场已经实现的销售额，不能说明该分市场的相对盈利潜力。公司还必须在此基础上进一步了解各个分市场的需求趋势、竞争状况和公司经营能力，从中选择有利的分市场作为自己的目标市场。

对分市场的分析，可以从公司“年销售增长率”和公司产品销售在本省(市)同行业中的“市场占有率”，及其年增长幅度等方面进行研究。现以归侨、侨眷的高级公寓分市场为例，列表分析如下，见表 3-2。

表 3-2　　归侨、侨眷高级公寓分市场分析　　单位：万元

	当年销售实绩	次年销售实绩	年增长率(%)
本省行业销售	2000	2100	5
公司销售	400	450	12.5
市场占有率(%)	20	21.4	1.4

如表 3-2 所示，该公司在归侨、侨眷高级公寓分市场中当年的销售实绩为 400 万元，占本省全行业同类分市场销售额的 20%。预计下一年在这个分市场，全行业的销售额会达到 2100 万元，比上年增长 5%；而本公司销售的年增长率会在 12.5%左右。据此分析，公司的市场占有率将会从当年的 20%上升为下一年的 21.4%，年增长 1.4%。

上述方法可重复用于其他分市场的分析。最后，公司把各分市场分析所得出的结果加以汇总比较，选择对公司更为有利的分市场。

3. 市场营销组合与公司成本分析

公司在初步选择一个或几个分市场作为目标市场以后，还要研制一套目标市场的营销方案。营销方案可以采取用以满足顾客利益追求的产品功能设计组合和价位组合，也可以利用旨在激励顾客购买的促销组合，以及将产品送抵目标市场的分销组合等。然后，还必须对营销方案中的各种“组合”单元进行企业营销成本的分析。最后确定企业在产品营销中的战略重点。

现以实例说明：假定该房地产经营公司选择了归侨、侨眷高级公寓分市场为目标市场。在营销方案中，公司采用了促销/分销组合，如表 3-3 所示。

表 3-3　　　　　　　　　　　　　　　　　　促销/分销组合

分销组合＼促销组合	广　　告	人员推销	公共关系	销售促进
直接销售	(x_1)	x_2	(x_3)	x_4
经 纪 人	x_5	x_6	x_7	x_8
炒　　家	x_9	x_{10}	(x_{11})	x_{12}

此表共分为 12 个单元，公司根据各个单元所需投入的金额与人员制订预算，这样所得到的各单位的预算数字，既表示公司在这方面使用的力量，又表示这方面所费的成本。在表 3-3 中，$x_1 \sim x_{12}$ 代表各单元的成本数字。将成本数字与上一阶段得到的该分市场销售预测数字 450 万元比较，就可看出该分市场的潜在利润，以帮助公司最后决定目标市场。由于各单元促销/分销配置不同，它们所显示公司销售成本也有大有小。通过分析比较，公司最后决定选择预期绩效较高的广告、公共关系促销方法；在分销途径上主要采用直接销售并借助于炒家的合作，即如上表中 x_1，x_3 和 x_{11} 三个单元所示。

依据上述程序评价和确定目标市场，有这样几个好处：首先，企业能够有系统地考察每一个分市场，更好地发掘房地产市场机会，避开市场风险；其次，通过对各个房地产分市场采用的市场营销组合分析，可以帮助企业判断该分市场的机会是否能足够多地回收所费成本，房地产开发经营企业可以根据本公司拥有资源的情况，采取最能赚钱的市场营销组合；最后，通过这个程序房地产企业可以依据不同分市场的需要和吸引力，从上到下，一步步建立起可行的市场营销目标和决定预算分配。

第四章　房地产营销环境分析

企业是在一定的市场营销环境之中运作的，市场营销策略的执行，会受到市场营销环境现状及趋势的影响，即市场营销环境是市场营销计划的重要根据。因此，有必要对市场营销环境作进一步全面的考察和了解，以便及时采取相应的对策，争取更理想地实现市场营销计划的目标。

第一节　营销环境概述

一、营销环境的概念

环境的最通俗概念就是指周围的情况和条件。市场营销环境就是指影响企业与其目标市场进行有效交易能力的所有行为者和力量。

在不断变化的环境中，同样要受"适者生存，不适者淘汰"的社会进化规律支配。因为一个企业可看作是一个系统，即由一系列相互作用和相互关联因素组成的统一体，它首先是一个由一批相互作用的、彼此执行不同职能的部门或工作群体组成的系统。最典型的职能部门有财务、会计、研究开发、生产、市场营销、法律等各部门。在这之中，从市场营销部门的角度看，其他职能部门的活动和行为，也将影响到企业的营销工作，构成企业的微观营销环境。

更重要的还在于企业是一个要受到各种外界因素影响的开放系统，以房地产开发企业为例，它将受到一系列外部因素的影响，包括员工的招聘、培训和登记，企业间的竞争，有关规划、法律及行业管理条例的限制等等。此外，还要受到与之打交道的许多公众的影响，例如建材供应商、装饰品供应商、提供资金的部门以及其他配套服务行业。大多数企业也都要受到这些外部因素的影响。一个企业如果不重视这些外部环境因素的研究和分析，顺流而动，就有可能由于不能适应环境的变化而被淘汰。所以企业必须重视对市场营销环境的研究，重视对环境趋势的监视和预测，适时、适度调整自身的市场营销策略和市场营销组合因素，适应环境的变化，使自身获得生存和发展。

二、市场营销环境的分类

市场营销环境可以根据不同标志进行多种分类。常见的分类如下。

(1) 按影响范围大小，分为微观环境和宏观环境。微观环境是指由企业本身市场营销活动所引起的与公司市场紧密相关、直接影响其市场营销能力的各种行为者，包括公司供应商、营销中间商、竞争者和公众。宏观环境是指影响公司微观环境的各种因素和力量的总和，包括人口统计环境、经济环境、自然环境、政治环境及文化环境。公司微观环境的各种行为者都在这些宏观环境中运作，并受其影响。

(2) 按控制性难易，分为可控制的因素和不可控制的因素。可控制的因素是指可由企业及其营销人员支配的因素。包括：最高管理部门可支配的因素，如产业方向、总目标、公司营销部门的作用、其他职能部门的作用；营销部门可控制的因素，如目标市场的选择、市场营销目标、市场营销机构类型、市场营销计划、市场营销控制。不可控制的因素是指影响公司的工作和完成情况而公司及市场营销人员无法控制的因素，包括消费者、竞争、政府、经济、技术和独立媒体。

(3) 按环境的性质，分为自然环境和文化环境。自然环境包括矿产、动物种群等自然资源及其他自然界方面的许多因素，如气候、生态系统的变化。文化环境包括社会价值观和信念、人口统计变数、经济和竞争力量、科学和技术、政治和法律力量(见图 4-1)。

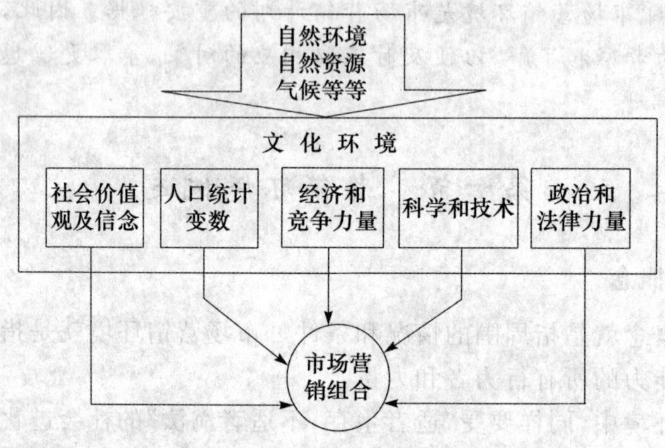

图 4-1 按环境性质分类

上述三种市场营销环境的分类，虽然所用标志互不相同，各有特色，从不同侧面对公司和机构的市场营销环境作了系统而具体的分析，但对总体市场营销环境的归结、阐述还不是一致的。因此，本章仅选取按控制难易程度来划分市场营销环境的方法，依次对有关因素进行分析研究。

第二节 营销环境影响因素

一、微观环境中的参与者

每一公司的主要目标是服务和满足所选目标市场中某些特定的需要而获取利润。对于房地产的开发商和经营商而言，为达到此目的，公司将联合一批供应商和营销中间商来接近其目标顾客。由此组成了“供应商—公司—营销中间商—顾客”这样一条市场营销系统的核心链。而一个房地产公司能否将其房地产产品租售出去，仅仅依靠这样一条核心链是不够的，他们还必须考虑竞争者和社会公众的影响。下面分别加以介绍。

1. 房地产公司

一家房地产公司的销售业务是由营销和销售部门负责的，他们为所有现存房地产产品和品牌制定营销计划并发展新产品和新品牌。营销管理部门在制定营销计划时，还必须考虑公司的其他组织，如高层管理部门、财务、研究与开发、采购、建筑设计和会计等部门，所有这些组织形成了公司内部的微观环境。

高层管理部门就像一个人的大脑，公司的所有重大指令均由这里发出。他们制定了公司的任务、目标、重大策略和政策，对营销经理的决策限定了范围。同时，营销计划的实施必须得到高层管理部门的认可。

营销经理在实施营销计划时，还必须和其他功能部门密切合作，如财务部门就与是否有足够资金来执行营销计划，是否能够有效地在营销计划中分配资金等息息相关。建筑设计部门关系着产品能否建造出来，质量、规格是否合乎要求。会计部门必须估量收益与成本，以帮助营销部门了解其达成利润目标的程度。

所有这些部门对营销部门的计划和行动都有影响，各部门为完成各自的利润目标，或多或少地会有一些冲突。因此，这就要求最高管理部门出面进行调解。同时，各部门都应以公司整体利益为重。而营销部门在制定和执行营销计划的过程中，更应该与公司的其他内部组织协商，使公司所有员工拧成一股绳。这样，才有利于公司在目前竞争激烈的房地产市场中有一席之地。

2. 供应商

对于房地产业而言，供应商是指能够提供土地、建材和服务等资源的公司或个人。作为公司的采购部门，必须作出决定，自己生产哪些资源，由外部提供哪些资源。如决定吸收外部资源，采购部必须制定详细的说明书，寻找供应商，经过查核后选择那些能够形成品质优良、送货可靠、信用保证及低成本等最佳组合的供应商。

"供应商"环境方面的发展变化，也将对公司的营销业务产生实质性的影响。营销经理需不断观察其重要投入的价格趋势。如土地价格上涨，作为开发商就会面临开发成本增加的风险，而经营商则面临经营费用增加的风险，这些都会使房地产产品的租售价格上涨。另外人力、设备等其他资源的变化都会对公司的销售产生影响。此外，营销经理还应关注供货的可靠性。目前，中国的房地产和建材市场还处于较混乱的状态，作为一家房地产公司，不应过分依赖单一的供应商而应寻求多个供应商，以"优胜劣汰"的原则选择货源。

公司如能降低其供应成本或者提高产品质量，就能取得竞争优势。作为一家成功的、稍具规模的房地产公司，可以有自己的建材分公司、建筑施工分公司等子公司。这样，一方面这些子公司可以为公司的发展带来部分市场占有率；另一方面，公司可以降低建筑、开发成本，使自己在竞争中占有有利的地位，增加自己的竞争实力，即实行逆向一体化。

3. 营销中间商

营销中间商是协助公司促销、销售和配销其产品给最终购买者的公司，包括中间商、实体分配公司、营销服务机构和财务中间机构。

(1) 中间商。中间商是帮助公司寻找顾客，或与他们商定销售的商行。如香港利达行就是较著名的中间商之一。这些中间商可分为两大类，代理中间商和买卖中间商。代理中间商有代理商、经纪人和生产商代表，他们找寻顾客或协助商订合同但不拥有商品权。买卖中间商有批发商、零售商和其他中间商，他们先买下商品然后再转售，目前有许多家房地产开发商或经营商都借助于中间商来开展业务。

房地产公司之所以要利用中间商来推销其房地产产品是因为中间商能比房地产公司更有效地执行营销业务。作为房地产开发经营商，其兴趣主要在于开发、经营大量的房地产。而且，顾客只关心能否在最便利的地点和时间找到其所需的其他类型、质量和服务等配套设施齐全的房地产。因此，必须克服房地产公司所提供房地产产品单一性和顾客需求多样性之间的差距。中间商正是克服数量、质量、地点、时间、格式和所有权之间差异的机构。

具体地说，中间商通过大量代理房地产产品，创造了地点效用和数量效用；同时通过延长时间，使得顾客能够便利地租买房地产产品，创造了时间效用；通过代理多家不同地点、不同规格、不同式样和价格的房地产产品，创造了品种效用，同时只需通过便利的现金交易就能将房地产产品租售给顾客而创造了所有权效用。这一切，若由一家房地产公司独立承担，势必要增加分销网和经销商，增加资金支出，因此，中间商在这里就起到了不容忽视的作用。

（2）实体分配机构。实体分配机构协助房地产开发经营商管理房地产产品，负责为顾客介绍，同时还可以在开发经营的前期阶段，为房地产公司提供货物的运输、保管等辅助业务。目前，在我国，这种公司数量很少，而且一般都和其他类型的公司合作经营，几乎没有仅承揽单一业务的企业。

（3）营销服务机构。营销服务机构有营销研究公司、广告代理商、传播媒介公司和营销顾问公司等，他们帮助公司在恰当的市场上推出和促销其产品，公司对每一种服务要决定自制还是购买。某些大型的房地产公司，本身就有自己的广告和营销研究部门，但大多数公司仍需依靠外部代理机构。这些机构本身在创造力、质量、服务和价格方面是千差万别的，因此，如果房地产公司决定外部代理后，应仔细选择雇用，同时，还需定期评估代理机构的绩效，考虑替换不再具有预期服务水平的公司。

（4）财务中介机构。财务机构包括银行、信用公司、保险公司和其他协助融资或保障货物购买和销售风险的公司。房地产投资是一种投资金额巨大、收益时间长、风险大的行为，因此，目前大多采取银行贷款、保险公司投保的方式来吸引资金，从而达到分散风险的目的。因为公司的营销业绩会大大地受信用成本的上升及有限的信用额度的影响，所以，每次公司需大量融资时，必须制订经营计划并使财务中介机构相信其计划的可靠性。同时，公司还与外界财务中介机构建立密切的关系，以保证其贷款的来源。

4. 顾客

房地产公司必须与供应商和中间商相结合，以便有效地向目标市场提供恰当的产品和服务。为此，有必要对房地产公司的目标市场进行划分，以利于公司在制定营销计划时有针对性地区别对待。

（1）消费者市场。购买和租借房屋供消费的个人、家庭或公司。目的不在于利润，而在于追求舒适性、适宜性等个性差异。

（2）工业市场。为了赚取利润或达到其他商业目的而购买或租用房地产产品。目前，我国许多房地产公司出租的房地产产品都属于此市场范畴。随着经济的发展，此市场还有扩大的可能，因此，营销机构应充分了解这一市场的需求心理和需求变化趋势，并随时有针对性地制订出有效的营销计划。

（3）中间商市场。类似于前文所述的营销中间商，是一种以盈利为目的，租售房地产产品的组织。

（4）政府和非盈利市场。为了提供公共服务或将商品和服务转给需要的人而购买产品和服务的政府和非盈利机构。房地产公司为此类型的机构服务，利润较低，但可以和政府或某些对公司发展有帮助的机构搞好关系，为将来公司的发展铺平道路。因此，营销部门对这一市场也应给予充分的重视。

5. 竞争者

房地产公司为了有效地占领某一特定市场，往往会遇到做同样努力的其他公司的竞争。这时，公司所面临的首要营销策略就是如何识别出这些竞争者，并挫败他们，从而获得和保持这一市场的顾客的忠诚度。

竞争环境不仅包括其他公司,也包括更多的基本事物。公司掌握竞争优势的最好方法是从购买者的观点看问题。最后得到顾客租借购买房屋的想法是什么?买哪种类型的房屋?买多大面积的房屋?以及房屋的位置、朝向、层数等一系列问题。之后,房地产公司的销售人员就能确定要推销出自己的房屋,所面临的各种竞争对手到底有多少,竞争实力如何。营销部门也就可以根据他们所掌握的材料制定出相应的营销策略。

目前,大多数房地产公司只倾向于把注意力集中于品牌竞争和建立品牌偏好上,即过于注重将现有产品推上市场去吸收顾客,而忽视了顾客的偏好、兴趣等主要倾向,于是丧失了发掘潜力、扩大市场的机会,甚至不能防止市场恶化。成功的营销必须有效地将公司与顾客、销售渠道和竞争者结合起来,坚持市场定位的原则,即必须考虑顾客、销售渠道、竞争的性质和公司自身的特性。

6. 公众

公众是指任何一个能对本机构的目标产生实际、潜在利益或者影响的群体。

公众能够协助也能妨碍公司达到其目标。因此,明智的公司都会采取具体步骤来卓有成效地保持与主要公众之间的关系。公共关系是一种广义的营销活动,一般由公关部来策划与不同公众建立建设性的关系。以下是一般公司需要面临的几种重要的公众:

(1) 融资公众。就是影响公司获取资金能力的财务机构,类似于前文所述的财务中间机构。房地产公司应该通过发布经营年报,回答财务问题,并谨慎地运用资金等方式来取得这些组织的信任。

(2) 媒体公众。公司若能经常性地通过报纸、杂志、电台、电视台等媒体组织的报道,赢得受众好感,就会在无形中起到广告的作用,甚至可以收到广告达不到的效益。

(3) 政府公众。公司在制定营销计划时必须考虑政府的发展。作为房地产公司的营销人员,须向律师请教有关产品安全性、广告真实性等法令问题,并应考虑市政规划的要求以及政策的导向问题,从而与政府建立起良好的关系。在可能的情况下,还应取得政府的支持。

(4) 公民团体公众。公司的营销活动可能会被消费者组织、环境保护组织、少数团体和其他组织质询,这时公司可以对某些问题保持沉默,也可以选择有益的方面对质询予以反驳。关键在于公司应取得这些组织的信任和好感。这些组织的赞扬胜于公司的广告。

(5) 当地公众。作为房地产公司的开发经营者,首先应该在公司的周围组织中取得信任,得到好评。这样,才有可能以公司为中心,向周围呈放射性地加速发展,从而达到建立公司信誉的目的。

(6) 一般公众。公司须关注一般公众对其产品和活动的态度,虽然一般公众不能有组织地对公司采取行动,但公司在公众中的形象却影响其惠顾。作为一家房地产公司,只有在有力地争取到潜在的购屋者的情况下,才有可能得以生存和发展。

(7) 内部公众。公司的内部公众包括蓝领工人、白领工人、经理和董事会。公司可以通过发行业务总结或其他形式的通报来指导和激励其内部公众。当员工对公司有好感时,这些有利的态度会扩散到外部的公众,从而有利于公司声誉的树立。

虽然公司应将其主要精力用于有效地管理他们与顾客、配销商和供应商的关系,但其成功与否也受社会其他公众对公司活动的看法的影响。作为一家明智的房地产公司,应该花一点时间去掌握所有公众的信息，了解他们的需要和意见，并以建设性的方式来处理相互间的关系。同时，公众的需要和意见也可以对营销部门产生建设性的影响，甚至为公司带来可观的未来效益。

二、宏观环境中的影响因素

房地产开发商与其供应商、营销中间商、顾客、竞争者和公众都在一个更大的宏观环境中活动，此环境中的影响力和大趋势将提供很多机遇和挑战。这些影响力是开发商必须重视和作出反应的不可控制的因素。以下将分别介绍每一宏观环境成分中的大趋势及对营销策略的影响：

1. 人口环境

作为房地产开发商和经营商，最感兴趣的外部影响因素要算人口了。因为房屋是需要人去租、去住的。他们尤其感兴趣的是城镇人口的数量，人口的分布、密度、移动趋势、年龄分布、出生率、结婚率和死亡率等一系列自然属性。这些属性将对市场营销计划的制定起到举足轻重的作用。

(1) 爆炸性的人口增长。世界人口呈现爆炸性增长，在2000年，世界人口已达62亿，增长率为1.7%。中国目前是世界上人口最多的国家。

实际上，人口的增长对于房地产业的发展也会带来不利之处。首先，地球上的资源是有限的，人口过多，势必对有限的资源形成压力，造成食物供应不足，主要矿产的缺乏，人口的过度拥挤，污染和生活质量的全面退化，进而影响到房地产业的恶化。第二个原因在于人口的过度增长并不能带来市场的扩大，而只能使需求增加。这就会对食物供应和资源供给产生过大的压力，会使成本大幅度上升，于是公司的利润会下降。因此，作为有发展眼光的房地产开发商、经营商应对这一趋势做出预先反应，并在公司的长久营销战略中得到体现。这样，才有可能使公司在困难来临时，做到有备而战。

(2) 人口的老龄化。随着经济的发达，医疗水平和设备都达到了前无古人的地步，人口的平均寿命越来越长。因此，以前许多只销售产品给青年的公司，都已重新调整产品和引进新产品来适应人口的老龄化。房地产公司也应将自己的营销策略作适当的调整，了解老年人的需求，并建造出适于老年人居住的公寓、别墅等休养或休闲场所。这样，才不会在不久的将来，面临市场竞争时手足无措。

(3) 家庭的变化。随着晚婚、晚育、离婚率升高和职业妇女增多，作为房地产开发商和经营商应对房屋的式样做适当调整，以适合单人或两口之家居住，式样的多样性将有利于迎合不同类型顾客的需求和欲望，扩大市场占有率，从而在市场竞争中立于不败之地。

2. 经济环境

市场是由购买力和购买者构成的，总购买力是与当时人们的收入、价格、储蓄和借贷可能性等因素密切相关的。营销人员应注意经济环境中的主要趋势。

(1) 实际收入增长减缓。虽然目前中国的经济发展很快，但通货膨胀也很严重，实际增长速度已不如前几年快速，边际增长速度已呈下降趋势。而且，两极分化的现象日趋严重，如何争取高收入阶层继续购买本公司的房地产产品，以及如何刺激中、低收入阶层加入本公司的购买者行列，已成为房地产公司迫在眉睫的问题，营销人员应注意到各收入阶层的购屋倾向，同时，还应注意到地理性和行业性收入的变动倾向，未来的市场是属于那些思维超前的开发商和经营商的。

(2) 变化中的消费支出模式。近年来,主要商品和服务项目的消费支出一直在变化。房屋、家用和交通在家庭支出中的份额越来越高,而食物、衣着的比例则越来越少,娱乐费用、保健费用也已经上升到了一个不容忽视的地位。恩格尔法则已在家庭预算研究中普遍得到证实。为此,房地产开发商和经营商应对本公司的营销策略作相应的调整,以适应这种变化。

3. 自然环境

环境保护主义者关注的是为满足消费者的物质需要而使环境负担的成本。抱怨太多无用的包装、广告,甚至强烈抨击某些产业。于是,营销人员的工作更复杂了。他们不仅要考虑顾客的需求,还要注意环境的因素对公司的发展所带来的威胁与机会:

(1) 某些原料的短缺问题十分严重。地球上的原料可分为无限资源、有限可循环使用资源和有限不可循环使用资源三类。无限资源如空气、水,暂时没有重大问题。有限可循环使用资源如森林和食物,随着人口的增长,已对人类的生存产生威胁,应有计划地使用。有限不可循环使用资源如石油、煤和各种矿产等,所产生的问题最为严重。

作为房地产的开发者,会遇到土地缺乏、建筑材料缺乏等资源因素限制公司的发展。因此,应从营销计划方面就对资源问题给予足够的重视,以避免将来成本过高所造成的利润不足。

(2) 能源成本不稳定。对于不可再生资源而言,随着开采和使用,会越来越少,直至枯竭。但在使用和开采过程中,会随着新埋藏点的发现而出现价格的大幅度波动。房地产业与能源业有着密不可分的关系,建筑原材料中就有由不可再生资源生产出来的产品。作为一名开发商或经营商,能够避免或减少能源危机对本公司的影响,当然是一件好事,而一旦避免不了,就应该事先有所准备,在制定营销计划时将此问题考虑进去,尽量减轻能源危机带来的危害。

(3) 环境污染程度越来越严重。一些产业的活动不可避免地破坏了自然环境,同时公众对环境日益关心起来,这些因素为精明的房地产商创造了营销机会。选择远离闹市区、远离工业区的郊区建筑商业房及别墅等,成为未来几年房地产发展的一大趋势。

作为房地产开发商和经营商,必须时刻注意自己必需的原料的稀缺情况,注意房地产项目所在位置的环境状况,随时调整营销战略,以适应不同的竞争环境。

4. 技术环境

技术对人类的生活最具影响力,它既可以给人类带来进步、发展和文明,也可以给人类带来灾难、痛苦和毁灭。

在未来的市场竞争中,谁能掌握技术优势,谁就能立于不败之地。当然,对于房地产业而言,不可能每一种新技术,都造成公司原有技术和设备的淘汰。房地产业的技术和设备耗资都比较大,每一次更换都会对公司的财力、物力产生一次震动,这就要求开发商和经营商具有敏锐的洞察力,充分了解新技术对公司原有技术力量的冲击力到底有多大,如果公司可以承受的话,则不必立刻更新。但是,如果新技术被竞争对手采用后,所建造出的房地产产品,在价格、形式等方面都会对公司造成重大威胁的话,公司还是应该采用新技术。对于这中间微妙的差别,营销人员应该在营销计划中予以体现。具体来讲,技术环境包括设计规划、建造工艺及营销环境等的创新。

营销人员必须了解变化中的技术环境和新技术如何为顾客服务，必须与研究开发人员密切合作，进行更多的市场导向研究，从而使自己的新技术不会脱离市场这条轨道。

5. 政治法律环境

政治法律的发展，对公司的市场营销决策有很大影响，这一环境包括影响和约束社会中各组织与个人的法律、政府单位和压力团体，以下将讨论主要的政治趋势及对房地产公司营销管理的影响：

（1）管制企业的法令越来越多。影响公司的立法在过去几年内不断增加，其目的主要有以下几种：① 保护公司相互之间的利益，避免在市场竞争中两败俱伤；② 保护消费者免受不公平商业行为的损害；③ 保护社会大众更大的利益，使其免受肆无忌惮的商业行为伤害。

作为房地产公司的营销策划人员，不但要熟悉市场环境等商业知识，还应具有关于保护竞争、消费者和社会更大利益等相关的法律知识，这样才不至于使营销计划与政府法令发生冲突，甚至可以利用这些法令为公司带来效益。

（2）政府执法机构的变动。目前，我国正在实行体制改革，一改过去管得过多、过死的状况，而恢复企业自主经营、自负盈亏的自主权。这个过程不是一蹴而就的，而是一个循序渐进的过程。在此过程中，政府执法机构会随时发生变动，这就要求公司的营销人员随时注意到这种变动，以便适时地调整营销计划。

6. 社会文化环境

人们都在一个特定的社会环境中成长，因而塑造了人们的基本信仰、价值观和规范。人们往往无意识地接受某种阐释他们与自己、与他人、与自然和宇宙之间关系的世界观。以下是某些主要的文化特征和发展趋势。

（1）核心文化价值观具有高度的持续性。在特定社会中，人们都抱有许多持久不变的核心信仰和价值观，这些信仰和价值观经双亲传给子女，并由社会的主要机构予以强化，而人们在成长过程中会接受其他一些信仰和价值观，形成所谓的次级信仰和价值观。一般说来，市场营销人员可以改变人们的次级价值观，而不大可能改变核心价值观。这中间的差异完全依靠营销人员自己去把握。

（2）每一社会都由次文化所构成。每一个社会都含有次文化，即因共有的生活环境和经验而共有某种价值观念的一群人。他们表现出相同的信仰、偏好和行为。对于房地产产品而言，不同的次文化群或多或少表现出不同的需求和消费倾向。市场营销人员可以选择不同的次文化群作为其目标市场，这样，才有利于保持旺盛的市场需求。

（3）次文化价值观与时俱移。虽然核心价值观相当持久，但轻微的文化变动却时有发生，从追求个性浪漫地自由发展到现今受英雄人物和热潮的影响，追求名利和保守的倾向等潮流，都反映了这种次文化价值观的变动。

市场营销人员应对这种变化具有强烈的兴趣和洞察力，这样才有可能发现新的营销机遇和挑战。

三、可控市场营销环境因素

可控因素是由机构及其营销人员支配、掌握的因素。有些可控因素是由最高管理部门支配掌握的，这些因素不是营销人员所能改变的，他们必须制定符合机构目标的计划，并在管理部门所制定的方针下行事。即使是一些中小型机构,其主要方针及市场营销决策是由一个人,通常是企业主决定的,但在这种情况下,还是要首先陈述主要方针,市场营销计划必须适应这些方针。

1. 最高管理部门可控因素

最高管理部门要负责无数的决策,其中四项基本决策,即企业方向、总目标、营销部门的作用以及其他职能部门的作用对市场营销人员极其重要。这些决策对市场营销的方方面面都有影响。

(1) 企业方向。企业方向包括产品或服务的总范围、功能、服务地域、所有制类型。通常对这些概念的分析,管理部门可以更好地开发和维持他们的业务。产品或服务总范围,是可供公司选择经营的广大业务种类,可以是能源、家具、住宅、教育或任何其他业务项目。企业功能是指公司在供应商—制造商—批发商—零售商这一市场营销系统中的地位,及其所欲承担的任务。这里有必要指出,一个公司可能期望承担一个以上的这些职能。例如房地产公司,不仅决定执行开发房地产的职能,同时还经营代理物业甚至从事小区物业管理。

(2) 总目标。总目标是管理部门制定的可衡量的目标。公司的成功或失败可通过目标与实际执行情况的对比加以判断。通常综合的销售、利润及其他目标由管理部门分别按短期(1 年或短于 1 年)和长期(1 年以上)加以陈述。

(3) 市场营销的作用。管理部门通过说明市场营销的重要性、概述其职能来决定市场营销的作用,并将其综合到公司的总体业务经营操作中去。

市场营销功能的范围非常广泛,可包括市场调研、新产品计划、存货管理以及许多其他市场营销任务;也可以仅限于销售或广告,而不包括市场调研、计划、定价或信贷。市场营销功能的范围还必须包括执行配售渠道(通过制造商—批发商—零售商—消费者)的职能。一般说来,市场营销作用越大,公司越有可能实行一体化的组织;市场营销作用越小,公司越有可能仅根据孤立的项目计划,在风险重重及各部门各自为政的情况下开展市场营销活动。

(4) 其他职能部门的作用。为避免职能重叠和互相猜忌和冲突,必须对企业其他职能部门的作用及其与市场营销部门的相互关系做出明确的说明,并提出调和方案。

2. 营销部门可控因素

在市场营销人员指导下的主要可控因素是选择目标市场、市场营销目标、市场营销机构、市场营销计划及对市场营销计划的控制。

(1) 目标市场的选择。目标市场的选择,即确定顾客群,包括两种决策:目标市场大小及特点决策,营销大众市场及细分市场。在后一种情况下,市场营销计划是按某一具体人群的需要而量体裁衣式地制定的。至于大量市场营销,则演化成一般性的市场营销计划。

市场营销还必须确定目标市场组成人员的特点,如男性或女性、已婚或单身、富有阶层或中等阶层等等,按这些人的情况来调整市场营销计划。

(2) 市场营销目标。市场营销部门所制定的市场营销目标,要比前述最高管理当局所制定的目标更具顾客导向性。例如,市场营销人员对公司及具体产品在消费者心中的形象就十分关心。销售目标反映对品牌的忠诚度(重复购买行为),利润目标则按单位利润或总利润制定。

(3) 市场营销机构。市场营销机构是为支配管理市场营销功能所作的组织安排。公司的市场营销机构一般有三种形式。

① 职能机构。根据不同的职能，在企业中建立若干职能机构，由这些职能机构代表企业负责人对所属下级单位指挥管理，如图 4-2 所示。

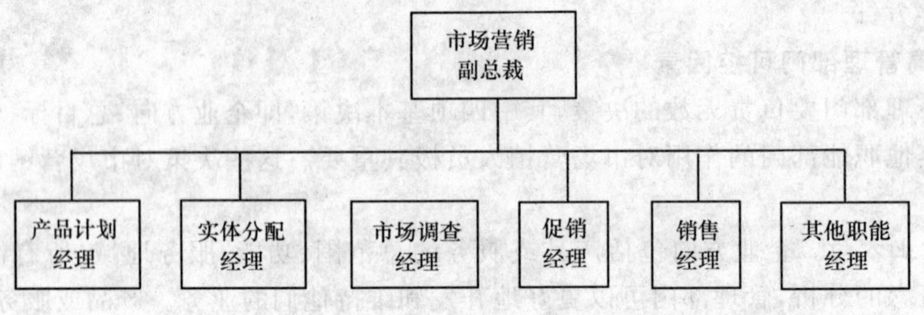

图 4-2 职能机构

② 产品导向机构。在各职能范畴之外，给各产品大类设产品经理，给各个品牌设品牌经理。如图 4-3 所示。

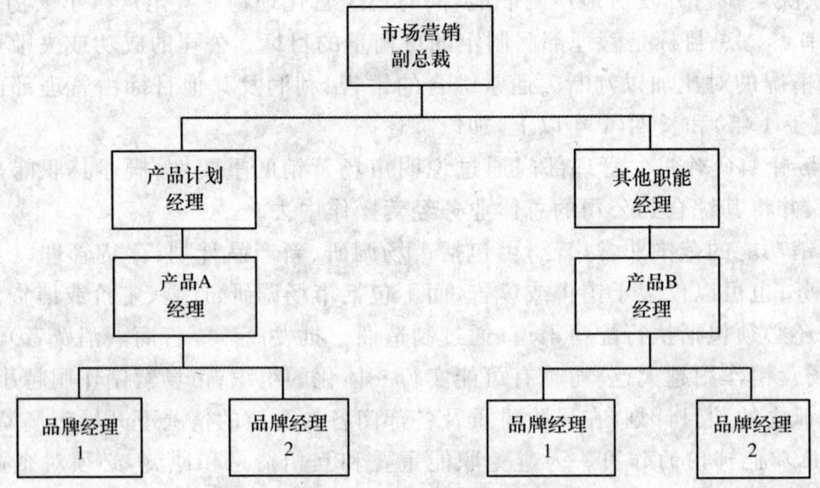

图 4-3 产品导向机构

③ 市场导向机构。在各职能范畴之外，根据地理市场和消费者类型设定相应的经理。如图 4-4 所示。

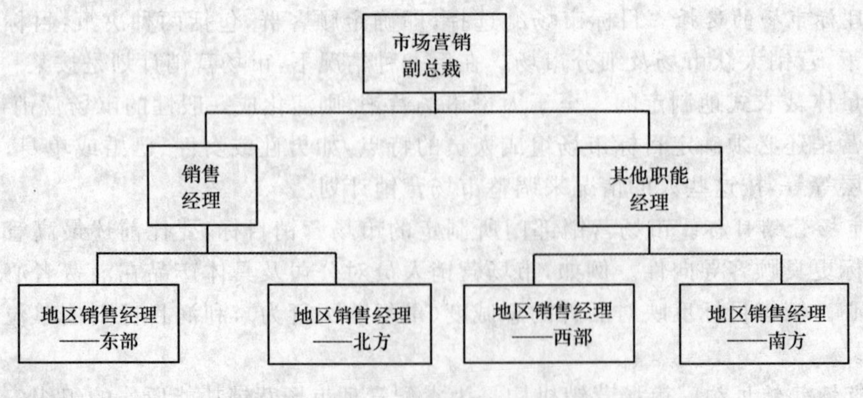

图 4-4 市场导向机构

(4) 市场营销计划或组合。市场营销计划或市场营销组合，是描述为达到营销目标及满足目标市场需求的各种市场因素之具体结合。市场营销计划包括四个主要因素：产品或服务，分销，促销，价格。营销者必须选择那些最适合公司的市场营销因素组合。市场营销计划要求做出许多决策。

① 产品或服务决策。它包括售卖什么、质量水平、售卖商品的数量、公司技术革新、包装、特色（如任选和保证）、调研的水平和及时性等。

② 分销决策。它包括是通过中间商还是直接销售给消费者、通过多少店点销售、是控制还是与其他渠道成员合作、商谈什么购买条款、代理商选择、决定哪些职能分派给其他人、识别竞争者等。

③ 促销决策。它包括选择促销工具组合（广告、宣传推广、人员销售和销售促进）、分担促销及与其他人的费用、评估促销效果、所追求的形象、顾客服务水平、媒体选择（如报纸、电视、广播、杂志）、信息的形式、全年及高峰期广告的及时性。

④ 价格决策。它包括价格总水平（高、中、低）、价格幅度（最低至最高）、价格与质量之间关系、如何对竞争者的价格作出反应、何时作价格广告宣传、如何计算价格等。

在制定市场营销计划时，这四个因素必须与选择的目标市场及彼此之间相一致，并很好地加以整合。例如，设计很好、促销很差的产品，或促销很好、定价过高的产品都不可能取得营销成功。

(5) 市场营销计划的调控。调控是营销者计划工作中极其重要的一个方面，主要是监控和检查总体和具体的业绩。这些监控应该按定期的间隔时间进行，对外部环境及内部公司的资料应持续不断地观察和审查。

四、不可控市场营销环境因素

不可控因素是影响机构业绩而机构及其营销人员不能支配的因素。任何市场营销计划，不管编制得如何完善，如果它受到不可控因素的影响，也仍然会失败。因此，外部环境必须不断加以监视。另外，与不可控因素相关的应急计划必须成为市场营销计划的一个重要部分。值得留心监视的不可控因素包括消费者、竞争、政府、经济、技术等。

1. 消费者

虽然营销人员可以支配目标市场的选择，但不能控制人口的各种特征。公司可以作出反应，但不能控制的消费者特征有：年龄、收入、职业、种族、教育和身份等。为了应对这些不可控因素，市场营销人员必须了解影响消费者行为的文化、社会因素。一般来说，消费者的购买决策会受到家庭、朋友、宗教、教育水平、职业、行为准则、禁忌、习俗和其他形成文化、社会因素的影响。例如不同的宗教节日往往会影响到某些商品消费量的增减。

由于消费者购买各种产品和服务的行为互有差别，市场营销人员必须了解消费者的购买决策过程。在购买住房时，消费者会仔细收集许多商品房的信息资料，对多个备选楼盘进行排队比较，对购房条款进行讨价还价，最后才完成这一购买过程。

2. 竞争

公司面临的竞争结构常常影响其市场营销策略及吸引目标市场的成败，因此必须对公司所面临的竞争结构加以界定和分析。总的来说，公司可能面临的竞争结构类型有 4 种：垄断、寡头垄断、垄断竞争和完全竞争。

(1) 在垄断的情况下，只有一个公司销售某一产品或服务。这种情况在各城市的某些区域都可能存在。这些垄断经营的产品或服务的需求价格弹性(消费者对价格变动的敏感性)取决于对该产品的必需程度。例如交通便捷且规模较大的住宅区，通常需求价格弹性较小，因为不论价格上涨多少，人们还得继续利用这些服务或有不断增长的需求。

(2) 在寡头垄断情况下，少数公司通常占有一个行业的大多数销售额。由于寡头垄断公司一般都力图避免费用高、不利于提高生产能力的价格战，而是推出相似的价格，力图从企业形象、产品选择权和其他特点方面来区别他们的产品。寡头垄断公司为获得成功，必须使消费者把他们的品牌视为优异的品牌。但是，由于房地产开发耗资大，一般很难形成寡头垄断。

(3) 在垄断竞争情况下，市场上多个公司参与销售。每个公司都试图推出独特的市场营销组合，建材供应、物业管理、房地产开发、营销策划便是在垄断竞争下营运的行业。这些行业都力图通过与竞争者不同而为消费者所期望的市场营销变数组合来获得差别优势。由于一大批公司都在制造或销售类似的商品，所以竞争日益激烈。如果一个公司的产品被认为比竞争者的产品更具独特性，就可以制定一个高于行业平均价格的价格而不会造成销量下降。一个公司通过其市场营销变数的组合，有可能在一定程度上控制其总体营销计划。在垄断竞争下，新公司比较容易进入该市场，为了成功，公司必须不断更新自己的策略，并努力保持差异化特性。但是，由于房地产业具有专业性、技术性和法律性强的特点，企业较难进入垄断竞争阶段。

(4) 完全竞争则缘于两个条件：一是买方和卖方的人数很多，每个公司供应的商品量在该商品的总供给量中只占极小比例，以致没有一个公司能够单独影响价格；二是每个公司供应的商品或服务都是同质的，不存在任何差别，因而购买者不会对任何一个销售者产生偏好，从而排除了销售者的任何垄断因素。这些企业的市场份额较小，需求弹性较大，如果提高价格就会导致无销量，降低价格就会使公司蒙受损失。在完全竞争格局下，由于各个公司的价格和产品相同，没有差别利益可言。因此重要的是各个公司必须树立可靠的声誉，以最低的成本利润价格销售。

公司在断定其所面临的上述市场结构特性后，就必须估计其竞争对手的市场营销对策，特别是必须断定哪些市场已经饱和、哪些市场尚未满足、竞争者的市场营销计划和消费者群、竞争者的形象、竞争者的差别优势、消费者对竞争者所提供的服务和质量水平的满意情况。

3. 政府

政府作为机构的不可控因素，主要是指各级政府所颁布的大量影响机构市场营销的法规，是不以个别机构的意志为转移的。由于我国市场经济长期不发达，有关调整机构营销活动的法规长期以来也较滞后和不完善。改革开放以来，随着我国经济的迅猛发展，市场交易的数量和空间不断扩大，相关的法规建设也有了长足进步。近20年来中央及各级人民政府已颁布了一大批规范和调整工商机构行为的法律和规章。这里除了新修订的《刑法》、《民法通则》、《行政处罚法》这些基本法律之外，还有《公司法》、《合同法》、《广告法》、《商标法》、《价格法》、《专利法》、《反不正当竞争法》、《产品质量法》、《消费者权益保护法》、《全民所有制工业企业法》、《乡镇企业法》、《合伙企业法》、《银行法》、《票据法》以及大量的各种条例及法规，而且还在继续完善中。

4. 经济

不可控制的经济因素,对公司营运的影响也是非常错综复杂的,其中最重要而直接的有以下几种。

(1) 通货膨胀。在宏观经济环境中最令人关心的一个重要因素,就是通货膨胀。在通货膨胀情况下,生产和购买产品与服务的成本会随着物价的上涨而迅速上涨。从市场营销的角度看,如果物价上涨快于消费者收入的增长,消费者购买的商品数量就会减少。

(2) 通货紧缩。在通货紧缩的情况下,物价指数连续走低,市场销售全面疲软,商品普遍供大于求,产成品库存不断增多,资金资源严重积压,生产能力大量闲置,企业普遍开工不足,企业生产经营困难重重。

通货膨胀与通货紧缩,都是经济发展中一种非良性现象,都来源于宏观经济的不平衡和不协调,只不过是前者表现为"需求过大、供给不足",后者表现为"供给过大、需求不足"。其对经济发展的危害程度,以及对微观企业市场营销的不利影响,后者往往比前者有过之而无不及。

(3) 消费者收入。消费者收入概念包括总收入和可支配收入两方面。总收入是指个人或家庭在一个年度内从各种来源获得的或应计的货币总额。这是支撑消费者购买能力的基础,一般来说,随着一国或一地居民总收入水平的提高,人们的消费水平以及工商企业的市场销售额,即社会消费品零售额也会随之提高。反之,如果这种收入下降或增幅放慢,整个社会的零售总额则有可能下降或增幅减缓。

个人可支配收入是指个人总收入减去社会保险支出、向政府交纳的所得税款和其他扣减项目和金额后,可供个人花费和储蓄的部分。因此,如果个人所得税及其他税费的税率以快于个人可支配收入增幅的速度提高的话,消费者就必须节约。近年来我国城乡居民收入分配有了较大的转移,人们越来越多地将大部分收入用于住房及小汽车的购置上。可自由支配收入是指个人总收入除去税费及日常生活必须开支外的剩余部分。

5. 技术

技术作为一个重要的环境因素,是指应用科学或工程技术研究的发明或革新。每次技术革新浪潮,都可能取代现存的产品与公司。

先进技术,特别是计算机技术的发展,对市场营销有重大的影响。随着信息技术的发展,信息技术服务更成为了信息产业的基础行业,并正逐步凸现出它在经济效益和社会效益两方面的巨大发展潜力。

至于信息技术本身的发展,对市场营销以及整个国民经济发展的影响则更为明显而深刻。我国"十五规划"期间,信息技术产业作为国民经济的基础性、先导性和支柱性产业,被放在优先发展的地位。

近年电子化、网络化技术的突飞猛进,对市场营销的影响更为突出。基于电子化、网络化的电子商务和网上营销正在或将对传统的营销方式造成更大的影响或冲击。

电子商务的发展,使网上营销的新概念进入到市场营销学领域。电子商务与网上营销的区别在于电子商务涵盖范围广,网上营销涵盖范围窄,是电子商务的一个分支。但网上营销的内容比电子商务还丰富,它利用因特网技术、客户分析、产品开发、生产流程安排、售后服务等环节进行管理,从而达到更好满足买卖双方需求的营销目标。

第三节 房地产营销环境评价方法

迄今为止的营销环境评价方法,大多属于因素打分法,其主要的思想是先找出影响营销环境优劣的若干重要因素,再对每一个因素打分,评定其好坏优劣。

当因素分析法停留在杂乱无章的初级阶段时,因素打分法以斯托伯氏法和心理问卷评估法为代表;当因素分析法系统化、全面化后,打分法发展为多因素系统打分法。

一、初级因素打分法

初级因素打分法的代表方法为美国学者斯托伯、利特法克等人提出的多因素等级尺度法和冷热因素分析法。

1. 多因素等级尺度法

多因素等级尺度法是由美国学者罗伯特·B·斯托伯于1969年提出。该法从8个方面来评价营销环境的投资气候:① 资本抽回限制程度;② 外资股权比例;③ 对外商的管制程度;④ 货币稳定性;⑤ 政治稳定性;⑥ 给予关税保护的意愿;⑦ 当地资本供应程度;⑧ 近五年的通货膨胀率。针对这8大因素,进一步把每一大因素分成若干个子因素,然后根据各因素和其子因素对营销环境的影响程度,给出不同的分值,定出从最差到最好的各种情况的分类标准,最好的情况评分为12,14,20分不等,最差的情况评分为0,2,4分不等。比如评估营销环境时,先按各种情况打分,然后将各项分值相加,得出营销环境总分:8～100分。总分越高,营销环境越好。

多因素等级尺度法主要着眼于东道国对外商投资的优惠态度、限制以及吸收外资的能力。它主要考察了外国投资者在生产经营过程中直接与投资有关的影响因素,但没有考虑影响项目建设和企业生产经营的外部因素,如投资地点的基础设施、法律制度和行政机关的办事效率等因素,而这些因素恰恰是发展中国家需要提高的,所以采用该法评估发展中国家的营销环境会有明显的片面性。

2. 心理评估法

心理评估法又称为"问卷法"。它是社会经济统计中经常运用的一种方法。这种方法主要通过将待评估事物周围的人们心理的归类研究,得出待评估事物的真实情况,因为人们对与自己相关的事物总是采取有利于自己的态度和应付方法。其相关性越高,反应越强烈。对以上心理进行归纳和总结,就会发现待评估事物的某些特征和趋势。

营销环境心理评估法包括以下内容:

(1) 实施途径。通过社会调查,从人们的心理偏好中寻找答案。

(2) 确定调查对象。如相关的专家和学者,与营销环境有关的干部、管理人员和一般群众,外国投资者及相关的管理人员。在确定调查对象时要考虑到点与面、内与外、上与下的结合,要有一定的分布和比例。

(3) 确定调查方式和内容。调查可以采取面谈法、列类法、测验法等多种形式。调查内容既可以是营销环境本身的问题,也可以是与之相关的问题;既可以是全部问题,也可以是局部问题。这主要由调查的目的决定。

(4) 分析并得出结论。分析中应尽量排除评估者的主观因素,让公众心理来回答心理评估法，依赖收集到的问卷资料得出结论，结论的参考价值在一定程度上还取决于设计问卷的水平。因此，问卷的内容和方式要简单、具体，便于回答和分类。

3. 冷热因素分析法

1968 年，美国伊尔·A·利特法克和彼得·班廷两位学者通过对美国、加拿大等国家大批工商业人士的调查，提出了冷热因素分析法。其基本方法是：从投资者和投资国的立场出发，选定诸多营销环境因素，据此对目标国家逐一进行分析并将分析结果由“热”到“冷”依次排列，“热国”表示营销环境优良，“冷国”表示营销环境欠佳。

该方法确定了七大营销环境因素：

（1）政治稳定性。即有一个由社会各阶层代表所组成的、深得民心的、能够创造和保持适宜的工商环境的政府。一国政治稳定性高时，此为“热”因素，反之称为“冷”因素。

（2）市场机会。有众多的顾客对本公司产品尚有未满足的需求，且有购买力。若市场需求旺盛，此为“热”因素，反之称为“冷”因素。

（3）经济发展及成就。如经济稳定、高增长率、经济运行良好，此为“热”因素，反之称为“冷”因素。

（4）文化一体化。即一国内各阶层人民的相互关系以及风俗习惯、价值观、宗教信仰等方面的差异程度。文化统一良好，一元化程度高时，此为“热”因素，反之称为“冷”因素。

（5）法律阻碍。即东道国法律的完善、繁简程度给企业经营带来的困难以及对今后工商环境造成的影响。法律阻碍大时，此为“冷”因素，反之称为“热”因素。

（6）实质阻碍。指一国的地形对有效经营所产生的阻碍。恶劣的自然地理条件，往往会对企业的有效经营产生阻碍，这对外来投资者而言，无疑是个“冷”因素，若实际阻碍小，则称之为“热”因素。

（7）地理及文化差距。投资者所在地与东道国之间的距离、文化、社会观念相去甚远，妨碍思想沟通，此为“冷”因素，反之称为“热”因素。

二、多因素系统评估法

1. 多因素评估法

多因素评估法从政治体制、法律体制和经济体制对外国投资者投资风险的影响出发，将影响营销环境的因素分为 11 类，再按五级分别计算（表 4-1）。

评价营销环境时，先对各类因素的子因素做出综合评价，然后据此对该类因素做出优、良、中、可、差的判断，最后按下列公式计算营销环境总分

$$\text{投资环境总分}=\sum_{i=1}^{11} W_i(5a_i+4b_i+3c_i+2d_i+e_i)$$

式中，W_i 表示第 i 类因素的权重；a_i,b_i,c_i,d_i,e_i 分别是第 i 类因素被评为优、良、中、可、差的百分比，且 $a_i+b_i+c_i+d_i+e_i=1(i=1,2,\cdots,11)$。

营销环境总分在 1～5 之间，如果越接近 5，说明营销环境越好。

2. 综合评价法

综合评价法的基本思想是：运用现代决策分析中的定量方法来分析评价营销环境的优劣，模拟各因素变化对营销环境的确切影响，从中找出其中的关键因素，进而找到改善营销环境的方法和途径。

表 4-1　　　　　　　　影响营销环境的因素和子因素

影响因素	子　因　素	权数
政　　治	政治稳定性；国有化可能性；当地政府的外资政策	0.15
经　　济	经济增长速度；物价水平	0.10
财　　务	资本与利润外调；对外汇价；集资与借款的可能性	0.15
市　　场	市场规模；分销网点；营销的辅助机构；地理位置	0.10
基础设施	国际通信设备；交通与运输；外部经济	0.05
技术条件	科技水平；适合工作的劳动生产力；专业人才的供应	0.05
辅助工业	辅助工业的发展水平；辅助工业的配套情况等	0.10
法　　制	商法、劳工法、专利法等相关法律是否健全；法律执行情况	0.10
行政效率	机构的设置；办事程度；工作人员的素质等	0.05
文　　化	当地社会对外地公司的接纳、信任及合作程度；外资公司是否适应当地社会风俗等	0.05
竞　　争	当地竞争对手的强弱；同类产品进出口额在当地市场的份额	0.10

(1) *环境要素权重系数的确定*。权重系数是用来描述环境要素在营销环境分析中相对重要程度的指标。其大小既取决于要素自身在营销环境诸要素中的地位，又取决于投资者投资动机或主观因素对营销环境的期望与要求，因而权重系数一般采用层次分析法进行综合确定。基本分析步骤为：

① 建立层次结构模型。按营销环境因素的内容及相互关系，将各环境要素划分为层次结构形式，如图 4-5 所示便为普通住宅或高层楼宇房地产营销环境影响因素的层次结构参考模型。

② 确定同层之间单权重系数。同层之间要素的单权重系数是用以描述位于同一层次的各环境要素相对于上一层因素重要程度的系数，它是由求解该层的判断矩阵求得的。判断矩阵是由同一层次间各要素的重要程度两两比较而构建的。为了便于清晰地界定因素的重要程度，将评价尺度划分为 9∶1 至 1∶1，共 9 个级别。其中 9∶1 表示极强的相对重要程度，1∶1 表示等强的相对重要程度。其由极强而强，由强而稍强、等强，逐次变化。由此，一个由几个因素构成的同一层次结构，经各因素之间相对重要性判断之后，便可构造一个 $n\times n$阶的矩阵，这便是判断矩阵。

设判断矩阵为$[a]$，各因素的权重系数为 w_i，则

$$[a]=\begin{bmatrix} a_{11} & a_{12} & \cdots & a_{1n} \\ a_{21} & a_{22} & \cdots & a_{2n} \\ \vdots & \vdots & & \vdots \\ a_{m1} & a_{m2} & \cdots & a_{mn} \end{bmatrix}$$

其中，$a_{ij}=\dfrac{w_i}{w_j}$。显然，若 a_{ij} 值正确，便有

$$a_{ij}=\frac{w_i}{w_j}=\frac{w_i}{w_k}\cdot\frac{w_k}{w_j}=a_{ik}\cdot a_{kj}$$

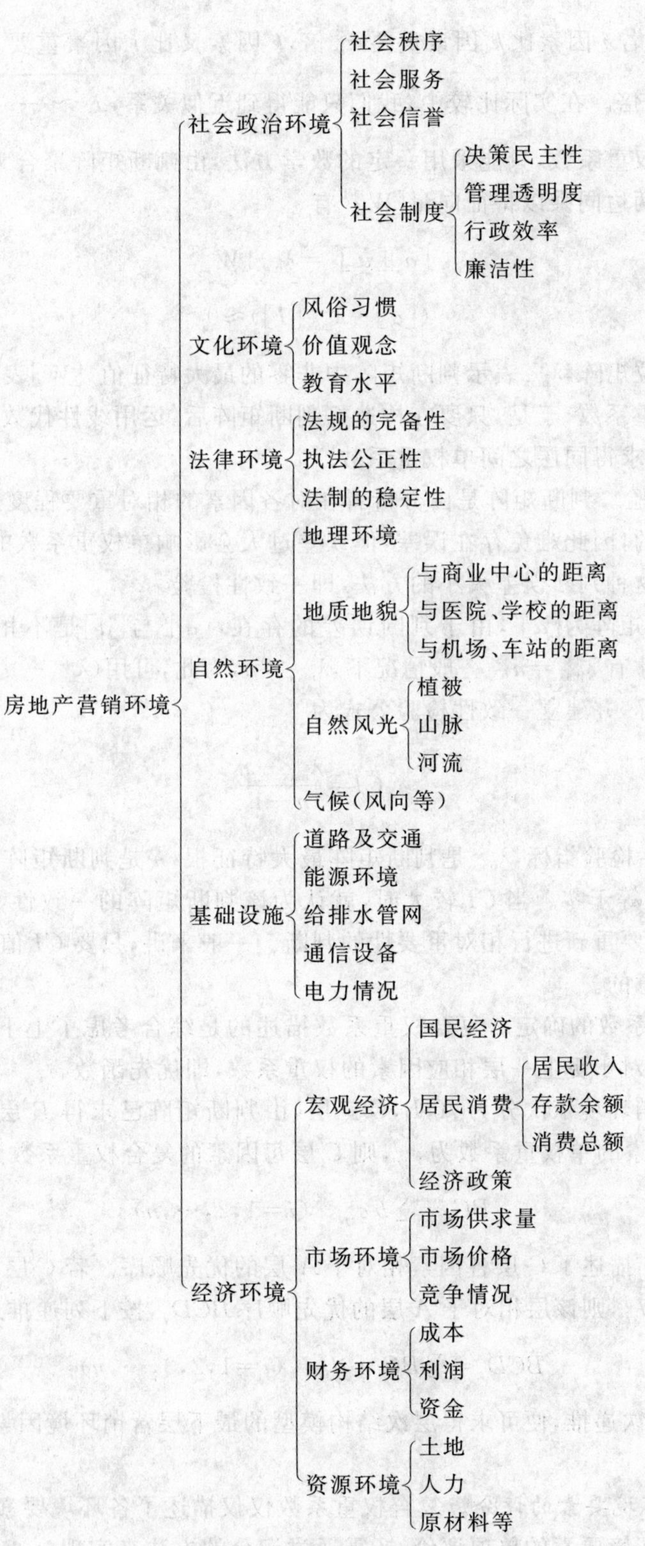

图 4-5　营销环境影响因素层次结构图

上式意味着，若 i 因素比 k 因素重要 a_{ik} 倍，k 因素又比 j 因素重要 a_{kj} 倍，则 i 因素比 j 因素重要 $a_{ik}\cdot a_{kj}$ 倍。在实际比较中，我们只能得到近似关系，$a_{ij}\approx\frac{w_i}{w_j}$。因而判断矩阵各要素不能直接作为权重系数，只能采用一定的数学方法，由判断矩阵聚合为一组权重系数。

将判断矩阵两边同乘以特征向量$[W]^{\mathrm{T}}$有

$$[a][w]^{\mathrm{T}}=\lambda_{\max}[W]^{\mathrm{T}}$$

$$([a]-\lambda_{\max}[I])\approx 0$$

式中，$[I]$表示单位矩阵，$\lambda_{\max}$表示判断矩阵中非零的最大特征值，$[W]$表示特征向量，即各要素之间同层单权重系数，于是，只要在构造好判断矩阵后，运用线性代数方法，计算判断矩阵的特征向量，便可求得同层之间单权重系数。

③ 一致性检验。判断矩阵是由分析者在对各因素的相对重要程度进行两两比较后，凭估计而建立起来的，因此难免存在误差，但误差过大会影响单权重系数的可信度，于是，需要一种检验及度量这种判断误差大小的方法，即一致性检验。

设$[a]$的估计矩阵为$[a]'$，由于判断误差的存在，$[a]'$与$[a]$是不相容的。只有$[a]'$与$[a]$完全相容时，才有 $\lambda_{\max}=n$。一般情况下，$\lambda_{\max}>n$，为此，可用$(\lambda_{\max}-n)$作为度量判断矩阵偏离相容性的指标，并建立一致性检验公式为

$$CI=\frac{\lambda_{\max}-n}{n-1}$$

式中，CI 是一致性检验指标，$\lambda_{\max}$是判断矩阵最大特征根，n 是判断矩阵的阶，由于 $\lambda_{\max}\geqslant n$，故 CI 一般大于或等于零。当 CI 较大时，就认为该判断矩阵的一致性太差，所求得的单权重系数不可信，需要重新进行相对重要性的判断。一般来讲，只要 CI 值小于 0.1，便认为这个判断是令人满意的。

④ 复合权重系数的确定。复合权重系数描述的是综合考虑了上下两层各因素的权重系数后，得出的相对于更上一层相应因素的权重系数，即优先函数。

设某项目营销环境依次分为 A，B，C 三层，由判断矩阵已求得 B 层各因素的单权重系数为 b_i，C 层各因素的单权重系数为 c_{ij}，则 C 层每因素的复合权重系数为 BC_j。

$$BC_j=\sum b_i c_{ij}\quad (i=1,2,\cdots,n)$$

复合权重系数 BC_j 描述了 C 层各因素相对于 A 层的优先顺序。若 C 层下还有一层要素 D，其单权重系数为 d_{ij}，则该层相对于 A 层的优先顺序 BCD_j，按下列递推运算求出

$$BCD_j=\sum BC_i\cdot d_{ij}\quad (i=1,2,3,\cdots,n)$$

由上而下，依次递推，便可求得层次结构模型的最下层营销环境因素在环境分析中的复合权重系数。

(2) 各营销环境要素的评分。复合权重系数仅仅描述了各环境要素在营销环境分析中的重要程度。对环境要素的单项评价，还需通过记分的方法来实现。通常的做法是，不论其为定性还是定量指标，均按优、良、中、差四级进行评价，并分别给出这种评分法的分值为 4，3，2，1。由于评价者个人的观点、经验等差异，不同评价者对同一环境条件往往会做出不同

的评价。因而，为了使评价结果更符合客观实际，应综合考虑全部评价者对 j 指标的评价。这可按下式计算：

$$V_j=4r_{j1}+3r_{j2}+2r_{j3}+r_{j4}$$

式中，V_j 表示营销环境 X_i 的评价分值；r_{j1} 表示 j 指标为优的评价者占全部评价者的百分比；r_{j2} 表示 j 指标为良的评价者占全部评价者的百分比；r_{j3} 表示 j 指标为中的评价者占全部评价者的百分比；r_{j4} 表示 j 指标为差的评价者占全部评价者的百分比。

(3) 营销环境的综合评分。在求出各环境要素的复合权重系数 BCD_j 和评价分值 V_j 后，便可代入下式求出目标项目营销环境的综合评分：

$$G=\sum BCD_j\cdot V_j$$

式中，G 表示目标项目营销环境的综合评分；BCD_j 表示第 j 个环境因素的权重系数；V_j 表示第 j 个环境因素的评价分值；n 表示环境因素的个数。上式求得的分值在 4～1 之间，分值越高，说明对目标项目营销环境的评价越好。

(4) 营销环境的敏感性分析。上述营销环境的综合评价是一种静态分析。然而，现实的社会经济生活是动态过程，很多作为分析依据的环境条件并非是一成不变的。敏感性分析正是要考察当这些环境条件发生变化时对分析结果带来的影响程度，分析步骤如下：

① 逐项分析环境因素的稳定状况，判断其在房地产投资建设或经营期内发生变化的可能性，并研究其变化的基本趋势及变化程度；

② 对将要发生变化的因素依据其变化的趋势及变化程度，请专家予以重新评价；

③ 统计各因素的评价结果，计算它们的分值；

④ 计算变化后的房地产营销环境综合评价分值；

⑤ 若是不同地点营销环境的比较和排序，则按新的综合评价分值重新排序，并比较前后两种排序的差异，分析原因，作出判断；

⑥ 若是单一项目、单一地点的营销环境评价，则比较前后两次综合评价分值，研究其变化程度，分析原因，作出判断。运用综合评价法，可以较好地对营销环境进行比较分析。

三、综合性定量法

以上的评价方法都基于一个假设，即"整体等于部分之和"，从而通过给"部分"打分并加总得到总分进行评价。实际上，这种假设方法有悖于系统思想。我们以前所做的就好像是评价一台机器各部件的好坏，以达到评价机器整体好坏的目的。现在则是从机器的各项性能指标来直接评价它，建立一个评价信息系统，在我们输入相关数据时，便得到结果。其中最具代表性的是相似度法。

选取下列 8 个评价指标中的部分或全部建立指标体系：

① 投资效果系数(H)。它指在投资的一定时期内利润额 P 与投资额 T 之比，即 P/T。它表示投资的效果，进而意味着投资的获利能力，在对非盈利项目进行评价时可以省略。

② 投资乘数(C)。它表示投资增量与获利增量之间的关系。

③ 边际消费倾向(B)。它表示耗费增加额与获利增加额之比，该值越高，则对投资者越不利。

④ 投资饱和度(D)。就具体投资项目而言，它是指投资的边际效率与利润之比。其中

投资边际效率是指投资每增加一个单位时，这一个增加单位中所预计获得的最大利润。如就房地产投资而言，指在某地域已投入的资金与该地域投资容量的比值。

⑤ 基础设施适应度(J)。假设各项基础设施完全适应投资项目需要时定为1，则

$$J=\frac{k_1a_1+k_2a_2+\cdots+k_na_n}{n}$$

式中，n 表示基础设施项目的个数；k 表示各项基础设施的权重；a 表示各项基础设施与1对比的适应程度。

⑥ 投资风险度(F)。它指由于营销环境变化而损失的部分或全部收益，对此进行的估计即为风险度。

⑦ 有效需求率(Y)。其计算公式为

$$Y=\frac{\text{社会平均利润或利息}}{\text{产品销售收入}}-\text{利息}$$

⑧ 国民消费水平(G)。它指一个区域内国民收入与居民储蓄额之间的比值。

四、关键因素评估法

20世纪30年代，中国香港中文大学教授闽建蜀先生针对具体投资项目，从充分考虑投资动机对环境要求的角度提出了关键因素评估法，即从影响营销环境的众多因素中，找出影响投资动机实现的关键因素，然后根据这些挑选出来的关键因素，仍采用多因素分析的方法进行评价(表4-2)。

表4-2　影响营销环境的关键因素

投资动机	影响营销环境的关键因素
降低成本	适合当地工资水平的劳动生产力；土地费用；原材料价格；运输成本
发展当地市场	市场规模；营销辅助机构；文化环境；地理位置；运输、通信条件
获得原材料	资源；货币汇率；通货膨胀率；运输条件
风险分散	政治稳定性；国有化可能性；货币汇率；通货膨胀率
追随竞争者	市场规模；地理位置；营销的辅助机构；法制建设
获得当地的生产技术和管理技术	科技发展水平；劳动生产率

对房地产投资项目而言，投资动机需要考虑的因素远远多于表4-2中所列的这几个方面。在实际进行评价时，可按房地产项目的使用性质进行分类，各类房地产投资需重点考核的环境因素再按权重可分为3类。例如，对我国开发建设的普通住宅投资项目，其环境评价的关键因素，有如下几种分类：

(1) *重点因素*。权重系数 $W_i=0.6$ 包括市场环境中的购买力水平、市场容量、供应量、同类楼盘的分布及其现状等；财务环境中的项目融资可能性、融资成本、税费负担、同类项目盈利水平等；自然环境中的地理位置、风景地貌、自然景观；基础设施条件中的电力、通信、给

排水、交通及其他生活设施条件。

(2) 一般因素。权重系数 $W_i=0.3$ 包括经济环境中的消费结构、居民收入、物价指数等;资源环境中的劳动力资源条件、原材料等;法制环境中的争议仲裁公正性等。

(3) 次要因素。权重系数 $W_i=0.1$ 包括社会环境中的文化秩序、教育水平等。其他类型的房地产投资项目,应视具体情况作适当调整:① 如果对境外尤其是其他国家开发的房地产项目,要把政治环境中的政权稳定性、政治局势、经济政策;文化环境中的价值观念、文化传统等因素作为重点因素。② 对于高档住宅,尤其是高级别墅之类的房地产投资项目,则要把拟开发土地的自然环境因素调到"重点因素"中。③ 对于工业厂房、仓库等项目,则应以交通、基础设施条件等为重点因素。环境因素的类型及权重确定后,便可按照前述多因素分析法的计算公式,先计算出该投资项目的营销环境总分,然后进行评价。

第五章 房地产市场营销战略

随着社会经济的快速发展，商品交易中买方市场的迅速形成，各行各业生产经营企业的竞争日趋激烈，作为企业经营"顶尖石"的战略管理成为国内外企业在竞争中取胜的不可或缺的重要因素，从而也得到了管理者的普遍重视和运用。本章重点介绍房地产市场营销战略的基本理论知识。

第一节 房地产市场营销战略的内容

房地产市场营销战略的目的是通过为购买者提供比竞争对手更好的产品或服务，从而将竞争对手击败，实现企业自身的销售目标。房地产市场营销战略包括进攻型和防御型策略，以及以提高企业长期竞争能力和市场地位为前提所采取的资源调度行动，此外还包括因当前市场环境变化而采取的各种策略。

一、房地产市场营销战略概述

1. 影响行业结构的因素

根据国内外理论界所普遍应用的"产业竞争力量"分析框架，国内房地产行业的总体竞争结构状况，主要由五种最基本的竞争作用力决定：现有竞争者、潜在竞争者、供给方、购买方、替代品的供应者。这些因素又通过如下几方面对行业的结构产生影响。

(1) 进入壁垒。进入壁垒是其他厂商为进入该行业而必须付出的最小代价。进入壁垒主要取决于在该行业经营的规模经济、产品差异、资本需求、转化成本、政府政策和销售渠道等因素。并不是所有的企业都有实力进行房地产开发的，房地产行业的进入壁垒对资本需求量很大。

(2) 竞争对手。主要包括竞争对手数目、产业成长的速度、固定成本、战略利益、退出壁垒等因素。由于房地产行业的固定成本投入巨大，退出壁垒很高，近几年来竞争的激烈程度有增无减。特别是在北京、上海、深圳、广州等这些起步较早的大城市，市场竞争几乎可以用"惨烈"来形容。

(3) 替代品的压力。替代品的压力主要表现为我国在住房制度改革过程中涉及到的非商品房的供应状况。安居工程所涉及的住房以及经济适用房，虽然不是真正市场意义上的商品房，但在一定程度上有替代作用。

(4) 买方侃价实力的变化。随着上述各种因素的变化，买方实力自然也会出现涨落。任何行业、任何公司在经营过程中，都必须把它对客户群的选择，视为公司的重要战略决策。公司可能由于找到了讨价还价能力最弱的客户，而使战略形势大为改观。

在公司销售所面临的客户群当中，也许只有极少数实力相当。即使一个公司的销售仅仅限于某一个产业，该产业中也会存在讨价还价实力较弱(价格敏感程度较小)的细分市场和客户。

(5) 供方的侃价实力。这主要表现为房地产开发商要价的能力。主要包括土地价格、建筑材料的价格、政府对房地产价格的管制等因素。其中,土地的价格基本上由政府控制,因而在相当程度上受国家、地方政府政策的影响。近些年来,各种建筑材料的价格纷纷上涨,构成了房地产产品价格上涨的一个因素。最近,有些地方的政府部门已经相继出台政策,强化对房地产产品价格的干涉,加之行业竞争的加剧,各发展商的要价实力均有所削弱。

2. 制定营销战略的作用

营销战略不仅对中小企业涉及全局的重大问题具有决定性意义,而且对中小企业的局部问题和日常性管理工作有推动、指导和规范的作用。

营销战略对现代企业家而言,有着强烈的吸引力。具体可以归纳为以下几个方面。

(1) 使企业顺利、快速成长。通过制定战略规划,可以使企业经营者对企业当前及长远发展的经营环境、经营方向和经营能力,有一个全面正确的认识,了解企业自身的优势和劣势、外部的机会和威胁,做到"知己知彼",并采取相应办法,不失时机地把握机会,利用机会,扬长避短,求得生存和发展。

(2) 提高生产经营的目的性。管理学中有一个公式:工作成绩=目标×效率。西方学者认为"做对的事情"要比"把事情做对"重要。因为"把事情做对"是个效率问题,而从一开始就设立正确目标,"做对的事情",才是真正的关键。

战略规划就像战争中的战略部署,在开战之前,就基本决定了成败。因而中国古代兵书有"运筹帷幄,决胜千里"之说。制定战略规划,就使企业有了发展的总纲,有了奋斗的目标,就可以进行人力、物力、财力以及信息和文化等资源的优化配置,创造相对优势,解决关键问题,以保证生产经营战略目标的实现。

(3) 增强管理活力,降低经营风险。实行战略管理,就可以围绕企业经营目标进行组织等方面的相应调整,理顺内部的各种关系;还可以顺应外部的环境变化,随时审时度势,正确处理企业目标与国家政策、产品方向与市场需求、生产与销售、竞争与联合等一系列关系。

(4) 提高企业家素质。实施营销战略,使企业家能够集中精力于企业环境分析,思考和确定企业经营战略目标、战略思想、战略方针、战略措施等带有全局性的问题,造就一大批社会主义企业家和战略人才。

3. 营销战略的本质特征

营销战略是企业为适应外部环境的变化,为使企业长期、稳定发展,实现既定战略目标,而展开的一系列事关全局的战略性谋划与活动。营销战略的本质表现如下:

(1) 全局性。战略管理必须以企业全局为对象,根据企业总体发展的需要而规定企业的总体行动,从全局出发去实现对局部的指导,使局部得到最优的结果,保证全局目标的实现。

企业的战略规划其实就是企业发展的蓝图。作为指导全局的总方针,企业战略是协调企业内部各职能部门之间以及各管理层次之间关系的依据,是促进企业各方面均衡发展的保证。在日常的经营管理工作中,企业的每一具体计划,每一具体经营业务,每一具体行动措施,都要围绕企业战略目标来制定并服从其要求。

为了实现企业战略目标所体现的全局利益,战略职能部门或基层战略经营单位有时不得不放弃自身面临的机会和潜力,甚至做出牺牲。

(2) 长远性。营销战略是着眼于未来,对较长时期内(5 年以上)企业如何生存和发展进行通盘筹划，以实现其较快发展和较大成长。

面对激烈复杂的市场竞争环境，任何组织若没有超前的战略部署，那么其生存和发展就要受到影响。

战略的全局性特征在时间概念上的表现就是长远性，它直接关系到组织的未来和发展。对未来的设想，特别重要的不是回答未来怎样，而是通过预测未来的变化趋势来制定现在的策略和措施。

因此，没有以着眼于未来的企业战略作指导，日常的经营管理就会失去目标和方向。真正具有战略眼光的企业家，绝不会片面地追求眼前利益，纠缠于企业的短期行为，而是致力于实现企业的长期战略目标。正如美国前总统理查德·尼克松在《领导者》一书中写道："领袖人物一定要能够看到凡人所看不到的眼前利害以外的事情。他们需要有站在高山之巅极目远眺的眼力。"

(3) *关键性*。关键性又称重点针对性，是指那些对企业总体目标的实现起决定性作用的因素和环节。战略讲究的是环境的机会和威胁、自身的优势和劣势。要找寻敌弱我强的地方下手，或是在敌强我弱的地方防范。实施营销战略，就是要抓住机会，创造相对优势，增强企业的竞争实力。

通向成功的最有效的捷径是较早地把主要资源集中到一个具有战略影响的功能中，迅速跃入第一流的企业。然后，利用这种较早的第一流的地位所产生的利润加强其他功能，使它们也领先于别的企业。当今所有产业部门的主导企业，毫无例外，都是从果断地应用以关键因素为基础的战略开始的。

(4) *权变性*。权变性指善于随机应变而不为成见所锢囿的适时调整、灵活机动的能力。任何企业在其成长过程中，必然要受到诸多因素的影响，并随内部、外部环境的变化而变化。这就要求企业经营者根据实际情况的变化，变换策略，调整计划，修正战略，把战略贯彻于现实行动之中，以适应未来的多变性。

权变性的客观基础包括两个方面：一方面是由于企业经营者深化了对企业发展规律的认识，另一方面则是由于企业内外竞争环境发生了变化，出现了新情况，因而需要重新检验已经确定的战略方针和战略措施的正确性，并加以必要的修正。

另外，营销战略本身就是一个动态过程。由于企业战略具有长远性，必须经过一定时期的努力，才能最终实现企业的战略目标，不可能毕其功于一役。同时，战略管理又可分为战略制定、战略实施、战略控制等不同阶段，其中每一阶段又包含若干步骤。因而，战略管理过程的各个阶段和步骤是不断循环和持续的，是一个连续不断的分析、规划与实施的过程。这就对战略管理者提出了更高的要求，特别是面临新的变幻莫测的国际经济竞争，开拓进取、求变创新、制定和实施适应性应变战略，已成为现代管理者的当务之急。

二、营销战略的制定原则

营销战略是为了实现企业的销售目标，对所要采取的行动方案和资源使用方向的一种总体计划，是一个总的方向。制定房地产营销战略要有一定的原则。

(1) *以客户的需求为出发点*。企业制定的所有战略和战术都是围绕一切满足客户的需求为目的，"顾客就是上帝"。

(2) *把握时机*。制定战略时，要尽可能地利用可能发生的变化。

(3) 扬长避短。制定战略实质就是要研究如何以弱胜强、以小胜大、后来居上、高屋建瓴,所以就必须扬长避短、发挥优势。

(4) 出奇制胜。出奇制胜就是靠创新,靠另辟蹊径而获得成功。

(5) 集中资源。集中资源,就可以使有限的资源发挥出最大的效益。

(6) 量力而行。量力而行,就是要使战略与企业的规模相适应,不同的规模就有不同的战略,切忌好大喜功。

三、营销战略的指导思想和目标

1. 营销战略的指导思想

营销战略指导思想是指导战略规划的制定和实施的基本思路与观念,是整个营销战略的灵魂。它包括战略理论、战略分析、战略判断、战略推理、战略思想和战略方针,是贯穿战略管理全局的战略思维过程,对确定战略目标、寻找战略重点和采取战略措施都具有十分重要的意义。营销战略指导思想的内容主要包括以下几点:

(1) 满足市场需求的思想。市场需求是企业存在和发展的前提条件,是企业的生命所在。企业必须以满足顾客需要和为顾客提供最大利益服务为宗旨,求得自身的发展。特别是随着跨国公司的崛起和各国对外直接投资的增加,世界经济逐渐相互渗透,相互依存,呈现出全球市场一体化的趋势。为此,房地产开发商必须在更大的市场广度上,考虑顾客的需要。

(2) 系统化思想。系统化思想是由企业营销战略的全局性特征决定的。用系统论的观点来研究企业,就要着眼于全局性的发展规律和方向,树立整体观点、动态平衡观点和协调观点,把企业的各个方面有机地联系起来。

(3) 未来思想。企业发展必须着眼于未来,这也是由战略的长远性特征决定的。由于战略能为企业的未来发展指明方向,企业在采取任何行动时,都要考虑对长期发展是否有利,不能只顾及眼前的蝇头小利。

(4) 竞争对抗思想。在激烈竞争的市场经济中,优胜劣汰是铁打的法则。企业要想立于不败之地,就要不断寻求、解决事关企业存亡和长远发展的关键性问题,创造出超出竞争对手的相对优势。

(5) 全员思想。营销战略就是明确有关企业发展的总目标,确定行动的总方针,调动自上而下的人力、物力、财力,充分保证战略方针的贯彻和战略行动的落实。需要指出的是,在战略指导思想当中,企业经理人员高瞻远瞩、创新求实、灵活应变的战略头脑尤为重要。

2. 营销战略的目标

营销战略指导思想形成以后,就要确定战略目标。战略目标是企业在对战略内、外部环境进行充分分析认识的基础上,根据企业实际情况提出的在一定时间内所预期获得的成果或所追求的期望值。

战略目标是营销战略构成的核心内容,为企业指明了未来成长和发展的方向。只有明确战略目标,企业家才能根据实际目标的需要,合理地配置企业拥有的各种资源,正确安排企业经营活动的优先顺序,恰当地指派任务和责任。如果没有确定的企业目标,企业就会迷失方向。

受经济环境、产业分布、企业规模和发展阶段等各方面因素制约,企业战略目标涉及到很多方面，既有经济目标，又有社会责任目标；既有长期目标，又有短期目标；既有总体性目标，又有局部性目标。

一般来说，战略目标可分成定性和定量两大类。定性目标如维持稳定，获得发展，树立良好的社会形象，把本企业办成本行业、本地区最具吸引力的优秀企业等。定量目标如利润总额及增长率、市场占有率、资金收益率、销售总额及增长率、股票价格及股息红利率、新产品开发率等。

在确定战略目标时，要注意从实际出发，使战略目标明确、具体、先进、可行，定性目标与定量目标相结合，长期目标与短期目标相衔接。

四、营销战略的重点

营销战略重点是指那些对于实现战略目标既有关键作用又有发展优势，或自身发展薄弱需要着重加强的项目和部门。这就要求在战略实施过程中，集中力量解决关键性问题。战略规划不可能面面俱到，没有重点。战略重点在“战术”上则表现为集中优势打歼灭战，即采取重点针对性措施，实行资源重点配置，组织重点保证，行动重点推进，以实现企业的突破性发展。

随着战略行动的逐步推进，战略重点呈现阶段性特征，必须注意及时调整。抓住战略重点，可以促进企业长期稳定发展。

享有“美国荣耀”之称的美国摩托罗拉公司是世界无线通讯巨人。多年来，该公司始终重视市场占有率，把提高市场占有率作为企业的战略重点，使全球范围内以摩托罗拉为品牌的移动电话拥有量高达近40%。摩托罗拉公司为了保证战略重点，在竞争激烈的高科技电子产业中出类拔萃，采取了下列三点至关重要的创新措施。

(1) 不断推出让顾客惊奇的新产品。为此，摩托罗拉公司在科研方面进行持续性投资，不断研究开发最新产品。

(2) 新产品的开发必须注意到速度与时效问题。由于技术性商品的生命周期较短，因此在开发速度上千万不能落后。

(3) 以顾客为导向。20世纪90年代，摩托罗拉公司采用了先进的管理方法，在质量管理上务求完美，直到将顾客的不满意度减少到接近于零为止。

第二节　房地产增长战略

增长战略，包括密集增长、多样化增长和一体化增长三种途径。它们主要是关于市场和业务扩张的战略。

一般而言，战略目标都要略高于企业能力。正如“目标市场与业务组合决策”中所看到的，目标市场与业务组合决策的目的就是要筛选掉一些没有战略意义的细分市场和相应的业务，而投资于有市场潜力并能取得竞争优势的领域。

例如，目前企业所有业务销售额合计为5000万元，保留下来的业务按其竞争能力和市场潜力，到第10年可以达到2亿元销售额，而根据企业发展需要和所具有的潜能，企业将战略目标销售额定为4亿元。企业必须设法填补这个2亿元的差额。这些途径被概括为三种增长战略（表5-1）。

表 5-1　　　　　　主要的增长战略

增长战略	增长方式
密集式增长	市场渗透，市场开发，产品开发
多样化增长	相关多样化，不相关多样化
一体化增长	后向一体化，前向一体化，横向一体化

一、密集增长战略

密集增长战略就是在企业现有业务中寻找迅速提高销售额发展机会的增长战略。安索夫(Ansoff)提出了一种分析方法，称为“产品—市场扩展矩阵”(图 5-1)。

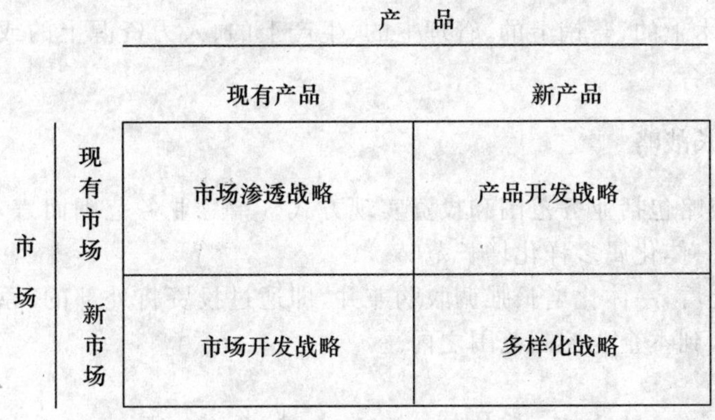

图 5-1　安索夫“产品-市场扩展矩阵”

(1) 市场渗透战略。指企业设法在现有市场上扩大现有产品的销售量和市场份额。有三种主要方法(以凯尔磁带公司为例)：一是鼓励现有顾客每一次购买更多的盒式磁带，这要在大多数顾客不常买磁带，且能显示多用磁带有益处时才有效；二是设法吸引竞争者的顾客，使他们能转而购买自己的产品，这要在该公司发现竞争对手在其产品或营销规划中存在许多重大缺陷时才会奏效；三是尝试说服那些现在不使用盒式磁带但很可能会使用的人开始使用，而此策略要在现在仍有许多人没有录音机而且他们准备时才会起作用。市场渗透战略在房地产营销中不常用。

(2) 市场开发战略。用现有产品打入企业未开发的新市场，实现销售额增长。第一，要设法发现当前销售区域中有哪些潜在顾客，可以刺激他们产生兴趣；第二，公司可在现有销售区域内寻求其他分销渠道，如果过去仅通过代理商销售，则可增加销售渠道来销售；第三，公司还可考虑向新地区甚至向国外销售。

(3) 产品开发战略。通过产品开发更好地满足现有市场的需求，实现销售额增长。可开发不同质量、风格及档次的产品面向各种消费者。

二、多样化增长战略

多样化增长战略指的是企业在现有业务之外寻求发展的增长战略。它分为相关多样化和不相关多样化。

(1) 相关多样化。相关多样化指的是新业务与原有业务在技术或市场上有较强的相关性。利用企业原有核心技术的外延发展的多样化增长称为“同心多样化增长”。如果在技术上相关性不大,而在市场上相关性很强,则称为“水平多样化增长”。例如有些集团公司最早从事土地开发,形成规模,建立了较高品牌效应以后,继而开发房地产、经营物业等业务。

(2) 不相关多样化。不相关多样化是通过发展与原业务根本不相关的新业务而实现企业增长的多样化增长方式。例如一家电器制造企业,投资数千万建立一家三星级的大酒店,就属于不相关多样化战略的应用。

(3) 多样化增长的讨论。实际上,相关、不相关只是相对而言的。相关性非常强的极端,就是密集增长;相关性非常弱的极端,就是跨行业多样化。

一般认为,相关与不相关的条件是看产品技术或市场是否有内在联系,但这并不全面,也不准确。根本的条件应当是企业的核心能力,即企业在多年生产经营中所积累和形成的经验,它可能是技术上的、营销上的、管理上的、生产上的、人力资源上的或是企业文化上的以及多项能力的结合。

三、一体化增长战略

一体化增长战略包括业务范围和投资实现方式。单从业务范围而言,横向一体化属密集增长范畴,纵向一体化属多样化增长范畴。

从实现方式上看,一体化增长强调收购兼并,即通过投资将外部的、原不在自己控制范围之内的业务纳入到本企业控制范围之内。

第三节　房地产竞争战略

企业的经营环境是一个充满竞争的环境。在选定业务方向以后,还必须为每项业务开发制定竞争战略。简单地说,竞争战略就是如何取得竞争优势的战略途径,主要有总成本控制战略、差异化战略和集中战略等。

一、总成本控制战略

1. 总成本控制战略的概念

总成本控制战略,就是通过成本控制,使本企业的产品成本降为同行业中最低者。从行业分析看,尽管行业内存在激烈竞争,但是低成本的企业却可以获得高于行业平均水平的收益。它的低成本地位使其能够抗衡来自竞争对手的攻击。

同样地,低成本可以强有力地抵御买方和供应方力量的威胁。买方和供方的讨价还价能力使得行业内企业的利润减少,正如低成本企业可以抵御竞争对手的威胁一样,当由于行业内利润下降使得其他对手都无利可图时,低成本企业仍然可以有相当的利润维持生存和发展。

最后,低成本也可以抵御来自替代品的威胁。人们购买替代品无非是看好替代品的性能或价格。替代品若是创新性的,那么整个行业被替代都在所难免,但若不是这样,而只是从价格上考虑,那么总成本低的企业就可以同替代品展开成本和价格上的竞争。

2. 实现总成本控制战略的基本条件

(1) 扩大产品批量，讲究规模效益，以降低单位产品成本。

(2) 应具有较高的销售增长率和市场占有率，否则，产品批量增大，就会出现产品积压的风险。

(3) 具有较高的管理水平，不断提高产品质量，降低人力、物力和财力的消耗，特别是降低产品的单耗。

3. 总成本控制战略的益处

(1) 只要成本低，企业尽管面临着强大的竞争力量，仍可在本行业中获得高于平均水平的收益。

(2) 企业处于低成本的地位上，可以抵挡住现有竞争对手的竞争。而且，即使竞争对手在竞争中处于不能获得超额利润而只能得到平均收入的情况下，该企业仍然可以获利。

(3) 当面对强有力的购买者要求降低产品价格时，处于低成本地位上的企业可以获得较好的效益。

(4) 当强有力的供应者抬高企业所需资源的价格时，处于低成本地位上的企业可以有更多、更好的灵活性来解决这一问题。

(5) 那些形成低成本地位的因素常常对其他想要进入的企业在规模经济或者成本优势方面形成进入障碍。

(6) 在与替代用品竞争时，低成本的企业往往比本行业中的其他企业处于更有利的地位。

可见，企业的低成本地位能够抵御许多竞争力量的威胁。企业降低产品成本的途径是多环节、多方面的，通过降低设计成本、工艺成本、采购成本、仓储费用、运输费用、规模效益、资金占用、销售成本等都能够使产品成本降低。

4. 总成本控制战略的风险

(1) 技术、政策规定的变化使得企业用以降低成本的途径不能再发挥作用。

(2) 产业的新加入者或者追随者通过模仿或者以其对高技术水平设施的投资能力，用较低的成本进行学习。

(3) 由于将注意力放在成本上，因而无法看到所需产品或市场环境的变化。

(4) 成本膨胀削弱了公司保持足够价格差的能力，从而无法去树立品牌形象(或建立差异性)以与对手竞争。

房地产行业在运用总成本控制战略时，一定要避免陷入困境，规避风险，创造最大效益。

5. 控制和降低成本的途径

总成本控制战略，不是以降低成本为目标，任何一家企业都要控制成本，而且以把成本降低到同业最低点为目标。为此，总成本控制战略的实施应注意两方面的成本因素：首先，深入研究价值链构成的结构性因素，并与竞争对手相比较，探寻重新优化价值链结构的可能性；其次，控制每一项具体的价值活动及其联系。当价值链结构确定以后，企业还要对每项具体活动的成本进行控制。

6. 实施总成本控制战略应注意的问题

总成本控制战略并不是只顾成本。总成本控制战略也是顾客导向型的，侧重于通过降低顾客成本来提高顾客价值。但也要注意，对低成本的长期追求也可能产生迷失方向的问题,老福特执掌下的福特公司就曾犯过这样的错误,其领导地位最后被通用汽车取而代之。

总成本控制不应是只注意大块成本。在企业中最不容易觉察的成本增长常常是那些小而分散的成本因素。实际上,为加强成本控制,企业有必要建立一套新型的成本归类和核算体系,国外称之为以“价值活动为基础的成本管理”(Activity Based Costing,简称 ABC)。

7. 总成本控制战略案例

20 世纪 70 年代,香港推出的“居者有其房”(Home Ownership Scheme,HOS)与后来由此衍生的“私人参与建屋计划”(Private Sector Participation Scheme,PSPS),就是充分针对当年市民的购买力与楼价的错位现象,由政府牵头撤除地价,促成开发商获得比竞争对手更低的建屋成本。虽然 HOS 成品无甚特色,但产品质量尚可接受。由于市场楼价水平适合普通市民,HOS/PSPS 在香港可谓非常成功。国内的康居工程和经济适用房计划也是借鉴这个经验,获得了良好的成效。

在汽车行业,日本的丰田、日产、本田等,都是通过采用总成本控制战略进入国际市场的。目前,这一战略已被北京市的房地产开发商所成功运用。北京市的某楼盘,是由北京市政府规划,由北京市设计院设计的超大规模楼盘,通过大规模批地、大规模开发、大规模推广,取得了房地产开发总体成本低的相对优势。首先,该楼盘凭借政府和政策优势,大规模批地,从而有效地降低了单位土地的价格。其次,该楼盘大规模开发,有效地降低各种原材料的单位成本,获得人力、资金等方面的规模优势,从而大大降低了单位房地产物业的开发成本。结果,该楼盘的首期均价每平方米仅 4 200 元左右,是北京市当时最便宜的楼盘之一,比同档次的其他楼盘价格低了近 22.5%。最后,该楼盘在市场推广过程中成功地运用规模优势,降低了单位商品房的销售成本。在首期推出的广告宣传中,发展商在不到 3 个月的时间里便在北京市各大媒体投入了大约 1 000 万元的广告费用,使用了包括电视、报纸、广播、户外、传单等各种形式的传播媒体,形成了一种“地毯式轰炸”的局面。结果,该楼盘很快便实现了 2.5 亿元的销售额,创下了当年罕见的排队购楼奇观,为其销售的成功打下了坚实的基础。

二、差异化战略

1. 差异化战略的概念

提高竞争能力的另一种思想,是设法向顾客提供具有独特性的产品、服务或企业形象,并且同其他竞争对手区分开来,这种战略称之为差异化战略。

差异化的核心是向顾客提供独特价值,而这些独特价值的来源则存在于企业价值链的构成之中。然而,要提高差异化优势也要付出成本,因此权衡差异化所得与所耗成本是差异化战略中的重要问题。此外,如何选择差异化战略,如何警惕差异化的误区,也是制定差异化战略应当注意的问题。总之,研究顾客心目中的价值,以及如何评判这些价值,都是建立差异化战略的途径。

2. 实行差异化战略的条件

(1) 企业在产品的研究和开发上具有较强的创新能力。

(2) 企业在生产技术上具有较高的适应能力和应变能力。

(3) 企业在市场营销中有明确的目标市场,并能采取有效的经营手段和方法。

3. 差异化战略的益处

只要条件许可，差异化战略都是可行的。企业如果能很好地运用这种战略，在行业中就会获得超过平均水平的利润。这主要表现在以下几个方面：

（1）顾客对好的产品有一种消费的忠诚性，当这种产品的价格发生变化时，顾客的敏感程度很低。生产该产品的企业可以运用产品差异战略，在与同行业的竞争中形成一个隔离区域，从而使自己免受竞争的侵害。同时，产品差异化能增加边际收益，降低企业的成本。

（2）产品差异可以借助于其所产生的边际收益，增强企业对供应者讨价还价的能力。

（3）由于购买者别无其他选择，对价格的敏感度较低，从而使得企业可以运用产品差异战略来削弱购买者讨价还价的能力。

（4）顾客对品牌的忠诚感给竞争者形成了强有力的障碍。其他厂商想进入该行业则需要克服这种产品的独特性。

（5）由于企业极具特色，又赢得了顾客的信任，便可在与代用品的较量中，比其他同类企业处于更有利的地位。

4. 差异化战略存在的风险

（1）可能要放弃获得较高市场占有率的目标，因为它的排他性与高市场占有率是矛盾的。

（2）为了形成差异，企业需要进行研究开发、产品设计、采用高质量原材料和争取顾客支持等方面的工作，但是代价高昂不一定能笼络住顾客。

（3）并不是所有的顾客，都愿意或能够支付产品差异所形成的较高价格，买方可能放弃差异化公司提供的某些特性（如服务或形象），以节省开支。

（4）随着产业的渐趋成熟，模仿使已经建立的差异不断缩小，从而使采取差异化战略的公司面临困境。

（5）同行业的竞争者随时都有可能创造出更高级的差异化战略。

实行差异化战略的公司要防患于未然，高瞻远瞩，积极地采取适当的措施以很好地规避这一风险。

5. 建立差异化战略的途径

（1）降低顾客成本。这里的顾客成本不只是顾客直接的购入成本，而应是更为广义的顾客成本，应当考虑时间上的、体力上的和地位形象等。

如果企业的某种做法可以降低顾客的总成本，那么这种做法就是差异化的潜在基础。

（2）提高买方效益。降低用户成本可以为用户实行总成本控制战略提供条件，提高买方效益可以为用户实行差异化战略奠定基础，因此，企业必须理解用户的需要并应采取与用户相同的价值分析方法。

（3）通过促销提高价值。用户对影响价值的知识的不完备性，为企业提供了差异化的机会。为了使用户能够增加对产品实际价值有关知识的了解，以促销（广告、推销、产品介绍、包装、公关）为主要手段的沟通就非常重要。通过促销活动，不仅可以提高用户对实际价值的认识，而且可以提高用户的期望价值，即用户对产品价值的主观判断。期望价值越高、购买欲望越强，企业就可以获得较高的溢价收益。在这里充分显示了促销对企业活动，特别是对奉行差异化战略的企业的重要性，但也应当注意，期望价值不能高于实际价值太多，否则在顾客购买之后就会产生巨大反差，而有上当受骗的感觉。

6. 差异化战略误区

(1) 无意义的独特性。独特性并非就是差异化,关键是要看顾客是否接受你的独特性。片面地追求独特性而忽视了对顾客价值的研究,是营销近视症的表现,这种独特性不仅是毫无意义的,而且是很危险的。

(2) 溢价收益太高。如果溢价收益太高,买方将转换供应商;如果企业不能将成本保持在近似竞争对手的水平上,其差异化优势往往难以显示出来。

(3) 只重视产品而忽视整个价值链。有些企业只注意从产品形态上寻找差异化的机会,而没能从更广泛的价值链中去挖掘。实际上,价值链的每个环节都可以形成差异化优势。

(4) 不能正确地细分买方市场。买者的采购标准和对标准的重要性的排序是各不相同的。因此,必须要对买方市场进行细分。

(5) 忽视促销。"好酒不怕巷子深"是差异化战略的大忌。虽然你的产品具有差异化优势,但只有配合促销宣传才能达到预期收益。

7. 差异化战略案例

过去几年来,开发商为了加强自身竞争力,采取了多种措施。例如,竞争使酒店式服务进入了普通社区,项目容积率越来越小,绿化率越来越大,小区配套越来越好,会所建设越来越上档次,智能化管理,还有人车分流,全下沉式中央广场,落地玻璃,弧形窗,地板采暖,送厨卫配套后再加配家用电器,甚至不收管理费,10 年免费保修等等,不一而足。

在北京市的房地产市场上,某花园楼盘就因成功地实行了差异化战略,使项目的品牌形象深入人心,确立其非同一般的市场地位,最终使自己脱颖而出,取得了差异化战略的巨大成功。

该花园楼盘尽管开发规划较早,但因其设计非常超前,在当时可谓"独树一帜",兼之其建造设计毫不马虎,不仅与其整体规划相得益彰,而且在绿化、园林方面也下足了功夫。更为重要的是,它在广告方面也付出很大努力,塑造了良好的品牌形象,充分突出其在当地的惟一性:

(1) 广告设计风格、版式很有特色。该花园广告版式非常洁净,始终是优雅的画面、抒情的音乐和最简短的广告词,这对于生活在大都市,早已厌倦了喧嚣、嘈杂、拥挤的人们来说,产生了一种心灵的震撼。

(2) 品牌形象的升华。从"建设新突破,规划创先河"到"为什么这里有人给老人让座"、"从自得其乐到其乐融融"等,使得其品牌形象不断得到升华。

(3) 关于和谐生活的塑造,使其主题更加突出、特色更加鲜明。从"聆听微风吹过的声音"到"和谐生活新天地"、"和谐生活的体验",无不向人们描绘出一幅和谐、悠闲的生活情景,也充分反映了开发商为购房者"造梦"的良苦用心。

三、目标集中战略

1. 目标集中战略的概念

集中战略,就是在细分市场的基础上,选择恰当的目标市场,集中为目标市场服务。

集中战略的核心是集中资源于目标市场,取得在局部区域上的竞争优势。至于目标市场的大小、范围,既取决于企业的资源,也取决于目标市场中各个方面内在联系的紧密程度。

如产品的接近性、顾客的接近性、销售渠道的接近性和地理位置的接近性。

2. 目标集中战略的种类

一是基于低成本的集中战略，它以某个特定狭窄的购买者群体为焦点，通过为这些购买者提供比竞争对手成本更低的产品或服务，来战胜竞争对手。

二是基于差异化的集中战略，它是以某特定狭窄的购买者群体为焦点，通过为这些购买者提供能够比竞争对手更能满足购买者需求的产品或服务，来战胜竞争对手。

3. 实行目标集中战略的条件

(1) 在敌强我弱的情况下，一般先是采取防御战略，尽量避免与同行业竞争者进行正面冲突。同时，还应积极创造条件，努力去创造和寻求自己的市场机会。

(2) 在势均力敌的情况下，企业应先采取相持的战略，避免盲目发展和盲目竞争。然后，企业应积蓄力量，努力创造有利条件，以寻求在市场竞争中的优势。

(3) 在敌弱我强的情况下，一般应以扩张战略为重点，包括自我发展或组织联合体共同发展。同时，企业应从战略上努力保持自己的优势地位，从而创造或维持名牌地位。

(4) 对于大多数企业来说，与同行业的其他企业相比，总会有自己的优点和缺点。无论从外部环境或内部条件来看，都不可否认这些有利因素和不利因素。因此，企业都应寻求对自己最有利的目标市场，以能够充分发挥自己的优势。

4. 目标集中战略的益处

(1) 能够通过更好地满足目标的要求，取得产品的差异。

(2) 能够通过为一特定目标的服务，获得较低成本。

(3) 在整个市场上既取得产品差异，也取得低成本优势。

目标集中战略的关键在于能够提供比竞争对手更为有效的服务。

5. 目标集中战略存在的风险

(1) 大范围提供服务的竞争对手与目标聚集公司间的成本差距变大，从而使得针对于一个狭窄目标市场的服务丧失成本优势，或者使目标集中战略所产生的差异优势被抵消。

(2) 战略目标市场与整体市场之间对所期望的产品或者服务的差距缩小。

(3) 竞争对手在目标市场中又找到更好的细分市场，因而使目标聚集公司显得不够集中。所以，采取目标集中战略的公司要非常注意把握市场，清楚其生存空间，以免陷入困境。

6. 目标集中战略的应用

选择目标集中战略的另一个问题是这种战略的持久性。它是由三个因素决定的：第一，相对于目标广泛的竞争者的持久性；第二，相对于模仿者的持久性；第三，相对于替代品的持久性。

相对于目标广泛的竞争者的持久性，主要取决于一个目标市场广泛的竞争者在服务其他市场的同时又服务于实行目标集中战略的细分市场的能力。实行目标集中战略的厂商的价值链与服务与其他细分市场所要求的价值链的差别越大，目标集中战略的优势就越持久。

相对于模仿者的持久性，可以应用行业分析模型将模仿者看作是潜在的新加入者。模仿者的进入障碍主要来自细分市场内的企业所拥有的规模经济性、差异化、销售渠道，或有利于实行集中战略的独特性。

目标集中战略对来自替代的威胁最为敏感。对一个细分行业而言，其被替代的威胁要比整个行业大。因为对一个行业的替代过程是渐变的，目标市场广泛的企业可以有较长时间，较大的回旋余地，而奉行目标集中战略的企业对这种替代过程则可能束手无策。因此，实行目标集中战略的企业必须时刻关注所赖以生存的细分市场的结构变化和发展潜力。

7. 目标集中战略的案例

上海市某房地产开发总公司采用目标集中战略，获得了前所未有的成功。

由该公司牵头，与其他房地产开发公司一起开发的顶级别墅地理位置得天独厚，其目标市场非常明确，即上海市的极少数非常富裕的家庭，并从客户的需求角度进行物业的规划、设计、建设。这个市场虽然很小，但很集中。于是，其价格也成了市场上的天文数字：住宅的价格约每平方米1.2～1.4万元，别墅的价格约每平方米1.9万元。尽管如此，各开发公司的销售情况良好，获利匪浅。而且，这些楼盘极少做广告宣传，但市民都知道它是全市区最好的顶级别墅，是在最好的地方建造的最好的房子。结果，首期推出的高档别墅很快售罄。

四、其他竞争战略

（一）市场追随战略

市场追随战略就是在当时的市场条件下，采取追随某些成功企业的做法来展开其营销，以努力获得成功。

美国学者李维特曾在一篇题为《有创新的模仿》的文章中提出“产品模仿”的战略，并且认为这与“产品革新”的战略同样可以赢利。

1. 实行市场追随战略的条件

（1）有成熟的案例。该案例不一定局限于房地产行业，其他行业成熟的、成功的案例均可以借鉴和引用。

（2）在市场上，对该产品或服务（譬如户型的设计、新技术、销售模式、原材料的应用，以及售后服务）采用市场追随战略的企业还不多，或者还没有。

2. 市场追随战略的益处

（1）节约大量开支，譬如新产品开发、分销、向市场提供信息和引导市场等费用，降低了产品的成本，可以避免走弯路。

（2）避免因激烈的竞争而两败俱伤。

（3）不必承担任何用于创新的费用与风险。

那些追随较早的企业，往往都能获得高额利润；而那些追随较迟的企业，其报酬也有可能超过本行业的平均水平。

3. 市场追随战略的风险

（1）不同的地区，由于经济发展程度不同，外部市场环境不同，就不能生搬硬套。

（2）同一地区，不同的房地产物业类型与档次，其本身的内部条件相差很大，盲目进行市场追随就可能出现危险。

这里需要强调的是，市场追随战略不是简单的“鹦鹉学舌”，而是借鉴、引用、吸收，是除去糟粕、吸取精华，是辩证的追随，是扬弃。

掌握市场追随战略的精髓，往往能够举一反三、融会贯通，否则就会全盘皆输。

房地产企业的市场追随战略不应该建立在这样的逻辑基础上，即：其他公司如果采取这种战略获得了成功，我公司只有与其他公司完全一样的时候，才有望取得成功。关键是我公司与其他公司不可能完全一样。如果这一问题处理不好，市场追随也就谈不上是什么战略了。

4. 市场追随战略的成功案例

在现实生活中，常常可以发现一些盲目跟风、生搬硬套的现象。比如：某房地产开发商在某个针对普通老百姓的电视剧播放时段推售每平方米上万元的高档商厦，而这个时段在以往一般是日常生活用品类广告的黄金时间。又如，某高档房地产物业通过形象广告取得了极大的成功，于是一家价格在2000元左右的低档商品房开发商也开始仿效。又如，港式设计的楼盘在广州非常走俏，而内地某偏远小城也想直接照搬过去……如此等等。

事实上，社会是发展的，任何一个行业都总是处于动态的、不断创新的发展过程之中，总有企业推出一些新的措施并取得一定程度的成功。如果善于学习，采取正确的市场追随战略，就可以避免走弯路。

"二战"后，日本企业主要采取市场追随战略，因为他们自己并没有突破性的发明与创造。但是他们善于学习，勇于把别人的成功经验拿来"为我所用"。于是，在残酷的市场竞争中，他们取得了一个又一个的胜利，甚至击败了他们的首创者，从而获得了高速的发展。如索尼、NEC、日立、松下等著名公司，都在这方面获益匪浅。

我国房地产市场的发展仅仅20多年，一方面在急剧膨胀，迅速增长；另一方面又有很大的波动性，时冷时热。一些起步较早的房地产开发公司或外商投资企业，由于拥有较多的经验，并大胆开拓、勇于创新，创造了一个又一个的成功范例。于是，其他房地产开发公司便以其为榜样，采取市场追随的战略，也有很多企业取得了成功。例如，目前购房采取银行按揭的做法就是一步步地被借鉴和扩张，并为广大顾客和开发商所接受的。又如，在北京等地购房可以解决户口的做法，广州的"汇侨新城"提出的"十余万就有楼有广州城市户口"的营销策略等等，都对房地产营销产生了重大影响。

（二）品牌竞争战略

我国加入WTO后，激烈的市场竞争将迫使企业走差异化经营之路。而传统的产品差异化、服务差异化策略由于缺乏必要的法律保护，极易被争相仿效。品牌作为企业差异化的集中体现，作为一种公开的技术秘密，是任何企业无法仿效的。即使是驰名国际的房地产品牌，由于进入陌生的区域市场，不熟悉当地市场，不熟悉当地人的需求，所以其本土化的时间必将拉长。因此，及早塑造品牌已成为房地产企业谋求长期发展的战略性选择。

品牌竞争战略可分为以下三步：核心战略、辅助战略和维护战略。

1. 核心战略

特定的房地产品牌一旦形成，该品牌就向购房者传达了一种代表特定房屋质量与管理服务水准的信息，降低了事前（买卖行为发生前）的信息不对称。因此，房地产品牌创立的核心战略应充分体现"以人为本"的思想，将消费者的利益放在第一位，满足消费者不同层次的物质需求与精神需求。具体来说，应从以下四个方面入手：

（1）目标市场。要做好一个项目，在开发之前就得进行充分的市场调查和分析，以找准市场的切入点。因为，在一个总和的房地产产品消费群体中，必然会因不同的收入、职业、习惯、文化等而形成在使用功能上的不同偏好。通过对市场信息的收集，找出偏好上的差异性，进而归纳出具有相似需求的消费群体，这就完成了市场细分的过程。

通常，按照建筑功能，可以将房地产市场细分为商业、办公、住宅；进而，按照消费能力，再细分出高、中、低档市场；另外，也可根据对房型、面积环境等的不同需求来细分市场。市场细分并不是越细越好，而是要有助于实现这样一个目的，即帮助投资者选择一个最能实现利润目标的投资切入点。

(2) *户型设计*。市场经济具有亲睐创新者的特点。设计是建设的龙头，住宅设计和社区设计是住宅建设中最具科技含量的部分，创新是设计的灵魂，住宅和社区设计的不断创新，不仅能为房地产项目创造新的“卖点”，还将从根本上提高房地产项目的建设水平。

住宅业必须重视产品创新，不断追求物业功能的科学合理，引领市场潮流。比如，在房地产设计方面，一是要不断丰富、完善，做到平式、错层、退层、跃式、复式等多种结构兼备；二是充分发挥每个空间、每平方米的功能，室内尽量采用大开间、轻隔断，使住户可根据需要改变房间布局，既有相对集中的空间，又有相对独立的天地；三是要功能适当超前，针对各种现代信息系统、办公设备、保健娱乐设施、安全防卫设施不断涌入家庭的趋势，提前替顾客作周到考虑，预留好配置空间。

(3) *质量环境*。产品的价值是需要由市场来认可的，因此，品牌形象的建立，也必须以房地产质量作支撑。现代房地产质量的含义，不仅仅指房地产项目的工程质量，还包括规划质量、环境质量、人文质量等等。但工程质量仍具有举足轻重的地位，不能有丝毫懈怠。

(4) *售后服务*。对房地产项目来说，完成开发、实现销售仅仅是品牌建设的开端。在产品漫长的使用阶段，物业管理状况如何，很大程度上决定着品牌的命运。有不少房地产项目设计精良，但投入使用后，落后的物业管理很快就损害了项目的声誉。因此，强化商品售后服务，提高物业管理水平，已经成为品牌建设必不可少的条件。此外，良好的物业管理还能实现房地产商品的保值增值，具有长远的经济效益。在思想观念上，更要拓展售后服务的内涵，售后服务不仅要为居民基本生活提供保障，更要能营造出一种独特的居住文化和表现出对住户无微不至的关爱，以增强业主对居住社区的归属感和认同感。

2. 辅助战略

卓越的住宅质量、精美的户型设计和优质完善的服务为企业品牌奠定了坚实的基础，但企业要创造出真正的、为市场所接受的品牌，还需要辅助战略的支持、配合。创立品牌的辅助战略是指企业就创立品牌的辅助性工作进行规划、设计和实施。辅助性工作主要有品牌命名、对外宣传等。

(1) *品牌命名*。品牌命名不仅要求能直接称呼且容易书写，便于信息的传递与沟通，而且要求能引发联想、营造意境。品牌命名的原则是：简明独特，寓意深刻，发音响亮，朗朗上口。但在当前房产业存在一个误解：将房产的品牌效应简单地等同于案名效应。这一误解可能导致开发商片面注重楼盘的案名设计，而忽视了对住房这种复杂商品在质量、服务、功能等方面进行多方位的功能改进，这种有名无实的案名设计到头来只会弱化品牌。另外，品牌命名应当涵盖开发商所开发的楼盘名称，应尽量与公司名称结合起来，以表示它是公司系列产品的一部分，凸显项目品牌与企业品牌具有的相关性，为企业今后的多项目开发奠定良好基础。

(2) *广告宣传*。广告在品牌创立中占有极其重要的位置。在广告制作及媒体选择上都需要精心运作，特别是进行房地产广告制作，一定要注意追求独特性，这是房地产营销广告的生命。只有独特的房地产营销广告，才能塑造独特的品牌形象，进而吸引目标客户，为楼盘的成功销售铺平道路。

3. 维护战略

品牌经营是一个动态的过程，需要不断地补充新的内容。一个建筑品质优良的居住小区会随着时间的推移而逐步陈旧落伍，但优秀的品牌却具有超越时空的特点。因为品牌在本质上是一种创新的文化，是客户对某种特定文化内涵的认可与追随。

观念、技术层面的创新包括建筑设计的新概念、建筑施工的新工艺、新建材以及房地产营销的新思路等。制度层面的创新包含管理方式以及人才激励机制的创新。这些创新能够为企业发展提供长期的精神动力，不断更新员工的价值观念和行为习惯，使其自觉地提高与消费者的沟通能力，进而提高企业的整体素质和服务水平。

在发达国家，品牌战略已经从企业管理的外围进入到企业管理的中心，成为企业核心竞争力的重要组成部分，从研究开发到售后服务等各个环节都围绕着品牌战略进行。反观我国房地产市场，知名品牌数量不多，且缺乏对市场的引导力和影响力，甚至品牌意识尚未被众多的开发商所重视。许多开发商只求短期行为，不太注重品牌信誉，有些房地产开发公司虽然对建筑质量、小区环境、物业管理等方面都比较重视，但往往不太注重自身物业品牌宣传，其品牌战略未得到有效实施。

房地产品牌的创立要从战略高度来考虑。制定出房地产品牌建设的总体规划，并在总体规划的指导下，各环节协调运作，共同努力，才能确保房地产品牌建设目标的实现。

五、不同营销战略的综合运用

1. 基本营销战略的优势及实施条件

总成本控制战略、差异化战略和目标集中战略，是企业应付日益严峻的竞争环境的 3 种基本营销战略。如前所述，总成本控制战略主要凭借成本优势进行竞争；而差异化优势则强调被顾客认识的惟一性，通过产品、形象、服务等与众不同的特色形成竞争优势；目标集中战略则强调市场的集约和目标、资源的集中，以便在一个特殊市场上形成优势（图 5-2）。

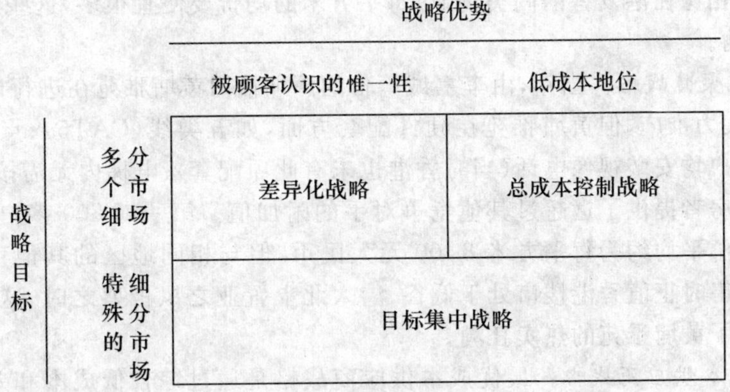

图 5-2　三种基本竞争战略的相互关系

选择何种战略，既有主观能动性的作用，同时又受到内、外条件的制约。表 5-3 列出了采用不同战略所应具备的内部条件。

对每一种战略的追求都要付出代价，并且要承担风险。在总成本控制与差异化之间徘徊可能既得不到总成本领先的益处，又难以真正形成差异化；在广泛目标和集中目标之间徘徊有可能失去安身之地。

表 5-3　　三种基本竞争战略需要的内部条件

基本战略	所需技能和资源	组织要求
总成本控制战略	大量的资本投资和良好的融资能力 良好的开发能力 设计的产品易建造	严格的成本控制,详细的控制报告 组织严密、责任明确 以定量目标为基础的奖励
差异化战略	强大的营销能力 产品制造的创新性 在质量或技术开拓上声誉卓著 技术部门与销售渠道高度协调合作	研究开发和市场营销部门之间协作关系良好
集中战略	针对具体战略目标,由上述各项组合构成	针对具体战略目标,由上述各项组合构成

转换战略是一项困难的抉择。现实问题是大多数企业并不知道自己实行的是何种战略,更不知道如何转换战略。这对那些奉行目标集中战略的企业来说,危险更大。

2. 房地产营销战略的综合运用

在实际房地产操作时,一般都是几种战略的综合运用,而不是单独运用某一战略,从而为企业创造更大的利润,这是企业的最终目的。

(1) 低成本聚焦战略。当年香港楼市形势惨淡,众多开发商均为如何脱手"存货"而绞尽脑汁。而与香港一湾之隔的深圳,出现了香港人北上置业的热情。不少深圳的开发商都采用低成本聚焦战略,将市场定位于香港居民。其中,深圳金地集团以平均每平方米5 300元人民币推出的金海湾花园,深圳万科集团在罗湖开发的万科俊园均价为每平方米 9 600元人民币,由于相比在港发售的同类物业,每平方米的均价要便宜很多,这些楼盘一经推出,立即获得了成功。

(2) 差异化聚焦战略。当年,由李嘉诚筹备的深圳福田黄埔雅苑在进行内部认购时,尽管在香港并无大力推广,但黄埔雅苑在硬件配套方面,如五类线(CAT5)、点对点的宽频专线高速上网、户户均安装视像电话(当时香港也未有此项配套)、电梯内无需按钮的高智能电梯等等,均为购房者提供了远超过其他竞争对手的附加值。第一期 800 多户几天之内接近售罄,虽然认购价平均约为每平方米 8 400 元人民币,但与相同地区的其他项目相比,并不是很高,加上开售时正值香港楼市处于低谷、港人北上置业之风极盛之时,这种差异化聚焦战略,大大激发了黄埔雅苑的热卖狂潮。

(3) 最优成本供应商战略。最优成本供应商战略是通过综合低成本和差异化,来为客户所支付的价格提供更多的价值,其目的在于使产品相对于竞争对手,拥有最优(最低)的成本和价格。例如,北京东部的"都会华庭",从开盘时的每平方米 3 950 元,到后来的起价6 500元左右,销售业绩非常理想,可谓成绩辉煌。然而"都会华庭"之所以倍受追捧,除了其较低的价格,还有两个突出的附加值卖点:一是高科技、智能化社区的建立与使用;二是人性化的社区配置,其实就是以内销房的价格购买外销房的配套。

第六章 房地产项目经营策略

房地产开发商的投资目标是如何尽快实现收益,因此,开发商越来越重视房地产营销策略。房地产营销策略的制定是一项复杂的工作,涉及面广、难度大,怎样才能制定出好的营销策略,是值得深入研究的重要问题。

第一节 产品策略

一、房地产产品概述

(一) 产品整体概念

所谓产品,是指能够提供给市场,用于满足人们某种欲望和需要的任何事物,包括实物、服务、场所、组织和观念。可见,产品的概念已经超越了传统的有形实体的范围。

现代市场营销理论认为,产品整体概念包含实质产品、形式产品和附加产品三个层次(图 6-1)。

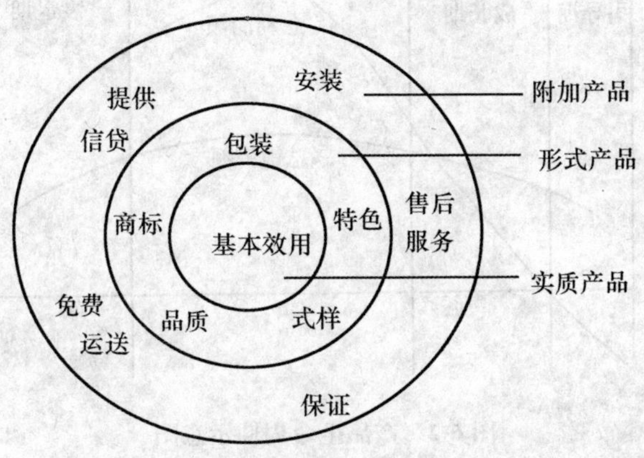

图 6-1 产品整体概念的三个层次

实质产品是指向购买者提供的基本效用或利益,是顾客真正要买的东西,是产品整体概念中最基本、最主要的部分。顾客购买该产品是为了利用该产品的基本效用,并不是获得产品本身。形式产品指实质产品所展示的全部外部特征,即向市场提供的实体和服务的形象,主要包括产品质量、特色、款式或式样、品牌、包装等。顾客购买产品时也会关注这些外部特征。附加产品是指顾客购买产品时,随同产品所获得的全部附加服务与利益,它包括提供信贷服务等。

以上提及的产品的三个层次,是不可分割并紧密相联的,他们构成了产品的整体概念。其中,实质产品是核心,是基础,是本质;实质产品必须转变为形式产品才能得以实现;在提供产品的同时,还要提供广泛的服务和附加利益,形成附加产品。

产品整体概念的提出，对企业的营销活动有重要意义。首先，企业必须明确顾客所追求的核心利益，只有顾客的需求得到真正满足，企业才可能获得成功。其次，企业必须特别重视产品的无形方面。随着社会经济的发展和人民收入水平的提高，顾客对体现精神、层次等方面需要的产品的非功能性利益越来越重视，在很多情况下甚至超越了对满足物质方面需求的功能性利益的关注。由此要求企业摆脱传统的产品概念，重视非功能性利益的开发，以更好地满足顾客的需要。再次，企业在产品上的竞争可以在多个层次上展开。对于成熟产品，在功能、品质上极为接近，难以制造大的差异。产品整体概念的提出，给企业带来了新的竞争思路，那就是可以通过在房型、包装、品牌、服务等各个方面创造差异来确立市场地位和赢得竞争优势。

（二）产品的生命周期

1. 产品生命周期概念

产品生命周期是指一种产品在市场上的销售情况以及获利能力随着时间推移而变化的过程。这种变化的规律描述一种产品从诞生、成长到成熟，最终走向衰老死亡的全过程。这个过程在市场营销学中指从产品试制成功投入市场开始，直到产品被市场淘汰，最终退出市场为止所经历的全部时间。在整个生命周期中，销售额和利润额的变化表现见图 6-2 的曲线。

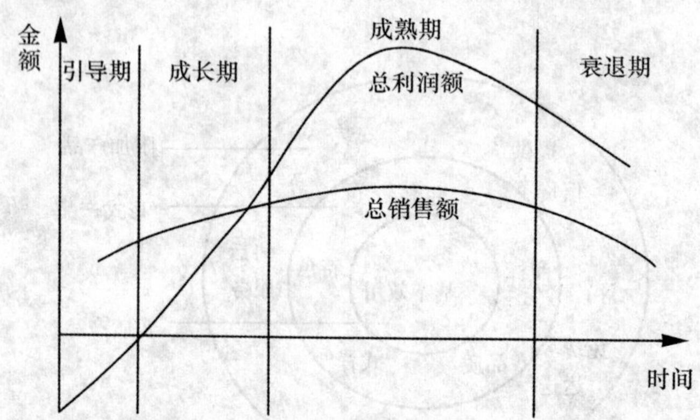

图 6-2　产品生命周期示意图

产品生命周期各阶段的划分是相对的，一般来说，各阶段的分界是以产品销售额和利润的变化为根据的。不同的产品，其生命周期常常是各不相同的。各种产品的生命周期曲线形状也各有差异。

另外，产品生命周期和产品定义范围有直接关系。产品可区分为产品种类、产品形式和产品品牌三种。产品种类是指具有相同功能及用途的所有产品，由于其生命周期中成熟期的延续期不同，它具有最长的生命周期；产品形式是指同一种类产品中，辅助功能、用途或实体销售中有差别的不同产品，它的生命周期次之，且呈现规律的四个阶段；产品品牌则是指企业生产或销售的特定产品，它的生命周期最短且受到市场环境、企业经营决策、品牌知名度等多种因素影响，很不规则。

2. 产品生命周期各阶段的主要特点

（1）引导期。产品的引导期是指新产品首次正式上市的最初销售阶段。这个阶段的主要特点是：

① 新产品刚投入市场，顾客对该产品不太了解，只有少数追求新奇的顾客可能购买，销售量很低；

② 由于产品技术不够稳定，不能批量生产，制造成本高；

③ 为了扩大销路，广告宣传和其他促销费用都比较高；

④ 销售网络还没有全面、有效地建立起来，销售渠道不畅，销售增长缓慢；

⑤ 由于销售量少，各种成本高，企业通常处于亏损或微利状态；

⑥ 同类产品的生产者较少，竞争不激烈。

(2) 成长期。产品的成长期是指产品转入成批生产和扩大市场销售阶段。这个阶段的主要特点是：

① 销售额迅速增长，顾客对产品已经熟悉，大量的新顾客开始购买，市场逐步扩大，形成较大的市场需求，销量大增；

② 产品基本定型，性能趋于稳定，企业具备批量生产的条件；

③ 随着生产规模扩大，成本显著降低；

④ 由于顾客对产品熟悉，广告宣传费用可相对降低，即促销费用与销售额的比率不断下降；

⑤ 由于产量和销量迅速增加，成本下降，企业扭亏为盈，利润迅速上升；

⑥ 竞争者看到有利可图，进入市场参与竞争。

(3) 成熟期。产品的成熟期是指产品进入大批量生产，而在市场上处于竞争激烈的阶段，此阶段主要有如下特点：

① 市场需求量逐渐趋于饱和，产品的销售量增长缓慢；

② 生产批量很大，生产成本降到最低程度；

③ 产品的服务、广告和推销工作十分重要，销售费用不断提高；

④ 利润达到最高点，并开始下降；

⑤ 很多同类产品进入市场，市场竞争十分激烈。

(4) 衰退期。衰退期是指产品已经逐渐老化，转入更新换代的阶段。这个阶段的主要特点是：

① 顾客的消费需求发生改变，转向其他产品；

② 已有新产品进入市场，正在逐渐代替老产品；

③ 产品销售量迅速下降，甚至出现积压；

④ 市场竞争突出表现为价格竞争，产品价格不断下降；

⑤ 企业获利很少，甚至亏损，部分企业因无利可图，被迫退出竞争。

3. 产品生命周期各阶段的营销策略

(1) 引导期。引导期企业的营销重点是提高新产品的生命力，使产品尽快为顾客所接受，促使其向成长期过渡。企业有以下几种营销策略可供选择：

① 快速掠取策略。即采取高价格、高促销费用的方式推出新产品迅速扩大销售量，取得较高的市场占有率，快速收回投资。适用条件是：产品有特色、有吸引力，但其知名度不高；市场潜力大，目标市场和顾客求新心理强，急于购买该新产品；企业面临潜在竞争对手的威胁，需尽快使顾客对产品形成偏好，建立品牌形象；

② 缓慢掠取策略。即以采取高价格、低促销费用的方式推出新产品。目的是使企业获

得更多的利润。适用条件是:市场规模有限;产品具有独特性并有一定的知名度;目标顾客愿意支付高价;潜在的竞争威胁不大;

③ 快速渗透策略。即以采取低价格、高促销费用的方式推出新产品。迅速占领市场,然后随着销售量和产量的扩大,使产品成本降低,取得规模效益,获得尽可能高的市场占有率。这种策略的适用条件是:市场潜量很大,顾客对此产品不了解;潜在顾客对价格十分敏感;潜在竞争对手的威胁较大;产品单位成本可随着生产规模和销售量的扩大而大幅度下降;

④ 缓慢渗透策略。即以采取低价格、低促销费用的方式推出新产品。低价格可扩大销售量,少量促销费用可降低营销成本,增加利润,以最快的速度进行市场渗透和提高市场占有率。适用条件是:市场潜量很大,顾客对此产品比较熟悉;顾客对价格十分敏感;存在某些潜在的竞争对手,但威胁不是很大。

(2) 成长期。在成长期,市场的需求规模和增长速度均无问题,但旺盛的需求,高额的利润,会引来竞争对手的参与。所以产品成长期的营销重点是扩大市场占有率和巩固市场地位。企业可以采取以下营销策略:

① 改进和完善产品。通过改进产品,不仅可以提高产品的竞争能力,满足顾客更广泛的需求,吸引更多的顾客,而且可以使产品的成长期保持长久一些;

② 开拓新的市场。随着销售量的增加、竞争的激烈化,企业应进一步细分市场,找到新的尚未满足的细分市场,并迅速进入占领这一市场;

③ 树立产品形象。把广告宣传的重点从介绍期的提高产品知名度,转到以树立产品形象为中心,大力宣传和推广产品特色,目的在于建立顾客品牌偏好,维系老顾客,吸引和发展新顾客;

④ 增强销售渠道功效。增加销售网点和经销代理机构,重视新的流通渠道,扩大产品的销售面,采取多种方式推销产品。同时,加强产品的销售服务工作,以巩固市场、提高市场占有率;

⑤ 适时降价。选择适当的时机降低产品的价格,既可以争取那些对价格比较敏感的顾客来购买,又可冲击竞争对手。

(3) 成熟期。成熟期的产品应采取进攻战略,保持市场占有率,稳定其收入和利润。所以成熟期企业的营销重点是维持市场占有率并争取利润最大化。企业可以采取以下营销策略:

① 市场改良。这种策略不是要改变产品本身,而是发现产品的新用途和寻求新的用户等,以扩大产品销量。市场改良的主要方式有:a) 发现产品新用途,将产品打入新的细分市场,应用于其他领域;b) 使目前使用某种品牌的顾客增加该产品的年使用量,增加销售量;c) 重新市场定位,寻求新的顾客。生产企业可以利用市场渗透策略寻求顾客。产品经过重新市场定位,可进入更多的细分市场。

② 产品改良。这种策略是通过产品自身的改变来满足顾客的不同需求,以扩大产品的销售量。产品改良可以从以下几个方面着手:a) 品质改良。对产品的质量进行改良,注重增加产品的功能特性,提高产品的耐用性、可靠性。实施品质改良的条件是:产品质量有改善的余地,多数顾客期望产品质量的提高;b) 特色改良。即扩大产品的使用功能,增加产品新的特色(例如:尺寸、重量、材料、附件等),以此扩大产品的多方面适用性,提高产品使用的

安全性、方便性。特色改良花费成本少、收益大，创新企业形象。其主要缺点，极易被模仿，只有率先革新才能获利；c）式样改良。随着社会的发展，人们对美的追求越来越强烈。通过改变产品的外观、款式，增强美感，可提高产品对顾客的吸引力，从而扩大销售；d）附加产品改良。服务是产品的重要组成部分，提供新的服务也是进行产品改良。适当增加服务内容对提高产品的竞争能力，扩大产品的销售，具有一定的促进作用。

③ 市场营销组合改良。这种策略是通过改变市场营销组合的因素，刺激销售，达到延长产品的成长期、成熟期的目的。通常的方法有：降低价格吸引顾客，提高产品的竞争能力；提高促销水平，采用更有效的广告形式，开展多样化的营销推广活动；改变销售途径；扩大附加利益和增加服务项目等等。

（4）衰退期。面对处于衰退期的产品，企业应进行认真的研究分析，决定应采取什么策略，在何时退出市场。通常有以下几种策略供选择：

① 维持策略。继续沿用过去的策略，仍按照原来的细分市场，使用相同的销售渠道、定价及促销方式，直到这种产品完全退出市场为止。

② 集中策略。把企业能力和资源集中在最为有利的细分市场，最有效的销售渠道和最容易销售的品种上，以最有利的局部市场获得尽可能多的利润，这样有利于缩短产品退出市场的时间。

③ 收缩策略。企业抛弃无希望的顾客群体，大幅度降低促销水平，尽量减少销售和推销费用，以增加目前的利润。这样可能导致产品在市场上的衰退加速，但又能从忠实于这种产品的顾客中得到利润。

④ 放弃策略。对于衰退比较迅速的产品，应该当机立断，放弃经营。可以采取完全放弃的形式，如把产品完全转移出去或立即停止生产；也可采取逐步放弃的方式，使其所占用的资源逐步转向其他的产品，力争使企业损失减少到最低限度。

（三）房地产产品的概念

房地产产品是房地产企业开发经营的直接物质成果，统称为物业。在房地产市场营销活动中，企业满足顾客需要是以开发一定的物业来实现的。

现代市场营销理论认为，房地产产品不仅仅局限于有形物品，而且还有一系列的综合服务满足需求，它是人们通过交换而获得需求的满足，是消费者所期望的实际利益。因而，凡是提供给市场的能够满足消费者或用户某种需求或欲望的任何有形建筑物、构筑物、土地和各种无形服务均为房地产产品。其内涵不仅包括物业实体及其质量、特色、类型、品牌等，还包括可以给消费者带来的附加利益，如心理上的满足感等。因而产品可以理解为核心产品、有形产品和外延产品三者的有机结合。

产品策略是房地产营销组合的重要组成部分，随着社会的网络化和信息化进程，产品策略中信息因素所占的比重越来越多，消费者的意愿也在产品策略中得到更多的体现，不再是消费者被动地适应房地产开发商的产品，而是开发商为满足顾客需求而不断进行新产品开发，最终，现代市场营销观念也将得到更完全的实践。

消费者还可以向房地产公司订制自己的房屋，确定楼层、朝向、内部结构、面积等，房地产开发企业综合这些信息进行个性化设计，实现房地产业的一对一营销。同时房地产公司通过对这些问题的统计和分析，能够准确及时地确定什么类型的人需要什么样的产品，原有的设计在哪些方面不能满足他们的需求，消费者认为有哪些不便等等，奠定了房地产公司下一步的开发方向。

二、房地产产品的经营开发策略

产品的经营开发策略是指企业对产品发展方向所进行的决策,具有战略意义。对于房地产这种特殊商品而言,房屋和土地始终密不可分,因而在具体研究房地产产品经营开发策略时,依旧从“房”和“地”两个部分进行考察。

1. 地块分析

地块分析是从微观的角度对单个楼盘进行更具操作性、更易理解的分析。实践中,对房地产地块的分析,往往是从地点、交通、位置和环境等角度出发的,这可以帮助我们理解:为什么在同一城市的不同地段,房价会如此悬殊。

(1) 地点。地点是指楼盘所处的具体地理位置,包含着两个方面的含义:一是指绝对意义上的地域标识——地址,即文字上所表述的“某市某区某路某门牌号码”,它表明这是地域位置中的某一“点”。二是指由这个“点”所引发的相对意义上的“距离”概念,即这个“点”离某某商业街、某某火车站和某某城市标志性建筑物等主要商业中心、主要交通集散地的相对直线距离。

这两个方面上的含义是紧密相连的,标识“点”的门牌号码,虽然除了区隔符号外并没有直接表明什么,但它自然而然地就给人以心理上的距离影射和地点远近的直观感受,这也就是地点的主要内涵所在。

(2) 交通。交通指的是楼盘附近的主要交通工具和交通方式,如铁路、飞机、地铁、公路等。它一方面表示楼盘所在地区与周围各地方的交通联系状况,表明进出的便捷程度。在具体说明时,习惯上将某某商业街、某某火车站和某某城市标志性建筑物等主要商业中心、主要交通集散地的交通方式特别注明。交通实质上是对“点”的修正,是通过外部条件对客观“距离”的人为调整。

另一方面,一个地区的交通状况如何也左右着该地区的未来发展态势。如火车站附近,建筑物多以宾馆商场为主;地铁经过的郊县,其周边的房地产市场必定兴旺发达。在北京,随着轻轨的开通,其周边的房地产价格正在飙升。正确把握交通概念,将便于理解地价的真正价值构成。

(3) 位置。位置主要是指楼盘具体坐落的方位、地块的形状和大小,是临街地、角地还是带状地,楼盘的主要朝向和进出路线,以及东西南北四周相邻的其他房产状况如何等等。位置是地点的写真和放大,它抛弃大的宏观因素,详细标明地点的实在价值的具体构成。

(4) 环境。环境指的是楼盘周围的物质和非物质的生活配置。前者指水、电、气、电话、电视等市政配套,公园、学校、医院、影剧院、超市、宾馆、体育场馆、集贸市场、餐馆等生活配套;后者指的是区域历史沿革、区域形态特征(商业中心、工业中心、学院社区等)、人口数量和素质所折射出来的人文环境和生态环境等。

一个城市总有最繁华集中的地方,比如纽约的曼哈顿、东京的银座、深圳的深南路、广州的环市东路等,这些繁华的地方国际上通称为中心商务区(CBD)。北京的中心商务区在北京的建国门外大街和朝阳门外大街,这一段汇集了北京多数的驻华使馆、外国商社以及许多著名的高级物业,“现代城”、“远洋天地”在此选址占尽了地利,为其热销奠定了基础。环境是位置周围的具体生活气氛,是决定地点优劣的一个外在关键因素。

楼盘的地块情况是楼盘不可分离的关键因素，它的优劣与否，往往决定了楼盘的大部分价值。而一个地块的价值往往是地点、交通、位置和环境综合交错的结果。同样的地点，交通条件不同，地价就不同。位置和环境再好，如果地点偏僻，房价也会较低。

2. 房地产地域分析

地域分析偏重于宏观方面，它是指针对某一特定地区某一地块的中长期远景价值的评估，通常是指区域特征和发展规划。

(1) 区域特征分析。区域特征指的是相对聚集而产生的、依附于地域之间且为其所特有的一种物质和精神形态。它取决于该区域的经济发展水平，产业结构，生活水准，人均数量，文化教育，购买力水平，建筑物的种类、风格、数量和分布等等。在每一个区域中，各方面的因素都是相互交错的，并受主要因素的支配。

区域特征对房地产的影响首先直接表现为群体对个体的作用。

在分析区域特征时，人们往往会忽视其中无形的部分，忽视区域经过长时间历史沉淀所形成的特征。随着发展速度的加快，都市的有形部分可能很容易被塑造，但无形的部分则很难一蹴而就，如文化氛围、商业氛围等。分析区域特征时，应该与交通路线联系在一起，将它看成是一个开放的动态的社区。

(2) 区域发展规划分析。发展规划是指当地政府的有关职能部门，为了实现一定时期内城市的经济和社会发展目标，确定城市性质、规模和发展方向，合理利用城市土地，协调城市空间布局和各项建设的综合部署和具体安排。

首先，发展规划对房地产的投资导向是地域分析两大因素中最为明确的一个。它通过明确的技术指标，确定城市用地数量结构、用地功能布局、各地块开发顺序、开发强度和建设用地技术规范，并运用行政和法律手段来保证其贯彻执行，从而决定了未来城市各区位房地产开发价值和最有效利用程度。

其次，发展规划对地域的影响往往是立竿见影的。许多专家认为，房地产投资如果跟着规划走，往往会起到事半功倍的效果。一些房地产公司在北京轻轨和地铁沿线开发的楼盘，销售相对较好。

最后，发展规划的实质，是人的主观能动性在交通路线和区域特性上的强烈表现，它并不是地区发展的最根本的原动力。只有符合自然规律发展的规划才可能取得最大的收益。人类不断扩大的生活，促成了区域间的交流，形成了交通路线。反过来，交通路线又影响着原有区域的进一步发展：变化中的交通路线和区域特性决定着未来发展规划的制定，发展规划的实施又不断创造出新的交通路线，重塑着发展中的区域特性。房地产市场地域分析中的两方面就是这样不断相互作用、相互制约、相互发展的，这些正是正确决策的关键所在。

三、房地产产品品牌策略

品牌是现代产品的重要组成部分，是销售竞争的有力武器，在企业营销活动中具有独特魅力。在现代房地产市场运营中，其核心因素就是品牌。品牌已经成为特定房地产企业市场运营的旗帜，成为房地产企业资源投入积累的载体，是企业与消费者沟通的标签，是企业市场竞争力的综合体现。

品牌产品占有并瓜分市场已经成为市场发展一个明显的趋向。一份房地产消费者抽样调查显示：完全不看开发商品牌的只占到 3.2%，只忠诚一二家开发商品牌的占 8.4%，有

38.5％的消费者在五到六家房地产开发商中进行选择，也就是说忠诚品牌的房地产顾客在房地产市场占到了46.9％。

房地产品牌是由房地产开发商在进行房地产产品开发经营的同时，有计划、有目的地设计、塑造，并由社会公众通过房地产产品的品质和价值的认知而确定的商标，是公众对房地产产品理性认识和感性认识的总和。

房地产品牌化的发展趋势来源于全球经济品牌化的深刻历史背景。房地产品牌的形成在中国是最近几年的事，但其对营销工作的巨大作用已经表现得十分明显。在北京，人们提起房地产就会想起万科、华润、中远、城建，在成都人们说到房地产就会想起锦官新城，这就是房地产产品品牌的巨大效应。

随着品牌意识的增强，为了维护品牌的社会形象，开发商又会在户型设计、交通便捷、绿化环境、优化物业配套社会服务、降低价位等方面加大投入，提高品牌含金量。

1. 房地产品牌及其作用

(1) *房地产品牌的概念*。房地产品牌是一个多维网络结构的动态系统。实施品牌战略，保持顾客的注意力优势，是房地产销售的制胜法宝。广义而言，房地产品牌可分为项目(楼盘)品牌和企业(开发商)品牌，项目品牌是企业品牌的基础。狭义而言，房地产品牌又可细分为：

① 空间品牌。房地产品牌既是各种建筑材料与结构技术的集合，又是建筑形式美的多样统一。

② 生态品牌。房地产品牌应是一个绿色生态系统，是生态平衡的表征，是人类理想的家园，饱含着对人的生活品质的关怀。

③ 社区品牌。房地产品牌社区是未来人类生活方式的再造。

④ 文化品牌。它是指文化特质在建筑物中的沉积和品牌运作中的一切文化现象。

⑤ 智能品牌。它是通过现代建筑技术与通讯网络技术的完美结合，实现楼宇、办公、通讯、安防自动化。

(2) *房地产品牌在市场营销中的作用有以下三个方面*

① 认知作用。品牌是进行广告促销和控制市场的有力工具，良好的品牌可以提高顾客的兴趣，吸引他们主动向企业提供更多的信息。

② 竞争作用。拥有自己的品牌，企业就可以直接与市场沟通，形成自己的市场形象，获得有效的市场控制权；品牌有助于稳定顾客，开发新市场；品牌的好口碑有利于企业维持原有的忠诚顾客，并以其示范效应比较容易地进入新的市场。

③ 增值作用。品牌对于房地产企业本身而言既是一种财富、资本，也是一种压力和动力，它促使企业不断地提高产品质量。

房地产企业品牌策略的目标，是让消费者相互交流时，一旦提起房地产，就会想起自己的品牌。实施品牌策略除必要的广告宣传外，同时也要重视品牌的运营和维护，比如搞捐赠活动、支持慈善事业、热心环保等等。

2. 正确认识房地产品牌

(1) *房地产品牌的特点*。相对于一般工业产品或工业企业而言，房地产品牌在以下两点上颇具特色：

① 品牌较难形成，但形成后比较稳定。房屋必须逐幢建造而不宜大量复制，故其内在

功能、外在特征及识别信号等都各不相同。所以，产品间的比较不免仁者见仁、智者见智，评价不一，获得公众认同是一个长期艰难的过程。但一旦建立品牌、形成名牌，则其优势也给竞争对手造成较大的进入障碍。

② 要求凸显企业品牌而不仅是产品品牌。由于房地产品的不可移动性，使其产品品牌对消费者的效用具有地域局限性(甲地的消费者难以享受乙地的品牌产品)；而房地产产品逐个生产的特点，又使其品牌产品只能服务于有限群体(名牌小区以外的消费者难以享受其品牌效用)。所以，产品层次品牌的市场扩张性能不足；只有上升到企业层次，其扩张(开拓)性能才能得到更好的发挥。

(2) *当前市场正在催生品牌*。时下流行的“重新洗牌”论，实际上就是对这种催生品牌的市场状况的描述，其产生动力源于以下各项：

① 相对过剩的总体格局。这种“相对过剩”，既表现为房地产企业的数量过多，也表现为房地产产品的供给过多。这两个“过多”，推动着企业和产品两个层次的优胜劣汰，从而促进了房地产品牌的创立。

② 产品品质的趋同性。比如，设计与施工技术的改进，使产品综合素质普遍提高；交通条件的改善，使产品的可达性能提高；消费观念的改变，也使地段对房屋价值的影响减弱。基于以上产品品质的趋同性，使竞争的优势更仰赖于品牌的创立。

③ 市场的日趋理性。买方市场的形成及中介机构的发展使消费者的选择余地越来越开阔，使“滥竽”者越来越难于“充数”，而三分天下即“畅销”、“滞销”、“烂尾”各占 1/3 的局面，也正在极力催生品牌。

(3) *有品牌才能永续经营*。核心竞争力是企业的生命所在，而品牌的形成即企业从知名度—可信度—美誉度—忠诚度—依赖度发展的过程，是无形资产转为有形利润的过程，体现出的是核心竞争力的质的提升。市场从生长期走向成熟期，淘汰率惊人地高，“生存还是死亡”，是每一个房地产商必须直面的问题。而品牌具有的扩张性特征，对实现企业的永续经营是必不可少的。

总之，品牌具有规模效应，夸张一点说，品牌跟市场垄断有天然联系，因为有品牌就会形成规模，而拥有相对垄断权才可能称得上有品牌。

3. 房地产品牌的运营流程

品牌竞争决定着企业的成败，创立品牌是一个长期艰苦的过程。房地产品牌的运营流程主要从以下几个方面入手。

(1) *建立房地产品牌管理组织*。房地产开发企业内部的品牌管理组织，由主管副总、品牌委员会、品牌经理组成。还可利用外部品牌管理专业机构介入的方式，请他们担任品牌管理与部分执行的代理人。在企业创新体系中，观念创新是先导。要将传统的利润最大化、市场先导、缩短生产周期等老的企业经营理念进一步升华，就必须对产品、市场、资本、管理制度和企业文化各个层次进行系统的有机整合，以实现将传统的实物营销转为品牌营销的观念创新。

(2) *制定房地产品牌创造的计划*。房地产品牌创造计划应包括品牌战略方针、目标、进度、措施、对参与管理与执行者的激励与控制办法、预算等。

(3) *市场调研与房地产品牌定位*。通过市场调研，找到一个合适的细分顾客群，找到顾客群心目中共有的关键购买诱因。并且还要了解清楚，目前有没有针对这一诱因的其他强势品牌。

(4) 从重视实体质量转向认知质量。不能把房地产质量仅仅停留在等同于建筑质量的层次上，房地产质量应以消费者满意为目标，而不仅仅是遵从建筑施工验收规范的标准。建筑质量讲求安全可靠，房地产质量更强调的是服务；建筑质量可以检测，房地产质量强调感受；建筑质量注重实体质量，房地产质量则应该转为认知质量。

(5) 项目品牌与企业相结合并以企业品牌为重点。企业与项目是整体与部分的关系，犹如主干与枝叶之间的关系。房地产企业欲求在市场中占先，就必须从营造“名园”走向打造“名牌”，要永续经营就必须从关注树枝怎样“开花结果”，转向怎样使“树干”及“树根”茁壮成长。所以，怎样将成功的项目延续为企业的品牌，怎样将项目策划落实执行，应该是企业运作的主题。将企业从有形资本的运营转变到结合无形资产的运作，超越产品与企业层次还得将投资管理、成本管理、技术创新以及资产重组等资本层次的问题综合起来，统一运筹，以强化品牌的市场扩张和市场适应能力。如在企业上下游建立延伸的企业集团或战略同盟，或者与持有专门技术的专业化企业合作，或者企业上市等，以实现有效的资源整合。

(6) 房地产品牌设计。一个完整、丰满的房地产品牌设计，包括四大内容：品牌视(听)觉识别体系、品牌个性定义、品牌核心概念定义、品牌延伸概念定义。

(7) 以文化的建立与管理制度的创新作为品牌建立的基础。如何使精品项目成功地走向商业文化，是将开放策略从资本层次走向制度层次和文化层次时房地产企业必须面对的关键环节。其主要内容包括分配、激励和约束机制的创新，企业与员工价值取向的培养，组织与个人行为及沟通的效率与效果等。

(8) 品牌的可信度与忠诚度。对细分市场和目标顾客进行个性与共性并重的调查，建立以顾客为核心的主要利益关联方的数据库，与顾客建立起长期的信赖关系，使品牌通过产品个性化设计、建造、销售及售后服务，在顾客中形成高满意度和高忠诚度。

(9) 品牌整合营销传播。该步骤是品牌设计(策略)的执行阶段，主要分为两大类工作：一是沟通性传播，二是非沟通性传播。沟通性传播包括广告、公共关系、直接营销、事件营销、销售促进等途径。非沟通性传播，指房地产产品与服务、价格、销售渠道。从传播角度看，这些因素也是向顾客传达信息的载体，也应纳入传播控制之中。

整合营销传播的首要任务，是运用统一的大传播组合和互动式沟通方法，按照既定的品牌设计，针对阶段性或区域性市场形势，调动沟通性传播与非沟通性传播的各方面创造性努力及成果，形成面向顾客的统一具体的品牌形象与品牌价值实证。

房地产品牌形象具有阶段性和区域性，更多是满足某一时期顾客与竞争的要求，或某一市场区域顾客群与竞争的要求。不过，房地产品牌形象必须保持既定品牌设计(策略)的内在精神与基本视觉标志。

(10) 实施持续与扩大的整合传播。房地产品牌创造，需要一个较长的时间周期和覆盖一个较大的市场范围，需要多个回合才可能完成。

(11) 形成广泛认同的房地产品牌印象。房地产品牌运营的目的，就是使既定的房地产品牌设计，为足够规模的顾客群与潜在顾客群所接受，并转化为高度认同的房地产品牌印象。绿色营销与品牌营销相结合进而发展品牌的美誉度，品牌形象的确立与传播，要建立在辨识预期并符合消费者及社会利益的基础上，将生态潮流与高度智能科技及居住文化共同结合起来，给消费者一个人性自然的生活环境。

(12) 房地产品牌评估。房地产品牌资产通过权威机构评估，确定为量化的资本财富，这是将房地产品牌资产运用到金融与合作上的必要手段。

4. 塑造房地产品牌的关键

(1) 准确到位的市场定位。一般说来，准确的市场定位必须遵循以下基本原则：① 目标市场规模要足够大并要有较大的发展空间；② 目标市场要未被竞争者完全垄断或竞争尚不十分激烈；③ 企业有条件和能力进入新选定的目标市场。

(2) 人性化的规划设计。国外的规划设计一般占房地产项目总投资的4%～5%，而我国不少开发商在规划设计方面的投资还不到项目总投资的1%。住房已不仅仅是个遮风避雨的地方，也不仅仅是个私人空间，而是人们除办公空间、公共空间之外最重要的生活场所，正如人们常说"回家"而不是"回房"。因此，开发商应特别强调规划设计的"人性化"内涵。

(3) 卓越的质量体系。首先，规划设计质量要能体现可持续发展思想，有一定的超前性和可变性。第二，工程质量包括设计、建筑、结构、装修等全部都应是高质量的。第三，要创造一个较好的环境质量，在空间、地表、绿化、建筑布局等方面适当合理还应具备一定的文化品位，创造良好人居环境。第四，配套齐全。交通设施、生活服务设施、文化体育设施以及其他公共设施基本具备。

(4) 无可挑剔的售后服务。房地产企业的售后服务即物业管理，其质量的高低对于房地产品牌的树立和品牌市场的形成尤为重要。无可挑剔的物业管理要求做到：服务态度热情、服务设备完好、服务技能娴熟、服务项目齐全、服务方式灵活、服务程序规范、服务收费合理、服务制度健全、服务效率较高。

(5) 整合互动的品牌传播。每一个房地产品牌的内涵是不同的，但都使用某种符号系统进行传播。因此，它应该符合经典传播理论"5W模式"及现代整合营销"4C模式"的条件及要求。然而，中国目前的房地产品牌传播仍显稚嫩和浮躁，表现在：

① 名称缺乏可识别性，如"某某花园、某某豪庭"等，在许多城市中都能找到一模一样的名字；② 滥用"概念"，如动不动就宣称"智能化小区"、"e生活"等；③ "欧陆风"的牵强附会，如抄袭一些欧洲18世纪并不适宜现代人居的建筑结构及装饰的片断和符号，或是干脆将外国的城市名称照搬过来等等；④ 广告传播的无效性，过分依赖广告轰炸这种"单向传播"手段。

相反，一些成功的房地产品牌却以其独特的个性和"人本主义"的理念备受消费者推崇，如"现代城"以其创新的"SOHO"产品及具有时尚概念的项目形象为公众所接受，"阳光100"以其国际化的生产方式造就的产品(服务)及先锋的、个性化的形象独树一帜，为消费者所认同。

(6) 品牌策略成功的根本。优秀的房地产企业家、各种专业人才及高素质的员工队伍是品牌策略成功的根本。

① 优秀的房地产企业家，应具备三方面的特质：具有强烈的经营意识与高超的管理技能；具有战略头脑，对局势判断的前瞻性与决策的准确性；对行业走势具有独到的认识和相应的应变能力，还要有广泛的交际范围。

② 各种专业化人才。一个著名房地产品牌企业中至少应拥有12种专业人员，包括能体现可持续发展和以人为本思想，创造优良人居环境的规划设计师、工程项目经理、监理工程师、物业管理师、策划师、市场调查人员及培训师、律师等。

③ 高素质的员工队伍。房地产企业创品牌的关键在于高素质的员工队伍，在于吸取广大员工的智慧，调动普通员工的积极性与创造性。需要记住，房地产品牌是每一位员工用点滴汗水浇灌起来的。

四、房地产品牌 BIS 运营模式

1. 房地产品牌形象识别系统(BIS)的概念

房地产品牌形象识别系统(Brand Identity System，BIS)是房地产品牌的 CIS 体系，类同于企业的 CIS。简单地说，房地产品牌运营是一个整体，有明确的品牌形象。

房地产品牌形象包括三个方面，房地产品牌理念、房地产品牌行为和房地产品牌视觉识别。成熟的 CIS 理论和实践只要稍加改变，就完全适合房地产品牌 BIS 运营的实施。

房地产品牌竞争本质上即品牌形象的竞争。所谓品牌形象就是消费者在房地产消费、使用、认知过程中，对房地产产品的品质、价值、理念、个性、风格、联想等印象的总和。房地产品牌 BIS 运营是建立在房地产品牌识别基础上的形象竞争策略，是在特定房地产品牌的整合下，由特定发展商组织进行的全面运营。

2. 房地产品牌形象识别系统的实施过程

房地产品牌形象识别系统的实施过程基本上类似于企业识别系统的实施过程，分为两个基本阶段：策划、设计阶段和实施阶段。

房地产品牌形象识别系统的策划与设计是指品牌形象识别系统的规划阶段，完成品牌形象的前期作业，为正式实施做好全部准备。包括品牌的法律注册、品牌运营战略、品牌理念、品牌营销规划、品牌视觉体系的设计开发等。

在品牌实施阶段，作为关系到发展商市场竞争力的品牌形象识别系统，必须建立专门的部门负责完成有关的工作。委员会应当获得企业最高领导人的理解与支持，这是委员会顺利展开工作的前提与基础。委员会一般由企业领导人担任领导，各部门领导参与，日常工作由活力充沛的企划人员负责，并要求这些人员具有品牌运营的专业知识和丰富的行业知识。品牌形象识别系统的最后效果，与负责的企划工作人员的能力具有重要的关系。

实施房地产品牌形象识别系统是一项复杂的工作，必须在开始之初设定工作的基础程序，以免在工作展开以后失去工作的根本目的。同时，基本工作程序也是控制与检查工作的基本标准。

确定房地产品牌形象识别系统的目标组建委员会，并选择合适的工作人员；展开运营环境调查，确定品牌经营战略；选择品牌名称，进行法律注册；进行品牌形象策划、设计；选择外界专业设计公司、共同展开视觉形象设计；规划品牌营销模式及其营销作业程序；全面评估规划工作，检讨方案的可行性。在工作程序中，应当明确中间状态的决策程序。房地产品牌形象识别系统是一个复杂的规划工作，有很多中间状态必须及时做出决策，以展开后面的工作，同时，这些决策又都是战略层次的决策，通常需要企业领导人决定。因此，必须规定这些决策的工作程序，并成为企业领导人日常工作的内容。

房地产品牌识别系统的企划书是企划工作的重要中间状态，是对前期工作的总结，也是后续工作的基础。企划书的水平与最终的结果具有直接的关系。企划书包括以下内容：

(1) 品牌战略潜在的市场及其说明。房地产品牌战略是一种新型的运营模式，潜在市场的角度与企业运营的角度有一定的差异。因此，一些不是机会的机会也许就是真正的机会。在企划书中，对市场机会的说明应当准确和明确，并说明特定市场机会的基本要求。

(2) 品牌目标市场，以及确定目标市场的原因。根据企业的目的与运营资源，决定特定的目标市场，同时详细说明选择目标市场的原因。

(3) 目标市场的详细分析。目标市场是房地产品牌战略的基础，因此，在企划书中应当对目标市场进行全面的分析。在分析过程中，应当重视目标市场中不同运营模式的竞争分析。对于潜在的合作对象，也应进行分析。

(4) 运营环境分析。运营环境是品牌形象识别系统的基础，但也是其制约因素。房地产品牌运营重视房地产整体的营销整合，除了市场分析、竞争分析、企业资源分析以外，还有相关资源分析，重要的是潜在的合作企业分析。房地产品牌运营是一种新型的运营模式，因此，在运营环境中还应当从行业的角度分析行业的运营模式和不同模式的竞争力。

(5) 品牌在目标市场的形象定位。目标市场中，形象定位与品牌战略中的竞争策略有直接的关系，根据市场竞争状况、企业资源选择适当的市场形象定位。

(6) 品牌的运营模式。房地产品牌战略的实施有多种不同的运营模式，在特定的房地产品牌形象识别系统中应当明确品牌运营模式。

(7) 品牌的营销规划。特定的房地产营销模式通常是比较简单的概念、程序说明，对于支持品牌形象的营销规划涉及较少。因此，应当对品牌的营销规划进行详细的说明，包括产品的定位、产品的规划、项目开发的计划、营销分配体系、营销推广等内容。

企划书被委员会提出之后，应当进行严格的检测。企业应当在较大的范围内对企划书的内容，以及相应的决策、规划进行讨论，争取更多的意见和建议，并在检讨的基础上，继续完善企划书的内容，直到被企业完全认可，作为后续工作的基础。

房地产品牌形象识别系统的企划书尽管是一份详细的品牌运营说明书，但实际上仍然是一份概念性的文件，是一份战略层次的企划书。作为实务性很强的房地产品牌战略，仅仅依靠企划书是远远不够的，因此，必须在企划书的基础上，展开房地产品牌形象识别系统的策划与设计工作，使品牌形象识别系统成为可行的实施方案。

这个过程包括房地产品牌理念、房地产品牌运营作业和房地产品牌视觉形象三个基本方面的工作。房地产品牌理念是指房地产品牌形象的核心要素的概念，包括品牌的事业领域、形象理念、价值理念等。房地产品牌运营作业是指品牌运营的组织设计、业务流程与标准、推广方式、产品线设计及管理等。这是品牌识别系统的基础，房地产品牌形象的形成与维持都是建立在运营实务基础上的，对房地产品牌运营的市场业绩有直接的关系。房地产品牌视觉形象一般要和外界的专业设计公司共同完成。

在房地产品牌 CIS 中，应当重视关系企业统一视觉形象的维护，建立统一的视觉形象的结果就是房地产品牌形象识别系统的各种手册：品牌理念手册、运营工作手册和视觉形象手册。这些手册是房地产品牌运营的基础，能够在规模扩张的情况下，维持特定房地产品牌形象的高水平标准，并简化管理程序，提高运营效率。

房地产品牌战略对于特定的企业，是一个真正意义上的战略行为，慎重地评估前期工作成果十分重要。因此，对策划与设计成果的评估工作贯穿所有前期工作，通常在企业最高领导人的直接领导下进行。

3. 房地产品牌形象识别系统的实施阶段

房地产品牌形象识别系统的正式实施，必须在获得正式的商标注册以后才能展开，以免出现难以应对的局面。根据实际情况，房地产品牌形象识别系统的实施阶段通常分为 3 个阶段：房地产品牌形象导入期、房地产品牌形象发展期、房地产品牌形象维护期。

(1) *房地产品牌形象导入期*。房地产品牌形象导入期是指实施品牌战略的前期，是特定的企业独立作业，按照运营方案建立相应的运营组织，进行一定规模的运营，积累运营的实际经验，对运营方案从实务角度完善，是房地产市场形象识别系统与市场相互印证、相互磨合的过程。企业正式实施房地产品牌形象识别系统，必须作好实施计划，而且是在资源支持下实施计划。

导入期通常有一步到位和逐渐渗透两种基本策略。一步到位是指企业按照实施方案在很短时间内建立一定的运营规模，这需要资源的支持。逐渐渗透则是一种渐进的实施方案，适合资源有限的企业采用。

(2) *房地产品牌形象发展期*。房地产品牌形象识别系统必须经过这个阶段。这个阶段房地产品牌运营的规模显著扩大，运营水平也进一步提高，品牌形象的市场影响力逐渐达到规划的目标，是品牌广泛发展的阶段。

房地产品牌运营模式的根基在于规模化、集约化。发展期间的稳定是十分重要的，发展太快是房地产品牌运营的陷阱之一。

(3) *房地产品牌形象维护期*。在整个体系发展到一定规模后，就进入房地产品牌形象维护期，也就是典型的守成阶段。任何运营模式都是不可能无限发展的，尤其是在特定的行业中。适可而止是一种重要的战略原则。房地产品牌战略进入形象维护期之后，除了关注整个系统的正常运营外，遏制潜在的竞争对手也成为重要的工作。

房地产品牌运营成功的示范作用，将吸引众多的潜在竞争对手。由于房地产品牌运营是一种全面的营运模式，有很强的进入障碍，而且这些进入障碍多是一些软性资源障碍，难度很高。因此，必须加大对品牌形象宣传的投入，降低运营的利润水平，减少对潜在竞争对手的吸引力，增加进入的形象障碍。

在房地产品牌形象识别系统实施阶段，必须有特定的部门、岗位、工作人员，对有关涉及品牌市场形象的作业进行把关，严格按照营运手册作业，维持高水平的作业标准，这样才能树立统一的品牌形象，建立符合市场形象定位的品牌形象。

关于对品牌形象的维护方法也是众说纷纭。一些房地产企业所走的道路是用自己的物业公司维护、管理自己的品牌。例如，每一个小区建成之后，在整个小区绿化过程中经常更新变化，使小区的居民感觉到他所生活的环境不是一种静态的，而是一种动态的。

第二节 价格策略

尽管非价格因素在现代市场营销过程中的作用变得越来越突出，但价格依然是一个决定性的因素。价格的变化直接影响着市场对产品的接受程度，影响着市场需求和企业利润的多少，涉及到生产者、经营者、消费者等各方面的利益，是市场竞争的重要手段。随着现代化市场营销环境的变化，价格变得十分敏感而又难以控制，要求生产经营者更加重视产品的价格策略问题。定价是一门科学，又是一门艺术，科学而又艺术地制定产品的价格及价格策略既有利于吸引和保持顾客，扩大市场份额，又能使企业获得最佳的经济效益。

一、房地产价格构成

1. 价格综述

(1) 价格的构成。价格构成,是指组成产品的各个要素及其在价格中的组成情况。从市场营销的角度看,价格构成的四个要素为:生产成本、流通费用、税金和企业利润。

① 生产成本。生产成本是价值构成中的物化劳动价值和劳动者新创造的用以补偿劳动力价值的转化形态,是指在生产领域生产一定数量产品时所耗费的物质资料和劳动报酬的货币形态。它是产品价值的重要组成部分,也是制定产品价格的重要依据。

② 流通费用。流通费用是指产品从生产领域通过流通领域进入消费领域所耗用的物化劳动和活劳动的货币表现。具体地说,一小部分是生产领域的生产企业为推销商品而发生的销售费用,它和生产成本共同构成生产企业的全部成本。另一大部分是在流通领域发生的商业流通费用。根据商业流转环节的不同,还要划分为采购商业费用、批发商业费用和零售商业费用,作为批发价格和零售价格的组成部分。流通费用是产品价格的重要构成因素,发生在流通领域各个环节之中的,并和产品运动的时间、空间相依存,所以它是正确制定各种商品差价的基础。

③ 税金。税金是生产者为社会创造和占有价值的表现形态,税金是价格的构成因素。国家通过法令形式强制规定各类商品的税率并进行征收,税率的高低直接影响产品的价格,因而税率是国家宏观调控产品生产经营活动的重要经济手段。

④ 利润。利润也是一种生产者为社会创造和占有价值的表现形态,也是价格的构成因素,是企业扩大再生产的重要资金来源。从市场营销角度来看,产品价格的具体构成为:

价格＝生产成本＋流通费用＋税金＋利润

(2) 影响产品定价的因素。影响产品价格的因素是多方面的,我们从企业内部和外部两个角度进行分析。

① 企业外部因素对产品定价的影响:社会劳动生产率;市场的供求关系,社会经济状况;顾客需求;竞争者行为;市场结构;政府干预。

② 企业内部因素对产品定价的影响:产品成本;产品特征;销售渠道与促销宣传;企业的整体营销战略与策略。

2. 房地产价格的构成因素

房地产价格受多种因素影响,且随着时间、地区的不同而存在较大差异,主要可以分为两大因素,即成本因素和供求因素。

(1) 成本因素。成本因素涉及房地产开发商在开发经营过程中所投入的总费用,包括地租、征地和拆迁补偿费、前期工程费、房屋建筑安装费、基础设施建设费、管理费、贷款利息、税金和利润等,这是房地产价格的主要决定因素。

(2) 供求因素。供求因素是指市场上的总供给和总需求状况,供大于求,价格下跌;供不应求,价格上升,这是价值规律的体现。供求因素又受到经济因素、社会因素、政治因素和竞争者行为等因素的影响。一般来说,经济增长、金融景气、政治稳定时期,社会总投资增加,土地需求也会相应增加,致使地价房价上涨,反之就会造成房地产价格的下降。

3. 影响房地产定价的因素

(1) 朝向差价。一般而言,根据我国独特的地理环境和文化背景,朝南的单元较贵,东南向、西南向的次之，朝北的则最便宜。若所有的厅和卧室都朝南，则最贵，若所有的厅和卧室都朝北，则最便宜，其他依次类推。

(2) 楼层差价。对高层楼房而言，通常是由低层向高层逐渐趋贵，但最顶层的房屋由于保温性能不佳，通常比它下面的层面要便宜(也有些项目以赠送露台等方式对客户进行变相补偿)。对六层公寓而言，根据上海地区的实际情况，三、四层最贵，二、五层次之，一、六层最便宜。

① 边间差价。对公寓而言，三面临空，并且三面采光的房屋最贵，二面临空二面采光的房屋次之。对别墅而言，四面临空的独栋别墅最贵，三面临空的双拼别墅次之，二面临空的联体别墅最便宜。

② 面积差价。因面积大小会导致差价系数不同，这往往和总价配比有关。当一个楼盘的总价范围波动很小，但因市场需要，要求拉开总价落差的时候，就会对不同的面积单元确定不同差价系数来实现，以锁定不同客户的总价需求。而且由于人们在不同面积房屋中生活的舒适感程度完全不一样，因此，房屋面积有一个适度规模，面积太大或太小的房屋价格都不可能太贵，而以最适宜人们生活的房屋价格较贵。

③ 视野差价。如果房屋面临公园、湖泊，视野较佳，生活在里边会感到轻松自然，这样的房屋一般价格较贵。而面临闹市区或采光不佳、视野较差的房屋，即使在同一栋楼的同一楼层，价格也应相对便宜。

④ 产品差价。房地产是由建筑材料构成的，而建材有许多档次，价格差异较大。尤其是外墙到屋内建材价格差异很大，例如，木质、铝质门窗和铜铸大门、高级铝门窗价格相差很大，而大理石、花岗石地板的价格也不是一般的瓷砖价格可比的，外国进口的厨房设备、卫生设备也比国内产品贵好几倍。

⑤ 设计差价。室内格局、公共设施的配置都会影响房地产价格。另外，如开放空间、休闲空间的设计，也因能够提高居住品质而提高房地产的价位。

⑥ 口彩差价。一般来说，双数的楼层门牌号贵一些，单数的楼层门牌号便宜一些；含有13,14号码的便宜一点，含有6,8,9号码的贵一点。

二、房地产定价目标

科学地确定定价目标是选择定价方法和确定定价策略的前提和依据。企业的定价目标主要有以下几种。

1. 利润导向的定价目标

利润是企业生存和发展的必要条件，是企业营销的直接动力和追求的基本目标之一。因此，许多企业都把利润作为重要的定价目标。

(1) 利润最大化目标。以最大利润为定价目标，指的是企业期望获取最大限度的销售利润。最大利润目标会导致高价策略，但价格高到什么程度，才能既保证企业利润的最大化，又能使购买者承受得了，是需要周密思考的焦点。追求利润最大化并不等于追求最高价格，当一个企业的产品在市场上处于某种绝对优势地位时，如有专卖权或垄断等，尽管可以实行高价，但价格过高，会抑制购买、加剧竞争，产生更多的替代品，甚至会导致政府的干预。

(2) 预期利润目标。以预期的利润作为定价目标，就是企业把某项产品投资的预期利润水平，规定为销售额或投资额的一定百分比，即销售利润率或投资利润率。产品定价是在成本的基础上加上适当的目标利润,企业要事先估算产品按何种价格销售,销售多少,多长时间才能回收投资并达到预期的利润率目标。预期的销售利润率或投资利润率一般要高于银行存贷款利率。以目标利润作为定价目标的企业,应具备以下两个条件:第一,该企业具有较强的实力,竞争力比较强,在行业中处于领导者地位;第二,采用这种定价目标的多为新产品、独家产品以及低价高质的标准化产品。

(3) 适当利润目标。在激烈的市场竞争中,企业为了保全自己,减少市场风险,限于实力不足,把取得适当利润作为定价目标。例如,按成本加成方法制定价格,只要加成的比率适当,就可以使企业投资得到适当的收益。而加成的比率,可以随着产销量的变化,投资者的要求和市场可接受的程度等因素进行调整。这种情况多见于处于市场追随者的企业。适当的利润目标一方面可以使企业避免不必要的竞争,另一方面,由于价格适中,顾客愿意接受,可使企业获得长期的利润。

2. 销量导向的定价目标

以销量为导向的定价目标崇尚市场占有率理论,十分重视创造强大的销售声势。这对企业制定市场营销战略和策略,确实是一个值得研究的问题。先是打入与占领市场,然后是极力扩大市场范围,再后是巩固已有的市场份额。要实现以上各点,必须制定适当的价格策略。所以,增加销售量或扩大市场占有率就成为企业常用的定价目标。

(1) 保持或扩大市场占有率。市场占有率反映着企业的经营状况和企业产品在市场上的竞争能力,关系到企业的生存和发展。作为定价目标,市场占有率与利润有很强的相关性,从长期来看,较高的市场占有率必然带来较高的利润。所以,有时企业把保持或扩大市场占有率看得非常重要。再者,市场占有率一般比最大利润容易测定,也更能体现企业努力的方向。一个企业在一定时期的赢利水平高,可能是由于过去拥有较高的市场占有率的结果,如果市场占有率下降,赢利水平也会随之下降。因此,许多资金雄厚的大企业,喜欢以低价渗透的方式进入目标市场,力争获得较大的市场占有率。一些中小企业为了在某一细分市场获得绝对优势,也十分注重扩大市场占有率。

但是,值得注意的是,市场份额的扩大并不总会导致利润的增加。某些着眼于未来的企业为了保持和扩大市场占有率,可以不惜降低价格,牺牲眼前利润。

(2) 增加销售量(销售额)。大量的销售可以形成强大的声势,提高企业在市场的知名度,又可有效地降低成本。销售量(销售额)的增长与利润的变化有一定的关系。对于需求价格弹性较大的产品,降低价格而导致的损失,可以由销售量的增加而得到补偿。企业采取薄利多销的策略,应在总利润不低于企业最低利润的条件下,尽量降低价格,促进销售,增加赢利。而有些企业过分关注销售的增长,认为销售的增长必然会带动利润的增加。这种看法是片面的,当企业的成本增加速度超过销售额的增长速度时会引起总利润的减少,这种情况在实际中时有发生。因此,企业在采用增加销售量(销售额)为定价目标时,要考虑销售量(销售额)与利润的关系,确保企业的利润水平。

3. 竞争导向的定价目标

生产同类产品的企业,关注竞争对手的定价策略和价格策略是十分自然的。大多数企业对其竞争对手的价格很敏感,在定价以前,一般要广泛搜集资料,把本企业产品质量、特点和成本与竞争对手的产品进行权衡比较,然后再制定产品价格。以对产品价格有决定影响的竞争对手或市场领导者的价格为基础,采取高于、等于或低于竞争对手的价格出售本企业的产品。

许多企业愿意追随市场领导者的价格，随行就市，缓和和避免竞争，稳定市场。当市场存在价格领导者时，新的加入者要想把产品打入市场，争得一席之地，只能采取与竞争者相同的价格。而一些小企业因市场营销费用较低，或某些企业为扩大市场份额，定价可低于竞争对手。只有当企业具备特殊优越条件，诸如资金雄厚、拥有专有技术、产品质量优良、服务水平高等，才可能把价格定得高于竞争对手。

4. 生存导向的定价目标

如果企业生产能力过剩，或面临激烈的市场竞争，或者试图改变顾客的需求，或由于经营管理不善等原因，造成产品销路不畅，大量积压，甚至濒临倒闭时，则需要把维持生存作为企业的基本定价目标，生存比利润更为重要。为了保持企业继续开工和使存货减少，企业必须制定一个较低的价格，并希望市场是价格敏感型的。许多企业通过大规模的价格折扣，来保持企业的活力。对于这类企业来讲，只要他们的价格能够弥补变动成本和一部分固定成本，即单价大于单位变动成本，企业就能够维持生存。这种定价目标，只是在企业面临困难时的短期目标，长期目标还是要获得发展，否则企业终将破产倒闭。

三、房地产定价方法

市场营销理论认为，产品的最高价格取决于产品的市场需求，产品的最低价格取决于该产品的成本费用，在最高价格和最低价格幅度内，企业产品价格制定的高低，则取决于竞争对手同种产品的价格水平。定价的方法有三类：成本导向定价法、需求导向定价法和竞争导向定价法。

（一）成本导向定价法

成本导向定价法就是以产品的成本为中心来制定价格，是按卖方意图定价的方法。其主要理论依据是在定价时，要考虑收回企业在营销中投入的全部成本，再考虑获得一定的利润。产品的成本包括企业生产经营过程中所发生的一切实际耗费，客观上要求通过产品的销售而得到补偿，并且要获得大于企业支出的收入，超出部分表现为企业利润。常用的成本导向定价法包括如下几种。

1. 成本加成定价法

成本加成定价法，是在单位产品成本的基础上，加上一定比例的预期利润作为产品的销售价格。销售价格与成本之间的差额即为利润。由于利润的多少是按一定比例确定的，习惯上称为“几成”，因此，这种定价方法被称为成本加成定价法。其计算公式为

$$\text{单位产品价格}=\text{单位产品成本}(1+\text{加成率})$$

其中，加成率为预期利润占产品成本的百分比。

采用成本加成定价法，确定合理的加成率是关键问题。不同的产品应根据其不同的性质、特点、市场环境、行业情况等制定不同的加成比例。一般来说，高档消费品和生产批量较小的产品，加成比例应适当地高一些，而生活必需品和生产批量较大的产品，其加成比例应适当低一些。

这种定价方法的优点在于简单易行，因为确定成本比确定需求容易，将价格盯住成本，可极大地简化企业的定价程序，也不必经常根据需求的变化调整价格；其次是缓和价格竞

争。这种定价方法的不足之处在于:它是以卖方的利益为出发点,不利于企业降低成本。其定价的基本原则是“将本求利”和“水涨船高”,没有考虑市场需求及竞争因素;加成率是个估算值,缺乏科学性。

2. 盈亏平衡定价法

在销量既定的条件下,企业产品的价格必须达到一定的水平才能做到盈亏平衡、收支相抵。既定的销量就称为盈亏平衡点,这种制定价格的方法就称为盈亏平衡定价法。科学地预测销量和已知固定成本、变动成本是盈亏平衡定价的前提。企业产品的销售量达到既定销售量,可实现收支平衡,超过既定销售量获得赢利,不足既定销售量出现亏损。其计算公式为

$$单位产品价格=单位固定成本+单位变动成本$$

以盈亏平衡点确定的价格只能使企业的生产耗费得以补偿,而不能得到收益。因而这种定价方法,是在企业的产品销售遇到困难,或市场竞争激烈,为避免更大的损失,将保本经营作为定价的目标时,才使用的方法。

3. 目标收益定价法

目标收益定价法或称为投资收益率定价法,它是在企业投资总额的基础上,按照目标收益率的高低计算价格的方法。其基本步骤如下。

① 确定目标收益率

$$目标收益率=\frac{1}{投资回收期}\times 100\%$$

② 确定单位产品的目标利润额

$$单位产品目标利润额=\frac{投资总额\times 目标收益率}{预期销售量}$$

③ 计算单位产品的价格

$$单位产品的价格=单位产品成本+单位产品目标利润$$

目标收益定价法有一个较大的缺点,即以估计的销售量来计算应制定的价格,颠倒了价格与销售量的因果关系,把销售量看成是价格的决定因素,忽略了市场需求及市场竞争。如果无法保证销售量的实现,那么投资回收期、目标收益都会落空。但是,对于需求比较稳定的产品、供不应求的产品、需求价格弹性较小的产品,以及一些公用事业、劳务工程项目等,在科学预测的基础上,目标收益定价法仍是一种有效的定价方法。

4. 边际成本定价法

边际成本定价是指根据每增加或减少单位产品所引起成本变化量的定价。因为边际成本与变动成本比较接近,而变动成本的计算更为容易,在定价实务中多用变动成本代替边际成本,所以边际成本定价法亦称变动成本定价法。

边际成本定价法,是以单位产品变动成本作为定价依据和可接受价格的最低界限,结合考虑边际贡献来制定价格的方法。即企业定价时,只计算变动成本,不计算固定成本,只要价格高于单位产品的变动成本,企业就可以进行生产与销售。也就是以预期的边际贡献补偿固定成本,并获得收益。边际贡献是指企业增加一个产品的销售,所获得的收入减去边际

成本的数值。如果边际贡献不足以补偿固定成本，则出现亏损；反之获得收益。其计算公式为

单位产品的价格=单位产品变动成本+单位产品边际贡献

边际成本定价法的基本点是：不求赢利，只求少亏。它改变了售价低于总成本便拒绝交易的传统做法。通常适用于：一是市场竞争激烈，产品供过于求，库存积压，企业坚持以总成本为基础定价，市场难以接受，其结果不仅不能补偿固定成本，连变动成本也难以回收；二是订货不足、生产能力过剩、企业开工不足，与其设备闲置，不如利用低于总成本但高于变动成本的价格，扩大销售维持生存，同时，尽量减少固定成本的亏损。但是，过低的成本有可能被指控为从事不正当竞争，并招致竞争对手的报复。这种定价方法在房地产商品中极少运用。

（二）需求导向定价法

需求导向定价法是以需求为中心的定价方法。它依据顾客对产品价值的理解和需求强度来制定价格，而不是依据产品的成本来定价。其特点是灵活有效地运用价格差异，对平均成本相同的同一产品，价格随市场需求的变化而变化，不与成本因素发生直接关系。其基本原则是市场需求强度大时，制定高价；市场需求强度小时，适度调低价格。这种导向定价法主要包括理解价值定价法、需求差异定价法和逆向定价法。

1. 理解价值定价法

理解价值定价法是根据顾客对产品价值的理解度，即产品在顾客心目中的价值观念为定价依据，运用各种定价策略和手段，影响顾客对产品价值认知的定价方法。

理解价值定价法的关键和难点，是获得顾客对有关产品价值的准确资料。企业如果过高估计顾客的理解价值，其价格就可能过高，影响销售量；反之，若企业低估了顾客的理解价值，其定价就有可能低于应有水平，使企业收入减少。因此，企业必须通过广泛的市场调研，了解顾客的需求偏好，根据产品的性能、用途、质量、品牌、服务等要素，判定顾客对产品的理解价值，制定产品的初始价格。然后在初始价格条件下，预测可能的销售量，分析目标成本和销售收入。在比较成本与收入、销量与价格的基础上，确定该定价方案的可行性，并制定最终价格。

2. 需求差别定价法

所谓需求差别定价法，是指产品价格的确定以需求为依据，可根据不同的需求强度、不同购买力、不同的购买地点和不同的购买时间等因素，制定不同的价格。这种定价方法首先强调适应顾客需求的不同特性，而将成本补偿只放在次要的地位。其好处是可以使企业定价最大限度地符合市场需求，促进产品销售，有利于企业获得最佳的经济效益。

根据需求特性的不同，需求差别定价法通常有以下几种形式。

(1) *以顾客为基础的差别定价*。即对同一产品，针对不同的顾客，制定不同的价格。在我国的民航飞机票，本国籍乘客与外国籍乘客实行不同的价格；在大连市，企业用电和居民用电按不同的电价收费。

(2) *以地理位置为基础的差别定价*。随着地点的不同而收取不同的价格。比较典型的例子有影剧院、体育场、飞机等，其座位不同，票价也不一样。

(3) *以时间为基础的差别定价*。同一种产品，价格随季节、日期、甚至钟点的不同而变化。例如，电影院在白天和晚上的票价有别；对于某些时令商品，在销售旺季，人们愿意以稍

高的价格购买，而一到淡季，则购买意愿明显减弱，所以这类商品在定价之初就应考虑到淡、旺季的价格差别。

(4) *以产品为基础的差别定价*。同种产品的外观不同、花色不同、型号不同、规格不同、用途不同，其成本也有所不同，但它们在价格上的差异并不完全反映成本之间的差异，主要区别在于需求的不同，可根据顾客对产品的喜爱程度制定价格。例如，同等质量和规格的产品，式样新颖的可制定较高的价格，式样陈旧的可制定较低的价格；高档产品和低档产品其使用价值相差不大，而价格可能差别极大。

由于需求差别定价法针对不同需求采用不同的价格，可实现顾客的不同满足感，能够为企业获取更多的利润，因此，在实践中得到广泛的运用。但是，也应该看到，实行需求差别定价必须具备一定的条件，即必须充分了解消费者的需求特征，如有些消费者偏好全装修房而有些消费者偏好毛坯房，显然两者的定价不同，如果不了解这种需求差异，不仅达不到差别定价的目的，甚至会产生负面作用。

3. 逆向定价法

这种定价方法主要不是单纯考虑产品成本，而是首先考虑需求状况。依据市场调研资料，依据顾客能够接受的最终销售价格，确定销售产品的零售价，逆向推算出中间商的批发价和生产企业的出厂价。

逆向定价法的特点是价格能反映市场需求状况，有利于加强中间商的友好关系，保证中间商的正常利润，使产品迅速向市场渗透，并可根据市场供求情况及时调整，灵活定价。

（三）竞争导向定价法

在竞争十分激烈的市场上，企业通过研究竞争对手的生产条件、服务状况、价格水平等因素，依据自身的竞争实力，参考成本和供求状况来制定有利于在市场竞争中获胜的产品价格。这种定价方法就是通常所说的竞争导向定价法。其特点是：产品的价格不与产品成本或需求发生直接关系。产品成本或市场需求变化了，但竞争对手的价格未变，就应维持原价；反之，虽然成本需求都没变动，但竞争对手的价格变动了，则应相应地调整其产品价格。当然，为实现企业的定价目标和总体经营战略目标，谋求企业的生存和发展，企业可以在其他营销手段的配合下，将价格定得高于或低于竞争对手的价格，并不一定要求和竞争对手的产品价格完全保持一致。竞争导向定价法主要包括如下。

1. 随行就市定价法

随行就市定价法，是指企业按照行业的平均现行价格水平来定价。在完全竞争市场上，销售同类产品的各个行业，在定价时无论有多少选择的余地，都只能按照行业的现行价格来定价。若某个企业把价格定得高于时价，产品就会卖不出去，就会失去部分顾客；反之，若把价格定得低于时价，也会遭到其他企业的削价竞争。

在垄断性较强的市场上，企业间也倾向于制定相近的价格，因为市场上只有为数不多的几家大企业，彼此比较了解，购买者对市场行情也十分熟悉。若各企业制定的价格出现较大差异，顾客就会涌向价位较低的企业。若各企业竞相降价，则任何企业都难以确立绝对优势地位，得利者只能是购买者。

在差异产品市场上，企业有较大的自由度决定其价格。产品差异化使购买者对价格差异的存在不甚敏感，企业相对于竞争对手总要确定自己的适当位置，高于、等同于、或低于竞争对手的价格。总之，企业在指定价格时，要有别于其竞争对手，企业的市场营销策略亦要与之相协调，以应付竞争对手的价格竞争。

2. 密封投标定价法

在国外，许多大宗商品、成套设备和建筑工程项目的买卖和承包以及征招生产经营协作单位、出租小型企业等，往往采用发包人招标、承包人投标的方式来选择承包者，确定最终承包价格。一般说来，招标方只有一个，处于相对垄断地位，而投标方有多个，处于相互竞争地位。标的物的价格由参与投标的各个企业在相互独立的条件下来确定，在买方招标的所有投标者中，报价最低的投标者通常中标，他的报价就是承包价格。这样一种竞争性的定价方法就称为密封投标定价法。

招标价格是企业能否中标的关键性因素。从理论上讲，报价最低的企业最易中标。但是，报价的企业不会将价格水平定得低于边际成本，虽然这样的报价最低，中标率最高，但会导致企业亏损；而报价高，企业的利润虽然高，但中标的可能性越小。

四、房地产定价策略

在激烈的市场竞争中，企业为了实现自己的营销战略目标，必须根据产品特点、市场需求及竞争情况，采取灵活多变的定价策略，使价格与市场营销组合中的其他因素更好地结合，促进和扩大销售，提高企业的整体效益。正确选择价格策略是企业取得市场竞争优势地位的重要手段。

（一）新产品定价策略

新产品定价得当，就可能使其顺利进入市场，打开销路，占领市场，给企业带来利润；新产品定价不当，就有可能导致失败，影响企业效益。新产品定价基本策略有三种。

1. “撇油定价”策略

这是一种高价策略，是指在产品生命周期的最初阶段，将新产品价格定得较高，在短期内获取丰厚利润，尽快收回投资。这种定价策略犹如从鲜奶中撇取奶油，取其精华，所以称为“撇油定价”策略。

此种定价具有以下几个优点：在新产品上市之初，竞争对手尚未进入，顾客对新产品尚无理性的认识，利用顾客求新求异心理，以较高的价格刺激消费，以提高产品身份，创造高价、优质、名牌的印象，开拓市场；由于价格较高，可在短时期内获得较大的利润，回收资金也较快，使企业有充足的资金开拓市场；在新产品开发之初定价较高，当竞争对手大量进入市场时主动降价，增强竞争能力。此举符合顾客对价格由高到低的心理。

当然“撇油定价”策略也存在着某些缺点：高价不利于市场开拓、增加销量，不利于占领和稳定市场，容易导致新产品开发失败；高价高利容易引来竞争对手的涌入，加速行业竞争，仿制品、替代品迅速出现，迫使价格下跌；此时若无其他有效策略相配合，则企业苦心营造的高价优质形象可能会受到损害，失去部分顾客；价格远远高于价值，在某种程度上损害了顾客利益；容易招致公众的反对和顾客抵制，甚至被当作暴利加以取缔，诱发公共关系问题。

2. 渗透定价策略

这是与撇油定价策略相反的一种定价策略，为低价策略，即在新产品上市之初，企业将新产品的价格定得相对较低，吸引大量的购买者，以利于为市场所接受，迅速打开销路，提高市场占有率。

此种定价策略有两点好处：第一，低价可以使新产品尽快为市场所接受，并借助大批量销售来降低成本，获得长期稳定的市场地位；第二，微利可以阻止竞争对手的进入，有利于企业控制市场。

值得注意的是，采用此种定价策略，企业的投资回收期较长，见效慢，风险大，一旦渗透失败，企业将一败涂地。

采用此种定价策略，应具备如下条件：产品的市场估计规模较大，存在强大的潜在竞争对手；产品的需求价格弹性较大，顾客对此类产品的价格较为敏感；大批量生产能显著降低成本，薄利多销可获得长期稳定的利润。

3. 满意定价策略

这是一种介于"撇油定价"策略和渗透定价策略之间的定价策略，以获取社会平均利润为目标。所定的价格比"撇油价格"低，比渗透价格高，是一种中间价格。制定不高不低的价格，既保证企业有稳定的收入，又对顾客有一定的吸引力，使企业和顾客双方对价格都满意。

此种定价策略优点如下：产品能较快为市场所接受，且不会引起竞争对手的对抗；可以适当延长产品的生命周期；有利于企业树立信誉，稳步调价，并使顾客满意。

对于企业来说，"撇油"策略、渗透策略及满意策略分别适应不同的市场条件，何者为优，不能一概而论，需要综合考虑市场需求、竞争、供给、市场潜力、价格弹性、产品特性、企业发展战略等因素才能确定。

（二）折扣和折让定价策略

产品价格有目录价格与成交价格之分。目录价格是指产品价格簿或标价签标明的价格；成交价格是指企业为了鼓励顾客及早付款、大量购买、淡季购买等，在目录价格的基础上酌情降低以促使成交的价格。这种价格调整叫做价格折扣或折让。

折扣定价策略实质上是一种优惠策略，直接或间接地降低价格，以争取顾客，扩大销量。灵活运用折扣和折让定价策略，是提高企业经济效益的重要途径。

1. 数量折扣

数量折扣是生产企业为鼓励顾客集中购买或大量购买所采取的一种策略。它按照购买数量或金额，分别给予不同的折扣比率。购买数量愈多，折扣愈大。数量折扣又分为累计数量折扣和非累计数量折扣两种形式。累计数量折扣规定顾客在一定时间内，购买产品若达到一定数量或金额，则按其总量给予一定折扣，其目的在于鼓励顾客经常向本企业购买，与可信赖的老客户建立长期的购销关系。非累计数量折扣规定顾客一次购买某种产品达到一定数量或购买多种产品达到一定金额时，则给予折扣优惠，其目的是鼓励顾客大批量购买，促进产品多销、快销，从而降低企业的销售费用。数量折扣的促销作用非常明显，企业因单位产品利润减少而产生的损失完全可以从销量的增加中得到补偿。此外，销售速度的加快，使企业资金周转次数增加，流通费用下降，产品成本降低，从而导致企业总盈利水平上升。

运用数量折扣策略的难点在于如何确定合适的折扣标准和折扣比例。如果享受折扣的数量标准定得太高、比例太低，则只有很少的顾客才能获得优惠，绝大多数顾客将感到失望；购买数量标准过低且比例不合理，又起不到鼓励顾客购买和促进企业销售的作用。因此，企业应结合产品特点、销售目标、成本水平、资金利润率、需求规模、购买频率、竞争手段以及传统的商业惯例等因素来制定科学的折扣标准和比例。

2. 功能折扣

功能折扣又称交易折扣，是指生产企业针对经销其产品的中间商在产品分销过程中所处的环节不同，其所承担的功能、责任和风险也不同，据此给予不同的价格折扣。

功能折扣的比例，主要考虑中间商在销售渠道中的地位、对生产企业产品销售的重要性、购买批量、完成的促销功能、承担的风险、服务水平、履行的商业责任以及产品在分销中所经历的层次和在市场上的最终售价等等。鼓励中间商大批量订货，扩大销售，争取顾客，并与生产企业建立长期、稳定、良好的合作关系是实行功能折扣的主要目的。功能折扣的另一个目的是对中间商经营的有关产品的成本和费用进行补偿，并让中间商有一定的盈利。

3. 现金折扣

这是生产企业对顾客迅速付清货款的一种优惠。现金折扣是对在规定的时间内提前付款或用现金付款的顾客所给予的一种价格折扣，其目的是鼓励顾客尽早付款，加速资金周转，降低销售费用，减少财务风险。

现金折扣一般根据约定的时间界限来确定不同的折扣比例。例如，顾客必须在 30 天内付清货款。若在 10 天内付清货款，则给予 2%的价格折扣；若在 20 天内付清货款，则给予 1%的价格折扣。采用现金折扣一般要考虑三个因素：折扣比例；给予折扣的时间限制；付清全部货款的期限。

（三）心理定价策略

这是一种根据顾客心理要求所采用的定价策略。每一件产品都能满足顾客某一方面的需求，其价值与顾客的心理感受有着很大的关系。这就为心理定价策略的运用提供了基础，使得企业在定价时可以利用顾客的心理因素，有意识地将产品价格定得高些或低些，以满足顾客物质和精神的多方面需求，通过顾客对企业产品的偏爱或忠诚，诱导顾客增加购买，扩大市场销售，获得最大效益。具体的心理定价策略如下。

1. 整数定价策略

对于那些无法明确显示其内在质量的商品，顾客往往通过其价格的高低来判断其质量的好坏。在定价时，把产品的价格定成整数，不带尾数，使顾客产生“一分钱一分货”的感觉。但是，整数定价其价格的高并不是绝对的高，而只是凭借整数价格来给顾客造成高价的印象。整数定价常常以偶数，特别是“0”作尾数。例如，某楼盘可以定价为每平方米 8000 元，而不必定为每平方米 7998 元。

整数定价策略适用于：高档消费品或顾客不甚了解的产品，需求的价格弹性比较小、价格高低不会对需求产生较大影响的产品，譬如流行品、时尚品、奢侈品、礼品、星级宾馆、高级文化娱乐城等，由于顾客都属于高收入阶层，愿意接受较高的价格。

2. 尾数定价策略

尾数定价策略是与整数定价策略正好相反的一种定价策略，是指企业利用消费者求廉的心理，在产品定价时，取尾数，而不取整数的定价策略。它常常以奇数作尾数，尽可能在价格上不进位。

3. 声望定价策略

这是根据产品在顾客心目中的声望、信任度和社会地位来确定价格的一种定价策略。声望定价策略可以满足某些顾客的特殊欲望，如地位、身份、财富、名望和自我形象等，还可以通过高价显示名贵优质，因此，这一策略适用于一些传统的名优产品、具有历史地位的民族特色产品以及知名度高、有较大市场影响、深受市场欢迎的驰名商标。

4. 招徕定价策略

招徕定价策略是指企业将某几种产品的价格定得非常之高，或者非常之低，以引起顾客的好奇心理和观望行为之后，带动其他商品的销售，加速资金周转。

招徕定价策略主要是利用顾客的求廉心理，运用得较多的是将少数产品价格定得较低，吸引顾客在购买"便宜"的同时，能购买其他价格比较正常的商品。

将某种产品的价格定得较低，甚至亏本销售，而将其相关产品的价格定得较高，也属于招徕定价的一种运用。前几年某一房地产公司为形成购买人气，曾以每平方米低于市场价格每平方米 500 元的价格开盘先招徕人气，然后以低开高走策略创下了所在区域房地产销售的奇迹。

5. 分级定价策略

分级定价策略是指在制定价格后，把同类产品分成几个等级，不同等级的产品，其价格有所不同，从而使顾客感到产品的货真价实、按质论价。此法容易被顾客所接受。值得注意的是，采用这种定价策略，等级的划分应得当，级差太大或太小均起不到应有的分级效果。

第三节 销售策略

一、销售渠道

营销渠道是将产品由生产者转移给消费者的途径，是房地产营销的重要一环。对于房地产企业来说，是自己亲临战场直接销售，还是请他人代为销售，需要根据实力进行慎重抉择。

房地产发展商开发的房地产商品，如何以最快的速度、最佳的经济效益、最低的费用支出，转移到顾客手中，营销渠道的选择和控制相当重要。

（一）房地产的直接销售

直接销售是指房地产开发商直接销售产品。房地产开发商利用有关信息与客户联系，自己承担全部流通职能，直接将房地产产品销售给顾客。也可利用网络工具，如电子邮件、公告板等收集消费者对产品的意见，有利于企业提高工作效率和树立良好企业形象。

在我国现阶段，直接营销在房地产营销中占有主导地位。

1. 采用直销方式的情况

(1) 大型房地产公司。大型房地产公司一般设有销售部门，专门负责公司楼盘的销售工作。他们往往有自己的销售网络，提供的服务有时比代理商更为有效。香港的长实、新鸿基、恒基兆业等大型房地产公司大多采用直销的方式。一方面是因为开发商有实力，另一方面可能是认为自己公司的人会全力为公司推销。而代理公司往往可能因为在同期推出很多楼盘，不一定有足够的人力、物力来推销每一个所接受委托的楼盘。

(2) 市场为卖方市场。这时，房地产市场供不应求，推出的楼盘受到投资者的欢迎。当出现房地产热时，发展商图纸刚刚画好，楼盘就立即被抢购一空，当然无需代理。

(3) 楼盘素质特别优良。如果属这种情况，则说明市场反映非常好，甚至有业主愿意预付部分或全部建设费用。如深圳某公司开发的物业，整体规划占地 40 万平方米，建筑面积

120万平方米。因其优越的地理位置、欧洲风情的设计风格，加上发展商的实力，早在该项目未公开推出时，其首期几幢多层住宅即被市内两家银行和一家信托公司预订一空，当然无需再请物业中介机构代为销售。

2. 直接营销的优点

(1) 房地产发展商可以控制开发经营的全过程，以避免因某些素质不高的房地产中间商(代理商)介入而造成的营销短期行为，如简单地将易销楼盘单元销售出去，却使相对难销的楼盘单元积压。

(2) 产销直接见面，便于房地产发展商直接了解顾客的需求、购买特点及变化趋势，缩短了发展商和顾客沟通的渠道，由此可以较快地调整楼盘的各种功能。

3. 直接营销的缺点

(1) 一般来说，房地产发展商在房地产项目的开发和工程等方面集中了较大的优势，而房地产营销是一项专业性非常强的工作，销售人员不仅应具有较高的素质，而且必须掌握房地产专业的相关知识，并对所推介的楼盘非常熟悉，对市场上同类竞争项目也有相当的了解，若房地产发展商直接营销，一般难以汇集在营销方面的专门人才，难以形成营销专业优势，这样会在相当程度上影响营销业绩。

(2) 房地产发展商直接销售，还会分散企业的人力、物力和财力，分散企业决策层的精力，甚至会使企业顾此失彼，使生产和销售两方面都受到影响。

(二) 房地产的间接销售

为了克服直销的缺点，房地产中介应运而生。中介机构成为连接买卖双方的枢纽，使房地产间接销售成为可能。中国商品交易中心、商务商品交易中心、中国国际商务中心都属于此类机构，在未来的虚拟市场中它们将依然起着不可替代的作用。

房地产商品交易中介机构不仅简化了市场交易过程，而且有利于交易活动的常规化。房地产中介机构可以全天候地常年运转，避免了地域和时差上的限制；买卖双方的意愿通过固定的表格形式统一而规范地表达，避免了相互推诿责任。房地产交易中介机构的规范化运作减少了交易过程中的大量不确定因素，降低了交易成本也提高了交易成功率。

中介机构还为买卖双方的信息收集过程提供了便利。中介机构本身是一个巨大的数据库，其中聚集了全国乃至全世界的众多厂商，也汇集了成千上万种产品。这些厂商和产品被进行了多种分类，可以从不同角度进行检索。

在中介机构的协调下，供应意愿和需求意愿在交流的基础上完美匹配。这种间接渠道策略尤其适用于中、小型房地产公司。由于房地产市场的不断发展和竞争的日趋激烈，获取及时而准确的信息对于一个项目的成败相当关键，房地产中介机构置身于市场中，信息灵通，关系网广，具有很强的推销优势。专业房地产中介机构具有很强的房地产专业知识和丰富的营销经验，能够很好地完成营销策划。

房地产开发商在不同时期对不同类型的房地产商品应该选择不同的中介机构和销售渠道。对中介机构的选择可从以下几个方面考察：中介机构以往经营的项目和业绩；中介机构所在区域和市场覆盖面以及市场定位情况；中介机构经营状况和管理水平，包括销售量、利润、流动资金、成本、质量管理、销售管理等指标；中介机构品牌形象，如其社会声誉和品牌知名度等。

物业代理的形式一般有以下几种：联合代理与独家代理，买方代理、卖方代理和双重代理，首席代理和分代理。开发商可根据项目的具体情况采用不同的代理形式，对于一些比较庞大的、功能比较复杂的项目，可采用联合代理形式，由几家代理公司联合承担代理工作；或者采用首席代理和分代理的形式，委托一个物业代理公司作为项目的首席代理，全面负责项目的代理工作，总代理再去委托分代理，负责物业某些部分的代理工作。而较小型的房地产项目，委托对该类物业有代理经验的公司已经足够。

近年来，上海市房产中介代理获得了飞速的发展，全市已拥有 1500 多家中介、代理公司，在房地产二、三级市场流通中的作用愈来愈大。但是，上海房地产界的中介代理公司一直处于各自为政的混战局面，1500 多家公司将市场分割得很小，行业竞争日趋激烈，这也造成了物业代理与客户接触面狭窄的矛盾。在这种情况下，由中天行总代理的“金延大厦”采用分销代理的办法，联合全市近 50 家知名中介、代理公司共同经营，开上海市代理公司网络化之先河，实现了中介、代理公司强强联合。对规范上海市房地产中介代理市场，促进中介、代理公司的合作交流将起积极的作用。

1. 间接营销的优点

(1) 有利于发挥营销专业特长。房地产中间商(代理商)往往集中了市场调研、广告文案设计、现场销售接待等各方面的营销人才，便于从专业上保证发展商开发的房地产商品销售成功。

(2) 有利于发展商集中精力，缓解人力、物力和财力的不足，重点进行房地产项目的开发和工程方面的工作。

2. 间接营销渠道的缺点

(1) 目前我国的房地产中间商良莠不齐，专业素质和职业道德水准差异很大。如果房地产发展商被一些专业素质和职业道德低下的中间商的花言巧语所迷惑，放手让他们代理销售，会对其本身商誉造成很大损害。

(2) 如果房地产中间商的销售业绩与发展商自己预计的销售业绩基本持平，发展商支付给中间商的销售费用就会“得不偿失”。因为发展商支付给中间商一定的销售费用如佣金等，是希望中间商能取得较好的销售业绩，这样即使利润分流也是值得的。

(三) 第二营销渠道

无论是开发商直销，还是委托中介机构销售，其销售活动通常都是：做广告、谈客户、看房、翻楼书，然后是签合同。如果把由于从广告起步所引发的客户称为第一营销渠道的话，那么，由于物业及物业包装而产生的市场信任度，客户之间的互相传递则是至关重要的房地产第二营销渠道。

楼市以广告为主体推广手段既是现实需要，也是形势所迫。由广告投入而产生的销售量，商业推广效应明显而直观，但却不够稳定，致使不少企业难以控制市场走势，无法把握成交量。而非广告引发的购买力，虽然效应不够直接，但却非常深入。这种由于物业本身引发的市场冲击力，由于客户滚动派生的购房源，成交率非常高。一旦第二营销渠道建立，物业在市场的状态就极为稳定。

例如，某某花苑至今总共投放广告费用 80 万元，绝对数量并不大，但由于其现场销售中心的精心策划，使得本物业市场信任度提高，给每位购房客户带来了信心。由客户滚动出的有效客户比例非常高，形成了一个购房客户派生出的新生客户市场。针对第二营销渠道的建立，开发商精心策划了“文化园区品牌研讨”、“准业主监理会”等一系列针对已购房客户的活动，滚动效应十分明显，通过最初的广告市场，形成客户派生客户的第二个购买市场。

因此，在市场竞争日趋激烈的情况下，在并不放弃广告带来的购房者的同时，如何有针对性地做好已购房客户的工作，并形成第二营销渠道，是值得大中型房地产商深入研究的。

二、入市策略

由于房地产行业的投入产出周期长，而市场又瞬息万变，因此房地产销售的时效性非常强。另一方面，购买者的数量在一定时段内呈现出相对稳定、静止的态势，且多为“一次性买卖”（一辈子购买一次），而新楼盘推出的数量日益增多，所以，把握好销售时机，对项目策划的成功与否至关重要。譬如，一个房地产项目早一个月销售或晚一个月销售，业绩就会迥然不同。

要把握好房地产的销售时机，一般从以下几方面来综合分析和判断：

1. 项目的工程进度及交楼期限

一般而言，购买者对远期楼盘缺乏足够的信心。因此，距交楼期限时间越短的时候推出销售计划，业绩就越好。但是，是不是一定要到卖现楼时才能获得营销上的巨大成功呢？答案是否定的。因为，到现楼时再卖，一方面，发展商要承受巨大的资金压力；另一方面，项目已经成型，缺乏包装的空间，销售难度反而增大。

通常，对于多层住宅而言，项目在主体完工之后才可以开始销售，并要争取在交楼前基本销售完毕。对于高层豪宅而言，一般在项目起到地面以上四五层框架时销售较为有利。当然，这也要具体情况具体分析。有时候凭借房地产开发商的信誉就可以提前卖楼，其销售业绩也可能很好。

2. 售楼手续的办理情况

正常情况下，项目必须在取得合法的销售手续后方可上市交易。但是，有时迫于时间或资金的压力，在手续即将办理完毕时提前以“内部登记、内部认购”的方式展开销售，从而争取了时间。这也不失为一个有效的办法。

必须注意的是，采用以上方法的前提是销售手续即将办理完成。否则，后果将十分严重。除了政府部门的干预、查处之外，也很容易在市场上造成极坏的影响，使以后的销售变得十分困难。

3. 竞争对手的情况

同一地段竞争对手的动向对决定销售时机也是至关重要的。这可从“博弈论”的角度加以解释。在一定的时段内，某一区域的购房人数是基本固定的，因此谁先销售，谁就可能占尽先机。后来者要想取得好的业绩，自然要付出加倍努力。

一个房地产项目欲投入销售，要做好大量的前期准备工作。事实上，只要讲究策略，不断地收集有关资料，就可以掌握竞争对手的动态。这样，就可以在知己知彼之后，制定如何应对的方案，从而做到“百战不殆”。

4. 同期市场上房地产项目推广总量的变化

房地产市场是一个长期的销售过程，其市场购买力在“蓄势—消耗—蓄势—消耗”中不断循环。

一般来说，同期市场上房地产项目推广总量的变化对于大部分的项目都会有两个方面的影响：一是买家在选择对象增多后容易分流，而且，其决定购买的形成时间也将延长。二是每个项目都会投放一定数量的宣传广告以争取客户，项目总量的增加意味着广告争夺战的加剧，这将直接影响到单个项目广告投放的投入产出比。

5. 关心政策变化，把握入市机会

房地产投资必须视野开阔，关心时事和政策的变化。投资商一般应选择敏感的时期投资，并且应具备较强的政治嗅觉。这就要求投资商注意研究国家税收政策、土地政策、金融政策、住宅政策、都市及区域计划等政策的变化，抢占投资先机。比如，当国家鼓励房地产业发展时，往往会制定若干优惠政策，尤以税收方面优惠为多；当国家税收政策对房地产业有利时，购买者的购买欲望很强，可考虑入市。

所以，有时候选择特定的时机，比如在市场项目推出数量较少的时候，突如其来地开个项目展销会，很可能会收到特殊的绩效。在北京的房地产市场上，有一些发展商选择清明节、中秋节等节假日甚至在春节期间推出项目销售，表面上整个大市场环境非常寂静，但不少项目却掀起了不小的轰动，取得了很好的业绩。例如，北京某房地产开发的一个楼盘，地理位置较偏，规模也不大，设计、建筑并不非常突出，开发公司的名气也不怎么大，仅在价格上有一些竞争能力(约每平方米 3100 元)。但是，其第一期楼盘的推出选择在被认为房地产淡季的 4 月。结果，购楼反而十分踊跃，一百多套住宅几天内售罄。

为什么会这样呢？原来，由于这一段时间里开展销会的楼盘极少，难以满足购房者的需求，而该房地产几乎成了那段时间整个北京市房地产市场唯一的卖家，恰恰迎合了消费者的需要。“好的开始是成功的一半”，把握好的销售时机，再辅以良好的策划，一般都可以取得良好的销售业绩。

第四节　促销策略

促销是现代营销的重要一环，它对销售起着直接的促进作用。房地产促销就是通过各种促销手段，与现实或潜在顾客进行沟通，使他们对于目标物业从注意到发生兴趣再到产生欲望进而购买的过程。

促销之所以在现代营销理论中占有重要地位，主要是因为它不仅可以推动现实交易的达成，更重要的是，它能使一些潜在顾客转化为现实顾客，企业也由此获得长足发展的市场。

一、广告策略

在某种意义上，广告可以看作是说服大众购买特定产品和劳务的一种手段，其直接目标之一就是促使消费者对广告产品和劳务产生好奇心理和乐于关注的积极态度。

可以通过以下途径或方式，促成顾客态度的改变，即系统加工(学习理论、认知反应理论、失谐理论)、启发式加工(启发式加工说、低卷入)和情感性说服(古典条件化、模仿式学习)。

现代商品经济迅猛发展，好的广告已不仅仅起到简单的广而告之的作用，它已经是产品的一个有机组成部分，这就如同人的内在和外表一样密不可分。对预售商品房而言，好的广告不但是生产与销售之间一座沟通的桥梁，更是在建楼盘品质的具体延伸。

1. 广告策划的环节

广告策划是对广告整体战略与策略的运筹规划，是对广告从调查、计划、实施到检测的全过程的考虑与设想，是广告决策的形成过程。广告策划是一项综合工程，它所涉及的问题是多方面的，由以下五大环节构成。

(1) 市场调研的安排。市场调研是广告策划的前提和基础。只有对市场和消费者有透彻的了解，对有关信息和数据有充分的掌握，才有可能作出全面的、适于实际情况的策划，不至于变成纸上谈兵。

(2) 广告定位。定位，也就是利用商品的某一特征在消费者心中占据一个特定的位置。采用广告定位，正是为了突出广告商品的特殊个性，即同类商品所没有的优点，而这优点正是特定的用户所需求的。广告定位包括实体定位（如功效定位、品质定位、市场定位、价格定位等）和观念定位（正向定位、逆向定位、是非定位等）。广告定位其实便是策划的主题，这一主题往往确定了广告商品的市场位置和消费者心中的位置，如果符合消费者的心理需求，策划也就成功了一半。所以定位是广告策划的灵魂。

(3) 创意构思。广告定位后，如何根据广告定位把握广告主题，形成创意是一个棘手的问题。成功的广告正在于它能开发出新鲜的诉求方法，巧妙地传递商品信息，有效地诱发消费者的购买动机，欲望和行为。因此，创意构思是整个广告策划的中心环节，是决定广告策划成败的关键。

(4) 广告媒体安排。这是广告策划中直接影响广告主利益的重要问题。媒体选择和发布时机如果得当，广告主投放的广告费用就能收到预期效果，反之，就会白白造成损失。

(5) 广告测定安排。广告效果测定，这是全面验证广告策划实施情况的必不可少的工作。广告公司的工作水平、服务质量如何，整个广告策划是否成功，广告主是否感到满意，将以此为依据来作出评价。其结果将有利于改进策划中的失误和偏差，有利于以后的策划运动向广告目标发展。广告策划的要点，就在于通过这五大环节一系列的工作，使广告准确、独特、及时、有效、经济地传播信息，以刺激需求、诱导消费、促进销售、开拓市场。

2. 广告媒体发布

任何一类商品广告的发布都必须选择与其产品特性相吻合的媒体，注重与成本相应的广告效果的评判则是衡量广告媒体的主要准则。

房地产的产品构成的复杂性、地点位置的固定性，不但决定了它的广告内容、广告形式不同，而且在广告媒体选择上也有不同的要求。

房地产广告的媒体主要有公共传播媒体、户外媒体和印刷媒体三类，三者取长补短构成房地产广告的三驾马车。

(1) 公共传播媒体广告。公共传播媒体的电视、报刊和广播，覆盖面广，客源层次多，效果比较理想。

① 报纸广告是目前最主要、最有效、最简洁的广告形式。通常分为硬广告、软广告和新闻报道 3 种。这 3 种类型在广告费用和广告效果上各有利弊。

② 房地产广告也通常出现在一些专业性杂志上，这些杂志以专业人群为读者群，能发挥明确而感性的诉求。和报纸广告相比，杂志广告力量不够，瞬间效果不佳，但持续时间长，社会形象好。

③ 电视广播的视觉与听觉的冲击力是相当强烈的，能使产品瞬间打入观众心里，但因为制作成本高，大多在塑造房地产形象广告时配合选用。

不同的媒体有其独特的客户群，因此要针对产品的客源定位，来选择相应的媒体广告，并在执行的过程中不断评价、调整。

(2) 印刷媒体广告。指除报刊广告以外,用于售楼说明、物业宣传和站点推广的一切印刷制品,如销售海报、售楼书、邮寄海报、平面图册等,是向消费者展示楼盘特色的一个有效途径,一般集实用性、宣传性、功能性和艺术性于一体。

① 售楼海报。内容有楼盘效果图、透视图、现场实景照片、交通位置图、销售单元平面图或家具配置图,以及建构装潢和配套设备的简要介绍、联系电话、售楼地址、发展商名称等。

② 售楼书。售楼书是售楼海报的详解,是有关楼盘情况说明的最详尽的宣传资料,它也是现场售楼人员提供给客户仔细研究的售楼资料。

③ 邮寄、派发海报。一种篇幅较小的售楼海报,主题简洁,比较有吸引力,通过艺术化的渲染,直接的功利诱导,可以引发客户的兴趣。

④ 平面图册。从海报和说明书中剥离出来,单独制作成册。平面图册在总的平面规划图下,内容包括:每一栋楼的标准层平面图;每一套单元的家具配置图;每一套单元在楼宇中的确切位置和形状格局。

(3) 户外媒体。主要是指室外(露天或公共场所)张贴、树立、绘制的广告,包括看板、旗帜指示牌、售点广告、气球、霓虹灯、车厢广告等。这类广告多出现于主要路口人流集中的公共场所,或设置在楼盘所在地,主要作用是渲染气氛,促进买卖成交。

① 看板。通常设置在主要路口、人流集中的公共场所,或是设置在楼盘的所在地。除了联系电话和楼盘地址外,可以安排宣传产品特色的简短文字口号,楼盘鸟瞰、俯视效果图,单元配置图等。

② 旗帜。通常布置在附近繁华地段至楼盘所在地道路的两侧或者工地的四周。图案简洁、文字精练,在促销过程中,起着热络气氛,引人注目和引导客户的作用。

③ 指示牌。一种放置在楼盘附近的路口,引导客户参观的路牌。

④ 售点广告(POP)。指放置在售楼处或接待中心的广告,包括售楼处的选点及内外的装饰、效果图、样品屋或实品物、模型、看板、各类灯箱和工墙广告等。

(4) 网络。网络在21世纪已经成为一种新型媒体。由于其成本较低、简便易行,正在房地产销售过程中发挥着重要的作用。

3. 广告发布策略

从广告的发布方式来看,许多房地产开发商采用立体式发布,也就是报纸、电视、电台、杂志、户外、甚至网络等几个媒体联动的方式。这种方式的使用主要限于消费者认知阶段,能在短时间内提高知名度。

从广告的发布时间上来看,不同时间发布相同的广告,效果往往不同。例如,刊登在星期日的报纸广告,一般效果不好,因为休息日读报的人比平时少。电视、广播电台都有黄金时段和收视率高的节目,选择这样的时间段播出广告,效果会比较理想。

另外,还应注意广告发布的频率,既要有一定的强度,又不能造成消费者的逆反心理。广告发布的形式也应该多样化。在广告发布之后要及时对其效果进行评估,对广告活动的情况进行反馈与控制,进而保证整个广告活动能够按照预定的计划和目标进行。

4. 广告模式

在商品经济时代,生活中也许没有什么比广告更让我们熟悉的了。随处可见的广告,日复一日地向我们传递着大量信息。企业为了提高产品的知名度,保持其美誉度,不惜倾注巨资为其产品铺路。房地产项目也是一样。据统计,在 2001 年,国内房地产行业的广告费用在所有行业的广告费用中排名第二。由此可见,广告在房地产营销活动中占有极其重要的位置。

二、销售促进策略

房地产展销会是一种较常用到的促销方式。它可以在短期内聚集更多的潜在购买者,是销售物业的好机会。此项促销活动可以吸引更多的厂商和消费者。在展销会上,不仅有各式各样的楼盘参展,便于顾客选择,而且经常配合一些优惠措施,发展商往往在展销会期间提供更加优惠的促销价格。

1. 价格促销

价格促销很容易被人理解成“价格竞争”,实际上,这两者是有着根本区别的。一般而言,价格促销局限在短时间、小范围、低幅度之内,它以刺激短期销售的业绩为主要目的。而“价格竞争”则是长时间、全范围、大幅度的降价行为,它以夺取市场占有率或生存空间为主要目的。

(1) *价格促销的主要方式*:① 拿出项目的少量单位在限定的、很短的时间内进行低价销售,以吸引人气,带动整个楼盘的销售。② 在一定的时期内,对所有的买家,均提供一定折扣的优惠(如展销会期间九八折等等),并且号称“过时不候”,以促成展销期间的大量成交。③ 采用让利的方式,例如送买家若干年的物业管理费、供暖费,等等。

(2) *价格促销的注意点*:① 要把握好“面”,点到为止。价格促销的关键在于有效地聚集人气。如果大规模地普遍实行,则很容易演变成“价格战”。② 幅度不要太大,适可而止。因为买家深知“羊毛出在羊身上”,如果幅度过大,会被认为发展商不诚实或者项目本身的质素有问题,反而形成负面效果。③ 要勇于创新,不要“人云亦云”。例如,同样的折扣额度,以九八折送给所有的买家就远不如按照买家购房的顺序分批分别地给予九六折、九七折、九八折至九九折。后者更能有效地聚集人气,刺激买家踊跃购买的氛围。

促销方法的使用,一定要根据项目的实际情况而慎重进行。对促销的使用以及对其效果的评价也要持理性、客观的态度。

现实生活中,有很多的策划人或代理公司,他们不在项目的整体营销策划上下功夫,却把促销当作刺激项目销售的惟一法宝。结果,绞尽脑汁直至黔驴技穷,销售效果始终不理想。这就是本末倒置。实际上,促销就像打止痛针有效果但容易上瘾一样,使用不当则后患无穷。当一个房地产项目的销售陷入困境时,除了要从项目本身的质素、项目的整体营销策划等源头去找原因,加以改进之外,有时在促销上突出奇招,也可获得良好的效果。例如:在 1998 年五六月间的广州楼市清淡之际,翠湖山庄推出了所谓的“搭单大行动”,即由汇龙公司牵头,以批发价(现价七折)从翠湖山庄一次性购买批发 200 个单位,并吸纳社会买家参与,共可得优惠 2000 万元。实际上,也就是每平方米平均降价约 1600 元(由每平方米 7430 元降到每平方米 5871 元)销售。200 多套住宅单位几天内被抢购而空,在广州住宅市场掀起了一阵不小的波澜。

对于房地产业的营销推广而言,应该明白的一点是:无论出于什么目的,促销都不能等同于“价格战”。促销是营销推广中的调味品。只有掌握了其原则,并能够灵活地运用其策略与方法,促销才能对房地产营销推广起到一定的推动作用。

2. 实物促销

所谓实物促销,是指房地产开发商向购房者许诺在其购房后,免费赠以某种实物以作奖励的一种促销手法。例如:购房送家电、送家具、送装修,等等。一般来说,各种实物促销最好在展销会期间,结合大量的宣传投入而采用。这样,可以较好地刺激买家在展销会期间落订,从而保证了短时间内的销售规模。

实物促销的注意点:一是要限期实行,而不是随到随送。以促使买家缩短购买决定形成的时间。二是赠送的实物必须要依据项目和购房者的实际情况而选取确定。例如送家居用品对不同的项目都适合,但不同的购房者需求的档次却不一样;而送汽车对于大多数的项目而言,都是不适合的。下面是一个典型的例子。

广州市一个位于郊区的普通住宅项目,曾经报出过"购房送汽车"的促销方案,但效果很不理想。原因就在于他们对购房者的需求心理判断失误。试想一个到郊区去购买普通住宅的客户,必定是其收入有限才被迫如此,又哪里有能力去消费汽车呢?发展商把车价打人房价,反而使原本可以承担房价的消费者被拦在了价格门槛之外。

此外,人员推销策略和多方式的销售形式策略在房地产营销中仍然起着不可替代的作用,其形式和内涵也必将随着时代的进步得到变革与完善。

如,在北京2002年秋季国贸房展会上,各房地产开发商各显神通,采用各种方法来全面阐释其产品的特点和优点,并运用多种营销手段来吸引客户。比如在展销会期间购置的物业,一次性付清房款后,可立即办理房产证等;"东丽温泉花园"以"阳光灿烂的日子"来解释自己的楼盘生活;"莱茵河畔"宣传"我在莱茵河畔享受春天,想念秋天";"欧园·北欧印象"则请来芬兰小姐发楼书等等。

三、公共关系策略

公共关系是企业为塑造自身形象,通过传播、沟通手段来影响消费者的科学与艺术。公共关系策略就是把企业的营销活动,放在整个社会经济的大系统中考察,认为企业作为社会经济系统中的一个子系统,其经营活动应与周围各种关系包括顾客、竞争者、供应方、分销方、政府机构密切相关。

公共关系策略重视消费者导向,强调通过企业与消费者的双向沟通,建立长久的、稳定的对应关系,在市场上树立企业和品牌的竞争优势。在营销组合中,产品、定价等营销变数都可能被竞争者仿效甚至超越,唯独商品和品牌的价值难以替代,而这与消费者的认可程度紧密相关。因此,开发商必须从消费者的角度出发安排经营策略,必须充分研究消费者需求,努力加强与消费者的沟通,注意关系营造。

国内已有不少开发商做出了积极探索,比如深圳万科的"万客会"。作为国内房地产界一家以关系营销为目的的会员组织,"万客会"除了给会员诸多优惠和方便外,也让他们了解万科、感受万科,产生了部分替代公众媒介的作用。目前,"万客会"的地域空间已拓展到成都、沈阳等万科涉足的大中城市,会员不断增加,其中不少已经成为万科的潜在客户。通过这些会员,万科成功地促销了大量住房,真正实现了营销双赢。正确处理这些与个人和组织的关系是企业营销的核心,是企业成败的关键。西方舆论界认为公共关系营销策略是"对传统营销理论的一次革命"。

公共关系营销策略强调营销活动是企业与周围各种关系互动作用的过程，营销活动的核心是建立和发展企业与周围各种关系中个人或组织的良好关系。企业与周围的各种关系中，企业与顾客的关系在关系营销中占有相当重要的地位。企业的生存和壮大，依赖于顾客的信赖与拥护，因此建立和发展与顾客的良好关系是关系营销中核心的核心。

在传统营销中，企业与顾客之间的联系是建立在一种生意之上的交易活动，企业关心的是每一次交易的利润最大化，这种短期性行为的营销称为交易营销。随着关系理论的提出和实践的深化，企业与顾客之间的联系从以交易为中心转为以关系为中心，关系营销追求企业与顾客之间建立一种长期的、双向的、维系不散的关系。

表 6-1　　公共关系营销和交易营销的比较

公共关系营销	交易营销
注意保持顾客	关注一次性交易
高度的顾客联系	适度的顾客联系
高度的顾客承诺	有限的顾客承诺
高度重视顾客服务	较少强调顾客服务
质量是所有部门都关心的	质量是生产部门所关心的

公共关系之所以引起企业的重视，主要是因为：公共关系除了具有与其他促销方式同样的沟通作用外，还具有其他促销方式无法起到的作用。

（一）公共关系的功能和作用

1. 监测环境的功能

监测环境是指观察与预测影响企业生存与发展的消费者情况和其他环境变化情况。企业环境是由它的消费者以及其他影响企业生存、发展的社会政治、经济、文化等因素组成的。企业环境是不断变化的。企业要适应这种环境，首先就必须细致地观察环境，对环境变化做出科学的预测，而公共关系便担负着这种任务。它向企业提供环境信息，并对企业所处的环境进行分析和研究，然后在此基础上对环境变化做出科学的评价与预测，使企业对环境的变化保持清醒的头脑和敏锐的感觉，从而合理地制定或调整本企业目标。

（1）*搜集信息*。公共关系对企业环境的把握是从搜集环境信息开始的。信息是现代企业赖以生存的基础。企业环境信息既包括企业所面临的自然环境情况，也包括企业所处的人文环境情况；既包括企业外部的消费者情况，也包括企业内部的消费者情况。

企业自然环境信息包括企业所处地理位置、自然资源、生态环境、道路交通等方面的情况。相对企业的人文环境来说，自然环境一般比较稳定，较易掌握。

企业人文环境包括与企业利益相关的消费者态度、意见及其变化，包括国内外政治、经济、文化等方面的动态，主要有消费者需求信息、产品形象信息、企业形象信息、消费者其他信息和其他社会信息等。它是公共关系工作中的主要工作，人文环境相对来说瞬息万变，错综复杂。

（2）*信息加工*。公共关系工作是在科学地监测企业环境后，对搜集来的信息进行深入的加工，做出科学的解释和评价，并找出企业目前存在的和将来要面临的问题，从而提出相应的建议。

通过对信息的研究、加工，使企业能够掌握消费者的想法和意见，国家政策的变化对消费者的态度以及企业与公共关系所带来的影响，从而帮助企业制定易于为消费者所接受的政策方针。

公共关系还包括对企业公共关系活动效果的研究，即分析和检测公共关系活动对消费者态度、消费者行为、社会舆论的影响及其产生的变化。不仅要对消费者进行整体的分析与研究，还要将消费者进行分门别类独立地进行研究。信息的搜集与加工常常是交汇在一起的，通过对搜集来的信息的研究发现问题，然后针对这一问题，再进一步搜集有关方面的信息。

2. 帮助决策的功能

企业决策是企业针对存在问题，确定解决问题的行动方案的过程。由于企业环境和消费者在企业生存与发展中所起的作用逐步加强，消费者是否会接受一个已经提出的政策，是企业决策时应考虑的重要因素。因此，公共关系部门必须就有关企业环境问题、消费者关系问题向企业决策机构提供咨询，参与企业决策的全过程。只有当公共关系成为影响最高管理层进行决策的重要因素时，公共关系活动才能最有效。因此，决不可把公共关系当作只是在政策、方案形成后报道或发布信息的工作。公共关系部门参与企业决策的环节有以下几个方面。

(1) 公共关系部门为企业决策提供有关环境的信息。一方面，公共关系部门利用它与外部各界的广泛联系，为企业决策开辟广泛的外源信息渠道，提供第一手的准确信息；另一方面，公共关系部门利用它在企业内部的沟通渠道，为决策者提供内源信息，促进决策科学化、民主化。

(2) 公共关系部门帮助企业确定决策目标。现代企业决策日益专门化，整体决策目标往往被分解为各个职能部门的专门决策目标。各职能部门的专家或管理人员往往将决策的焦点高度凝聚于本部门的职能目标，难以从全局和社会的角度去考虑整体决策目标。因此，亟须公共关系部门站在消费者和社会的角度，对各职能部门的决策目标进行综合评价，敦促有关部门或决策当局，依据消费者需求和社会价值及时修正可能导致不良社会后果的决策目标，使企业决策目标既反映企业发展的要求，也反映社会消费者的需求。也就是说，协调企业与消费者利益，把企业引向利益交汇点，而不是引向企业利益和其他消费者利益的冲突点。

(3) 公共关系部门帮助企业拟定决策方案。决策方案是保证决策目标得以实现的各种措施的总和。决策方案主要包括设计方案和选择方案。在设计方案时，公共关系部门力促公共关系目标在方案中得到落实，以保障消费者的利益。同时，还应提醒设计者考虑各类消费者情况的变化，考虑实施方案时会遇到的各种可能性，制定灵活的应变措施。在选择方案时，公共关系部门要把消费者当作最权威的评议者。

(4) 公共关系部门帮助企业实施决策方案。公共关系部门既是企业的智囊部门，也是企业的执行部门，帮助企业实施决策方案。公共关系部门一方面要协助企业把决策方案传达到各个部门甚至每一个员工那里，帮助他们理解决策方案；另一方面又需要对其实施效果进行观察、分析、评价，并及时反馈给决策部门，以便对原决策做出必要的调整，或为新的决策活动提供信息。

3. 宣传引导的功能

公共关系活动的目的是为企业树立良好形象，以赢得有利于企业生存与发展的环境。企业的良好形象必须建立在企业自身行动基础上。同时，还要大力宣传企业取得的成绩，从而影响或引导消费者舆论，使之有利于自己。

消费者对企业的评价和意见，既是企业在消费者心目中的形象，也是企业所面临的舆论环境。作为公共关系工作人员，了解舆论的形象和舆论影响的过程是做好公共关系工作的基础。企业所面临的舆论环境是复杂多变的，处于不同舆论环境下，公共关系宣传引导的侧重点、内容都不一样。

当一个企业刚刚创建时，或推出某种新产品、新服务时，公共关系部门要负责为其大力宣传，制造舆论，从零开始建立这个企业的良好声誉。

当一个企业处于顺利发展时期，即指企业运转正常、信誉已经建立的时候，公共关系部门就应致力于保持和维持对企业有利的舆论，同时又不断寻找宣传的契机，进一步扩大企业的影响。当企业处于逆境时，即指企业运转面临困境甚至危机、企业形象遭到损害时，公共关系部门就应促进或强化有利舆论，争取独立舆论，扭转或反击不利舆论。

4. 沟通协调的功能

在现代社会，企业是一个开放的系统。公共关系部门应通过其他一些日常交往活动，如座谈会、联谊会、研讨会、节庆活动、参观拜访、社会服务、社会赞助等，与消费者进行有效的沟通，培养消费者对企业的感情，赢得他们对企业的理解和支持。宣传引导消费者，沟通协调企业与消费者之间双向交流，着眼于企业与消费者情感的联络。

企业内部沟通是让管理部门和员工彼此之间了解对方的想法和意图，协调好管理部门与员工、管理部门与股东，以及各管理部门之间的关系。

企业外部沟通是企业与其外部各类消费者之间进行的信息交流。这种信息交流能避免或减少企业与其外部环境间的摩擦和冲突，即使发生了冲突，也能在沟通基础上迅速予以协调。企业作为社会的一员，对社会福利、卫生、教育、市政建设和文化生活的发展均负有社会责任。同时，企业也只有在一个健全的社会里，才能求得生存与发展。企业对社会的赞助，帮助解决一些社会问题，这样做可以在社区、媒体、顾客、员工和消费者心目中树立社会责任感强的良好形象，赢得消费者的好感。社会赞助是一项既对消费者有利也对企业有利的活动。

5. 全员教育的功能

公共关系是全体成员的公共关系。从开发优质产品、提供优质服务到宣传引导消费者舆论，都离不开企业全体成员共同和持久的努力。要使这种努力变成一种自觉的、主动的甚至习惯的行为，必须增强企业全体成员的公共关系意识，使企业从最高领导到一般办事人员都养成自觉珍惜企业良好形象和声誉的职业素质，即使是一个电话、一封回信，都应考虑到对企业形象和声誉的影响。

（二）公共关系策略的原则

1. 内部营销原则

房地产公共关系营销中最重要的关系是企业与顾客的关系，但根据公共关系营销理论，顾客可分为内部顾客和外部顾客。内部顾客是企业内部的员工，外部顾客即通常意义上所指的顾客。

房地产公共关系营销策略中的营销起点，较精确的说法应该始于企业内部顾客，这就要求企业把员工当做顾客看待，调动各种方式尽可能使员工满意，这称为内部营销。

房地产关系营销和传统营销观念有着很大的不同。传统营销观念一般忽视内部营销，由于企业内部员工较少得到尊重和关心，他们对处理企业外部各种复杂关系就麻木不仁，无动于衷。

房地产关系营销的内部营销原则强调关系营销从内部营销开始，赞同"员工第一"的口号，认为员工是企业的细胞。把员工放在第一位，尊重他们的人格和劳动，使他们感到自己是企业的主人翁，这样就清除了营销活动的各种障碍，使内部顾客全心全意地为外部顾客提供优质的服务，从而解除了后顾之忧。

2. 互相合作原则

在房地产企业与周围的各种关系中，最难处理的是企业同行之间的关系。常言道，商场如战场，同行是冤家，房地产企业的同行之间往往进行着一场不宣而战的特殊战争。为了提高自己的楼盘销售量，一些企业特别是销售相似楼盘的同行之间，或者彼此封锁信息，老死不相往来；或者单方争夺市场，不惜低价销售；或者互相攻击揭短，置对方于滞销。在房地产市场竞争异常激烈的情况下，同行之间你争我夺的竞争原则并非上策。

房地产公共关系营销的互相合作原则有利于减少同行过度竞争产生的负面效应，避免造成两败俱伤，如增加销售成本、降低广告效果、减少企业利润等。对顾客也会产生某种误导，使顾客购房时无所适从，犹豫观望。坚持互相合作原则，才能使企业与同行加强合作关系，创造市场，以协同作战、联手操作的方式，吸引顾客，赢得顾客。

3. 主动沟通原则

房地产公共关系营销中，企业与周围各种关系的沟通是一种双向沟通。沟通的双方可以互换角色。当一方是信息发出者时，另一方是接受者；另一方是发出者时，这一方又成了接受者。在沟通过程中，双方不断更换自己的角色位置。房地产公共关系营销中，企业一方首先应作为"信息发出者"，特别是对待类似政府这样的关系，更应贯彻主动沟通原则。

房地产企业虽然作为独立的法人，拥有自主经营权，但仍必须接受政府特别是政府职能部门的指导、监督、管理、调节。企业应主动地向政府提供各种信息，自觉接受政府的指导和管理，恪守政府有关政策法规。当政府有关职能部门对本企业产生误解甚至出现工作失误时，应主动澄清事实，以求融通。

（三）公关活动策划的步骤

1. 公共关系策划的准备期

（1）分析企业形象现状。企业形象现状的分析工作，实际上就是要求公共关系人员在进行公共关系策划之前，对策划所依据的调查材料进行分析、审定，进而确认调查材料的真实性与可靠性。否则，再好的策划也不会取得成功。

（2）确定目标要求。确定公共关系工作的具体目标是公共关系策划的前提，公共关系工作的具体目标是同调查分析中所确认的问题密切相关的。

一般来说，所要解决的问题也就是公共关系工作的具体目标。公共关系工作的具体目标是公共关系策划的依据，它既不同于公共关系总目标和企业的总目标，又要与这些总目标保持一致，并受到总目标的制约。

① 确定目标的重要性。公共关系目标，实际上就是企业通过公共关系策划和实施所希

望达到的形象状态和标准。公共关系目标是指导和协调公共关系工作的依据，有一个明确的目标，才可以指导人们的工作，并为人们处理意外情况提供依据和标准。此外，公共关系目标还是评价行动方案实施效果的标准。策划的好与坏，最终只能用所确定的公共关系目标来衡量。

② 公共关系目标分类。按照时间长短，公共关系目标可以分为长期目标和短期目标。长期目标涉及企业长远发展和经营管理战略等重大问题，它与企业的整体目标相一致，反映企业的理想形象和经营信条，时间跨度在5年以上。短期目标是围绕长期目标制定的具体目标，它内容具体，有明确的指导性，如年度目标、专题活动目标等，时间跨度一般在5年以下。

从共性与个性角度，公共关系目标可以分为一般目标和特殊目标。一般目标是针对各类消费者的共性要求制定的目标，解决共性的问题；特殊目标是针对那些不同类型消费者的个性需求而定的目标，如对海外消费者、少数民族消费者其目标就应具有特殊性。公共关系策划的目标越具体越明确，越能形成一个科学的目标管理系统，明确各级的责、权、利与完成时间，就越能保障公共关系活动的成功。

③ 确定目标需注意的问题。公共关系策划所依据的目标要明确、具体，并且应具有可行性与可控性。明确是指目标的含义必须十分清楚、单一，不能使人产生多种理解；具体是指目标是可直接操作的，具有明确的内容和任务要求，而不是泛泛的、抽象的口号；可行性是指确定的目标要现实，既不能太高，也不能太低，经过一定努力可以达到；可控性是指确定的目标要有一定的弹性，要留有充分的余地，以备条件变化时能灵活应变。

2. 公共关系策划的实质性工作

（1）设计主题。公共关系活动的主题是对活动内容的高度概括，对整个公共关系活动起着指导作用。公共关系活动主题的表现方式是多种多样的，它可以是一个口号，也可以是一句陈述或表白。公共关系活动的主题看上去很简单，但设计起来并不容易。

设计一个好的活动主题，包括公共关系目标、信息个性、消费者心理和审美情趣等因素。具体须注意以下事项。

① 公共关系活动的主题必须与公共关系目标相一致，能够充分表现目标，一句话点出活动目的。

② 表述公共关系活动主题的信息要独特新颖，有鲜明的个性，既要区别于其他企业的活动，又要突出本次活动的特色与以往有所不同。

③ 公共关系活动主题的设计要适应消费者心理的需求，既要富有激情，又要贴切朴素，既反映企业的追求，又不脱离消费者，使人觉得可亲可信。

④ 公共关系活动的主题设计要注意审美情趣，词句要形象、生动、优美、感人，同时要注意简明扼要，便于记忆、朗朗上口，不能使人产生歧义理解与厌烦情绪。

（2）分析消费者。任何一个企业都有其特定的消费者，公共关系工作是以不同的方式针对不同的消费者展开的，而不是像新闻那样通过传播媒介把各种信息传播给大众。

确定与企业有关的消费者是公共关系策划的基本任务。确定了消费者，就可以选定需要哪些公共关系人员来实施方案，以什么样的规格来对待消费者，可以确定如何使用有限的经费与资源，确定工作的重点与程序，科学地分配力量，能更好地选择传播媒介和工作技巧。确定消费者一般分为两个步骤：一是鉴别消费者的要求；二是对消费者对象的各种要求进行概括和分析，找出哪些是消费者的共性要求，哪些是消费者的特殊要求，哪些与企业的信念和发展目标相符,哪些与之相悖,以便分出轻重缓急,区别对待,谋求企业与消费者利益的共同发展。

(3) 选择媒介。各种媒介各有所长,各有所短,只有选择恰当,才能事半功倍,取得良好的传播效果。选择传播媒介,使其特定的功能适合为公共关系的某一目标服务。不同的对象适用于不同的传播媒介,既要综合考虑各种传播媒介的优缺点,还要根据经济条件来选择。成功的公共关系策划,应选择恰当的媒介与方式,以最少的开支取得最好的效果。

(4) 预算经费。公共关系活动经费包括以下两项内容。

① 行政开支:包括劳动力成本、管理费用、设施材料费等。这些费用属于基本固定的日常开支。

② 项目开支:指实施各种公共关系活动项目所需的费用,特别是那些大型专项活动,所需经费较多,是日常固定开支难以支付的。比如,大型活动的举办、赞助、专项调研、突发事件的处理等,这类费用的预算要有较大的弹性。

(5) 编写策划书。公共关系计划经过论证后,必须形成策划书。职业化的公共关系策划必须建立自己完整的文书档案系统,每一项具体公共关系活动必须见诸文字,以备查找。

策划书的内容应包括:

① 封面。封面应注明策划的形式与名称、策划的主体(策划者及所在公司或部门)、策划日期、文件编号。此外,还可考虑在封面上附加含有说明的内文简介。

② 序文。序文是指把策划书所讲的要点加以提炼概括,内容应简明扼要,使人一目了然,一般在400字左右即可。

③ 目录。目录要提纲挈领,务求让人读过之后能够了解策划的全貌,目录与内文标题应统一。

④ 宗旨。这是策划的大纲。应该将策划的重要性、公共关系目标、社会意义、操作实施的可能性等问题具体说明,展示策略的合理性、重要性。

⑤ 内容。这是策划书的主体和最重要的部分。内容因策划种类不同而有所变化,但必须以让第三者能一目了然为原则,层次分明、逻辑性强,切忌过分详尽冗长。

⑥ 预算。即按照策划确定的目标(包括总目标与分目标)每项列出细目,计算出所需经费。在预算经费时,最好绘出表格,列出总目和分目的支出内容,这样既方便核算,又便于以后查对。

⑦ 策划进度表。把策划活动的全部过程拟成时间表,何月何日要做什么,指示清楚,作为策划进程的指导。进度表最好在同一纸张上拟出,以作一览表之用。

⑧ 有关人员目标责任分配表。根据目标管理原则,对各项目标、各项任务由何人负责,所有事关人员的责、权、利应该明确,避免责任不清、权力交叉造成的混乱。

⑨ 策划所需的物品和活动场地安排。活动中需要的各种物品、设施、场地的布置规模、停车场地等,也要细致安排。

⑩ 与策划相关的资料。一般指有关的背景材料、前期调查结果、类似项目及竞争对手的情况等,给策划的参与者和审查者提供决策参考。但是,资料不能太多,应择其要点附上,避免喧宾夺主。

对于策划书的写作,应扼要地说明背景,细致地描绘策划主题,详细地描述整体形象,严谨科学地说明预算。如果可能,应尽量用各种图表给读者以直观、形象的描述。

第七章　房地产经纪基础

房地产经纪是房地产业的重要组成部分，其业务贯穿在整个房地产业经济运行的全过程中，为房地产业的生产、流通和消费提供多元化的中介服务，本章要求重点掌握房地产经纪的基本知识及操作方法。

第一节　房地产经纪概述

经纪的作用集中表现为经纪在各种社会经济活动的沟通和中介作用，即沟通市场供给与需求，提供说合买卖的中介服务。经纪可以使交易双方预先掌握有关专业知识，减少双方信息沟通时间，从而加快交易速度，避免不必要的交易，提高交易效率，经纪机构就是为交易双方互通信息、提供专项服务、受一方委托与另一方具体接触磋商的桥梁。

一、房地产经纪活动的作用意义

1. 经纪活动的作用

归纳起来，经纪活动的作用具体体现在以下方面：

（1）传播经济信息。随着市场经济的形成和发展，市场竞争必然日益加剧，房地产企业的生产和经营面临众多竞争对手，企业靠自身的能力难以掌握多种市场信息，从而需要通过经纪的中介服务来把握有关商品需求与生产的信息。

房地产经纪能够发挥信息传播作用。因为从事经纪活动的经纪人都是活跃在房地产市场的专业人员，他们依靠自身的专业知识，借助中介组织的优势和有效的设备，能够针对性较强地汇集和把握市场供需双方的信息。通过中介过程的实施，买卖双方才能清晰的了解买卖商品的行情和有关信息。

（2）加速商品流通。随着中国市场体系的进一步完善和细化，房地产专业市场将不断调整、更新其交易规则，并强化其专业特点。企业靠自身的能力往往难以及时、准确地把握市场交易规则，从而更需要通过经纪的中介服务来抓紧交易时机，迅速实施交易。

经纪能够发挥加速商品流通的作用。这是因为从事经纪活动的经纪人常常能够较系统和连续地掌握某类商品供求的有关信息，因此对此类商品的供求变化趋势就能有较准确的分析和判断。同时，从事经纪活动的经纪人在各自熟悉的专业领域中不断实践，积累了丰富的交易经验和熟练的交易技巧。因此在每个交易环节上，能够综合行情及价格走势，照顾各种交易因素，结合交易规则和法律法规的要求，及时地提出正确的分析和判断，熟练地办理烦琐和复杂的手续，帮助交易双方顺利通过各个环节，以合理的价格、最短的时间来完成交易。

（3）优化资源配置。资源的合理配置，主要是指人力、物力、财力在各种不同的使用方向之间的合理分配。资源在产业、地区、企业之间的合理配置取决于市场的完善，而供求双方良好的沟通和健全的市场竞争机制，将促使企业有效利用资源，使之发挥尽可能大的作用。市场的这一功能需借助经纪的作用才能很好地体现。由于经纪的最基本作用就是沟通供需双方，发挥信息传播作用，通过委托业务将有关产品竞争力的分析和判断传播给企业，从而为企业调整资源配置提供必要的依据和市场向导。同时，在经纪活动中，由于经纪人与客户之间"无连续性关系"的重要特征，因而经纪人是在市场上广泛的客户层面中依据公认的竞价原则为买主寻找卖主，或为卖主寻找买主，这种顺应市场竞争规律的持续经纪活动过程，会引导企业和客户买卖双方将资源向合理方向配置。可见，经纪服务能够发挥优化资源配置的积极作用。

(4) 推动市场规范完整。经纪活动数量的增加和素质的提高，将加大商品交换的范围，加快商品交换的速度，增加商品交换的数量，进而促使市场更加活跃。同时，经纪活动的参与，有助于专业市场的发展。这将使市场结构不断完善。同时，由于经纪业务的展开和发展，将增加对市场信息的需求量，并提高对信息的汇集、处理和传播的质量要求，从而在客观上推动了市场硬件和软件的现代化建设。

通过经纪活动，经纪人可以积累大量交易经验，并且能够加以归纳整理。因此经纪人能把握交易的规律性特点，从而通过企业的委托业务，影响企业在竞争中的行为从不规范转向规范。可见，在市场管理部门规范化管理的指导下，经纪人通过自身的努力和中介组织的协调，能够发挥推动市场规范化的积极作用。

2. 房地产经纪活动的意义

由于房地产经济和房地产市场本身的特殊性(即房地产物质的不可移动性)，房地产市场的多样性和专业性，房地产商品的使用价值和价值构成的复杂性，尤其是房地产市场竞争的不充分性，使得房地产中介在房地产经济和房地产市场运行中显得尤为重要。主要表现在：

(1) 向各类房地产企业和政府主管部门提供各类房地产市场信息，是房地产企业进行经营决策和政府主管部门进行宏观调控的重要依据；

(2) 为各类房地产企业和经营部门提供咨询报告和可行性研究报告，为房地产部门决策服务；

(3) 为房地产开发建设企业和经营部门以及房地产使用部门提供经纪代理，办理各种手续和证件的服务活动；

(4) 为房地产企业和各类市场交易活动提供各种房地产价格评估报告，为各级政府提供房地产价格评估资料，作为政府主管部门调控房地产经济和房地产税收的依据；

(5) 为房地产开发建设、市场经纪、物业管理等部门，提供法律咨询服务。健全和发达的房地产中介组织，通过提供准确和充分的信息，以及专业化的服务，可以降低房地产交易成本，提高房地产交易的效率；可以强化房地产竞争机制，加速房地产流通，促成房地产交易的成功；可以健全房地产市场体系，规范房地产市场运行，促进房地产经济和房地产市场发展。

中国加入 WTO 以后，房地产中介如何更好地与国际接轨，是业内人士的关注焦点。中介组织是联系房地产市场各环节的媒介，它的存在极大地提高了房地产市场的专业化程度。在国外比较发达的房地产市场中，中介组织用掌握的专业信息为市场服务，在各个环节上都积累了丰富的经验，是房地产市场上最为活跃的部门之一。而且，经过长期的发展，许多中介组织都具备了相当的规模和知名度，得到了业界同行的认可。

中国房地产中介要与国际接轨，就要使房地产中介的运行机制、管理模式符合国际惯例，遵循最惠国待遇原则、透明度原则、发展中国家更多参与原则、市场准入原则、逐步自由化原则等服务贸易的基本原则，逐步形成与国外同行竞争的能力。事实上，目前我国房地产中介组织规模还很小，从业人员的专业水平也不高，能够提供的服务范围也很有限，不按市场规律办事的事也时有发生，与国际接轨并非易事。但现实是既然中国加入了世贸，房地产中介就必须要与国际接轨，因为入世后随着国内房地产市场竞争的加剧，国内的开发商将不得不开拓国际市场，拓展生存空间，但由于缺乏对国际惯例的了解，没有海外开发、经营的经验，这就迫切需要中国的房地产中介能够先行一步，为打开国际市场创造条件。不难看出，房地产中介行业的发展将直接关系到中国房地产业能否更好地与国际接轨，是影响和促进中国房地产产业发展的关键之一。

二、房地产经纪人的资质与职能

1. 房地产经纪人的资质

房地产经纪人的资质，是政府有关机构（主要是房地产管理部门和工商行政部门）对房地产经纪人资格的审定和确认。具体如下。

（1）*具备多方面的专业知识和经营能力*。房地产经纪人要熟悉房地产市场管理的方针、政策、市场行情及相关的业务技术知识，如正确评估房地产数量、质量、售价、租金、折旧、维修升值和保险、纳税、抵押、信贷等经济方面的知识；正确处理房地产买卖、租赁、析产、分割、继承、过户登记及国家政策法规方面的知识；城市土地开发和再开发、房屋维修、拆建、重建、规划、建筑、物业管理等方面的知识；民俗风情、邻里关系、社区传统、家庭结构、人口变化等社会学方面的知识；噪声、绿化、采光、水源、供电、供暖、道路等环境保护和基础设施配套等方面的知识；一定的信息收集、储存、传播交换的能力，较强的公关能力和基本的房地产测绘能力等。

（2）*要有一定的经营方向和经营范围和相对固定的场所*。由于房地产经营的业务量大，种类繁多，区域广，房地产经纪人的活动，应根据社会需要和自身特点，确定一定的经营方向，并按照业务种类或地域，确定一定的经营活动范围。

（3）*要有为活跃房地产市场服务的从业目的*。房地产经纪人要有正当的社会身份，以及为活跃房地产市场服务的从业目的，这点在当前尤其重要。

（4）*要有良好的职业道德*。房地产经纪人要严格执行房地产市场管理的方针、政策，遵纪守法，在国家法令和政策允许的范围内开展经纪活动。

2. 房地产经纪人的职能

房地产经纪人职能如下：① 协助开展有关房地产的推广、宣传等活动，以吸引最好的买家或租客；② 代顾客物色适合购买或租用的房地产；③ 收集有关房地产资料，如：房地产所在的地区、位置、图例，有关租约资料或地契资料等，以协助交易能有效、顺利地进行；④ 联络金融机构，洽谈有关房地产抵押贷款条件及各项细则；⑤ 联系律师事务所，进行交易程序；⑥ 提供意见，以协助各方面完成房地产交易。

第二节　房地产经纪活动的经营模式

一、房地产经纪活动的主要经营模式

1. 无店铺经营模式

无店铺形式，并非指没有经营的场所，而是指不设立连锁店。在一般情况下，综合性的房地产经纪机构（特别是从事增量市场代理的机构）往往采取这种形式，除了派往开发商处的销售人员，所有员工在同一办公场所内办公。

而随着信息技术的广泛应用以及计算机和互联网络的普及，网络正在影响着人类生产、生活的各个领域和方面，并且对传统的生产生活方式产生了革命性的变革。基于互联网技术的无店铺销售方式正被越来越多的房地产经纪机构（除了综合性房地产经纪机构外）所广泛采用。由于电子商务在信息传播、发布房地产市场行情和出售物业的过程中充分体现了它信息量大、覆盖地域广、传播速度快、节省人力财力等优势，一些经济专家认为，基于现代信息技术的电子商务，会给房地产经纪带来无限商机。一项调查表明，随着电子商务进入房地产领域，客户可以在世界任何地方上网浏览房地产经纪机构的分类信息资料，房地产经纪业可以随时按照客户的要求添加新内容，且配有物业的各种照片、图解，内容形象而直观，所以客户很快便可选中较为满意的目标。电子商务可节约 60% 的实地考察费用，签订合同时间也平均缩短两周到 1 个月。同时，由于网上信息的公开性，使得市场竞争的透明度大幅增加，从而有利于市场的公平交易，降低不动产的泡沫成分，合理使用和开发房地产资源。

2. 直营连锁经营模式

连锁经营形式是零售业在 20 世纪的一项重要发展。直营连锁经营，指由同一公司所有，统一经营管理，具有统一的企业识别系统（CIS），实行集中采购和销售，由两个或两个以上连锁分店组成的一种形式。在一般零售业中，由于连锁经营规模大，具有大量采购和大量销售的能力，使其能获得进货价格上的数量折扣，成本较低，因而售价也较低。连锁经营方式下，每家连锁店都有标准的商店门面和平面布置，以便于顾客识别和购物，并增加销售量。与一般零售业的连锁经营有所不同，现代房地产经纪机构进行连锁经营的目的主要是获得更多信息资源，并借助网络技术实现信息资源共享、扩大有效服务半径，以规模化经营实现运营成本的降低。连锁经营有效地克服了零售企业由于店址固定、顾客分散造成的单店规模小、经营成本高等缺点，使企业可通过统一的信息管理、统一的标准化管理和统一的广告宣传形成规模效应。

3. 特许加盟连锁经营模式

特许经营起源于美国，是指特许者将自己所拥有的商标（包括服务商标）、商号、商品、产品、专利、经营模式等以特许经营合同的形式授予被特许者使用。被特许者按合同规定，在特许者统一的业务模式下从事经营活动，并向特许者支付相应的费用。这种经营模式现已在包括餐饮业、零售业等多个行业中得到广泛应用。如在美国，特许经营已经成为发展最快和渗透性最高的商业模式，其中零售业中有 40%～50% 的销售额来源于特许经营商。特许经营在房地产中介行业中的应用也是相当广泛的。

特许经营具有以下 4 个共同特点。

(1) (法人)对商标、服务标志、独特概念、专利、经营诀窍等拥有所有权；

(2) 权利所有者授权其他人使用上述权利；

(3) 在授权合同中包含一些调整和控制条款，以指导受许人的经营活动；

(4) 受许人需要支付权利使用费和其他费用。

特许经营能够在全球范围内得到广泛应用和发展，其主要原因在于特许经营作为一种企业经营管理模式，有利于企业的快速发展、成长和扩张。对于特许人而言，可以不受资金的限制，迅速扩张规模，在当今经济全球化的趋势下，更可以加快国际化发展战略。特许人还能够降低经营费用，集中精力提高企业管理水平。另一方面，特许经营对于那些资金有限，缺乏经验，但又想投资创业的人而言具有极强的吸引力，因为一旦加盟特许经营，就可以得到一个已被实践检验行之有效的商业模式和经营管理方法，以及一个价值很高的品牌使用权，还可以得到特许人的指导和帮助，所有这些都将大大减低投资创业的风险。

二、经营模式比较及其规模确定

1. 直营连锁经营和特许经营之比较

直营连锁经营和特许经营可能在外在表现的形式上都表现为统一的标识系统和统一的经营方式，但对于房地产经纪机构而言，这两种方式却是大不相同的。

在直营连锁经营方式下，整个经纪机构是在一个相对封闭的组织下进行运作，各连锁店之间虽然也可能存在利益竞争关系，但是由于所有的连锁店都为一个机构所拥有，因此各连锁店在整体上利益关系是一致的，可以通过内部的利益协调机制或者管理层的协调来解决。同时，因为各连锁店隶属于同一个所有者和管理者，对各连锁店具有绝对的控制权，因此作为房地产经纪机构更容易管理，更容易贯彻自己的经营理念。但是，作为连锁经营而言，随着连锁经营规模的扩大，会对房地产经纪机构的人力、财力提出更高的要求，其扩张成本会相对较高。

特许经营模式目前正在为越来越多的大型房地产经纪机构所接受，大型房地产经纪机构正试图通过特许经营来实现低成本和高速扩张，抢占更多的市场份额。但是由于每一家加盟连锁店都是独立拥有的，在目前中国房地产经纪市场还处于发展的初期，市场竞争十分激烈，整个市场环境的秩序有待进一步规范。在经纪机构人员的素质参差不齐的情况下，对服务质量和信息的监控就显得尤为重要。服务质量和服务水准是特许经营取得成功的基础，由于每一家加盟的经纪机构情况都不同，因此要求每一家加盟店都按统一的标准提供服务是有一定难度的。而与餐饮等其他行业不同的另一个特点是，在房地产经纪企业中，信息是每一家加盟店的重要资源，因而对信息的控制对于整个特许经营体系就显得更为重要。

2. 房地产经纪机构经营规模的确定

对房地产经纪机构形式的选择，实质上是一个经营规模的问题。房地产经纪机构保持何种规模，除了考虑可能的边际成本递减或递增带来的规模经济或规模不经济这一因素，主要还应考虑以下因素。

(1) *是否有充足的客户信息和房源信息。*连锁店数量的增加，是否会带来每家店平均信息的减少或者说编辑信息量的减少，或信息总量递减的速度是否呈趋缓的态势。当然出现信息量不足的情况可能是由于在连锁店位置的选择上出现服务半径重叠所致，但是这是在房地产经纪机构扩张时必须要考虑的因素。

(2) *是否有充足的人力资源。*人是企业规模扩张所需要的重要资源。是否拥有充足的高素质经纪人员和管理人员，这是许多大型房地产经纪机构尤其是直营连锁型经纪机构最可能碰到的问题，也是必须考虑的问题。如果缺乏高素质的人力资源，则这种扩张将是很危险的，它可能带来的是房地产经纪机构对整个局面失去控制。因此，是否拥有充足的高素质人力资源是扩张时必须考虑的一个问题。

(3) *整体服务质量和服务水准是否会下降。*这个问题对于房地产经纪这样的服务型连锁企业而言是非常重要的。每一家连锁店的服务质量和服务水准都会对房地产经纪机构带来深刻的影响，这种影响虽然未必会马上显现出来，但确实是深刻的。中国有一句古谚"一粒老鼠屎坏了一锅粥"说的就是这样一种情况。尤其在目前中国房地产经纪市场处于发展的初期，经纪行业的无序竞争和不规范操作还比较多，如果缺乏有效的质量监控体系，对于连锁经营的房地产经纪机构而言是非常危险的，带来的后果也是致命的。

规模适度是房地产经纪机构在发展中必须注意的问题，市场竞争胜负在根本上不决定于房地产经纪机构网点数量的多少，而决定于机构所提供服务质量的高低。

第三节　房地产经纪业务

在现实生活中，房地产经纪业务纷繁复杂，涉及面相当广泛。本节分析房地产经纪业务的主要类型及当前我国房地产经纪业务的主要特点，阐述房地产经纪业务的主要流程以及需要特别注意的若干事项，并对房地产交易登记、产权代办、贷款手续代办、信息咨询、法律咨询、价格评估、置业担保以及房屋装潢和搬家服务等相关业务作相应介绍。

一、房地产经纪业务的分类

按照经纪业务的一般分类方法，可将房地产经纪业务分为房地产居间、房地产代理和房地产行纪。其中，房地产居间可分为房地产买卖居间、房地产投资居间、房地产抵押居间、房地产租赁居间等类型。目前存量房买卖中广泛存在房地产居间行为。相对于房地产居间而言，房地产代理的经纪人与委托人之间有更加长期且较稳定的合作关系。根据服务对象的不同，代理业务又可分为卖方代理和买方代理。委托人为房地产开发商、存量房的所有者或是出租房屋的业主的代理行为称为卖方代理。相对应的，受需要购买或承租房屋的机构或个人之托进行的代理行为称为买方代理。代理人只能在委托人的授权范围内，以委托人的名义从事代理活动。

按照房地产市场的分级方法，房地产经纪业务又可以分为土地交易经纪业务、商品房交易经纪业务和存量房交易经纪业务。

按照房地产经纪行为作用或房地产交易方式不同，还可以将房地产经纪业务分为房地产买卖经纪、房地产租赁经纪、房地产抵押经纪等。

以上这些不同的房地产经纪业务涉及不同的房地产细分市场，或造成业务经营模式的不同，这就使得房地产经纪机构需要根据自身条件及行业竞争情况扬长避短地进行选择，从而形成房地产经纪行业内部的专业化分工。

二、房地产经纪业务的特点

1. 当前房地产经纪业务主要以居间、代理业务为主

目前，在我国房地产市场上，最为普遍、从业机构和人数最多的业务形式是房地产二级市场的商品房销(预)售代理业务及房地产三级市场的存量房租售居间业务这两种形式。其中从事商品房销售、存量房买卖、租赁和交换业务是房地产经纪行业中最主要的一类。至于房地产行纪业务由于在理论上尚有争议，在法律上又未清晰界定，加之具有风险大、责任重的特点，目前仍处在探索阶段，能否发展起来尚待进一步探索。

2. 房地产经纪业务形式多样，新业务形式不断涌现

随着我国房地产市场整体业务量的扩大及市场竞争的加剧，房地产经纪业务形式不断变化和发展，新的业务形式不断涌现。例如，在存量房交易市场中，最初的房产经纪业务形式仅是中介、代理，经纪人收取佣金。随着竞争的加剧，又出现了经纪公司在获取房源信息的同时，向产权人支付一定的预订金，以达到锁定房源目的的这一新形式，业务形式就发生了很大变化。同样，商品房交易经纪业务形式也发生了一定变化，从最初的销售代理到目前逐步转变为销售代理与风险代理两种形式并存。可见，为适应市场竞争，房地产经纪新业务形式会不断出现。

3. 房地产经纪业务逐步向纵深化和专业化方向发展

为适应消费者的需求和市场竞争的压力，房地产经纪业务逐步向专业化和纵深化两个方向发展。专业化发展方向是房地产经纪机构及从业人员的专业化分工将愈趋细化，从业人员的专业化水平不断提高。纵深化是经纪机构及人员在从事经纪业务时，越来越注意为客户提供全方位的深度服务。如在为房地产开发商提供商品房销售代理服务时，在项目方案设计甚至投资决策时，就开始介入，为开发商提供市场调研、市场定位、产品策划等服务；还可以为购买商品房的消费者提供如代办抵押贷款、保险、公证等手续的服务；在提供存量房交易服务时，相应提供如房屋价值评估、代办贷款，甚至代为提供搬家服务等，从而适应消费者的需求，以赢得市场。

三、房地产经纪业务基本流程

1. 客户开拓

这一步的主要工作是争取客户。一般房地产经纪机构都会通过广告宣传和公共关系活动，来宣传自己，进而吸引客户。但是更重要的是在所承接的每一项业务中，要切实为客户提供高质量的服务，以质量和信誉来赢得客户。目前，越来越多的房地产经纪机构注重运用品牌战略来稳步开拓市场，争取客户。

2. 业务洽谈

当委托人已有初步委托意向时，房地产经纪机构就要派出房地产经纪人与其进行业务洽谈。业务洽淡的首要环节是倾听客户的陈述，以充分了解委托人的意图与要求，衡量自身接受委托、完成任务的能力。其次，应通过查验有关证件如身份证、公司营业执照、产权证、土地使用证、新建工程规划许可证以及施工许可证等来了解委托人的主体资格、生产经营状况及信誉。第三，要向客户告知自己及房地产经纪机构的姓名、名称、资格以及按房地产经纪执业规范必须告知的所有事项。最后，要就经纪方式、佣金标准、服务标准以及拟采用的经纪合同类型及文本等关键事项与客户进行协商，达成委托意向。

3. 物业查验

(1) *物业查验的主要内容*。主要查验物业的物质状况和物业权属情况。前者包括物业所处地块的具体位置和形状、朝向、房屋建筑的结构、设备、装修情况、房屋建筑的成新等。后者查验物业权属的类别范围及相关权利的情况。

在商品房预(销)售代理业务中，一般被代理的物业都是所有权，但经济适用房与普通商品房之间仍有一定的差异。在二手房居间业务中，一定要搞清楚标的物业是所有权还是使用权房。如果是所有权房，要注意若房地产权属归两人或两人以上所有，该房地产即为共有房地产。对共有房地产的转让和交易，须得到其他共有人的书面同意。如未经其他共有人书面同意，该房地产不得转让、抵押和租赁，其委托代理的居间业务就不能建立。如果是使用权房，也要注意独用成套房与非独用成套住房的差别，而且各地的有关政策规定不尽相同，如售后公房上市的规定，各地就有一定的差异，房地产经纪人必须及时了解这方面的政策动态。

房地产权属是否清晰，是能否交易的必要前提。对权属有争议的、未取得房地产权证的、房屋被司法或行政部门依法限制和查封的、依法收回房地产权证等的产权房，都不得转让、出租、抵押，因而涉及此类物业的经纪业务不能成立。此外，还要确定是否设定抵押权、租赁权。如果设立该项权力，就要明确权利人是谁，期限如何确定。诸如此类的情况，对标的物交易的难易、价格、手续均会产生重大影响，必须事先搞清楚。

(2) 物业查验的基本途径。房地产经纪人无论是接受委托销(预)售(租)的商品房，还是接受委托要买入(承租)的商品房，都应对房屋基本情况作了解。了解途径主要有下列3种：

① 文字资料了解。通过查阅房地产权证、售楼说明书、项目批准文件、工程概况等文件资料，了解房屋的结构、层次、面积、房型、价格、绿化面积等。但要注意具有法律效力的文件(如产权证、项目批准文件)与非法律文件(如售楼说明书)的区别，非法律文件只能作为参考，不可作为确认物业的依据。

② 现场实地察看。通过现场实地察看，了解房屋的成新、外形、房屋的质量(如屋顶、楼面、墙面有无渗漏水迹、有无裂缝；门窗开启是否灵活；上下水道及煤气管道有无渗漏情况等)、房屋的平面布置、公用部位情况、楼宇周围环境、房屋所处地段、交通环境等。

③ 向有关人员了解。房地产经纪人员可以向已入住的业主了解房屋使用情况，业主往往是房屋质量的第一见证人。也可以向代理楼盘邻近的开发商了解有关楼盘情况，比较出该楼盘与邻近楼盘之间的区别和特点。

总之，在接受代理前应多了解一些物业情况，知己知彼，在协商和接受委托时才能得心应手。

4. 签订房地产经纪合同

接受委托人委托，应签订委托合同(委托协议)。委托合同也称经纪合同，具体形式应根据业务类型的不同而异，如居间业务应签订房地产居间合同，代理业务应签订房地产代理合同。委托合同的当事人双方既可以都是公民或法人；也可以一方是公民，另一方是法人。公民必须具有完全民事行为能力。作为委托人的公民或法人对委托事务必须具备相应的权利能力，即只有委托人依法有权进行的事务才可委托他人办理，否则委托合同无效。

5. 信息收集与传播

信息，是房地产经纪人赖以开展业务的重要资源。信息的收集和传递，必须经过信息分析和处理。各种经济信息有真有假，要进行筛选、分析、整理，去伪存真，去粗取精。同时，信息的时间性很强，必须注意其时效性。有些经济信息还有一定的局限性和偶然性，采用时不能片面，不适应实际情况的信息不能采用；最后，对可以采用的经济信息，要尽快利用，以及时获得效益。

房地产经纪人受理了委托业务后，主要应收集三方面的信息：标的物业信息、与标的物业相关的市场信息和委托方信息。标的物业信息是指标的物业的物质状况、权属状况、环境状况等方面的信息；与标的物业相关的市场信息是指标的物业所属的房地产分类市场(如中心城区二手住宅市场、城市边缘区别墅市场等)的供求信息、价格信息等；委托方信息包括委托方的类型(如个人或法人，法人的经营类型)、信誉情况等。对以上信息辨别、分析、整理后，房地产经纪人对委托标的成交对象、可能的成交价格有了一定的把握。接下来就要进行信息传播，以吸引潜在的交易对象。信息传播的主要内容是委托标的物和委托方的信息(主要在代理销售商品房时)。传播方式可以通过报纸、电视广告、经纪机构店铺招贴、人员推介、网络、邮发函件等方式。值得注意的是，目前相当多房产经纪机构及执业人员都非常重视运用信息高速公路及互联网技术进行信息的采集及传递，使信息成为房地产经纪人的知识财富并转化为实际经营能力。这已成为各房产经纪机构及执业人员提高其竞争能力的有效途径。

6. 引领买方(承租方)看房

由于房地产是不动产,现场看房是房地产交易中必不可少的环节。无论作为买方代理,还是卖方代理,抑或是从事居间业务,房地产经纪人都有义务引领买方(承租方)全面查验标的物业的结构、设备、装修等实体状况和物业的使用状况、环境状况,并充分告知与该物业有关的一切有利或不利因素。

7. 代理(或协助)交易达成

无论是哪一种经纪行为,最终要促成交易。因此这一环节是整个流程中的关键。房地产经纪人在这一环节中的主要工作是:

(1) 协调交易价格。通常情况下,交易双方总是站在自己的立场上来判断房地产价格。因此,常常不能就成交价格达成一致意见。这就需要房地产经纪人以专业的身份和经验来协调双方的认识。一般而言,房地产经纪人应以标的物业的客观市场价值为基准来协调交易双方,必要时还可借助房地产评估机构的力量。

(2) 代理或协助签订交易合同。签订交易合同是成交的标志。房地产经纪应代理(或)协助委托方与交易对象签订合同。由于房地产交易合同是比较复杂的经济合同,客户因受自身知识、经验的局限,常常不能把握合同的各个细节。因此房地产经纪人要特别提醒客户注意许多容易忽视的细节。必要时,应建议客户委托律师进行协助。

8. 产权过户与登记

房地产交易要么涉及房地产产权的转移(如买卖),要么涉及他项权利的设立(如抵押、租赁等),而房地产登记是保证这类权利变更有效性的基本手段。大多数情况下,房地产经纪人需代理客户办理各类产权登记手续。有时客户要亲自办理这类手续,房地产经纪人也应进行协助,如告知登记部门的工作地点、办公时间及必须准备的资料等。

9. 物业交验

物业交验是房地产交易过程中最容易暴露问题和产生矛盾的一环。房地产经纪人应在交易合同所约定的交房日之前,先向卖方(出租方)确认交房时间,然后书面通知买方(承租方)。房地产是权益复杂的商品,其功能和价值受多种内部及外部因素的影响。一份周全的交易合同,通常会对这些因素作一一界定。物业交接时买方就要校对物业实际情况是否与合同规定相符,如设备、装修的规格、质量等。这时房地产经纪人必须充分发挥自己的专业知识和经验,协助买方客户进行校对。即使委托方是卖方,房地产经纪人也应该这样做。因为这是避免日后纠纷的重要手段。

此外,由于物业交接与签订成交合同之间常常有一个时间间隔,难免会有一些因素在其间发生变动,因此如何就这些变动达成解决方案也是避免纠纷的主要环节。有时,一份不够周全的交易合同,也会在物业交验时引起双方的争议。此时,房地产经纪人更应运用自己的市场经验,发挥良好的沟通、协调能力,在交易双方之间进行斡旋,促成调解方案。

10. 佣金结算

交易过程完成后,房地产经纪人应及时与委托人(或交易双方)进行交易结算,佣金金额和结算方式应按经纪合同的约定来定。房地产经纪人在按时完成委托的经纪业务之后,也应善于把握这一环节,以保护自己的合法权益。

以上业务流程中的各个环节,在不同经纪业务(如商品房销售代理、二手房居间)实际操作时,相互之间可能会有一些交叉,有些则不能一次完成。房地产经纪人员可根据实际情况灵活掌握。但不应遗漏任何基本环节，以保证每笔经纪业务的顺利完成。

11. 售后服务

售后服务是房地产经纪机构提高服务，稳定老客户的重要环节。售后服务的内容可包括3个主要方面：一是延伸服务，如作为买方代理时为买方进一步提供装修、家具配置、搬家等服务；二是改进服务，即了解客户对本次交易的满意程度，对客户感到不满意的环节进行必要的补救；三是跟踪服务，即了解客户是否有新的需求意向，并提供针对性的服务。如购买了二室户住房的客户，一段时间后又要购买更大面积的住房等。这样做，既能为客户提供最大的便利，也有助于今后业务的进一步开拓。

四、房地产经纪相关业务

(一) 房地产交易登记及权证代办

房地产登记是保障房地产权利合法权益的基本手段。具有完全民事行为能力的权利人可以自行办理房地产登记。限制行为能力的人(10周岁以上的未成年人和不能完全辨认自己行为的精神病人)和无民事行为能力的人(不满10周岁的未成年人和不能辨认自己行为的精神病人)，可由他们的法定代理人(即监护人)代理登记。登记时，代理人应出具代理人证明。但由于许多权利人并不了解登记过程中所需要的各种前提条件和需准备的资料以及应遵循的程序，因此人们常常委托房地产经纪人代为办理。而且，房地产经纪人可以将自己所承揽的多笔代办业务集中办理，降低每笔登记所耗费的时间和精力。因此这一代办业务受到人们欢迎。经过登记，房地产登记处将代表政府向房地产产权人颁发产权证。目前，我国房地产登记主要包括以下类型。

1. 房地产初始登记

初始登记是指依法通过出让、征用、划拨方式获得土地使用权或新建成的房屋的第一次确权登记。房地产初始登记，包括土地使用权初始登记和房屋所有权初始登记。

(1) *土地使用权初始登记*。包括以出让方式取得土地使用权的初始登记和以征用划拨方式取得土地使用权的初始登记。

(2) *房屋所有权初始登记*。包括新建非商品房屋所有权的初始登记和新建商品房屋所有权的初始登记。

以出让划拨方式取得国有土地使用权的、依法取得的国有土地使用权地块上原有房屋或者新建房屋的、依法使用集体所有的非农业建设用地上原有房屋或者新建房屋的，应当按规定时限申请办理土地使用权、房屋所有权登记。

2. 房地产变更登记

变更登记是指经初始登记的房地产权利，发生权利人变更或者用途等内容变更的登记。房地产变更主要有买卖、赠与、继承、交换等几种类型。申请变更登记应符合以下基本条件：

(1) *房地产买卖*。有合法的预售合同、销售合同或买卖合同；按规定需公证的，应出具公证书；有不低于市场最低价的购房付款凭证。

(2) *房地产赠与*。房地产赠与(包括遗赠)，应符合现行的国家法律、法规、政策，提供真实的赠与书或遗嘱，并出具公证书，缴清税金后方可办理变更登记。

(3) *房地产继承*。继承必须符合现行国家法律、法规，政策，符合应该继承人的范围，明确共有产权或单个产权，并有缴纳契税收据，继承应经公证。

（4）房地产交换。房屋交换应当符合现行国家法律、法规、政策，提交的交换合同应当真实可信，公有房屋交换需有主管部门批准的合法文件。

3. 房地产权利注销登记

即对各种已终止的房地产权利所作的登记。包括土地使用权依法终止，抵押权依抵押合同而终止，或因房屋倒塌、拆除、灭失等其他原因而产生的权利终止。

4. 房地产他项权利登记

房地产他项权利登记包括房地产抵押权、典权等他项权利的登记。

抵押当事人设定房地产抵押关系，必须遵守国家和本市的有关法律、法规和房地产抵押的必备条件。房地产抵押关系设定后，必须办理抵押登记手续，抵押合同才能生效并可以对抗第三人。房地产抵押分为三种情况：

（1）以预购商品房作为抵押物。以买卖合同担保抵押人在将来某一时间取得房屋所有权，以其所预购的商品房作为抵押物。作为抵押物的商品房的房地产开发商应当取得预售许可证，预售合同已经登记备案，《房地产抵押合同》、《贷款合同》应当真实、合法。

（2）以在建工程作为抵押物。以建筑工程承包合同担保抵押人将来某时间取得建成房屋的权利，以在建工程作为抵押物应当在建筑安装总量的投资达到25%以上才可以进行。设定抵押的在建房屋应出具建设用地批准文件、土地使用证，或《土地出让合同》、建设工程规划许可证、建筑工程承包合同（《抵押合同》、《贷款合同》）等文件，同时审核当事人身份证明的真实性。

（3）现房抵押登记。现房抵押是指抵押人将自己合法拥有的房地产抵押给抵押权人。现房抵押应当出具《房地产权证》、《抵押合同》、《贷款合同》。

办理房地产抵押登记还应当注意：①设定的抵押期限不得超过企业的营业期限；②抵押物的土地使用有年限的，其设定的抵押期限不得超过土地使用的年限；③共同共有的房地产设定抵押的，全体共有人为抵押人；④按份共有的房地产，设定的抵押不得超过抵押人的份额；⑤同一抵押物设定两次或两次以上的抵押，登记时应提交前面抵押合同的约定和抵押权人知道抵押状况的书面证明；同一抵押物设定多次抵押的，后一抵押的存续期限不得早于前一个抵押权的存续期限。

5. 房地产文件登记备案

指商品房预售合同及其变更合同、房地产租赁合同、商品房先行交付使用协议、房屋维修、使用公约及物业管理文件，以及其他当事人认为有必要备案、而登记机构准予登记备案的文件的登记备案。

按目前我国各地地方法规规定，各地房地产登记的法定机构基本设定为各市、区、县房地产登记处。

申请登记时，应当向登记机构提交规定的登记文件（正本或副本），提交的机构应当为有权下达规定文件的政府机关或部门。

房地产经纪人代办登记应当向登记机构提交当事人的委托书。当事人可能是一人或多人。其方式为：

（1）可以由当事人一方申请的：以出让、征用、划拨方式取得土地使用权的；新建房屋所有权；继承、遗赠；人民法院、仲裁机构发生法律效力的判决、裁定、裁决的调解；房地产变更登记以及法律、法规的其他情形。

(2) 需要双方共同申请的:房地产买卖;交换;赠予(遗赠除外);抵押;设典;以及法律、法规规定的其他情形。

(3) 两人以上共有的房地产权利,当事人应当同时申请登记。但如果只有共同申请的一方申请,其他当事人不申请的。登记机构可以受理一方申请,并且责成其他方限期办理登记。其他方当事人逾期不办理登记的,登记机构可以核准一方当事人的登记。

在以上不同的情况下,经纪人向登记机构提交的委托书中应有不同的委托人数及其签章。

(二) 房地产抵押贷款手续代办

由于房地产具有价值量高的特点,因此,以房地产抵押作为取得金融机构贷款的担保,是房地产开发和销售活动中通行的做法。与此相应,房地产经纪人应熟悉和掌握有关这方面的知识,以利于更好地开展房地产经纪工作。

1. 房地产抵押贷款的种类

房地产抵押贷款一般涉及两个方面:房地产开发建设抵押贷款和购房抵押贷款。

房地产经纪人可以为开发商抵押贷款服务,但更多情况下是为消费者代办购房抵押贷款(我国称个人住房抵押贷款)手续。

购房抵押贷款的贷款额上限一般为房价的 70%,一般采取分期偿还的形式,还款期一般为 5～30 年。

购房抵押贷款有较多种类。在经济发达国家,购房抵押贷款通常有固定利率抵押贷款、浮动利率抵押贷款、可变换的浮动利率抵押贷款、汽球式还款抵押贷款、递增式还款抵押贷款、净值增长式抵押贷款、共享增值式抵押贷款、津贴抵押贷款、重叠式抵押贷款和无息抵押贷款等。

目前,我国的个人住房抵押贷款主要有公积金贷款和商业贷款两种基本形式,以及由此两种派生出来的个人住房组合贷款,即公积金贷款与商业贷款的组合,共计 3 种形式。

在一些公积金管理、运用得比较好的城市,公积金贷款是购房抵押贷款中运用较为普遍的贷款形式,而商业贷款,因其贷款利率比公积金贷款高,对于一般收入的家庭而言,常常只是作为公积金借款不足的补充。当然,在购买中高档商品房时,购房者会较多地运用商业贷款。

2. 制定合理的贷款方案

房地产经纪人在为购房者进行个人住房抵押贷款代办服务时,一般需要协助购房者制定合理的贷款方案。贷款方案主要由 3 个要素组成:贷款额、贷款类型、还款期限。要考虑购房者的实际经济承受能力,月还款一般不应超过家庭收入的 30%。还要考虑贷款利率变动所带来的风险,尤其是对贷款期限较长的购房者,经纪人有必要作出提醒和建议。因为通货膨胀或紧缩的发展趋势等诸多变量都会影响贷款成本和付息总额。

3. 办理抵押贷款手续

根据中国人民银行规定:购房人以房地产作抵押的,抵押人和抵押权人应当签订书面抵押合同,并于放款前向县级以上地方人民政府规定的部门办理抵押登记手续。抵押合同自抵押物登记之日起生效。在这一过程中,房地产经纪人可以协助购房者办理有关手续。

抵押合同生效后,借款人应直接向贷款人提出借款申请,并提供相应资料。

贷款人自收到贷款申请及符合要求的资料之日起,审核后在 3 周内向借款人正式答复。

贷款人审查同意后,按照《贷款通则》的有关规定办理相关手续,如签订借款合同、办理还贷储蓄卡等,并向借款人发放住房贷款。

申请使用住房公积金贷款购买住房的，在借款申请批准后，按借款合同约定的时间，由贷款人以转账方式将资金划转到售房单位在银行开立的账户。

（三）其他相关业务

1. 房地产信息咨询

由于房地产经纪人具有丰富的房地产专业知识和市场经验，很多客户（包括潜在客户）都会向房地产经纪人咨询有关房地产交易环节、税费、贷款程序、贷款利率和还款额计算等各方面的信息和专业知识，做好这类咨询服务不仅可以提高受理业务的成功率，还有可能争取到新客户，扩大业务量，因而是经纪人不容忽视的一种相关业务。

2. 法律服务

法律服务包括围绕房地产交易过程的法律知识咨询、合同审核及修订、法律事务交涉等。法律服务一般应由律师提供，但由于房地产交易过程所涉及的法律因素很多，有些法律事务很难与经济事务严格区分，因此，如果房地产经纪人能掌握较丰富的法律知识，在提供居间或代理服务的同时，提供一些基本的法律服务，如有关法律、法规的解释，交易合同补充条款的草拟等，以便能更好地为客户服务。

3. 房地产价格评估

房地产价格评估在严格意义上应是由专业的注册房地产估价师操作的经济鉴证性中介服务。但房地产交易过程中的当事人为了保证自己的报价具有科学性，或在与交易对家谈判中更有把握，非常需要具有房地产专业知识和经验的人为其评估标的物业的客观市场价值。这种评估活动并不是一种经济鉴证活动，评估结果只是作为一种参考信息，所以它并不一定必须由房地产估价师来提供。由于房地产经纪人长期从事某特定区域、特定类型的房地产交易代理或居间，通常会对其市场供需及价格有非常深入的了解。依赖于这种经验以及所掌握的房地产专业知识，特别是房地产经济知识，房地产经纪人常常可以提供比较准确的房地产价格评估。这亦是房地产经纪人取得客户信任的一条重要途径。

4. 住房置业担保

抵押权只有通过房屋产权管理部门的登记才有效。抵押房产的所有权证书与他项权证书都是在住房贷款以后办理的，这样，在抵押贷款放款以后、抵押权登记以前，就有可能出现风险。过去，银行多把这些风险转嫁给开发公司来承担，即由开发商为购房人提供这段时间的担保，其实，这样的做法并不能确保风险的降低。因为这段时间的风险很大部分来自于开发商自身，如不能按期交房等。因此，住房置业担保业务及相应的担保公司就应运而生。住房担保业务 1998 年在中国出现，主要针对需贷款买房的个人。目前已有 20 多个城市组建了房地产担保公司，其中上海、北京、深圳、杭州等大城市在该领域已取得很大进展。住房担保业的兴起有力促进了商品房销售，缓解了个人购房贷款担保难的问题，拓宽了购房融资渠道。同时，住房担保业扩大了银行的信贷业务，并可有效规避风险。对刺激住房消费和促进房地产市场发展起到了较大作用。

国家建设部、中国人民银行出台了《住房置业担保管理试行办法》。按照《住房置业担保管理试行办法》的规定，担保公司只从事住房置业担保和房地产经营业务，担保贷款余额的总额，不超过其实有资本的 30 倍。制订公司年贷偿总额占保证金的最高比例，一旦超出应停业整顿，调整运营方式。这将使这个领域的业务得到进一步规范和完善。房地产经纪人也应及时地掌握这方面的知识，并在客户需要时协助客户办理相关的手续。

5. 房屋装潢及搬家等服务

房屋装潢是商品房销售及存量房交易的重要关联业务，也是客户房屋交易后急需的服务内容之一。因此，房屋装潢可以成为部分房地产经纪人体现特色服务及服务品质的重要环节。在客户需要时，房地产经纪人可以为客户推介信誉好、质量优、价格合理的房屋装潢企业。并通过经纪人的努力给予优惠；在实践中，某些房地产经纪企业甚至与有关装修公司合作，代为装修，以全装修房的形式促成客户交易；还有的代为监管房屋装潢过程，为客户提供更加细致、周到的服务。

搬家服务同样是成交客户最为需要的服务内容之一。当然，如果本地搬家服务市场发达，客户可自行寻找合适的服务公司。但在搬家服务市场不发达的情况下，房地产经纪公司或房地产经纪人可代理搬家业务或代为寻找搬家公司，以周到的服务来赢得客户和声誉。

第四节　房地产经纪机构

一、房地产经纪机构的性质和功能

1. 房地产经纪机构的涵义

房地产经纪机构从广义上讲，是指为委托人提供房地产信息和居间代理业务等经营活动的、具有法人资格的经济组织和个人（独立的房地产经纪人），从狭义上讲是仅指从事房地产经纪活动的组织。根据人事部、建设部 2001 年 12 月下发的《房地产经纪人员职业资格制度暂行规定》第二十七条的规定："房地产经纪人和房地产经纪人协理经注册后，只能受聘于一个经纪机构，并以房地产经纪机构的名义从事经纪活动，不得以房地产经纪人或房地产经纪人协理的身份从事经纪活动或在其他经纪机构兼职"，事实上明确了目前房地产经纪人不能以个人名义从事房地产经纪业务。加之由于特许加盟等形式的出现以及目前房地产经纪行为很不规范、风险化解机制尚未建立等原因，以个人名义从事房地产经纪活动在客观上也还不够成熟。因此本节所论述的房地产经纪机构仅指狭义上从事房地产经纪活动具有法人资格的经济组织。

2. 房地产经纪机构的性质

首先，房地产经纪机构是企业，而不是单单几个人的集合。它有健全的管理机构、章程和财务制度，以盈利为目的，是许多资源的整合。一宗经纪业务的完成需要运用多种资源，如人力资源、信息资源等。如果完全采用市场交易方式来配置、组合这些资源，就会导致许多经纪行为由于交易费用过高而不能实现。而有些经纪机构将一些资源整合于企业内部，使这些资源的利用在企业内部通过行政机制来完成，从而降低交易费用。房地产经纪机构就是整合了一部分资源来为交易方提供服务的企业。

其次，房地产经纪机构是服务性企业。服务是一个经济主体受让另一个经济主体的经济要素的使用权并对其使用所获得的运动形态的使用价值。它具有以下 3 个性质：①非实物性。即服务并不是一个有形的实物；②生产与消费同时性。房地产经纪机构在提供服务（生产）的同时，被服务者同时接受（消费）服务，没有时间上的间隔；③不可储存性。经纪服务一旦提供，就必须消费掉，不能当时不使用，等需要时再拿出来使用。房地产经纪机构就是提供服务的，属于服务性行业。

最后，房地产经纪机构是专业性企业。其专业性有两层含义：一是其从业人员基础知识、操作水平的专业性；二是经纪企业组织分工的专业性。从业人员素质低是目前中国大多数房地产经纪机构存在的一大问题，也是致使该行业自身形象难以树立以及难以普遍为社会所认同的一个重要原因。由于房地产是涉及面广且交易程序较为复杂的特殊商品，信息不对称的情况普遍存在，因此需要有高素质的经纪从业人员来充当中介者。另外，随着中国房地产市场的逐步发育、完善，对房地产经纪机构的服务内容、质量和水平提出了更高的要求。这就需要房地产经纪机构按照房地产经纪业务操作流程，对内部员工进行合理分工，使其各司其职。如设立市场调研部、业务开发部、项目策划部、广告设计制作部等，提高其专业水平。

3. 房地产经纪机构的功能

在社区经济活动中，房地产经纪机构的功能主要有：介绍功能、顾问功能、资讯功能以及议价功能等。

一方面，房地产经纪机构的介绍功能对买卖双方非常重要，可使大量买家与业主洽谈，购买其物业，因而业主可从各买家中选取出价最高的买家。另一方面，买家亦可通过对大量楼盘的比较，选择出一个价钱较合理而又适合自己的物业，以免买贵楼或买错楼。

房地产经纪机构凭借专业知识和丰富的市场经验，可以给予投资者、置业人士、发展商及业主一些意见，令这些人士可以做出更合适的物业买卖决定。

房地产经纪机构对物业资料的认识和对市场信息的掌握，可为客户提供客观科学的资讯，供其分析。

房地产经纪机构作为中间人，可协调买卖双方买卖条件的差距，发挥其议价功能。除此之外，近年地产代理亦正发挥置业一条龙的增值服务功能，令买卖双方可享有买卖物业一站式服务。

房地产经纪机构的工作主要是代表卖方、买方或买卖双方出售、出租或购买、租用物业，在经纪活动过程中将物业介绍给有意向的客户（或将买家介绍给业主），协助业主宣传其物业，向有关客户提供有关物业资料，提供市场信息，向买方客户提供多个物业以供选择，并安排准买方客户实地视察有关物业。当买卖双方都表示有兴趣时，房地产经纪机构协助买卖双方商议价钱及买卖条件，以便双方能达成协议。而当买卖双方达成协议后，协助买卖双方签署买卖合约或业主租客签署租赁合约，并继续跟进有关交易且至该交易完成为止。

当然，随着房地产服务市场的发展，为交易主体提供法律服务、投资咨询、信息咨询以及金融服务等一系列服务的专业机构也层出不穷。房地产交易当事人可以通过房地产服务市场选择各种专业机构为其提供单项的专业服务。然而，选择服务内容和服务机构仍然离不开房地产经纪机构的桥梁作用。可见，房地产经纪机构在围绕房地产交易的一系列服务活动中处于核心地位。

4. 房地产经纪机构的类型

从业务类型来分类，房地产经纪机构可以分为单一从事经纪活动的房地产经纪机构和复合型的房地产经纪机构。单一型的房地产经纪机构仅从事单一的居间、代理等房地产经纪业务。复合型的房地产经纪机构，除了从事居间、代理、行纪等房地产经纪类中介业务外，还从事与房地产经纪有关的其他业务。

从经纪人数量、资金、业务规模上看，房地产经纪机构可以分为大型经纪机构、中型经纪机构、小型经纪机构。

二、房地产经纪机构的组织结构

1. 直线——参谋制组织结构形式

直线——参谋制亦称直线——职能制，是在直线制基础上发展起来，已被广泛采用的一种组织结构形式。其特点是为各层次管理者配备职能机构或人员，充当同级管理者的参谋和助手，分担一部分管理工作，但这些职能机构或人员对下级管理者无指挥权(图 7-1)。这种结构形式的职能部门和人员一般是按管理业务的性质(如销售、企划、研展、财务、人事等)分工，分别从事专业化管理，这就可以聘用专家，发挥他们的专长，弥补管理者之不足，且减轻管理者的负担，从而克服直线制形式的缺点。

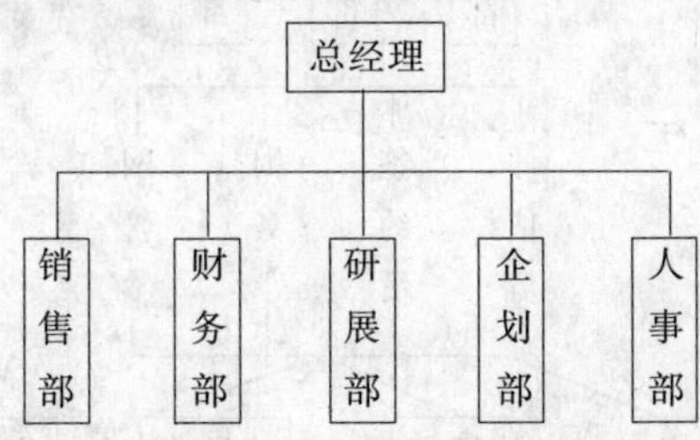

图 7-1　某房地产经纪机构职能型组织构架示意图

同时，这些部门和人员只是同级管理者的参谋和助手，不能直接对下级发号施令，又保证了管理者的统一指挥，避免了多头领导。这种形式的缺点是：①高层管理者高度集权，难免决策迟缓，对环境变化的适应能力差；②只有高层管理者对组织目标的实现负责，各职能机构都只有专业管理的目标；③职能机构和人员相互间的沟通协调性差，各自的观点有局限性；④不利于培养高层管理者的后备人才。

2. 分部制组织结构形式

对于一些大型的房地产经纪机构由于是规模很大，业务繁多，不适于采用高层管理者高度集权的直线——参谋制形式，就需要采用分部制或事业部制形式。

这一形式的特点是在高层管理者之下按商品类型(如住宅、办公楼、商铺)、地区(如东城区、西城区、南城区、北城区)或顾客群体设置若干分部或事业部，由高层管理者授予分部处理日常业务活动的权力，每个分部近似于一个小组织，可按直线—参谋制形式建立结构。高层管理者仍然要负责制定整个组织的方针、目标、计划或战略，并落实到各分部，在他下面仍可按管理业务性质分设非常精干的职能机构或人员，对各分部的业务活动实行重点监督(图 7-2)。

这种结构形式的优点是：①各分部有较大的自主经营权，有利于发挥分部管理者的积极性和主动性，增强适应环境变化的能力；由于房地产市场具有很强的地域性，细分市场纷繁复杂，这一点尤为重要；②有利于高层管理者摆脱日常事务，集中精力抓全局性、长远性的战略决策；③有利于加强管理，实现管理的有效性和高效率；④有利于培养高层管理者的后备人才。但它也有缺点：①职能部门重叠，管理人员增多，费用开支大；②如分权不当，易导致各分部闹独立性，损害组织整体目标和利益；③各分部之间的横向联系和协调较难。这种形式适用于特大型组织，在采用时也应注意扬长避短。

3. 矩阵制组织结构形式

前已提及，在实行直线——参谋制形式的组织中，职能部门按管理业务性质分设，横向

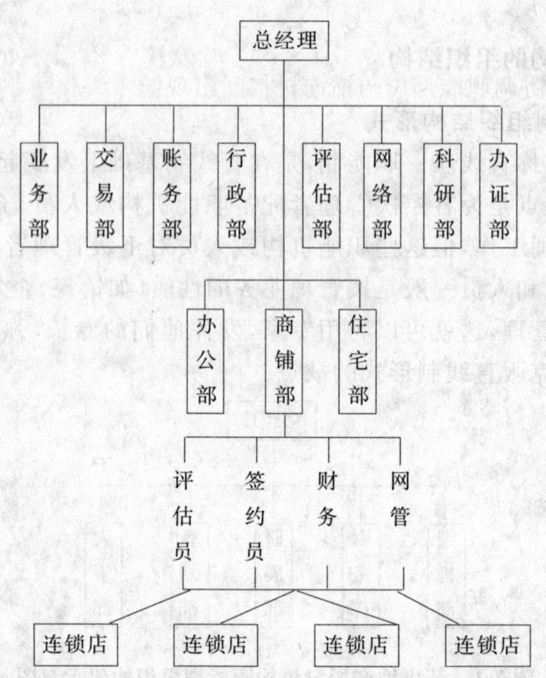

图 7-2　某房地产经纪机构分部型组织构架示意图

沟通协调较为困难，通力协作才能保证任务的完成。这就有必要按楼盘项目设置临时性的机构（如某楼盘项目组），由有关职能部门调派人员参加。而对于大型房地产居间机构，由于业务量大，不同区域市场特点不同，常常需要按区域分片设置常设性管理部门，并通过这些部门来整合各职能部门的人员。这样就诞生矩阵制的组织结构形式（图 7-3）。在一些大型的复合型房地产经纪机构中，这种矩阵制组织结构就更为复杂，常常可以看到专业性职能部门、按房地产类型或区域分设的事业部和各种临时的项目部门同时并存。

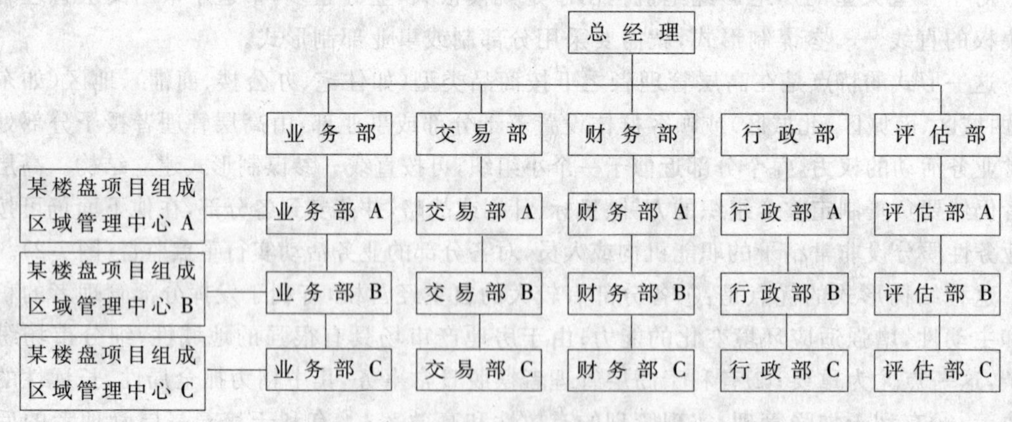

图 7-3　某房地产经纪机构矩阵制组织构架示意图

采用这种形式时，由职能机构派出、参加横向机构（事业部或项目组）的人员，既受所属职能机构领导，又接受横向机构领导。这就有利于加强横向机构内部各职能人员之间的联系，沟通信息，协作完成横向机构的任务。事实上，矩阵制是介于直线——参谋制与分部制之间的一种过渡形态，它可以吸收两种形式的主要优点而克服其缺点。但是矩阵制的双重领导违反了统一指挥原则，又会引起一些矛盾，导致职责不清、机构间相互推诿责任的现象，所以在实际运用中高层管理者要注意协调职能部门与横向机构间出现的矛盾和问题。

4. 网络制组织结构形式

网络制是一种最新的组织形式。公司总部只保留精干机构，而将原有的一些基本职能，如市场营销、生产、研发开发等都分包出去，由自己的附属企业和其他独立企业去完成。在这种组织形式下，公司成为一种规模较小但可以发挥主要商业职能的核心组织——虚拟组织，依靠长期分包合同和电子信息系统同有关各方建立紧密联系。与传统的组织结构形式中公司各项工作依靠各职能部门来完成截然相反，在网络制组织结构形式下，经纪机构从组织外部寻找各种资源，来执行各项职能。

例如，在房地产经纪公司，可以将有些业务发包出去，特别是一些与经纪业务密切相关的业务，如评估业务、权证代办业务等。如果房地产经纪机构认为某些其他专业公司在这些方面比自己做得更好或成本更低，就可以将这些业务发包给这些专业机构来进行。

这种形式给予组织以高度的灵活性和适应性，特别适合科技进步快、消费时尚变化快的外部环境，组织可集中力量从事自己具有竞争优势的那些专业化活动。它的缺点是，将某些基本职能外包，必然会增加控制上的困难，对外包业务缺乏强有力的控制。

因此，采用这种组织形式的机构管理人员的大部分时间将会用于协调和控制外部关系上。

每一种组织形式都有它的优点和缺点，在运用中应该根据实际情况包括公司的战略、规模、技术、环境等因素进行综合考虑，注意扬长避短、灵活运用，克服各种组织形式的缺陷。在组织结构的设计中，要充分考虑控制跨度以及集权与分权之间的关系。从现在流行的趋势来看，即使是在传统的职能制结构中，也开始出现控制跨度加宽，结构扁平化以及分权化的趋势。这些变化趋势都是为了在激烈竞争情况下出现纷繁复杂的市场变化时，尽可能快地做出反应。

三、房地产经纪机构的部门设置

1. 业务部门

业务部门一般由隶属于公司总部的业务部门和分支机构（主要是连锁店）构成。

（1）公司总部的业务部门。在没有连锁店的经纪机构中，业务部门是直接从事经纪业务的部门。而在有连锁店的经纪机构中，其业务部门的主要工作是业务管理和负责规模、资金较大的业务项目。两者会略有不同。一般情况下，公司总部的业务部门也可以根据需要进行不同的设置。

① 根据物业类别不同进行设置。由于不同类型的房地产在交易过程中客户对象、需求、交易手续等许多方面都具有不同的特性。所以，可以根据房地产类型来设置房地产经纪机构的业务部门，如：住宅部、办公楼部、商铺部等。每一个部门都负责各自类型的房地产经纪业务。

② 根据业务类型不同进行设置。例如根据业务类别不同可以划分为置换业务部、租赁部、销售部等部门。

③ 根据业务区域范围进行设置。例如根据业务覆盖区域不同划分为东区业务部、西区业务部、南区业务部、北区业务部等。

（2）连锁店（办事处）。在连锁店（办事处）必须有一名以上取得房地产经纪人执业资格的房地产经纪人。没有取得房地产经纪人执业资格或有效执业资格的房地产经纪机构的分支机构，其从事房地产经纪活动都是违规的。

2. 业务支持部门

业务支持部门主要是为经纪业务开展提供必要支持及保障的一些部门，包括交易管理部、评估部、网络信息部、研展部、办证部等。这些部门的设置可以根据公司规模等实际情况的不同作一定的调整。

(1) 交易管理部。房地产经纪机构要对所属经纪人的行为承担法律责任。交易管理部门主要负责对房地产经纪人与客户签订的合同进行管理，维护经纪机构的利益。

(2) 评估部。评估部主要是对某些需要提供价格意见的业务出具参考意见。这里评估部出具的是供交易双方参考的一个价格参考意见，而非正式的具有法律效力的评估报告(正式的评估报告应该由具有房地产价格评估资质的评估机构出具)。

(3) 网络信息部。信息对于房地产经纪机构的意义无异于水与鱼的关系，没有了信息，房地产经纪机构也就失去了在市场上的立足之本。因此信息对于房地产机构而言是非常重要的，信息管理也就显得更加重要。网络信息部的主要职责就是负责信息系统软硬件的管理和维护。

(4) 研展部。负责市场调查分析，原业务调整方案的制定，新业务品种的研究等工作。

(5) 办证部。负责为客户到房地产交易中心办理房地产权证过户、合同登记备案，以及协助客户办理有关商业贷款、公积金贷款申请手续。

3. 客户服务部门

这里对客户服务部门的定义是综合性的。它的任务既包含了对客户服务以及受理各类客户的投诉，同时也包括对经纪人业务行为的监督。作为一个服务性行业，经纪业务绝不是“一锤子买卖”，售后服务是非常重要的，这直接关系到房地产经纪机构的形象。而对经纪人行为的监察则是保证经纪人在提供服务时能够严格按照公司要求提供规范服务。

4. 其他部门

其他部门主要是指一些常设部门，如行政部、人事部、财务部等。

行政部：主要负责公司的日常行政工作和事务性工作。

人事部：主要负责人事考核、人员奖惩，制定员工培训方案，制定员工福利政策等事务。

财务部：主要负责处理公司内的帐务以及佣金、奖金结算等工作。

四、房地产经纪机构的岗位设置

1. 房地产经纪机构岗位设置的基本原则

“因事设岗、因岗设人”是企业内部岗位设置的基本原则。也就是以公司业务流程为基础，在对业务流程进行细致分析的基础上定编定员，保证每一个岗位都有明确清晰的功能，能够充分发挥自己的作用。房地产经纪机构作为企业，也必须遵循这一岗位设置原则。因此，每一岗位在设立时应该详细、清晰和准确地描述这个岗位应该具体做哪些工作。这种描述决不应该是笼统的，应该阐明主要工作职责、主要目标、任职条件、培训需求、职业规划等。没有描述和笼统的描述是在岗位设置中经常容易犯的错误，而其带来的直接后果是职责不明确而带来岗位设置重叠、相互推诿和效率低下。

其次，工作丰富化也是企业岗位设置时不容忽视的一条原则。在岗位设置中，容易过分强调岗位和工作分工的专业化，造成每一个岗位的工作内容过于固定、呆板，这种设计不利于员工的成长，也不利于员工主观能动性的发挥。而工作丰富化是指工作内容的纵向扩展，使员工所做的活动具有完整性，增强员工的自由度和独立性，增强员工的责任感，及时提供工作反馈，以便员工了解自己的绩效状况并加以改进。

2. 主要岗位设置及其职责

(1) 销售序列

① 销售员岗位。直接上级：案场销售经理（房地产代理机构）或是连锁店经理（房地产居间机构）。主要工作：全力完成公司下达的各项工作指标；主动配合公司做好针对所在销售个案的调研工作；认真做好客户登记并确保资料的准确性；认真填写各类表单，确保内容及数据的准确性；个案销售结束后主动、积极配合市场部做好各类市场调研工作。

② 案场销售经理岗位。直接上级：销售副总经理。主要工作：负责整个案场的管理工作，协调与甲方及施工单位在销售过程中的关系；严格执行各项案场工作守则及作业流程；为员工解决工作中遇到阻碍的问题，培训案场人员团队精神；项目前期做好市场调查分析，配合相关部门制定合理的企划计划与销售计划；统一销售口径，组织小组人员产品培训；做好项目筹备工作；项目中建立完整的项目销售档案及客户档案；能主动、积极配合领导完成各项工作；制定周、月工作计划并每周、月进行总结；协助发展商处理定金、合同、按揭等工作；反馈客户意见及市场动态；

③ 连锁店经理岗位。直接上级：销售副总经理。主要工作：根据公司的授权负责该连锁店业务的运营及管理；执行公司的有关业务部署；负责对连锁店人员的管理和工作评估并及时将有关情况报告公司的有关部门。

④ 销售副总经理岗位。直接上级：总经理。主要工作：负责领导各个案场销售经理的工作，对各个案场实施宏观管理、控制；负责销售员及各种资源在各案场中调配；负责组织各项目的前期谈判和准备工作，以及项目营销方案的审定；负责销售员、案场经理的佣金发放、审核等工作。

(2) 研发序列

① 项目开发岗位。直接上级：所在部门的部门经理。主要工作：捕捉商机，即针对各种渠道得来的信息进行项目跟踪，与潜在客户（如开发商）进行初步洽淡，形成某种意向后提交给上级。

② 市场调研岗位。直接上级：所在部门的部门经理。主要工作：负责专案市调、热点楼盘市调、开发市调。专案市调指根据公司项目做的市调工作；热点楼盘市调指围绕市场上新开项目、比较大型个案等做的市调工作；开发市调，通过平时市调对未开盘个案、地块等信息的积累来为开发做一定的基础工作。

③ 信息管理岗位。直接上级：所在部门的部门经理。主要工作：负责管理公司内部初期的商机信息及收集工作。

④ 专案研究岗位。直接上级：所在部门的部门经理。主要工作：对公司项目进行市场专案研究，并撰写研究、策划报告；

⑤ 市场研究岗位。直接上级：所在部门的部门经理。主要工作：针对房地产市场情况，包括供需情况、交易情况、政策法规等进行总体研究，并撰写研究报告。

(3) 管理序列

① 部门经理岗位。直接上级：分管副总经理。主要工作：具体负责房地产经纪机构内

各部门的工作计划制定、工作安排，监控各部门的工作进度，考核本部门的工作人员。

② 副总经理岗位。直接上级：总经理。主要工作：参与机构整体工作计划的制定，协助总经理分管房地产经纪机构内某一个或几个方面工作。

③ 总经理岗位。主要工作：负责房地产经纪机构的全面管理，包括组织制定和调整机构经营模式、内部组织结构、内部管理制度和任免各岗位的工作人员等。总经理对董事会（有限责任公司或股份责任公司）或投资人（合伙企业）负责。

（4）业务辅助序列

① 办事员。直接上级：所在部门的部门经理。主要工作：经办产权登记、抵押贷款代办等与业务有关的相关事务。

② 咨询顾问。直接上级：所在部门的部门经理。主要工作：在一些规模较大的房地产经纪机构内，为提高服务质量，专门聘请具有专业知识和经验丰富的人员为客户提供信息、法律等方面的咨询。

（5）辅助序列

主要包括会计、出纳，较大规模的房地产经纪机构内通常还有秘书、接应台服务生、保安、司机、保洁员等岗位以辅助机构的方式运转。

五、房地产经纪机构的人员管理

1. 房地产经纪机构人员管理的基本原则

在谈论房地产经纪机构的成功时，往往会谈到品牌，品牌固然重要，但品牌只是一个企业的名称，而产品与服务才是品牌所代表的具体内容。如果说消费者因为品牌而接近某个企业，那么优质的服务才是他们承认该企业的最终因素。一般来讲，服务行业的精华在于服务的专业化和规范化，而在加入 WTO 后，还要强调服务的国际化。而这一切都基于一个因素——人，所以拥有一支包括房地产经纪人在内的高素质员工队伍是关键。因此，对自己机构的人员管理就显得尤为重要。

第一，保证每个岗位的人员都具有适当的任职资格。根据每个岗位的需要配置合适的人员，量才施用非常重要。

第二，注重对员工在岗位中的再学习和再培训。市场是在不断变化的，知识更新的速度正在不断的加快，这就对员工提出了高的要求，为了适应这种变化和要求，必须要注重对员工的在职培训，这是保证一支高素质员工队伍的关键，也是保证服务水准专业性的关键。

第三，不要姑息员工一些细小的违规行为。在员工的日常行为中，往往会有些细小违规行为在平时的管理中，机构的管理者可能会不以为然，其实这样做的具有很大的危害性。由于经济活动的特殊性，防微杜渐显得非常重要。只有在平时的日常行为中严格管理，才能保证服务的规范性和统一性。

第四，机构的高层管理者要以身作则。在一个企业系统中，基层理念是上层理念的反映，因此作为企业的经营管理者对于服务的理念将在很大程度上决定基层员工的行为。作为机构的领导在各个方面都要注意平时的言行，因为领导言行其实是在向员工传达某些信息。

第五，控制好一些关键的岗位。控制好合同管理、信息管理等关键性的岗位，其实也就在很大程度上控制了员工的行为。

2. 房地产经纪机构人员管理的主要内容

（1）培训方式。一般情况下培训方式可以分为以下几种。①讲授；②案例讨论；③实战模拟。

以上三种方式可互相参酌与交互运用（表 7-1）。

表 7-1　房地产经纪机构人员的训练方式

	集中授课	自学方式	工作研讨	电脑模拟	岗位轮换	案例分析
特点	目的性强 节省人力	时间灵活 不占工时	深入实际 易于交流	时间灵活 职业面广	实际操作 知识面广	剖析历史 指导现实
局限性	较难组织	周期较大	范围较窄	缺乏实作	专业不深	局限历史
适用性	培训集中	自我考试	某一层面	人机交流	重点培训	总结历史

（2）培训内容。一般在训练中主要涵盖几个方面的知识（表 7-2）。

表 7-2　房地产经纪机构人员训练所涵盖的知识

训练方式	课程	内容
教授案例 讨论实战模拟	产品知识	充分了解详细细节
	市场知识	知己知彼加强销售
	公司政策	公司背景组织沿革
	营业方针	个案目标营业方向
	推销技巧	明确攻防说服方式

① 产品知识。房地产经纪人对房屋产品须有充分的深入了解，因此凡与此有关的诸如平面、立面、动线、格局、建材、环境、公共设施、交通、市场、建材等，都须尽量详实，不能疏漏。

② 市场知识。包括与个案最直接相关的市场状况，竞争者状况、一般市场信息。这方面的培训可以使销售人员掌握消费者心理，知己知彼，有助于强化销售重点。

③ 公司政策及营业方针。包含公司沿革、背景、组织、业绩、精神以及个案目标，营业方向等。

④ 营销技巧。包含一般营销原理、技巧、策略以及个案销售的模拟与优缺点等。

（3）评估。对每一位员工按照有关标准进行评估，衡量其是否能够成为优秀的房地产经纪人。一般而言，评估标准主要有以下几个方面：是否具有房地产的专业知识，并能作不断的追求补充；是否有亲切诚恳的态度，进退有序的礼仪；是否有流利的口才，清晰的口语，速度适中，有抑扬顿挫的效果；是否有整洁的仪容，常带微笑；是否有耐心耐力，锲而不舍；平时是否多涉猎相关知识；是否随时研究各种状况，针对各类型的顾客作不同的劝说，见机行事，随机应变；主动积极，勤奋，保持高昂的士气；尽量以顾客的立场来考虑，并非一味的强迫推销；对市场情况、竞争者资料及顾客的购买动机不断留心观察与研究。

（4）报酬。业务人员的报酬直接影响其士气与业绩，良好的报酬制度不但能使业务人员士气旺盛，勇往直前，敬业地为公司服务，而且能吸引其他公司卓越的业务人员，如何研究与设立良好的报酬计划是公司业务能否成功的关键之一。

① 报酬制度的原则：底薪与奖金分离；管理方便、符合经济原则；公平合理，有激励作用。

② 报酬给付方式：a)固定薪金制。有保障底薪，业务人员可以维持最低所得，生活有保障，人员流动率最低，与顾客的关系较能保持常态，但不具奖励性是其最大缺点。b)佣金制。没有保障底薪，其收入完全视业绩而定，业绩高则高，业绩低甚至没有薪资，奖励大，刺激性强，"危机意识"最强，但因无底薪，公司在管理上较为不易，较难掌握人员流动。有些业务员为了实现业绩，甚至不择手段，严重影响公司的信誉。c)混合制。即固定薪金制与佣金制混合运用，可以采取两者之优点而弥补其缺点。

(5) 激励。业务人员每天奔波在外，为了业绩面对各式各样的顾客，压力很大。因此，没有业绩或业绩不良时，最易产生挫折感与失落感。此类人员是房地产经纪机构管理最需要激励与鼓励的对象。严格而言，业务人员的报酬制度、训练计划、业绩目标等皆要有激励业务人员的功能，除此以外，还要注重采用以下两种方式：

① 尊重。机构对业务人员的尊重与重视，配上原有合理的奖惩与升迁制度，能使得员工有充分的归属感，能持续保持高涨的士气。

② 业务主管的领导。业务主管如何引导下署的态度与方法，能直接影响员工的流动率。业务主管不仅是下属的上司，也是下属的倾诉对象和为他们排忧解难的朋友，业务主管的一举一动都将对业务人员产生影响。如何慎选适当的业务主管是房地产经纪机构不能疏忽的事。

第五节　房地产经纪合同

房地产经纪合同作为房地产交易中必备的书面文件，是房地产经纪活动最重要的文字载体。本节以《中华人民共和国合同法》及其立法依据和相关的解释为根据，阐述房地产经纪合同的涵义、特征、类型和作用，介绍房地产经纪合同的主要内容，并结合中国各地区房地产经纪活动的实际情况，对几种主要的房地产经纪合同的特点和权利义务关系进行阐述，最后分析与房地产经纪合同有关的主要经纪纠纷及其规避和处置方法。

一、房地产经济合同概述

1. 房地产经纪合同的涵义

根据我国《合同法》，合同是指平等主体的自然人、法人、其他组织之间设立、变更、终止民事权力义务关系的协议。这一概念包括如下涵义：

首先合同是一种协议。协议是两个以上当事人对于某种过去或将来的事实或行为，在有关权力和责任的理解和认识上相一致。合同就是当事人之间为实现一定的目的而进行协商的结果，是经过协商而取得的认识上的一致。

其次合同是平等民事主体之间的协议。任何人之间都可能通过协商而取得认识上的一致，但只有平等民事主体之间的协议，才能称为合同。

再次合同是设立、变更、终止民事权力义务关系的协议。协议的内容多种多样，涉及到政治、法律、道德等各方面内容。只有平等主体之间达成的，以设立、变更、终止民事权力义务为内容的协议才是合同。

房地产经纪合同是《合同法》调整范围内的分类合同。房地产经纪合同的涵义和合同的主体关系与其他分类合同没有根本区别。所不同的是房地产经纪合同属于劳务合同，是为委托人提供房地产交易事务服务的劳务合同。因此，房地产经纪合同的涵义是房地产经纪人为委托人提供房地产交易等事务的劳务而与委托人约定订立的协议形式。

2. 房地产经纪合同的主要特征

(1) 房地产经纪合同是双务合同。双务合同是指一方当事人所享有的权力就是他人当事人所负担的义务。双方当事人之间存在着互为对等的关系，是商品交换最为典型的法律表现形式。

(2) 房地产经纪合同是有偿合同。有偿合同是指当事人取得权利必须支付相应代价的合同。一方当事人取得利益，必须向对方当事人支付相应的代价。而支付相应代价的一方，必须取得相应的利益。这种代价可以是金钱，也可以是给付实物或提供劳务。但一方取得的利益与对方支付的代价，不要求在经济上、价值上完全相等，只要达到公平合理的程度即可。

(3) 房地产经纪合同一般为书面形式的合同。这里需要说明的是，国家《合同法》中规定合同形式分为要式合同和不要式合同。是否为要式合同主要以是否以法律规定的特定形式要件为主。因此，从这个意义来讲，房地产经纪合同是一种劳务合同，不是直接表现房地产交易关系的合同，可以是不要式合同。

(4) 房地产经纪合同主要是“从合同”。从合同的特点在于它不能独立存在，必须以主合同的存在并有效为前提。房地产经纪合同作为一种劳务合同以房地产交易合同为主合同，房地产经纪人在经纪活动中所担负的义务主要是以促成或承担完成房地产的交易为前提的劳务服务。房地产经纪合同在大多数情况下为从合同，但也不排除某些情况下不要求完成实际交易为前提，而仅提供信息服务。这种情况下房地产经纪合同就不是从合同。

3. 房地产经纪合同的作用

房地产经纪合同在房地产经纪活动中有着十分重要的作用，房地产经纪人在履行为委托人提供各项劳务服务的义务时，其应当享有的获得报酬的权利只能通过订立合同的方式取得。同样要求房地产经纪人提供服务的委托人，也只有通过合同的形式，才能充分表达自己享有的权利以及应当承担支付报酬的义务。没有其他途径可以如合同一样自愿、公平、充分、自由地表达合同当事人的权利和义务。可以说，在市场经济条件下，合同是惟一合法、有效的形式。

在现实经济生活中，房地产经纪合同的重要作用主要体现在以下两个方面：

(1) *有效保障合同当事人的合法权益*。合同订立后，对合同当事人具有法律约束，当事人应当依照约定履行自己的义务，不得擅自变更或者解除合同。合同当事人在履约过程中不承担义务或者违反约定就应当承担继续履行、采取补救措施及赔偿损失等违约责任。

基于上述原则，在房地产经纪活动中要保障房地产经纪人和委托人的合法权益，应当重视经纪活动中合同的订立、履行和守约。房地产经纪合同是劳务合同，劳务服务的范围很广泛，为合同标的提供事务性服务具有不确定性。房地产经纪人在接受委托人的劳务委托时，往往因为不同的委托对象和不同的委托事务而需要制定不同的服务计划来确定服务内容、服务方式以及服务报酬的标准。房地产经纪人与委托人之间通过合同形式固定双方的权利义务关系，是合同当事人相互信任、沟通，各自履行义务并确实保障双方权利的根本途径。

(2) *维护和保证市场交易的安全与秩序*。房地产经纪活动是房地产整体市场的重要组成部分，对房地产市场的交易活动有着重要的影响。房地产经纪活动是市场行为。房地产经纪人与委托人之间虽然是劳务服务关系，但也体现着商品交易之间的关系。这种交易能否在合法、正常的状态下进行，依赖于市场交易活动的安全及交易秩序的稳定。房地产经纪合同是房地产经纪人与委托人共同遵守的行为规则。这些行为规则为合同当事人的交易活动确定了基本规范,促使合同当事人遵守规则并得到法律的保护。房地产经纪人与委托人之间通过合同形式约束双方恶意的、无序的交易行为,不但可以避免相互损害对方当事人利益行为的发生,使交易当事人最大限度地实现其交易利益、保障交易活动的安全,同时可以维护房地产实体商品市场交易秩序的稳定。

二、房地产经济合同的内容

1. 房地产经纪合同内容的界定

依民事法律关系而言,合同的内容是指当事人的权利和义务。一般情况下,房地产经纪合同应包含以下四方面的内容:交易标的的价值、当事人各自的责任以及希望履行的标准、对经济风险及当事人对风险造成损失的分担的事先预定、对履约过程中发生障碍的处理办法。同时,行为规则还包括:订约、效力、履行、变更、解除、终止、责任等方面的规则内容。

从法律文书而言,合同的内容是指合同的条款。从这个意义上讲,房地产经纪合同的内容是指经纪合同的条款。

以上两方面的涵义是不可分割且密切相关的。合同当事人的权利义务是通过合同的各项条款反映出来的。

2. 合同条款的种类

合同条款是合同内容的表现和固定化,是确定合同当事人权利和义务的根据。当事人为了保证合同的正常履行,尽量避免发生争议或当争议发生时能够及时妥善解决。在订立合同时应当根据不同的需要设置不同的条款,不同的条款在合同中所处的地位和作用不同。根据合同条款的作用和表现形式,合同条款有以下几种。

(1) 根据合同条款所起的作用,合同条款可以分为主要条款和普通条款。合同的主要条款也称必要条款,是合同成立应当具备的条款。如果没有主要条款,合同就不能成立。合同主要条款的确定,首先应该依据有关法律规定,凡法律规定应当具备的条款,合同当事人必须就其达成一致,否则合同不能成立;其次依据合同的类型和性质来决定合同应当具备哪些主要条款,如商品交易合同中必须有标的和佣金条款、房地产交易合同必须有明确的标的、佣金和房屋产权性质条款;最后根据当事人的特定要求确定合同的主要条款。

合同的普通条款也称一般条款,并不影响合同的成立。普通条款明确当事人权利义务的作用与主要条款是一样的。普通条款包括通常条款和偶尔条款。通常条款是指不必经当事人协商当然地成为合同内容的条款,其内容一般由法律或交易习惯确定,合同一旦成立,就成为合同的内容,当事人没有必要协商。偶尔条款是指只有经过当事人的协商一致才能成为合同的内容的一般条款。

(2) 根据合同条款的内容,合同条款可以分为实体条款和程序条款。实体条款是规定当事人权利义务的条款,如标的条款、价款和酬金条款、履行期限条款、履行地点条款。程序条款又称解决争议条款,是指当事人为解决争议而规定的条款。

(3) 根据合同的表现形式,合同条款可以分为明示条款和默示条款。明示条款是指当事人以口头或文字方式明确表示的条款。明示条款是合同存在的基础,没有明示条款,就不存在合同。合同的争议条款都是明示条款。默示条款是指合同中没有规定的,但根据法律规定、交易习惯、当事人的行为或合同的明示条款,理应存在的条款。默示条款是以明示条款为存在的前提,没有明示条款的存在,默示条款也就不存在。默示条款是合同的普通条

务的过程中获得的收益,包括钱财、物品以及利息等,应当及时交付给被代理人。无论以被代理人的名义还是以代理人自己的名义,或者由第三人取得还是房地产经纪人在处理事务时直接取得。

4. 委托人的义务

(1) 承担后果的义务。房地产经纪人在被代理人的授权指示范围内所处理事务的后果应当由被代理人承担。房地产经纪人是以被代理人的名义和费用处理事务的,且最终的结果不管是对被代理人有利的还是不利的,都由被代理人自己承担。

(2) 承担处理事务的费用的义务。房地产经纪人受被代理人的指示处理事务,房地产经纪人在处理事务过程中所发生的费用应当由被代理人承担。被代理人在授权委托房地产经纪人处理事务中,对于处理事务所需要的费用可以用两种方式解决:①预付费用。被代理人与房地产经纪人约定合同时,可以预先支付给房地产经纪人处理事务的费用;②偿还费用。房地产经纪人在处理事务时发生垫付费用,被代理人应当偿还。

(3) 给付房地产经纪人报酬的义务。按照中国现行法律关系解释和房地产经纪行业的经营方式和习惯,订立合同关系一般以有偿为原则,无偿活动一般不订立合同。房地产经纪人为被代理人处理事务,订立合同时房地产经纪人可以要求支付报酬,被代理人也应当支付报酬。但是房地产经纪人要求的报酬应当与约定的委托事务完成程度相适应。

(4) 承担赔偿损失的义务。被代理人在房地产经纪人按照授权处理事务时非房地产经纪人的过错造成的赔偿责任,应当由被代理人承担。房地产经纪人在直接处理事务中发生的非房地产经纪人过错造成的,或是经房地产经纪人同意,被代理人转委托第三人处理,因第三人处理事务造成的对房地产经纪人损失的,房地产经纪人也可以要求被代理人承担。

四、房地产居间合同

1. 房地产居间合同的涵义

据《合同法》第四百二十四条的规定,居间合同是指居间人向委托人报告订立合同的机会或者提供订立合同的媒介服务,委托人支付报酬的合同。根据居间人所接受委托内容的不同,居间合同可以分为指示性居间合同和媒介性居间合同。前者指居间人向委托人报告订约的机会,后者指居间人根据委托人的要求将交易目的相近或相符的双方委托人以媒约方式促成其交易。一般来讲,在房地产经纪活动中,指示性居间服务是房地产经纪人向委托人提供房地产的交易信息,使委托人能够选择符合自己交易目的的房地产;媒介性居间服务是指房地产经纪人为委托人提供订约媒介的服务。在房地产经纪活动实际运作中,这两种方式不是完全独立的,常常需要相互结合的才能促成合同的订立。

2. 房地产居间合同的特征

居间合同以介绍委托人与第三人订立合同为目的。房地产经纪人提供的报告订约是向委托人寻找及指示可以与其订立合同的相对人,房地产经纪人提供订约媒介是介绍双方当事人订立合同。房地产经纪人是中间人,既不能以一方的名义,也不能以自己的名义或为委托人的利益而充当与第三人订立合同的当事人。房地产经纪人只能按照委托人的指示和要求从事居间活动。居间合同的委托人的给付义务具有不确定性,即房地产经纪人只有促成委托人之间交易合同的成立,委托人才有支付报酬的义务。居间合同与代理合同的区别是:房地产经纪人可以同时接受一方或相对两方委托人的委托,向一方或相对两方委托人提供居间服务，而代理人只能接受一方委托人的委托代理事务。国家法律没有有关代理人可以同时接受相对两方委托人的委托代理义务的解释。

3. 房地产居间合同中的义务

(1) 如实报告的义务。房地产经纪人在为委托人提供居间劳务时，对委托人的交易活动以及有关交易合同的事项，应当向委托人如实告知。这是房地产经纪人的一项主要义务。对于委托人订约与履约能力、信用状况、交易条件、交易事项、交易过程等事宜，房地产经纪人应当就其所知如实告知委托人。房地产经纪人不能据实告知或故意隐瞒，甚至提供虚假不实情况的，不得要求支付报酬并应承担因此造成的赔偿责任。房地产经纪人促成双方委托人交易合同订立，居间活动获得成功，报酬应当由双方委托人平均负担。

(2) 尽力提供居间服务的义务。房地产经纪人在居间活动中应当尽全力为委托人服务，尽力服务的标准一般以居间合同的约定和依照交易所在地的交易惯例或习惯确定。但是，房地产经纪人应当遵守职业道德和诚实信用原则，以维护当事人利益为前提促成合同的订立，尽力提供服务。

(3) 保守秘密的义务。房地产经纪人在为委托人提供居间服务时，应当按照委托人的要求，为委托人保守秘密。为委托人保守秘密可以分为两个方面：①委托人在委托房地产经纪人提供居间服务时，要求房地产经纪人不得将自己有关姓名、公司等情况告知相对人，房地产经纪人员有保密的义务；②房地产经纪人在为委托人提供居间服务活动中，得到的有关委托人的商业机密、信息、成交机会等影响委托人利益的，或依据合同约定和法律规定应当负有保密责任的，房地产经纪人负有保密义务。房地产经纪人违反保密责任，造成委托人损失的，房地产经纪人承担赔偿责任。

4. 委托人的义务

(1) 支付报酬的义务。居间合同成立后，委托人根据合同约定的有偿义务向房地产经纪人支付报酬。首先，委托人给付的报酬的定量可以按照合同约定的定量给付。但是，目前中国大部分地区和城市对于房地产经纪行业的报酬定量实行规定标准下的约定收取，因此，居间合同涉及房地产经纪人的报酬定量标准与规定定量标准应以不相冲突为宜。居间合同约定不能明确报酬数量的，以所在地的行业标准或俗成约定为准。其次，由于居间活动在中国的大部分地区和城市是按照结果定论的。所以，居间报酬的支付期限是以居间达到目的为支付时限的。房地产经纪人没有完成促成委托人之间交易合同的订立，或合同成立因法定事由被确定无效，均不得要求支付报酬。已经支付报酬的，应当返还当事人。房地产经纪人在居间活动发生损害当事人利益的行为，房地产经纪人也不得要求委托人支付报酬。

(2) 支付必要费用的义务。房地产经纪人在居间活动取得成功后，其获取的报酬中包括其在居间活动中发生的费用。因此，房地产经纪人在居间活动中发生的费用通常由自己承担。但是，房地产经纪人在居间活动没有促成委托人之间交易合同的成立，不能要求报酬，其在居间活动中所支付的必要费用可以要求委托人承担。

五、其他房地产经纪合同

以上房地产代理合同和房地产居间合同是房地产经纪合同最基本的两种形式，其他的经纪合同，如买卖、租赁合同，一手房、二手房合同，买方卖方代理合同，都是由这两种基本形式派生出来的。

1. 房地产买卖、租赁经纪合同

房地产买卖与房屋租赁是房地产交易中交易性质不同的行为，买卖是权利转让行为，租赁是债权经营行为，买卖与租赁是房地产交易的主要行为。由此，房地产买卖与房屋租赁活动也成为房地产经纪活动的主要经营项目。

房地产买卖行为一般包括：投资新建房地产的期权房屋买卖、现房买卖和二手房地产的买卖。这类买卖行为中较普遍存在委托经纪人提供经纪服务，并订立经纪合同的现象。

房屋租赁行为一般包括：投资新建房屋的期权房屋预租（有些地区和城市开展这种预租活动）、现房出租、存量房屋的出租和转租。这类租赁行为中，一般也较普遍存在委托经纪人提供经纪服务，并订立经纪合同的现象。

房地产买卖与房屋租赁活动因其交易客体的一致性，订立经纪合同所约定的主要条款基本相同。但是，因其不同的交易行为、委托人不同的目的与要求、不同的交易数量和佣金定量、不同的交易条件与交易习惯，以及合同权利义务关系的不同，采用的合同的形式也有所不同。这种差别表现得非常明显。

（1）*房地产买卖经纪合同*。经纪人与委托人通过约定，由经纪人为委托人的房地产买卖活动提供劳务服务，因此而订立的合同称为房地产买卖经纪合同。房地产买卖活动是房地产的产权关系通过交易行为发生变化的活动，较之房地产的其他交易活动更为便捷。中国现时期各个地区和城市的房地产市场，尤其是比较发达和市场化程度较高的地区和城市的房地产市场，正处于房地产消费和投资的快速增长时期。投资新建的房地产与二手房地产的交易非常活跃。以这些地区和城市为例：投资新建房地产的投资人（通常称为房地产开发商或业主）委托经纪人为其出售投资新建的期房或现房时，与经纪人订立的经纪合同形式主要是代理合同，很少采用居间合同形式。而在二手房地产的买卖活动中，房地产买卖的委托人与经纪人订立的经纪合同形式则是以居间合同为主，采用代理合同形式的不多。可见，同样是房地产买卖活动，因为委托人的目的、要求、交易条件、交易习惯等诸多因素的不同，选择的经纪合同形式不同。

（2）*房地产租赁经纪合同*。租赁经纪合同是经纪人与委托人通过约定，由经纪人为委托人的房屋租赁活动提供经纪服务，由此订立的合同称为房地产租赁经纪合同。房屋租赁是反映房地产的债权经营活动的，较之房地产的其他交易活动更为复杂。经纪人与委托人为房屋租赁活动约定的经纪合同形式，一般同房地产的买卖活动相似。房地产经纪人因房屋租赁过程复杂，租约存续期间容易发生债权债务纠纷等因素的影响，担心介入委托人之间不必要的债权债务纠纷，所以多选择居间合同形式以示规避。这是租赁活动中较典型的经纪行为。然而，由于房地产租赁交易的特殊性，如交易双方权利义务关系存续时间长，影响双方交易利益的因素复杂（如房屋及设备维修），房地产出租人实际上非常需要房地产经纪人能提供代理服务。目前一些城市有少量房地产经纪机构推出了房屋出租的代理服务，全面代理出租方的房屋出租、收租、维修乃至装修服务。这种情况下所签订的租赁经纪合同是一种代理合同。

2. 一手房经纪合同与二手房经纪合同

一手房和二手房是房地产市场一种习惯叫法，一手房通常是指投资新建用于出售出租的房地产，房地产市场上把这种新建房屋在建时预售、预租，或建成后出售、出租的首次交易称为一手房交易，在许多情况下，这类房屋未被使用过。二手房是指经过首次交易的房地产，其再度交易，或多次交易都称为二手房交易。这种习惯叫法可以简明地区分交易房屋的新旧程度，通俗易懂在房地产市场尤其在房地产经纪行业已被广泛接受和运用。

(1) *一手房经纪合同*。一手房的经纪活动主要发生在一手房卖方与经纪机构之间,因为一手房交易活动中的卖方都是投资新建房屋的投资者。由于新建房屋预(销)售的数量通常比较大,少则几千平方米,多则几万甚至几十万、几百万平方米,因此交易事务庞杂而集中。而且受投资资金、投资建设周期、市场风险等多重压力的影响,卖方通常期望经纪人能运用营销手段,尽快出售、出租房屋以达到自己快速收回资金、降低市场风险的目标。其委托代理合同的内容表现为目标明确、要求具体、事务繁杂、周期严格并具有风险性。同时要求经纪人按照指令和指示办事,不得自行其事。因此,委托人是因其事务繁杂而选择能够承担这种事务的经纪人授予其代理权,并通过订立代理合同督促其完成。一手房交易中,绝大多数的个人购房者因购房目标明确,手续简单,故都是自行寻找交易机会,少有委托经纪人提供服务,这样可以节省委托费用,降低购房成本。

一手房经纪合同中,除了前文已述的合同基本条款外,须特别增加以下条款:①经纪机构提取佣金的条件,如必须完成总预(销)售面积的多少比例;②价格浮动范围;③佣金结算的方式和时间;④有关广告、售楼处搭建及布置等方面的费用支付问题。

由于一手房代理的标的是批量化、差异化的房地产商品,每一宗的市场价值、销售难度均有不同,销售价格必须有一定弹性。同时整体的销售不一定能做到百分之一百销完,因此必须事先约定衡量经纪机构完成任务的考核指标——销售面积比例。批量化商品的销售时间较长,佣金也就有必要分期支付,这样就必须约定各期支付的时点或前提条件。一手房预(销)售过程中发生的费用较多,与投放的时间、数量与销售量有密切关系,因此也必须在合同中约定。

(2) *二手房经纪合同*。二手房交易中,绝大多数的租售当事人因为不能确定地寻找到期望或满意的交易对象。为了减少盲目的寻找,这类的合同大多数是居间合同形式。有些是指示居间合同,也有些是媒介合同,大部分则是指示与媒介相混合的合同。其特点是合同要求完成的事务应当完备。由于二手房有限,而且多为已使用过的房屋,二手房居间合同就应相应增加有关房屋已使用情况调查、告知责任以及房屋交验责任的条款。此外,由于二手房交易中,委托人常常会要求经纪机构提供一系列相关服务,这时还必须增加有关这些相关的补充条款。

3. 房地产买方、卖方代理合同

买方和卖方是房地产买卖活动中互为相对方的交易主体。买方与卖方各自委托代理人为其提供劳务服务所订立的代理合同,是属于同一类型的合同形式。合同的主要条款没有根本的差异,但是,各自因委托授权的范围、要求、条件、事务的多寡,责任的大小之间的差异,其合同的权利义务关系不同,结果也不同。

(1) *房地产买方代理合同*。

为委托人买到最低价格的房地产,或者是在预定的价格下,买到最好的房地产是房地产经纪人应承担责任和义务。然而由于对房地产质量、功能方面的评判标准不可能完全统一。因此,在买方代理合同中,如果能约定经纪人应提供的备选房源数量,则可相应减少经纪纠纷。此外,在以上第一种情况下,由于客户有特定的要求,佣金的标准不能等同于一般经纪合同标准。可在合同中特别约定。

(2) *房地产卖方代理合同*。卖方代理业务中,经纪人的基本义务是实现标的物业的最高出售价格。但是由于价格越高,出售的难度也越大,对于批量的一手房预(销)售代理来说,销售进度也会有影响。因此,为了避免经纪纠纷,卖方代理合同中应载明有关交易价格范围、销售时间和进度以及不同价格和销售进度下佣金计算标准的条款。

房地产市场营销实务篇

第八章　房地产市场调查实务

市场经济条件下，市场信息成为企业竞争制胜的基础。市场调查是企业与内部环境及外部环境沟通的重要工具和手段。房地产市场调查在整个房地产活动中扮演重要角色。本章将对房地产市场营销不同阶段调查的内容及所运用的方法进行深入探讨。

第一节　房地产市场调查的目的和内容

一、房地产市场调查的目的

确定调查目的是进行市场调查应首先明确的问题。目的确定以后，市场调查就有了方向，不至于出现太大的过失。也就是说，调查人员应明确为什么要进行市场调查，通过调查要解决哪些问题，有关调查结果对于企业来说有什么作用。如果一开始就没抓准问题，以后的一系列市场调查将成为浪费，造成损失。一般房地产开发项目不同阶段客户调查的目的和内容，如表 8-1。

表 8-1　客户调查的目的与内容

阶段	客户调查的目的	调查具体内容
初步定位阶段	本片区潜在客户需求物业类型、户型、价格偏好	物业社区、楼层、户型类型、结构、面积、环境需求偏好 单价、总价预期
定位论证阶段	同质项目潜在客户特征 同质项目成交客户特征、重视的因素	初步产品定位条件下的潜在客户构成 成交客户构成 成交客户决定购买的重要因素
设计建议	同质项目潜在客户需求产品细节、家庭及生活状况	产品需求偏好(在同一类型中的细节要求) 生活习惯、家庭状况
竞争分析阶段	本项目目标客户所需求的推广内容及方式	同质项目上门客户买楼习惯、生活习惯 同质项目成交客户对推广内容的反应 同质项目成交客户决定购买的原因
竞争调整阶段	本项目成交客户性质、来源、偏好的推广内容方式	本项目成交客户性质、来源、有效推广方式、内容

二、房地产市场调查的内容

房地产市场调查内容广泛，本节主要阐述房地产市场调查的一般内容和不同营销阶段的具体调查要点。在市场调查的操作过程中需要了解多方面的信息。其中一些宏观方面的信息，如政治法律（包括国家、城市有关房地产开发经营的方针政策、相关法律规定、发展计划等）、经济环境（包括城市的经济特性、经济结构、利率水平、获取贷款的可能性、经济产业结构、居民收入水平、消费结构和消费水平等），并非每开发一个项目都需要去调查，这些信息在房地产市场营销过程中对技术层面的指导意义不是很大。另外，房地产项目的基本信息、资料和消费者对产品的偏好等，对房地产项目的定位、销售具有直接的影响。这部分往往是需要花费时间、精力去了解和调查的。

1. 市场环境调查

包括社会政治、经济和文化环境调查，其主要内容有：①国家的有关政策，如财政、信贷、价格、税收、利率等政策；②国家有关法令，如环境保护法、土地有偿出让法、工商法、保险法、与外国合资经营条例等；③国民生产总值、工农业生产总值、国民收入、城乡人均收入水平等；④人口及其增长情况；⑤消费结构和消费水平；⑥家庭收入及居民存款额；⑦教育程度、文化水平和职业构成；⑧家庭人口及构成、风俗习惯、审美观念等。

2. 消费者的调查

从市场经营的观念来说，消费者的需求应是企业一切活动的中心和出发点。因此，对消费者的调查，就成为房地产营销的一项最重要的内容。对此项调查主要应包括以下几项内容：①现有多少消费者需要购买房产；②消费者购买房屋的动机及其心理活动状况；③消费者购买房屋的数量；④消费者对房屋设计、层次、价格，以及所处地段的要求；⑤消费者的经济来源和经济收入情况；⑥消费者的支付能力；⑦消费者对本企业商品房的信赖程度和原因；⑧对潜在消费者的调查和发现等等。

3. 房地产市场情况的调查

市场情况调查的目的，是要进一步发现企业的潜在市场和商品房的潜在销售量，也就是要弄清还有哪些地区的市场可以开发和占领。市场情况的调查包括以下内容：①整个房地产市场对某类商品房的总需求量和它的饱和点；②市场的销售发展趋势；③本企业商品房在同行业中的市场占有率；④本企业商品房在各个地区市场上的占有情况；⑤还有哪些没有被开发和占领的市场可以开发占领；⑥在哪些地区的市场中有较多的潜在消费者，可能增加商品房的销售量等等。

4. 价格的调查

价格对商品房的销售量和企业盈利的大小有着直接的影响，因此，积极开展商品房价格的调查，对于企业制订正确的定价策略有着重要的作用。价格调查的内容如下：①影响商品房价格变化的因素；②房地产市场供求情况的变化；③商品房需求弹性的大小；④各种不同的价格策略对商品房销售量的影响。

5. 广告的调查

广告是促进商品房销售的一种重要手段，因此许多房地产开发企业每年都要花一定数量的经费从事广告宣传活动。怎样用较少的费用取得最好的广告效果，就成为广告调查研究的重要课题。调查包括以下内容：①广告信息的选择和设计；②广告媒介的比较和选择；③广告代理公司的选择；④广告效果的测定；⑤广告计划和广告预算的拟定等。⑥市场竞争情况的调查。

市场竞争对于房地产企业制定市场经营策略有着重要的影响。因此，企业在制定各种重要的市场经营决策之前，必须认真调查竞争对手可能作出的种种反应，并时刻注意竞争者的各种动向。因此市场竞争情况的调查应包括以下内容：①对竞争者的商品房设计、室内布置、服务优缺点的调查与分析；②对竞争者商品房价格的调查和定价情况的研究；③对竞争者广告的监视和广告费用、广告策略的研究；④对竞争者销售渠道使用情况的调查和分析；⑤对未来竞争情况的分析与估计等。

三、房地产市场营销调查的要点

由于房地产营销活动划分为不同阶段，每个阶段房地产市场调查的要点也不相同。本部分将分阶段阐述房地产市场调查的要点。

1. 房地产销售准备阶段市场调查要点

分析市场的供求状况，单凭宏观的统计信息如土地供应量、批准预售量是不足的。只有调查市场的供应和需求状况，才能明确判断市场的供求关系，才能对项目销售价格策略的制定有直接的帮助。

（1）竞争项目基本信息的调查。了解竞争项目的基本信息有助于对市场供求的明确判断。竞争项目的基本信息包括发展商、位置、交通状况、规划要点、建筑面积、户数、层数、配套（会所、设备）、装修、景观、户型种类、户型面积、户型比例。

（2）竞争项目销售信息的调查。房地产项目的入市时机不一，调查竞争项目剩余和售出的单元，对判断同一客户群的竞争状况，制定出有助于销售的竞争策略极为必要。竞争项目的销售信息调查包括项目的开售时机、价格（不同户型的价格、价格差、朝向差）、付款方式、代理商、不同户型的销售状况、消费群体取向、广告主题等。

（3）客户需求和接触媒体习惯的调查。房地产销售对象是客户。客户的消费偏好怎样，他们的支付能力如何，日常接触哪些媒体等等这些问题都需要通过市场调查去获知。客户需求和接触媒体习惯的调查内容包括客户置业计划、购房目的（自用或出租）、区域的选择偏好、装修偏好（自已装修或提供装修）、付款方式、购房决策过程、计划置业客户特征（家庭结构、工作地点、从事行业、月收入、教育程度）及客户喜欢的媒体。见表 8-2。

表 8-2　　某项目在销售准备阶段实际采用的调查表格

楼宇名称			调查日期		
起价		最高价		折实均价	
楼层差	最高______/最低______/平均______		朝向差	最高/______最低______/平均______	
付款方式	一次性：				
	按揭：				
代理商					
客户群及购买户型					

续表

楼宇名称		调查日期		
（比例）				
各户型、各楼层销售状况				
现场售卖情况	户型	所在楼栋	所在楼层	销售率
	房/厅/厨/卫/阳/工人房			
	房/厅/厨/卫/阳/工人房			
	房/厅/厨/卫/阳/工人房			
	复式房			
	平均销售率			
其他媒体使用情况				
简要述评	□DM/□邮政海报/□VCD/□电视/□车站灯箱/□公交车厢/□车身广告/□杂志/□路牌/□电台/			
备注				
	起价/最高价/均价都是指实价；均价指标准层中间楼层实价；如有价目表或试算表需附上，并注明年月日。			

2. 房地产市场定位阶段的市场调查要点

房地产项目定位阶段的市场调查从了解开发项目的土地状况调查入手，分析和判断其所具有的居住、商务、景观价值；调查该区域项目的供应状况，分析街区价值、潜在消费者的生活模式及其对居住空间的偏好。做好上述调查工作，房地产项目的定位才能在信息充足的基础上开展。

（1）项目基地现状调查。不论是住宅、商业或工业用地，都可以从以下几方面进行调查：基地地理环境，基地地上物状况、邻地状况、基地四周道路和给排水状况、附近公共设施，见表 8-3。

表 8-3　基地情况调查表

项目	内容
基地地理环境	方向、风向、地质、景观方向、地形、排水方向
基地地上物状况	地上物、特殊状况
邻地状况	基地与邻地情况、防火设施、邻地建筑、邻地地下室深度
基地道路及给排水状况	市级道路、主要出入道、基地给排水
附近公共设施及交通状况	公共设施(公园、学校、市场)与基地远近、基地的可达性

(2) 项目交通状况调查。交通流量常能带来人流,并提升人流驻留地点的商业价值。交通流量因道路形态不同而有很大的差异,而道路形态也因使用车种、使用时间、使用目的而有不同的发展,因此道路形态与交通流量存在互为因果的关系。一般所指的交通流量资料包括:机动车流量、小客车流量、大客车流量、货车流量、双向行人道流量,以及这些流量的路线及其可到达的区域。每一种不同类型的道路,其交通工具的种类、比率、流量以及大众运输工具的便利性,都对道路沿线商业发展造成不同的影响。

(3) 项目周边景观调查。从市场的发展看,消费者对景观的关注度越来越高。对项目周边景观的调查要详细,具体包括房地产项目周边的自然景观、人文景观、遮挡物以及可能对景观造成的破坏。

(4) 商务圈和商圈调查。商务圈是办公大厦集中区域;商圈是指消费者选择的购物地区范围。商务圈调查要考虑周边写字楼的数量、等级、租住公司的规模、行业分布等;商圈调查则要考虑周边的家庭户数、人口特性、生活形态、消费行为等。

(5) 区域基本信息调查。通过对当前区域基本状况调查和分析,可以判断出未来物业开发的基本走向。区域基本信息调查包括区域开发结构、供应状况、总体价格水平、物业租售总体状况等。

(6) 相关项目基本信息调查。房地产项目的定位细节包括许多内容,从户型比、项目配套到装修、设备。了解相关项目的基本信息,可以很好安排自身项目的空间配置设施。相关项目基本信息调查包括发展商、位置、交通状况、规划要点、建筑面积、户数、层数、配套(会所、设备)、装修、户型种类、户型面积、户型比例(写字楼按间隔划分,商铺按铺型调查)等。表 8-4 就是某住宅项目部分信息调查的详细内容。

(7) 客户产品需求调查。产品是为了满足客户的需求。客户产品需求调查包括住宅类型的偏好、户型布局的偏好、楼盘档次的偏好、楼盘建筑风格的偏好、楼盘配套设施的偏好、楼盘停车位的偏好、楼盘景观的偏好、装修标准的偏好等。

表 8-4　　　　住宅项目信息调查表

<table>
<tr><td>会所</td><td colspan="3">□无会所□有______m²会所，设施如下：
□游泳池______m²/□沐浴房/□桑拿/□餐厅/□酒吧/□咖啡厅/□美发屋/□美容厅/□乒乓球/□台球/□室内网球/□室外网球场______个/□棋牌/□健身房/□视听室/□阅览室/□图书馆/□卡拉 OK/□商务中心______m²/□游戏机室/□客房/□洗衣房/□超市□儿童乐园______m²/□老人活动中心/□医务室/□网吧/□幼儿园/□高尔夫练习场/□其他______</td></tr>
<tr><td>景观</td><td colspan="3">面积______m²；其中：□雕塑/□小品/□瀑布/□喷水池/□绿植/□中央绿地/□组团绿地/□立体绿化/□其他______</td></tr>
<tr><td rowspan="3">公共装修</td><td>裙楼外墙</td><td colspan="2"></td></tr>
<tr><td>塔楼外墙</td><td colspan="2"></td></tr>
<tr><td>地面装修材料</td><td>装修材料</td><td>墙面装修材料</td></tr>
<tr><td>设备</td><td colspan="3">供水：□直饮水/□分户 24h 热水/□其他______
供电：□自备供电系统/□其他______
供气：□管道煤气/□其他______
电梯：□进口/□国产______牌，载______（人/部）/□其他______
消防：□防火/□防煤气泄露系统/□其他______
保安：□闭路电视监控/□可视对讲机；门锁：□IC 卡锁/□密码锁/□指纹锁//□家庭自动报警系统/□紧急按纽/□应急联动系统/□其他______
通信：□DDN 专线/□ISDN/□ADSL/□室内综合布线/□光纤/□其他______
电话：______条；天线：□卫星电视/□有线电视/□其他______
智能：□家电自动控制/□远程控制/□其他______
制冷：□大堂集中空调/□分户中央空调/□其他______
供热：□集中中央空调/□分户中央空调/□其他______
物业管理：□三表户外人工抄表/□三表 IC 卡缴费/□小区网络抄表缴费/□其他______</td></tr>
</table>

3. 房地产销售过程市场调查要点

房地产项目进入销售阶段，预先制定的价格策略、销售策略、推广策略需要根据实际情况的变化进行调整。

(1) 推广调查和测评。在销售过程中，推广是一项重要的工作。推广效果如何，接受的信息是否准确，需要在市场中验证。一般通过座谈会的方式召集销售人员调查推广的效果。推广调查内容包括电话进线、上门客户量、电话咨询内容、上门客户询问等。

(2) 成交客户问卷调查。由于房地产企业对于部分客户的市场调查存在客户群识别的问题，比如某项目主力户型是四房二厅，户型面积 140m²，总价在 80 万元以上，客户群的取样难度就相当高。假如以某一富人区为调查区域，可能选取的样本在收入方面能满足要求，但这部分客户实际上要求的是别墅或 250m² 以上的户型。而由代理公司进行的成交客户问卷调查就不受客户群识别的制约。成交客户问卷调查内容可以涵盖几乎所有客户调查的内容，包括一些难度很高的定位客户调查，如户型布局的偏好，被调查对象也很乐意配合。

(3) 销售难点调查。销售出现障碍，需要调查销售障碍的原因。实际工作中需要经常召集销售人员调查分析成交和不成交原因。销售难点调查包括客户的家具安排、房间功能安排、日常家居活动安排等内容。

4. 房地产再转让市场调查要点

房地产项目再转让市场调查内容相对于上面三个阶段的调查要简单,且容易操作。具体内容有:

(1) 价格调查。价格调查是房地产再转让调查的首要因素。价格调查内容包括单套报价调查、单套成交价调查、批量报价调查、批量成交价调查、租赁价格调查、租金支付方式调查。调查方式有报盘广告的统计、询问同行、查询成交记录等。

(2) 客户调查。了解客户特征是营销活动的重点,房地产再转让市场调查也不例外。客户调查的内容包括客户购买因素、客户购买动机、客户支付能力、客户面积偏好、客户基本资料,包括年龄、家庭构成以及从事职业。

(3) 成交区域调查。从事房地产再转让服务,需要了解成交活跃区域才能保证房源。成交活跃区域的调查包括区域地铺数量、区域成交量等内容。调查方式有实地调查、报纸广告统计和查询成交记录等。

(4) 竞争状况调查。房地产再转让还需要了解中介之间的竞争状况。竞争状况调查内容包括主要从事再转让中介服务公司的数量,经常在报纸上刊登房源广告的公司。

第二节 房地产市场调查的方法

房地产市场调查的方法很多,而且各种方法均有其优缺点,在市场调查中可根据具体情况选择不同的方法。市场调查方法可分为两大类,第一类按选择调查对象来划分,有全面普查、重点调查、随机抽样、非随机抽样等;第二类是按调查对象所采用的具体方法来划分,有观察法、试验法、访问法等。

一、按调查对象划分

1. 全面普查

全面普查是指对调查对象总体所包含的全部个体都进行调查。对市场进行全面普查,能获得非常全面的数据,正确反映客观实际且效果明显。如果把一个城市的人口、年龄、家庭结构、职业、收入分布情况系统调查了解后,对房地产开发将是十分有利的。但全面普查工作量很大,要耗费大量人力、物力、财力,调查周期较长,故一般只在较小范围内采用。当然,有些资料可以借用国家权威机关普查结果,例如可以借用全国人口普查所得到的有关数据资料等。

2. 重点调查

重点调查是以总体中有代表性的单位或消费者作为调查对象,进而推断出一般结论。采用这种调查方式,由于被调查的对象数目不多,企业只需耗费较少的人力、物力、财力,在短时期内就能完成。如调查高档住宅功能需求情况,可选择一些购买大户作为调查对象,因为这些大户对住宅的功能要求具有代表性,从而可以从中推断出整个市场对高档住宅的功能需求状况。当然由于所选对象并非全部,调查结果难免有一定误差,市场调查人员应引起高度重视,特别是当外部环境产生较大变化时,所选择重点对象可能就不具有代表性了。例如,在调查建材需求量的过程中,国家加强了宏观调控,一些房地产公司贷款受到限制,资金不足，开工不正常，水泥等材料需求量急剧减少。在这种情况下，公司应及时调整，重新选取调查对象，并对调查结果认真分析，只有这样的市场调查结果才能为企业制定策略提供有用的依据。

3. 随机抽样法

随机抽样调查是在总体中随机任意抽取个体作为样本进行调查，根据样本推断出一定概率下总体的情况。随机抽样在市场调查中占有重要地位，在实际工作中应用也很广泛。随机抽样最主要的特征是从母体中任意抽取样本，每一样本有相等的机会，即事件发生的概率是相等的，这样可以根据调查的样本空间的结果来推断母体的情况。它又可以分为 3 种：一是简单随机抽样，即整体中所有个体都有相等的机会被选作样本；二是分层随机抽样，即对总体按某种特征（如年龄、性别、职业等）分组织（分层），然后从各组中随机抽取一定数量的样本；三是分群随机抽样，即将总体按一定特征分成若干群体。随机抽样是将部分作为样本。分群抽样与分层抽样是有区别的：分群抽样是将样本总体划分为若干不同群体，这些群体间的性质相同，然后将每个群体进行随机抽样，这样每个群体内部存在性质不同的样本；分层抽样是将样本总体划分为几大类，这几大类间是有差别的，而每一类则是由性质相同的样本构成的。

4. 非随机抽样法

非随机抽样法是指市场调查人员在选取样本时并不是随机选取，而是先确定某个标准，然后再选取样本数。这样，每个样本被选择的机会并不是相等的，非随机抽样也分为 3 种具体方法。

(1) 就便抽样。也称为随意抽样调查法，即市场调查人员根据最方便的时间、地点任意选择样本，如在街头任意找一些行人询问其对某产品的看法和印象。这在商圈调查中是常用的方法。

(2) 判断抽样。即市场调查人员，根据自己的以往经验来判断由哪些个体来作为样本的一种方法。当样本数目不多，样本间的差异又较为明显时，采用此方法能达到一定效果。

(3) 配额抽样。即市场调查人员通过一些控制特征，将样本空间进行分类，然后由调查人员从各组中任意抽取一定数量的样本。例如某房地产公司需要调查消费者购买房屋的潜力，特别要了解中、低收人的消费者购房的欲望，以便使企业把握机遇，做好投资的准备。现根据收入与年龄将消费者进行分类，按收入分为高、中、低档，年龄根据中国国情划定为 27 岁以下和 28～35 岁、36～55 岁、55 岁以上四组，调查人数为 300 人，在对每个标准分配不同比例后，得出每个类别的样数。

二、按调查方法划分

1. 观察法

观察调查法是调查者在现场对调查对象的情况进行观察，凭借自己的感觉或者利用照相机、录音机、摄像机或其他仪器对调查对象的活动和现场事实加以考察记录，以取得原始资料的一种实地调查方法。

按照观察者深入观察活动的程度，观察调查法一般可分为直接观察、间接观察和局外观察几种类型。

(1) 直接观察。这是一种调查者完全参与的方式。调查者隐瞒自己的真实身份，置于被观察者群体之中，亲自体验被观察者的处境与感受，倾听他们的意见与言谈，直接掌握事态发生发展过程，了解顾客的需求和意见。如在售楼现场或房展会等人流比较集中且自由度较大的场合，通过对购房者言行的观察能直接了解到购房者对楼盘的反响。

(2) 间接观察。这是一种不完全参与的方式。有些时候调查者需要从侧面对事物进行观察，这时他虽然参与被观察者群体，但不隐瞒自己的真实身份并取得被观察者的信任，置身于事物当中去获取资料。

(3) 局外观察。这是一种不参与的方式。调查者不参与观察对象的任何活动，不干预事物发生发展的过程，任其自由发展，以旁观者的身份去体验，获取相关的资料。

由于观察调查法是到现场去实地观察顾客的行为，并从侧面去获取资料，因而可以较客观地收集、记录被调查的人或事物的实际情况，其结果比较真实可靠。有时可以获取到用询问法所无法取得的资料。

采用观察调查法主要是为了获得那些被观察者不愿或不能提供的信息，但其不足之处在于需要花费较多的经费和时间，且一般只能了解一些表面性的具体事实，难以发现事物的内在矛盾。另外，观察调查法有时会由于受到时间和空间的限制，而使所获得的信息资料具有一定的局限性。

2. 实验法

市场营销中的实验调查法源于自然科学中的实验求证法，是指在新产品投入市场或大批量生产之前，为了研究不同包装、不同价格、不同促销手段等对商品销售的影响，先采取小规模的，一定范围的试销，对市场经济现象中某些变量之间的因果关系及其发展变化过程进行市场销售“实验”，以取得有根据的数据和资料的一种方法。

在实际调查中，通常有两种形式的实验调查，即事后调查和事先事后调查。

(1) 事后调查。选取两组条件相似的调查对象，一组作为实验组，一组作为控制组(即对照组)，然后改变实验组的某个市场因素(称为实验因素，如价格、户型设计等)，控制组则保持原样。实验后，再测定比较实验组和控制组的结果，以确定实验因素对实验对象影响的程度。这种方法即为事后调查。如某房地产企业为了解商品房价格对销售的影响，可在同一小区内选择两栋住宅楼，改变其中一栋住宅楼的价格，另一栋则保持不变，经过一段时间后，测定销售效果，就可以知道价格对销售的大致影响程度。

(2) 事先事后调查。选取两组条件相似的市场对象，一组作为实验组，一组作为控制组，然后在实验前和实验后分别对两组对象进行测定比较。如某房地产企业开发了两个住宅小区，且二者条件大致相似，企业拟作广告促销，对其中一个小区作广告宣传，另一个小区不作宣传。然后根据实验前后一定时期内两个小区的销售效果，测定广告宣传对销售的影响程度。

在实验调查法当中，调查者可以主动地、有控制地引起市场因素的变化，并通过其变化来研究其对市场的影响，因而所取得的情况和数据比较客观可靠。但实验调查法所需时间较长，费用较大，且容易失去一些市场机会，故这种方法带有一定的风险性。

3. 访问法

访问调查法是按照事先拟定好的市场调查方案和调查表有计划地以当面或电话或书面形式向被调查者提出问题，以他们的答复作为调查资料依据的调查方法。这是一种最常用的调查方法，有以下几种形式：

(1) 问卷调查法。这是一般耐用消费品最常用的市场调查方法。通过科学设计调查表及问卷，有效地运用个人访问技巧来达到调查的效果。如在进行客户需求调查分析时，通过包含有楼盘价格、环境、会所等问题的问卷调查，可较为全面的了解客户的需求偏好，为市场定位打基础。针对不同的调查目的及调查对象，如何选择问题及设计问题的形式是关键，既要让被调查者有足够的耐心配合完成，又要保证调查效果。

如下案例为针对某中高档商品房市场情况的调查问卷：

您好！

为了更好地为您和其他购房人士提供满意的产品和服务，特组织了本次调查。谢谢您的合作和参与！

(1) 您认为较合适的房价在什么范围内？

□4000～5000 元/m^2 □5000～8000 元/m^2 □8000 元/m^2 以上

(2) 您希望购买多大面积的住房？

□80m^2 以下 □80～100m^2 □100～150m^2 □150～200m^2 □200～300m^2 □300m^2 以上

(3) 您打算购买的户型结构是：______房________厅______卫 ______阳台______工人房

(4) 您希望住宅状况是(可多选)

□一般装修 □豪华装修 □带家具 □带电器 □电话 □宽带网络 □直饮水

(5) 您需要停车吗？□需要 □不需要

(6) 您希望住房属于什么建筑类型(可多选)？

□别墅 □多层不带电梯 □多层带电梯 □小高层 □高层

(7) 您可能会购买的户型形式是： □平面 □复式 □跃式 □错层

(8) 您打算在以下哪个区内购房

□杨浦 □虹口 □闸北 □静安 □普陀 □徐汇

□卢湾 □黄浦 □浦东 □闵行 □长宁

(9) 您目前的居住区域____________________________

(10) 您的工作区域____________________________

(11) 您比较喜欢的社区规模是

□单体 □小区(小于 8 万 m^2) □大社区(8～15 万 m^2) □超大社区(15 万 m^2以上)

(12) 您的年收入为：

□3 万元以下 □3～5 万元 □5～8 万元 □8～12 万元 □12～15 万元 □15～20 万元

□20 万元以上

(13) 您所能接受的相应房价以及需要的面积及户型________________

(14) 您希望所购的住房周围有哪些配套设施(选出前5位排序):

□保龄球馆　□菜市场　□银行　□室内游泳池

□商场/超市　□美容店　□棋牌室　□干洗店　□儿童戏水池

□儿童温习室　□乒乓球室　□桌球室　□书吧　□咖啡吧

□健身中心　□网吧　□电子商务中心　□酒吧　□中餐厅

□西餐厅　□其他

(15) 您所希望的物业管理费为每月:

□1元/m^2 以下　□1～2元/m^2　□2～3元/m^2　□3～5元/m^2　□5元/m^2 以上

(16) 您可能会选择的朝向(可多选):

□东　□南　□西　□北　□东北　□西北　□东南　□西南

□有景观的朝向均可　□无所谓,看价格

(17) 在可能的价格范围内,您希望购买的房屋具有哪些配套服务(选出前5位排序)?

□托儿服务　□打扫及床铺服务　□收发传真服务

□邮递服务　□专人洗熨服务　□打字影印服务

□外卖送餐服务　□电话叫醒服务　□医疗及牙医服务

□行李搬运服务　□房间收拾服务　□其他

(18) 您一般何时看电视?

□周末假期　□上午　□下午　□晚饭时

□晚上7～10点　□晚上10～12点　□其他______

(19) 您一般收看什么电视台(前3位):__________、__________、__________

(20) 您通常收听什么电台频道:__________、__________、__________

(21) 您经常阅读的报纸是(选2种):______________、______________

(22) 您经常阅读什么杂志?

□读者　□青年文摘　□女友　□时尚　□财富　□世界经理人　□其他________

(23) 您上网的频率是:

□不上网　□极少上网　□每周1～2次　□每周3～4次　□每天上网

(25) 关于您的家庭:

家庭人口:□1人　□2人　□3人　□4人　□5人及以上

子女人数:□1人　□2人　□其他

子女年龄:□3岁以下　□幼儿园　□小学　□中学　□高中　□大学　□其他

(25) 您的藉贯__________ 年龄__________岁 来沪年限____________年

您所从事的行业____________ 您所承担的职务 ____________

教育程度：□大学以下 □大学 □硕士 □博士 □其他

(26) 您工作上下的班交通方式(单选，若多项以经常一项为准)

□私家车 □出租车 □公交车

□自行车 □步行 □其他( )

(27) 您爱人上下班的交通方式(同上)：

□私家车 □出租车 □公交车

□自行车 □步行 □其他( )

谢谢您的合作，

祝您一切顺利！

调查人：____________ 调查时间：________

(2) 实地调查法。房地产市场最常用的调查方法，明确调查目的，按需要调查的要素展开调查，描述房地产实际状况和采集相关信息。如下案例为某公寓项目的实地调查表：

表 8-5

<table>
<tr><td colspan="4" align="center">××商城</td></tr>
<tr><td>总体规划</td><td colspan="3">“××商城”规划的建筑总面积为 50 多万 m^2，准备分三期规划和建设。除了将建 8 栋公寓外，在公寓周边还将建造连成一体的、建筑面积达 10 万多 m^2 的公用建筑，其中包括写字楼、五星级酒店、邮局、超市、医院、银行、图书馆、体育中心、学校、双语幼儿园等设施。</td></tr>
<tr><td>功能定位</td><td colspan="3">规模大，一个既可以充分体现商务氛围，又可以提供舒适、方便的居住、生活条件的地方，一个区内生活设施、商务设施高度配套的大型现代化社区。</td></tr>
<tr><td>发展商</td><td></td><td>位置</td><td></td></tr>
<tr><td>占地面积</td><td></td><td>均价</td><td></td></tr>
<tr><td>总建筑面积</td><td></td><td>价格定位</td><td></td></tr>
<tr><td>物业管理</td><td colspan="3"></td></tr>
</table>

续表

××商城			
客户群比例	外籍人士占 26%，国内人员购买做为投资的占 31%，回国人员购买用于自住的占 23%。		
销售情况			
区域氛围	××商城正好处于××市著名的两大商圈之间，周围又有××中心等众多较高档次的商业物业，而××商城又规划有一栋超五星级酒店和两栋高档写字楼，建成后与××中心极有可能在两大商业圈之间开成一个新的商圈。从商务这个角度看，××中心与××商城一线具有广阔的发展前景。		
户型定位			
功能配套	××商城在社区中规划了富有北美情调的中庭花园和组团绿地以及众多纯美式商场、超市、银行、图书馆、健身中心、会所、美国大夫主持的医院、美籍老师任教的双语幼儿园及双语学校等。加上写字楼和超五星级酒店，构成一个生活服务设施高度配套的现代大型社区。这种风格的社区对于生活在××市的欧美人来说，由于其环境的相似和熟悉具有很强的吸引力。		
外墙			
公寓大堂、电梯厅及公共走廊		厨房	
天花		墙面	
保安系统			
地板		客厅阳台	
浴室		门	
电梯			
电话		卫视系统	
供气系统		供热系统	
空调		供电系统	
设计概念	××商城的设计概念源于一位美籍华人对美国当代生活的感受。在国外有许多规模宏大、配套齐全的，集购物、休闲、娱乐于一体的“SHOPPING MALL”，而迄今为止这种大型的“MALL”在××市还没有过。投建××商城的目的不仅是要把这一形式的商城引入××市，更是希望由此将一种美国式的生活概念带来中国，使在此居住的人在拥有一个居住空间的同时，也能拥有一种与众不同的生活——通过全方位以“人”为本的设计及各类综合配套，为人提供现代、便捷、高效的生活。		

（注：常规简单部分调查内容略）

(3) 开座谈会法。按照抽样原则，召集符合要求的人员，包括相关产品建筑、销售、使用人员、潜在消费者，由调查员主持，以小组座谈会的形式来实现调查目的。通常每场座谈会人员在8人左右。焦点座谈会通常可通过讨论产生新的思路，但是被访问者思想易互相影响。

(4) 深度访谈法。深度访谈通常采用一对一的方式，对主题展开深入的挖掘，让被访者更自由地发挥，以便把真实的感受，动机挖掘出来。深度访谈过程中，通常是用录相机记录而不是用纸记录。但这种调查方式一般费用较高。

(5) 电话调查法。这种方法是市场调查人员借助电话来了解消费者意见的一种方法，如定期询问重点住户对房产的设计、设备、功能、环境、质量、服务的感觉如何，有什么想法，并请他们提出一些改进措施等。这种方法的优点是成本低，信息收集快，不受地区限制。不足在于被调查者仅限于能通电话者，询问时间不能太长，对问题只能作简单的回答，有时不易取得被调查者的合作。

目前，随着互联网的日益发展，通过网络调查也逐步成为一种重要的调查方法。

访问法是最常用的市场调查方法。科学设计调查表、有效运用个人访问技巧是此方法成功的关键。调查问卷的设计有很多种，不同的目的便有不同的问题设计方式，目前常采用的问题类型有以下几种：多种选样的问题、自由作答的问题和双面的问题。当然，还可能有其他类型的问题，关键在于调查人员希望了解什么样的市场信息。

设计调查表的步骤：

(1) 根据整个研究计划的目的，明确列出调查表所需收集的信息是什么。例如对房地产公司来说，它需要得到在它所投资的地区消费者对购房的兴趣、消费者的收入以及购房的承受能力，还有消费者对住房的标准要求等。

(2) 按照所需收集的信息，写出一连串问题，并确定每个问题的类型。房地产公司要想占领市场，既要了解目前该城市的人口分布、年龄情况、家庭结构、住房面积、消费者拥有房产的情况，又要了解居民的收入水平(基本工资、奖金收入、消费者购买生活必需品和耐用消费品以后实际可支配的货币)，最后还要对消费者的购房兴趣、欲望，消费者对住房的最低要求(设计方案、四周环境、建筑套型等)和当地政府对房产的有关政策，银行金融系统对消费者购房的有关政策等有深入的了解。

(3) 按照问题的类型、难易程度，设计题型(单选填充、多选填充、是非判断、多项选择)并安排好询问问题的次序。

(4) 选择一部分调查者做调查表的初步测试，请他们做题，然后召开座谈会或个别谈话征求意见。

(5) 按照测试结果，再对调查表作必要的修改，最后得出正式调查表。

设计调查问题时应注意以下几点：

(1) 问题要力求简单清晰，使被调查人一看就能够明白。

(2) 问题本身不可模棱两可，应该运用简单通俗的文字。一个问题不能有两个以上的主题或内容。

(3) 问题的字里行间避免使用有引导性的问句，不能含有任何暗示，如“你喜欢由某某房地产公司建造的房屋吗?”或“你愿意选择某某地区的房屋吗?”等类似的问题就是含有暗示或引导的意味。

(4) 问题中避免涉及私人问题,或提出不合理的问题。

(5) 注意问题的编列顺序。前几个问题最好设计得简单、有趣,以引起被调查人的兴趣与合作。问题的衔接要合理而自然,从而可以避免因主题的改变造成被调查人理解上的混淆。

与其他行业调查一样,定量调查及座谈会、深度访谈、文案调查等定性调查是房地产市场调查中通常采用的调查模式。由于房地产属于不动产,房地产市场调查涵盖了供应方(产品)、需求方(消费者),以及其间的各种政治、经济、人文环境。因此,市场调查通常是多种调查方法的应用,并通过一定的调查程序得以实现。

在具体调查方法的选取方面,房地产调查需要根据不同的阶段和内容,采用不同的调查方法(表 8-6)。比如在一般市场调查中,问卷方法是普遍采用的重要方法之一;在房地产市场调查活动中,由于问卷访问需要甄别的难度较大,被访问人员的配合等问题,问卷法只作为辅助手段,实地调查法是重要且广泛采用的方法。

表 8-6　　各阶段市场调查常用方法

	定位阶段	销售准备阶段	销售阶段	再转让阶段
常用市场调查方法	实地调查法 座谈会	实地调查法 座谈会 文案调查	实地调查法 座谈会 成交客户问卷调查	实地调查法 文案调查

第三节　房地产市场调查研究的程序

由于调查的类型、目的和范围等有所不同,因而调查所采取的步骤也各有繁简,但无论是何种类型的调查,大致上都要经过四个基本阶段,即调查准备阶段、正式调查阶段、提交调查报告阶段、跟踪调查阶段,具体详见图 8-1。

一、调查准备阶段

调查准备阶段的重点是确定调查目标,发现与揭示问题并制定调查计划。

1. 确定调查目标

进行市场调查要有的放矢,首先必须确定调查研究的问题及其范围,这是市场调查的起点。调查目标的确定应从企业实际出发或是为了解决企业当前急需解决的问题,或是为企业重大经营决策提供依据。

2. 初步分析情况

确定调查目标后,调查人员应根据现有资料对企业的经营或营销活动进行初步分析,以发现和揭示问题。所谓问题一般有两类:一种是出现了明显的困难,如商品房严重滞销;一种是出现了潜在的困难,如商品房销售速度明显下降,销售越来越难。问题的发现可能由领

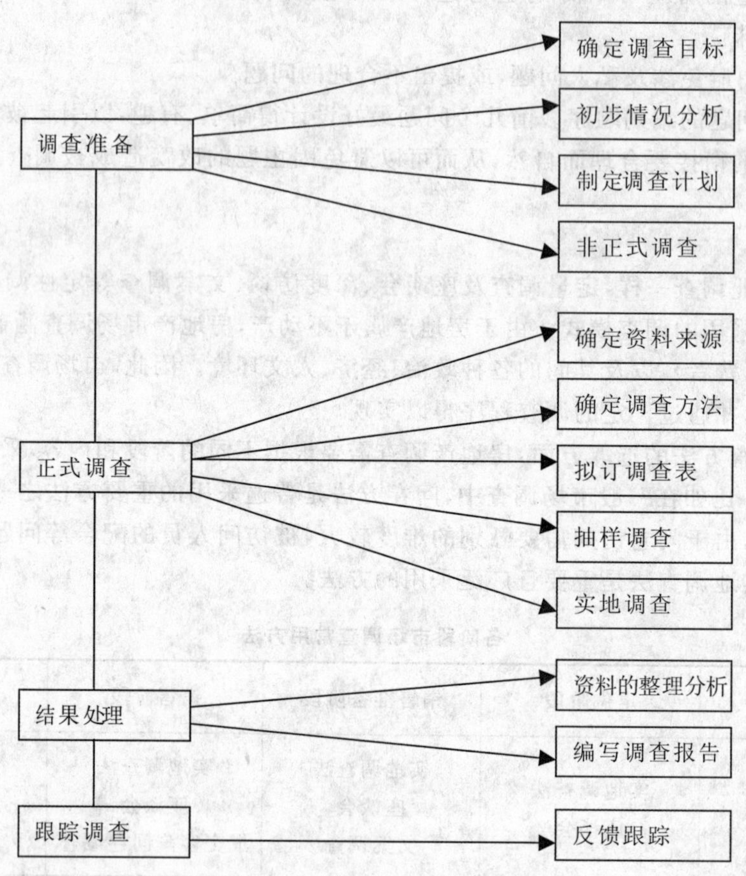

图 8-1　市场调查程序图

导人员、管理人员、业务人员通过某些现象直观地感觉到，也可能由会计系统或统计系统的资料反映出来。在对发现的问题进行初步分析之后，可拟定出一些假设，进行假定推断及提出可能的解决办法，从而使调查的范围进一步缩小。

3. 非正式调查

非正式调查即初步调查，又叫试探调查，是对与目前调查范围有关的一切资料的分析，如企业与政府的资料、专家的意见或消费者的意见。其目的在于对产品本身进行初步的分析与研究。该调查是正式调查计划的基础。

4. 确定研究范围

经过上述步骤后，可使假设减少到几个，甚至一个，从而确定出研究的范围。同时，对所有假设均进行仔细且有系统的分析。如果在研究计划的初期就能够确定和解决所要研究的问题，便可节省进一步的人力、物力的投入。

5. 制定调查计划

调查计划是一个行动纲领，应做到详尽而周密，以确保整个调查工作有条不紊地进行。

某住宅项目市场调研计划如下：

××市××项目市场调研计划

1 调查背景(略)

2 调查主体与目的

2.1 调查主体

2.1.1 通过对××市各主要在售和待售楼盘的调查，掌握目前××市主要房地产项目的供应总量、分布情况、产品结构状况、价格水平与销售状况等情况。

2.1.2 通过对目前在售和待售楼盘及重点竞争对手的细化调查，基本了解其营销策略及客户群构成，掌握××市目前的房地产住宅项目的营销基本策略方法，以及营销效果的反馈。

2.1.3 研究目前××市意向购买商品房的消费者对住宅的需求与消费习惯及动机。

2.1.4 研究目前××市已购买商品房群体的购买动机及对商品房的满意程度、二次置业的空间。

2.2 调查目的

2.2.1 初步建立对××市房地产市场供应需求信息的中长期研究体系架构，对项目运作期间的市场变动情况能够做到动态监控，及时掌握与控制项目过程中不可预见的市场变动带来的风险，做到及时掌握市场变动行情，迅速进行项目的战略与战术调整，建立快速市场信息反馈系统。

2.2.2 借鉴其他优秀的项目市场(竞争对手)的运作经验及历程，发现其中的优缺点，供项目本身借鉴，重点发现竞争对手不足或空白之处，结合本项目实际作为突破点。

2.2.3 发现潜在客户群及其对产品需求的基本情况，为本项目的产品定位和客户群定位提供市场反馈依据。

2.2.4 完善项目的产品定位，解决目前商品房消费者普遍不满意的方面，提高产品成熟度。

3 调查技术方案

3.1 调查对象

3.1.1 可类比市场项目，以××市城东板块为重点，开发面积3.33公顷(50亩)以上的项目。

3.1.2 竞争对手：城东月牙湖以东区域，开发面积50亩以上的项目，包括××城、××山庄、××花园、××水苑、××阁等6个项目。

3.1.3 ××市意向购买群体

3.1.4 ××市已购买住房群体

3.2 调查范围及地点

3.2.1 可类比项目市场：城东板块为重点，兼顾全市其他地区的具代表性项目。

3.2.2 竞争对手：城东板块内，以月牙湖以东区域为主。

3.2.3 消费者：全市11个区。

3.3 调查方法之运用

3.3.1 可类比项目市场：人员跟踪或项目调查。

3.3.2 竞争对手：专业人员深入调查。

3.3.3 消费者：人员自访式问卷调查，小组深度访谈，专家会谈。

3.4 抽样方法运用

3.4.1 可类比项目：普查法

3.4.2 竞争对手：其他渠道深入普查法

3.4.3 消费者：判断抽样法、随机抽样法

3.5 调查样本量

3.5.1 可类比项目市场：占地面积在3.33公顷(50亩)以上的项目。

3.5.2 竞争对手：××城、××山庄、××花园、××水苑、××阁。

3.5.3 消费者：样本总量500份，深度访谈2～4组，目标消费者12～24人/组。

二、正式调查阶段

1. 确定资料来源

调查资料有两大类，即原始资料和现成资料。原始资料又叫第一手资料，是调查者为了一定的调查目的通过实地调查所取得的各种资料。现成资料又叫第二手资料、次级资料或案头资料，是指经过他人收集、整理所积累起来的能为当前的市场调查项目所利用的各种数据和其他资料。现成资料的来源主要有以下方面：

(1) 政府机关、金融机构所统计、公布的资料。如各级政府公报、银行进出口结汇统计等；

(2) 同业公会、商会及各种职业团体所公布的资料。如建工集团、房管机构等；

(3) 市场研究机构、资信机构或公民营企业所公布的资料；

(4) 广告代理商或各种广告媒体所发布的资料；

(5) 国内、外大学的出版物；

(6) 各种基金会所实行的研究计划及报告；

(7) 国内外公共图书馆所公布的资料；

(8) 公司本身的各种有关资料。

市场调查一般从收集现成资料开始，若现成资料足够解决问题，则不必收集原始资料；否则就必须收集原始资料。相对来说，现成资料具有获得快、费用少等优点，但时效性较差。

2. 确定调查方法

房地产企业最常用的调查方法是询问调查法，当然也可以使用观察法、实验法等，这应视具体情况而定。

3. 拟定调查表或调查问卷

在问卷调查当中，调查表或调查问卷的设计是整个调查工作的核心，其设计的好坏将直接影响调查的结果，因此设计一定要具有科学性。

4. 抽样设计

抽样调查，就是按照一定的科学原理和方法，从所要研究的总体的全部单位中抽取一部分单位组成样本，对这些样本单位进行调查，用以估计和推断总体的数量特征和状况。调查人员应科学地设计抽样方法和样本容量，以保证调查的质量。

5. 实地调查

实地调查就是调查人员根据调查计划和调查设计通过各种方法获取调查资料的过程。

为确保调查工作的质量，应对相关人员进行选拔并加以培训。

三、提交调查报告阶段

通过实地调查收集的原始资料，大多是分散、零星的，不能直接说明问题，因此必须经过加工整理，使之变成系统的、完整的和可靠的资料，然后再对资料进行分析整理，得出正确的结论，写出调查报告。

1. 资料的整理分析

(1) 分类。分类工作是使资料具有科学性的基础。事实上，在设计调查表时，已经将某些问题预先进行了分类，例如收入高低的分类、年龄大小的分类、家庭人口结构的分类、职业分类，等等。每一类都有一个号码，这种分类叫做预先编号法，它对以后的资料整理工作，可以减少很多的手续。不过有些资料无法事先加以分类，如采用开放式(自由式)的询问，就只能在事后进行分类。

在进行资料分类时要注意以下 3 个原则：第一，各类别之间要有显著的差异性。因为只有显著差异性的存在，资料分类才有意义；第二，相同(或近似)的资料要归于同一类，切不能把同一类资料分开；第三，分类要尽量详细，这样的资料才有较高的科学价值。

(2) 编校。编校工作就是对搜集的资料加以校对核实，以消除其中的错误部分和含糊不清的地方，使资料达到准确的目的。编校工作应在资料搜集齐全后立即开始，因为这时调查人员刚刚离开调查过程，如发现错误，可回忆错误发生的原因，并采取一定的补救措施。早期纠正和消除资料中的错误，对后期的资料分析工作有着重要的意义。如能利用电子计算机进行分类和编校工作，就可以大大提高编校工作的效率。

资料的编校工作要注意以下几个原则：

① 要确保资料清楚易读。当发现答案不清或记录无法辨认，如问卷是被调查者填写的，在时间允许的情况下，应寄回原址由本人重填或派调查员前去复核更正，如不能重填或更正，则应从资料中剔除。

② 要确保记录的完整性。房地产市场调查问卷的所有问题，都应有答案。如果发现没有答案的问题，可能是被调查者不能回答或不愿回答，也可能是调查人员遗忘所致，编校工作者应决定是否再向原来的被调查者询问，以补填空白问题。或者询问调查人员有无遗漏，能否追忆被调查者所作的答复，不然就应除掉这些遗漏了的资料。

在问卷中往往出现一些“不知道”的答案，如果“不知道”答案在各问题中所占的百分比不大，则可单独列一栏予以表示，如果所占百分比过大(超过 30%)则可按比例分配到其他答案栏下，以免影响资料的完整性和准确性。

③ 要确保记录的一致性或连贯性。在编校每一份问卷时，要查看答案的内容是否前后一致。如发现前后有矛盾的问题，编校人员应决定是否再向被调查者询问，或者把整份问卷从资料中剔除不用。

④ 要确保记录的准确性。在编校过程中，凡对答案有疑问的地方，都要一一加以澄清。

(3) 编号。前面已经说过，资料的分类可用数字代表，例如在调查某地区消费者职业时，可将可能出现的答案列出，并事先予以编号(见表 8-7)。

表 8-7　　　　消费者职业调查表

编号	分类	编号	分类
01	机关干部	05	全民单位职工
02	教学医务人员	06	集体单位职工
03	科技人员	07	外资企业职工
04	企业经营人员	08	个体户

上述方法为预先编号法。如果同一问题的问卷不是采用多项选择式,而是采用填空式的话,例如:"您的职业名称是______",就无法预先编号,而只能用事后编号的办法。如问题属于非结构性的,当然也只能事后进行编号。

(4) 列表。房地产市场调查资料的列表方式可分为单栏表或多栏表两种。在单栏表里只有一项市场调查资料,如果研究人员只要了解某一种特性的调查结果,可采用单栏列表方式。比如,"你想购买商品房吗?"调查 1000 人,只要单栏列表统计出"想买"和"不想买"的人数和百分比即可。如果想在同一张统计表中表示两种或两种以上的特性,则应采用多栏统计表。例如在调查购买商品房意向的统计表里,再加上家庭每月收入这一因素(特性),使得该表能提供较多的资料(见表 8-8)。

表 8-8　　　　不同收入水平居民个人购房意愿统计

收入水平	人均月工资(元/人)	调查数(户)	拟购房数(户)	拟购房产比例(%)
低工资收入	<1000	206	79	38
中等工资收入	1000～4000	592	327	55
高工资收入	>4000	121	121	100
合计		919	527	51.3

上表含有两个因素(特性):一个是被调查者购买商品房的意向;另一个是家庭每月的收入情况。通过多栏表,往往可以看到调查资料之间的相互关系。至于表中两个(或多个)因素之间是否有因果关系,则可通过资料分析来测定。从上表中我们可以看到,家庭每月人均收入水平的高低,对购买商品房的意愿有重要影响。人均月工资收入水平越高,拟购房的比例也越高。当然,在有些情况下,多栏表中的两个或两个以上的特性(因素)并非都具有一定的关系。

最后,要对各类资料加以汇总、统计、计算,系统地制成各种统计表、统计图。由此分析得出相应的统计指标,进而推理出正确的结论。

2. 编写调查报告

调查资料经过整理后,必须写出调查报告,提交给委托者或企业领导作为营销决策的参考。调查报告的基本结构一般包括:① 调查的目的与范围;② 调查的方式方法;③ 资料的分析与评价;④ 结论与建议;⑤ 附录,如样本的分配、统计图表等。

一般来说,一个完整的区域市场调查报告大致包括这样三个部分。

(1) 区域概况

区域概况是房地产区域特征的总结,主要是指对所研究区域的历史发展、人文环境、市政交通和生活环境等各方面基本状况的一个概括性描述。房地产商品的地域性特征特别强,区域概况自然也成了任何一份市场分析报告的基本点和出发点。好的区域概况,首先应该是观点鲜明,内容简明。最好能在叙述性的描绘前,用简练的语句归纳总结出该区域区别于其他区域的显著特点。而要做到这一点,多跑多看多比较,是帮助培养敏锐目光的先决条件。

某项目市场调查报告区域环境调研分析如下:

(A) Z区经济发展基本情况。Z区处于Y市西侧,东临新城河,西至越江桥北接线、西绕环城公路。北至扬宁公路,南至Y经济开发区。Z区总人口20余万人,规划占地面积约$34km^2$。该区域内建设中的Y火车站将于2004年落成,位于Z区西北角;越江大桥也将于2005年建成;届时,Z区将成为Y火车站、越江大桥北接线至Y老城区的必经之路。近几年来,Z区加快建设步伐,加大投入力度,陆续建成了以环城西路为代表的行政办公中心,以新城河路以西、临江大道以东为代表的居住中心,以Y汽车西站周边商业网点为代表的商业服务中心。根据分区规划,体育健身中心、教育服务中心、市民广场等也将陆续形成。

(B) 项目地块交通状况及未来发展预测。Z区现已形成南北向新城河路、北祥路、南七公路,东西向扬宁公路、文华西路、文苑西路、江河西路等为主干的总体道路格局。根据Y市Z建设区分区规划,在未来5年内。Z区还将建成车站路、西绕城公路、越江大桥北接线以及两座立交桥等交通设施,使Z区的区域道路骨干网基本形成,为Z区的进一步发展奠定基础。与此同时,公交线路、水电、煤气管线等也将随道路改造陆续到位。

(C)该区域目前商业业态及未来发展预测。此次调研针对Z区范围内的6条主要干道进行了大面积的商业用房调查。调查结果表明,Z区现有的商业设施中排名前四位的是:①汽修、汽配,②餐饮、茶馆,③装饰材料,④五金、水暖;而与人们生活息息相关的超市、菜场、浴室等所占比例明显偏低,文化、休闲类设施明显不足。其直接原因有两点:一是由于该地区目前人口密度较小,商品房入住率不高,人流量较少;二是该地区目前商业发展水平普遍较低,高档消费场所缺乏。

从未来发展情况看,根据城市总体规划,Z区人口将在2010年前达到20万以上,人口的急剧增长必将导致商业用房需求总量的不断上升和结构的进一步调整,文化设施和生活设施的比重将进一步加大。

(D)Y市城镇居民对Z区的认同程度。调查针对目前Z区的状况向被调查者提出了相关问题,大多数被调查居民对Z区的公交状况、配套设施、地理位置表示不满的同时,也承认该地区房地产与老城区相比空气质量好、小区环境好、具升值潜力,这说明一旦公交、配套等硬件设施到位,Z区的被认同程度将会得到大幅度的提高。

(2) 目标区域的楼盘情况

对目标区域的楼盘情况的罗列和阐述应该是市场调查报告的主体部分。要将这一部分做好,第一步应该学会分类,分类是为了便于说明问题。

房地产市场气象万千，楼盘分类也变化多端：有按地理环境不同分类的，如铁路以北房地产、铁路以南房地产；有按产品种类不同分类的，如外销房和内销房，或是住宅、办公楼和商场等；有按房屋总价不同分类的，如30万元以下的楼盘，30万至80万元之间的楼盘，80万元以上的楼盘，等等。

完成分类工作以后，便是针对所要研究的课题，有重点地逐一进行详尽的客观描述。这一步骤应根据需要，在大量详实的原始资料的基础上，筛选部分细项，或列表或叙述，有条不紊，努力做到完整表达，以对想要知道的东西一目了然。

在分类的基础上，为了更详尽地说明问题而又不使整篇报告过于冗长，应选择某一典型楼盘，利用适量的篇幅进行详细的举证分析。所举证的楼盘或是和本项目非常相似的一个楼盘，或是现时销售非常火爆的一个楼盘，或是对自己构成严重威胁的一个楼盘。

事实证明，只有通过对具体对象的一般和个别的统一认识，才能使自己更加确切地把握这个市场。

(3) 报告结论或建议

科学的结论不是归纳便是演绎，对因果关系的追寻将给房地产商带来准确的结论。对市场调查结果的共同点和异同点的分析，以及对形成这种状况的根本原因的探究，是报告结论的关键部分。

这种共同点和异同点的分析，一方面是产品结构方面的，一方面是需求结构方面的。一份好的报告，除了应该对未来的发展趋势中的供求关系有宏观预测外，更应该在一些细微的结构方面，有着独特的见解。

某公寓市场调查报告结论简述如下：

通过对两地的考察，我们认为作为公寓，尤其是国际公寓，对物业有相当严格的条件限定。一是地理位置较好，要么是中心商圈附近的高尚生活社区，要么是景观优美的山水豪宅；二是大厦形象要豪华气派，内部装修够水准，而且应当符合现代居住要求的大户型设计；三是居住区的环境优美，配套设施齐备，尤其是会所、游泳池、健身房和智能化等必不可少，有的还要配备外语儿童学校；四是要有高水准的酒店公寓式管家服务，如洗衣、餐饮配送、金钥匙服务等。目前C市楼市公寓物业初现雏形，硬件、软件设施多为抄袭国外模式，硬件方面对比较完善，如智能化、网络、通讯等必备条件都已被市场消化，但软件方面则无太多自身特色，仅有新大厦的金钥匙服务模式、万科园的酒店式管理，有待进一步的完善。毕竟，个性化服务式公寓投资是实现回报的核心因素。

要写好区域市场调查报告，在思想观念上还应该关注下面几点：

① 要关注材料的真实性和针对性。市场调研是决策者的“顺风耳”和“千里眼”，而科学的决断又无一例外都是建立在市场调研的真实性基础上的。由此可见，真实性便是一切工作的前提。否则的话，再多的投入也是枉然。

② 区域市场调查报告的针对性是开展科学工作的基本前提。它可以避免泛泛而谈，将有限的人力物力集中在最需要投入的地方。譬如，有的报告是为投资地块选择而作评估的，市场调查工作的安排就可以偏重于人文经济、环境交通和市政规划等等方面；有的报告是为具体产品而作企划修正的，市场调查工作的重点就应该围绕着最近公开的几个楼盘及其销售状况的分析展开。

总之，真实性可以保证材料的可用度，针对性则保证材料的有效度，只有二者相辅相成，工作才会事半功倍。

③ 要注意定性分析与定量分析相结合。撰写区域市场调查报告往往易犯追求尽善尽美的通病,不注意把握市场定性分析与定量分析的尺度。

房地产市场纷繁复杂、朝夕变幻,市场调查部门受人力物力财力的限制,因此区域市场调查报告大多是市场研究人员长期实践的定性分析和即时市场调查定量分析的有机结合,不可能也没有必要做到面面俱到。

譬如对一个地区的未来某种产品供求关系的预测报告,有人会为了一系列精确的数据,而对所有楼盘的所有细项进行大规模的调查统计。其实,即便是国家统计局,也无法掌握到即时的完全准确的数据。当然,这样的工作方式本身无可厚非,但花费精力搜集过于精确和详实的数据,似乎没有太多必要。

另一种偏颇是,报告的大量篇幅偏重于概括和结论,而不习惯于让数据来说话。此时,定性分析就显得空洞无物缺乏说服力了。

④ 图文并茂,详略得当,文字活泼简练。区域市场调查报告不是学术报告,一般是写给投资人或公司决策者看的。投资人或公司决策者姑且不论他的学识高低,对时间的苛刻几乎是他们的共同特点。他们不太可能会花很长的时间看或听你的长篇大论。另一方面,区域市场调查报告撰写人自己也应该明白:你的观点要为别人接受,除了好的观点之外,好的表达也是至关重要的。首先应该抓住投资人或公司决策者的心,让他有兴趣听完或看完你的报告。只有这样,报告才能为客户所接受,才能实现它的市场价值。而要达到这样的要求,图文并茂,详略得当,以及文字的活泼简练是每一份市场报告的基本要求。

区域市场调查报告是对市场的一种局部透视,它将为我们下一步的营销决策提供市场依据和行为参考,报告撰写人的勤勉程度和专业程度便成了所有要件中的重中之重。

四、跟踪调查阶段

写出调查报告后,调查工作就基本告一段落。但在有些情况下,为了了解调查意见是否正确,调查人员应当作跟踪调查。

跟踪调查可以获得反馈信息,了解调查数据是否真实可靠,调查报告、对策、建议是否已被采纳等。在执行期间,若市场环境发生了新的变化,调查人员可以根据情况对原调查报告提出修改、补充意见。

应当指出的是,以上所列的只不过是市场调查大致的程序,只具有指导意义,不可将之视为僵死的教条。在实际操作中,可视具体情况加以灵活运用,当简则简,当繁则繁。形式只是次要的,关键是要能够解决问题。

第四节　房地产市场调查示例

下面为一般住宅开发项目市场调查操作过程。

一、宏观市场研究

本部分研究是对某地区宏观房地产发展阶段的判断,对异地操盘尤为重要。本部分资料一般来源于政府统计部门的信息收集、简报、图表化的定期分析结论,也可参考相关网站或从咨询公司获取。

1. 宏观市场背景分析

首先根据房地产与人均GDP的关系(如图8-2)判断该区域房地产市场发展阶段。

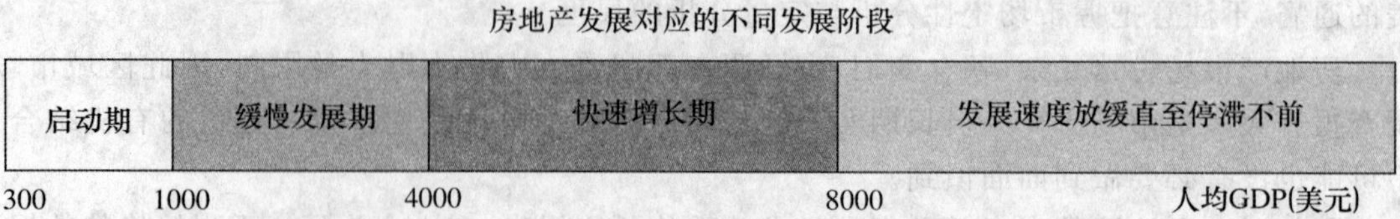

房地产发展对应的不同发展阶段
启动期
缓慢发展期
快速增长期
发展速度放缓直至停滞不前
300
1000
4000
8000
人均GDP(美元)

图8-2 国际通行的房地产发展阶段与人均GDP数值的关系图

其次,根据统计资料分析近几年该区域的户均年收入与当年楼价比例的变化趋势如图8-3。

户均年收入房价比
1/5
3/20
1/10
1/20
0
1993
1995
1997
1999
(年份)

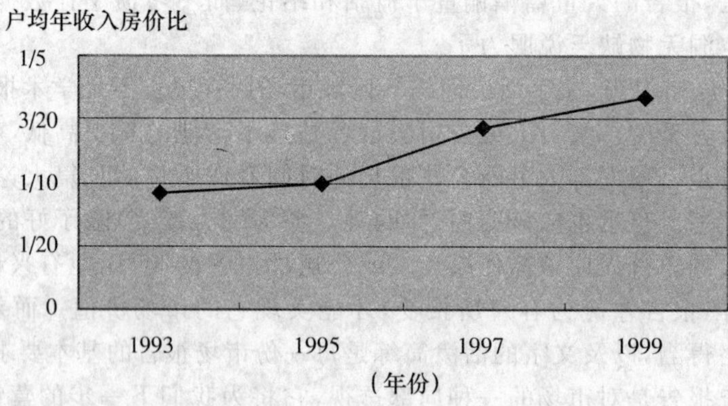

图8-3 近几年户均年收入与当年楼房价格的比例变化趋势图

国际上将户均收入与房价的比例在1:4～6之间的状况视为正常。可以据此判断户均年收入与房价之比对市民的收入来说是否相对合理。

此外,对于金融政策与银行利率、人口状况及政策、城市社会经济发展计划、税收政策及股市情况等均应做出客观分析。

2. 总体市场供求分析

(1) 该区域近3年市场销售分布图8-4,可按季度、半年和年销售量统计;

(2) 新一年总供应量预测;

(3) 经济适用房、微利房、福利房上市对供应量的影响;

(4) 分户型结构供应量的变化;

(5) 价格走势折线图(总供应量、总销售量与价格走势联合图)。

3. 市场热点和发展趋势分析

这部分调查的内容根据具体项目所在区域而定,一般应进行初步市场调查才能获取信息。具体包括近期市场热点及市场发展趋势。

近期市场热点主要指近期同一供需圈内相关项目的市场供给情况;市场发展趋势主要从规模化、竞争情况、行业规章、新型建材、消费者的特征变化及国家的金融和税收等方面分析。如项目的基本资料、住宅户型比例、项目特点、价格、销售情况及客户分析。

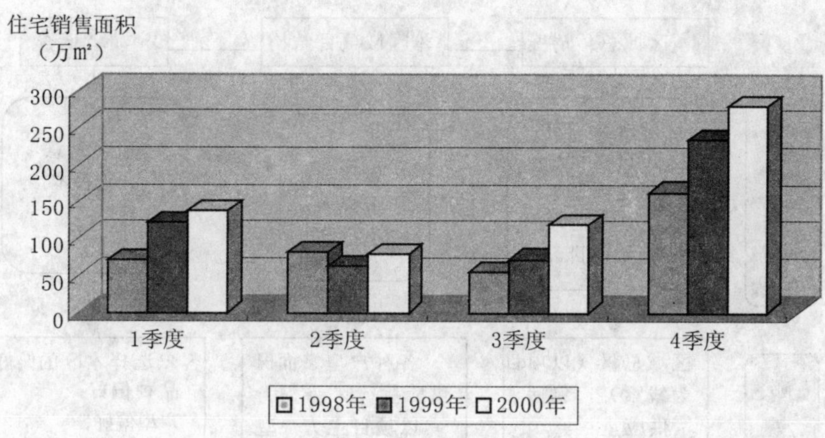

图 8-4　近三年的住宅销售统计

二、微观市场调查

主要是为项目定位而做的市场调查，即以产品定位、价格定位、客户定位为目的的调查。若项目是在地块上无建筑物的条件下，做定位调查则应完成以下工作。

1. 项目定位方案的初步调查

项目定位方案初步调查的程序如图 8-5。

(1) 区域内项目推出。统计本项目所在区域近两年推出的项目情况，如表 8-9。

表 8-9　　区域内近年度推出项目总量、销售量、存量

	编号 1	编号 2	编号 3	合计
项目名称				
开盘时间				
占地面积				
建筑面积指标				统计
总套数				统计
均价				
销售率				
销售量(套数)				统计
存量(套数)				统计

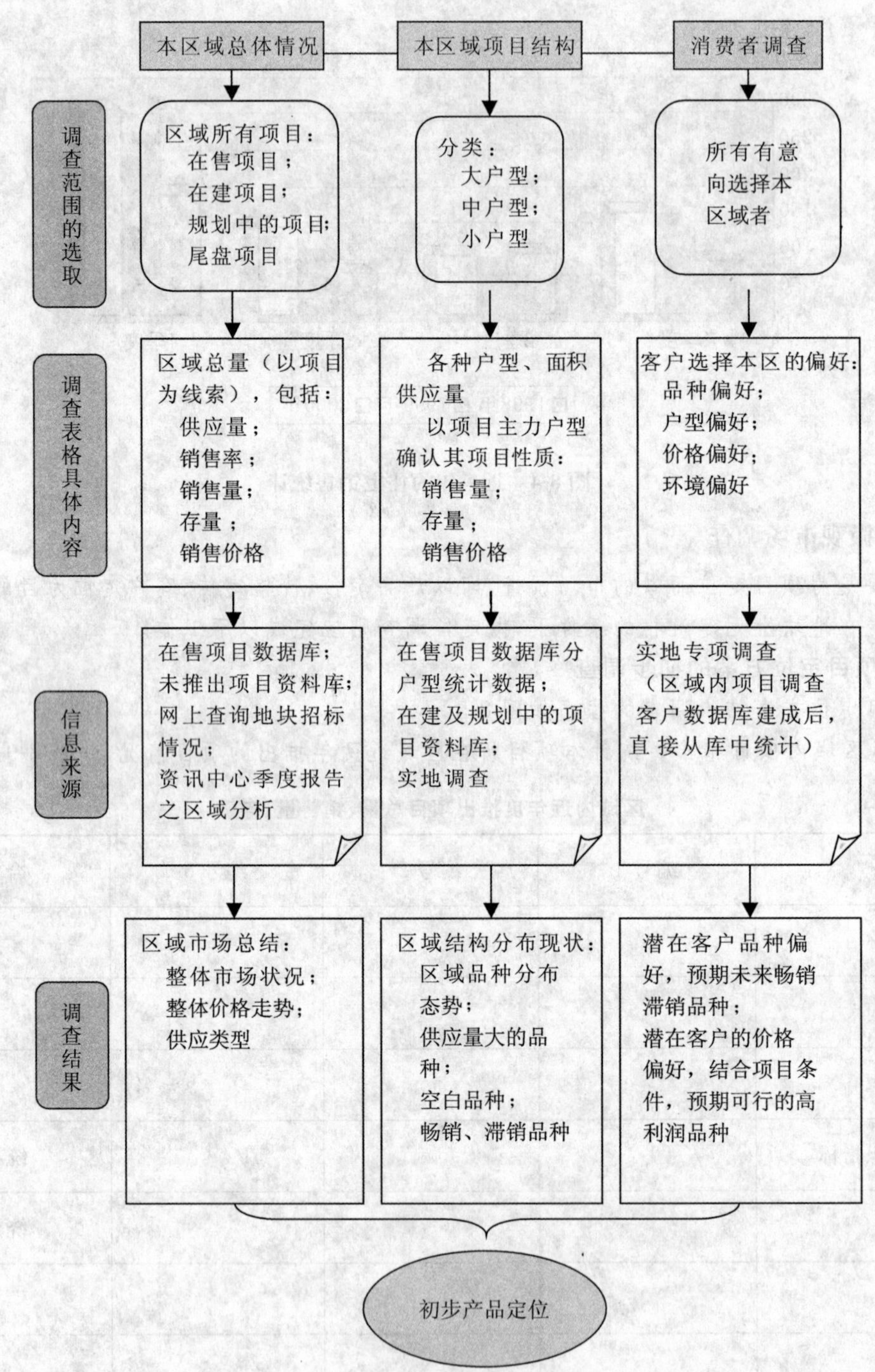

图 8-5　房地产项目定位初步调查程序

(2) 区域内未推出项目 。统计本项目销售期可能的区域内竞争者的总量，以判断是否有强劲对手，如表 8-10。

表 8-10　　区域内未推出项目一览表——总量影响

	编号 1	编号 2	编号 3	合计
地块编号				
项目名称				
占地面积				
建筑面积指标				统计
目前定位				
估计套数				统计

(3) 区域内在售项目户型结构。统计区域内在售项目各种户型、各面积段占片区总供应的比例，如表 8-11。

表 8-11　　区域内在售项目分户型结构分布

	编号 1	编号 2	编号 3	合计
项目名称				
户型				
户型面积范围				
套数				统计
本项目套数比				统计
本项目面积比				统计

(4) 区域内在售项目销售情况。统计区域内在售不同定位项目整体销售率，如表 8-12。

表 8-12　　区域内在售不同定位项目销售情况表

	大户型	中户型	小户型
项目名称			
主力户型			
主力面积			
销售均价			
销售率			
销售期			
营销主题			

(5) 区域内购房者偏好调查。对本项目推出期潜在客户购买能力范围、需求品种及高价品种排序,如表 8-13。

表 8-13　　购房者的偏好调查表

类别	项目	比例	类别	项目	比例
社区类型	小区		喜欢的环境类型	生活方便	
	大社区			自然环境	
	超大社区			公园边	
	单体			有园林景观	
户型类型	平面			有绿色景观	
	复式		购房预算	小于 20 万元	
	跃式			20～30 万元	
	错层			30～40 万元	
认为市场中最好的项目排序	第一位			(类推)	
	第二位		户型面积(m^2)	小于 60	
	第三位			60～90	
	第四位			90～120	
	第五位			120～150	
楼层	多层			150～200	
	小高层			200 以上	
	高层		可接受的单价范围(元/m^2)	2500～3500	
户型结构	一房			3500～4500	
	二房			4500～5500	
	三房			5500～6500	
	四房			6500 以上	
	五房及以上				

完成上述工作后,初步可确定本项目产品定位、户型面积定位、价格接受范围。结合地块特点及项目成本条件的限制,可对客户偏好做进一步调查。

2. 项目定位方案的第二步调查

项目为地块上无建筑物条件下进行价格定位、客户定位、形象定位的第二步调查程序,如图 8-6;项目定位第二步调查的内容如表 8-14 至表 8-16。

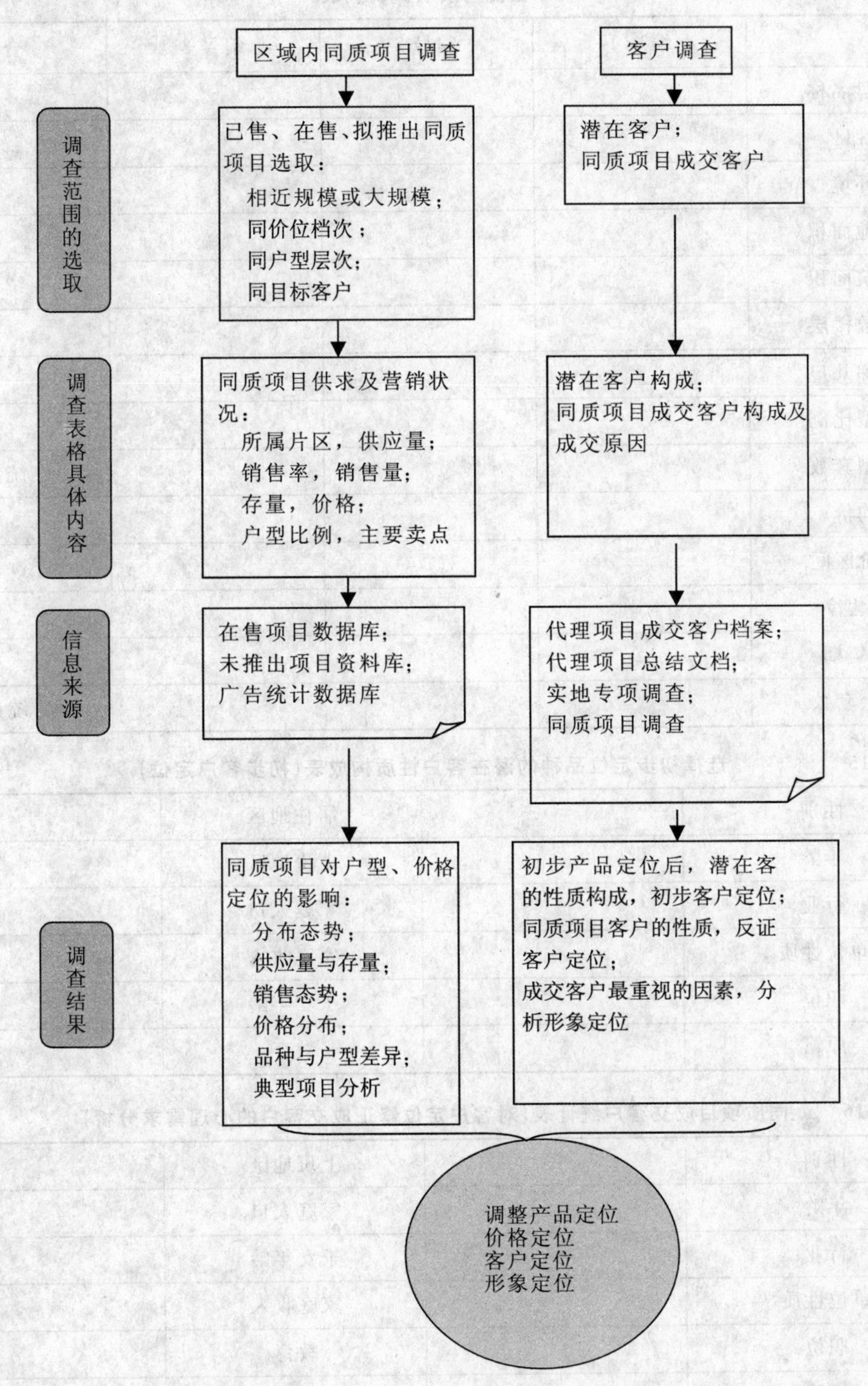

图 8-6　房地产项目定位第二步调查程序

表 8-14　　　　　　　　　　在售同质项目调查表

	编号 1	编号 2	编号 3	合计
楼盘名称				
片区				
环境				
占地面积				
建筑面积				统计
栋数楼层				
一梯几户				
户型比例				
户型套数				统计
均价				
总价区间				
销售率				
销售期				
剩余套数				统计

表 8-15　　　　选择初步定位品种的潜在客户性质构成表(初步客户定位)

性别		居住地区	
年龄		上班地区	
行业		家庭人口	
单位性质		家庭收入	
职位		子女年龄	
原籍		教育	

表 8-16　　同质项目成交客户统计表(对客户定位修正成交客户的心理需求分析)

性别		上班地区	
年龄		家庭人口	
行业		子女年龄	
单位性质		家庭收入	
职位		教育	
原籍		成交原因	
居住地区			

3. 项目定位后的市场调查

在项目设计方案已确定条件下,即在项目产品定位既定条件下,为价格定位、客户定位、形象定位进行的市场调查，则需完成以下调查工作，如图 8-7。

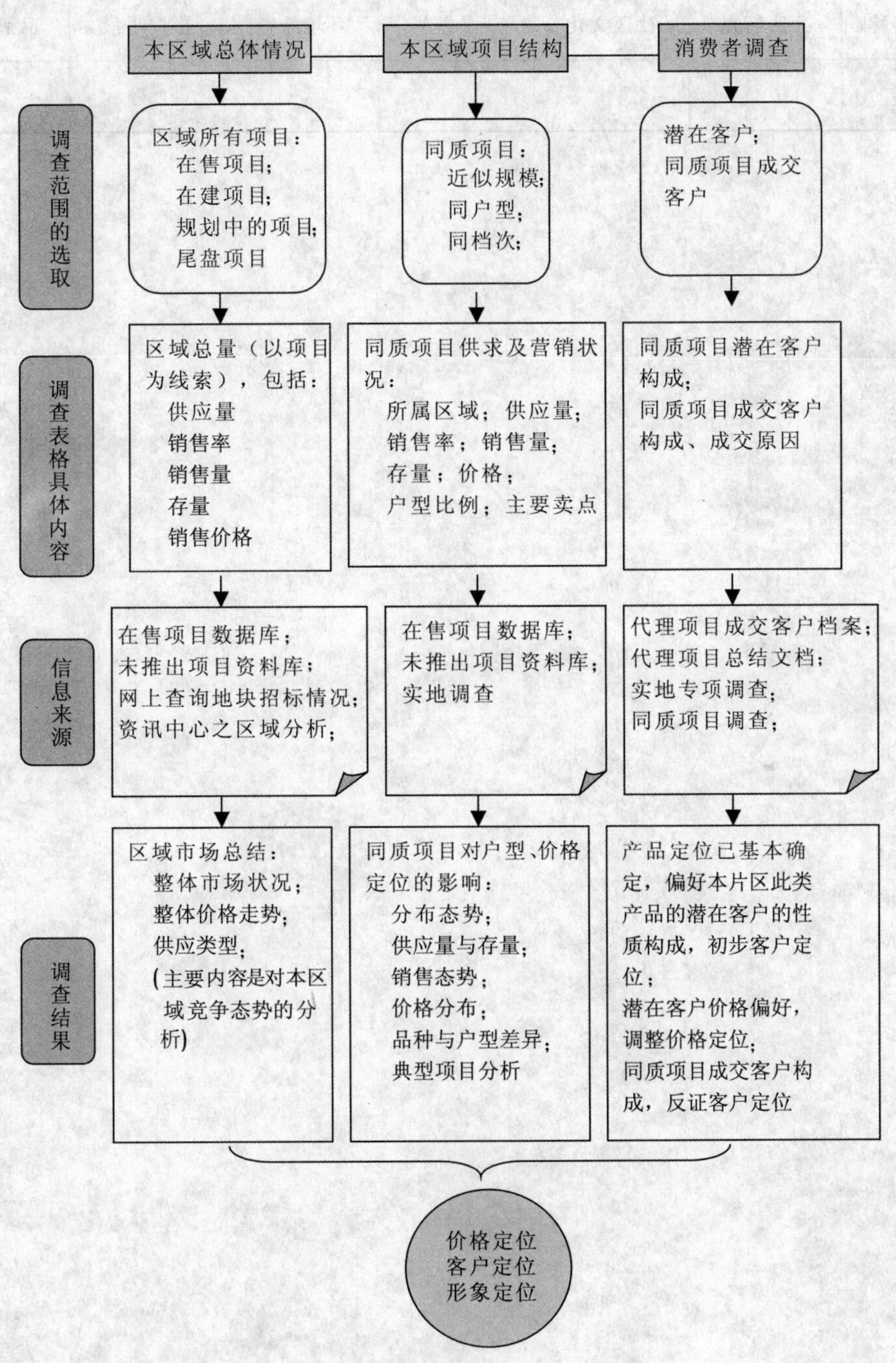

图 8-7　项目定位方案确定后的市场调查程序

(1) 重复表 8-1～表 8-16 的调查工作。

(2)对典型项目进行综合比较，如表 8-17。

表 8-17 典型项目综合比较

项目名称	片区特点	社区文化	产品差异	环境特色	推广手段	品牌特色

第九章 房地产项目定位分析

房地产项目定位是介于投资可行性分析完成之后、建筑设计开始之前,针对设计、销售和使用过程中将要碰到的实际状况,对市场条件、场地条件和消费者条件进行研究和分析,综合运用各门学科的知识和技能,提出项目开发建议。业内有句话“七分定位,三分推广”,即根据市场、环境和项目成本,对项目进行准确定位是营销策划成功的关键。本章将结合项目定位的内容和常用方法加以说明。

第一节 房地产项目市场定位分析

房地产项目市场定位分析指通过研究房地产销售的市场状况,以及与其相关联的经济政策环境,确定市场需求的种类、形式、大小和趋势,为产品研究提供市场基础。在这部分研究中要回答的问题主要有:全局的房地产市场有多大?这个市场的增长率是多少?目前市场是被如何细分的?当前的市场趋势是否清楚以及近期细分市场有哪些主要变化?参与竞争的是哪一细分市场?竞争者的状况如何等。

一、房地产项目市场定位研究内容

1. 外部环境

外部环境是指经济环境和政策环境。

房地产项目参与市场,需要有购买力。购买力取决于现有收入、价格、储蓄及借贷情况。不同的收入分类对项目的定位规格都有直接的影响。消费支出受现有储蓄和借贷情况直接影响,比如银行按揭制度的变革对住宅房地产项目定位和开发就有重要影响。

政策对产业的偏向和优惠措施也是房地产项目决策定位的重大依据,比如政府的土地政策、城市和区域规划中的意向等。

2. 竞争市场环境

竞争环境主要指同类项目的开发结构、市场供给量,潜在需求量,开发规模、城市及区域价格分布规律、产品级别指数、客户来源和客户资源情况。竞争环境的分析是在外部环境的基础上进行的细分市场状况的研究,它主要的目的是明确项目的直接竞争市场,确定项目的定位策略。

二、房地产项目市场定位分析

1. 房地产项目市场定位分析的定义及流程

房地产项目的市场分析方法是指运用市场调查的方法,对房地产项目市场环境进行数据收集、归纳和整理。形成项目市场定位可能的方向,然后对数据进行竞争分析,利用普通逻辑的排除、类比、补缺等方法确定项目的市场定位。

房地产项目定位的市场分析方法中的调查方法,与其他普通调查方法所使用的基本方法、流程和工具相似。包括访问法、观察法、试验法、统计分析法。所使用的分析工具有多元线性回归法、判别分析法、连接分析法等。

但是,市场调查的数据和现象本身并不是房地产项目市场定位的最终结果。只有对数据进行比较分析,对现象进行比较排序,才能得出市场定位的结论。

一般而言,房地产项目分析流程如图 9-1 所示。

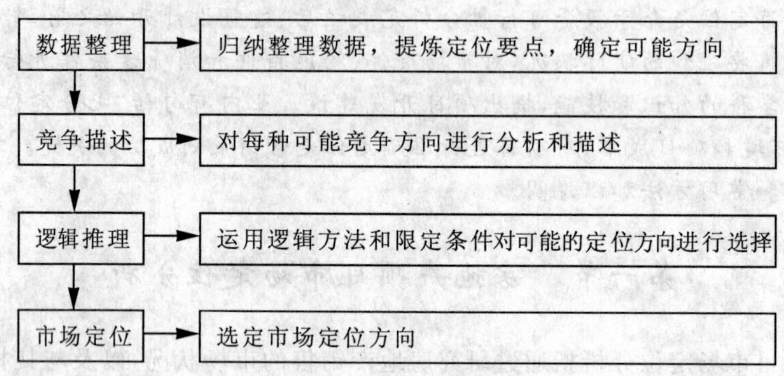

图 9-1 市场分析方法流程图

2. 房地产项目市场定位分析举例

以某度假区项目的定位分析为例:

(1) 数据整理。方向一,全部为住宅+沿街商铺,户型面积 $80\sim130m^2$,片区竞争激烈;方向二,产权式酒店+住宅+沿街商铺,市场接纳程度小,销售风险大;方向三,酒店式公寓+沿街商铺,小户型,$30\sim50m^2$,片区竞争强度一般。

(2) 竞争描述。方向一,相对而言比较传统的方案,开发公司这方面的操作经验丰富,运作比较容易;市场风险比较小,以住宅为主的方案,户型定位吸取现有项目的经验和教训,更能贴近市场;销售之后,不存在遗留问题;片区内同类项目较多,竞争比较激烈;普通住宅平均开发利润较低;可能面临的主要市场风险是项目周围缺乏商业氛围,商铺的销售将比较困难。

方向二,本项目地理位置无优势,对投资者缺乏吸引力;本项目商业用地比较少,住宅用地又不可能改为商业用地,致使酒店部分规模比较小,缺乏应有的规模效应;酒店的主要客户群在外地,这将使得推广费用上升,普通的住宅营销费用大致占销售总额的 2%,营销人员的提成占 3%,共 5%,而本项目的营销费用应在 4%左右,共计 7%左右;开发商并不具有酒店的经营管理经验,后期的经营将很成问题,尤其是前两年,估计将会亏损,如果委托专业的酒店管理公司,则规模较小,很难吸引有实力的酒店管理公司;酒店和住宅在一起,相互的品质都会降低;现在的产权式酒店一般要求有分时度假,即通过时权酒店交换系统交换机构,去联盟内的其他酒店住宿度假,不过由于这样操作对于发展商难度很高,因此本项目只能承诺到本酒店度假,这样吸引力会降低;该地区有同类物业取得了很好的销售业绩,但却未能给业主回报,这将使得投资者对产权式酒店疑虑重重,信任危机的存在将使得产权式酒店在该地区未来市场上前景看淡。

方向三,酒店式公寓无须后期经营,发展商没有后顾之忧;比较产权式酒店风险性小;该地区房价较低,而客户群体主要为周围经济较发达地区,客户对价格不敏感,有利于利用价格策略取得更高的利润;面积小,总价低,适合外地客户投资;但装修费用高,市场定位高,风险较大;外地推盘,推广费用高,至少要占销售额的7%(含营销人员的提成);本项目周围缺乏商业氛围,商铺的销售将比较困难。

(3) **逻辑推理**。用排除法可以得到方向二产权式酒店+住宅+沿街商铺的定位方向就现有条件来看成功的概率较小,应予排除。对于方向一住宅+沿街商铺和方向三酒店式公寓+沿街商铺,还需进一步分析。

(4) **数据归纳**。数据一:片区内普通住宅项目销售一览表(略);数据二:片区内酒店公寓项目销售一览表(略);数据三:片区内普通住宅项目租赁情况一览表(略);数据二:片区内酒店公寓项目租赁情况一览表(略)。

(5) **数据分析**。片区两种类型住宅销售情况和租赁情况分析如表9-1和表9-2:

表 9-1　　销售情况分析

类型	平均销售率(%)	平均销售时间(年)	均价(元/m^2)
普通住宅	78	1.55	6500
酒店公寓	84	1.25	8800

表 9-2　　租赁情况分析

房型	一房	二房	三房	四房
租金(简装)(元/m^2·月)	38	29	25	23
租金(精装)(元/m^2·月)	40	32	27	27
出租率(%)	90	87	75	60

(6) **现象分析**。首次置业者对中小户型需求较高,对朝向、景观等条件不敏感。二次置业者对中大户型需求较高,有一定社会地位,家庭经济环境较好,年龄在35~50岁之间居多,对周围环境、户型设计、景观、朝向等要求较高,对价格无过多计较。

小户型酒店公寓购买者以周围地区投资客居多,普通住宅购买者以本地居民为主。该地区旅游资源丰富,发展前景较好,适合投资。

(7) **现象推理**。方向三酒店式公寓+沿街商铺是市场的选择方向。

第二节　房地产项目客户定位分析

房地产项目客户定位旨在研究消费者的消费行为、消费动机以及消费方式,同时研究消费者自身的人格、观念,所处的阶层、环境,文化背景,喜好偏向和生活方式,确定房地产项目的目标消费群体和他们的特征。在这部分研究中主要回答的问题有：不同类型的房地产项目针对哪类不同消费群体？产品的差异对消费行为的影响程度和影响方式是什么？消费者对房地产项目的消费习惯是什么等。房地产项目客户定位常用市场细分法加以确定。

一、客户定位市场细分

1. 市场细分法

市场细分必须区分一群有相似需求的消费者。因为一般来说，没有任何单一的产品能适合所有的消费者。市场细分就是从普遍市场中，确定一个或几个目标市场，最终根据每个目标市场的特点来制定产品方案的过程。

市场细分的方法有很多，在完全无细分市场中，假设产品适合每一个人的需求，这样可以节约生产成本。但是实际情况并非如此。在完全细分市场中，假设每一个产品对应的消费者只有一个或一小部分，这样的生产就不具备产业性，只能是手工作品。市场细分的作用在于找出同一类消费群体对应的共同特征，针对某些共同特征而设计和开发产品，并进行差异化销售。通过市场细分有利于发现市场机会，掌握市场需求，从而准确选择目标市场，减少成本。

房地产项目定位中的市场细分，是指每一种档位、户型结构、设计风格以及物业管理的项目都有特定的目标消费群体。市场细分，实质就是将这种特定的目标消费群体的需求传递给设计方，进行有针对性的设计和生产。

房地产项目定位的市场细分的目的，主要是在进行设计之前形成本项目的理想消费者和使用者的构想，并围绕这些人来计划每一件事。所进行的市场细分，必须判断在这样的细分市场条件下，设计和开发的产品是否值得。市场细分的标准根据下面情况而变化：

(1) *需要定义的狭隘程度*。例如，可能存在偏爱海滨住宅风格的细分，但这又可以进一步分为地中海风格、夏威夷风格、澳洲风格等。定义越狭窄、细分越小。

(2) *产品在可达到的特性方面的复杂程度*。一个产品具有的特征越多，它要求的细分越多。因此，越是独特的，细分越小。

(3) *消费者对产品类型的关心程度*。如果产品类型通常吸引高度关注的消费者，细分可能是小而忠实的。例如，对于联排别墅、独立别墅等等细分程度高的项目吸引的消费者群体的规模和忠实度，比一般的高层和多层社区项目要大。

2. 市场细分变数

根据房地产的社会经济用途，房地产市场又可以进一步区分为住宅市场与非居住用房市场，这里所说的非居住用房市场，主要是指生产经营用房市场。这两类市场中需求主体性质各异，所以应对它们的市场细分变数分别加以讨论。

(1) *住宅市场的细分变数*。住宅市场的细分变数可概括为四大类，如表 9-3。

① 地理细分。将市场划分为不同的地理单位，如城市、行政区、居民区等。处于不同地理位置、自然环境、人文环境的消费者，对于同样的房地产产品有着不同的需求和偏好。如，城市郊区的消费者对城市中心住宅的布局感到狭窄，而且认为市中心的房价较高；而城市中心的消费者在购买住宅时，通常很重视周围的人文环境，如学校、医院、商场、俱乐部、邻居、社区等。地理细分能够分析不同的地理区域消费者对房地产产品的特

点要求、需求总量和需求变化。房地产项目开发是比较重视区域选址的，因而地理细分是必不可少的。

表 9-3　　住宅市场细分因素表

地理变数	地区	城市行政区域、居民自然形成街区、城区、郊区
	朝向	除东、西、南、北外，还有景观
	楼层	不同类型的物业客户对楼层的选择不同
	配套	交通、娱乐、教育、卫生
人口变数	年龄	20 岁以下、20～30 岁、30～40 岁、40 岁以上
	家庭规模	1～2 人、3～4 人、5～7 人、8 人以上
	家庭结构	丁克家庭、普通家庭、双核心家庭
	家庭月收入	3000 元以下、3000～5000 元、5000～10000 元、10000～15000 元、15000 元以上
	职业	专业人员、经理、政府官员、业主、自由职业者
	教育程度	大专以下，大学、研究生已包含了研究生以上
心理变数	社会阶层	下层、中层、上层
	生活方式	变化型、参与型、自由型、稳定型
	个性	冲动型、进攻型、交际型、权利型、自负型
行为变数	时机	一般时机、特殊时机
	追求的利益	便利、经济、身份、品位
	购前阶段	不知道、感兴趣、想买
	使用者地位	首次置业、二次置业、多次置业

▲楼面层次。一幢住宅楼有各个层面，其中人们最不喜欢的一般是顶层和底层；对住宅开发经营者来说，最不好出手且价格最低的也是这两个层面的住宅。另外各层面的光照、景观等也有所差异。不同的购房者对层次的敏感度不同，选择也会有所不同。

▲房间朝向。住宅的房间朝向，一是与光照及冷热有关，二是与居住环境的安静性有关。一般而言，卧室以南向为佳，东向次之，西向再次之，北向最差。人们对房间朝向选择的偏好，一般与地区所处的纬度高低有直接的关系。越往北，人们越注重房间朝向的

选择；而在南方地区，由于日照时间比较长，人们对房间朝向的选择就没有那么讲究了。另外，房间的朝向还与居住的安静环境有关。有些人喜欢挑选直接临街面道路的住宅，但这会使他的家居总是处在噪音杂声的包围之中，而牺牲了家居生活氛围中那份必要的安宁。

▲室外环境配套。住宅作为一项不动产，它的品质优劣必须与其室外环境联系起来衡量判断。住宅的室外环境所包含的具体内容很多，主要有：道路交通、生活娱乐设施、教育卫生设施以及社区管理服务系统等。室外环境的具体项目有少有多，其质量有高有低，收费费用也有多有少。室外环境的细分，对成片开发的新住宅区尤其显得重要。

② 人口细分。按年龄、家庭人口、家庭类型、家庭收入、职业等划分。对房地产市场而言，由于消费者不同的文化水平、年龄、经济收入，使他们对房地产产品质量、档次、风格、面积、房型等有着不同的需求。

▲家庭人口组成。不同的家庭结构对住宅的需求也不同。比如，单身青年，多在工作地附近选择出租房或套房；无子女夫妇，多选择小公寓租住或自住；有子女家庭，多选择大单位住房或套房，并重视有利于子女成长的学习环境和居住环境。

▲家庭经济收入。消费者根据家庭的经济收入，决定需要住宅产品的类型，这也是制定房地产市场策略的关键所在。尽管在同一收入水平上，各个家庭的住宅需求数量与质量也会表现得很不相同，但一般说来，家庭的收入水平与其住宅需求欲望的大致演进趋向总是相应的。随着人们收入水平的提高，住宅需求的类型也会从“生存型”向“发展型”乃至“享受型”发展。生存型的住宅需求，主要是追求一个以“平方米”指标为主的卧室；发展型的住宅需求追求的则是一个能满足多方面家居生活需要的“室内环境”；而享受型住宅需求更是全方位地追求一个居住宽敞、功能齐全分明、设备高档、装潢精美、外部环境实用、优美、物业管理系统健全的“安居乐”境界。

社会上家庭收入水平，一般分为高收入、中等收入和低收入三类，在住宅市场细分中，应调查和分析与这三类收入水平相应的住宅需求特征，从而有针对性地开发适销对路的住宅，并制定符合实际的营销策略。当然，同时还应进一步调查分析，各类收入水平中有支付能力的购买力占多大比重。因为有支付能力的购买力有时与收入不是按同一比例增减的。

▲文化因素。文化概念是指社会意识形态，是由知识、信仰、艺术、法律、伦理道德、风俗习惯等多种因素组成的一个复杂的整体。在进行市场细分时，必须充分重视文化因素对消费者购买行为的影响。

③ 心理细分。按消费者阶层、生活方式、个性特征等划分。在房地产市场营销中，常常可以发现，不同的消费者对于同一房地产产品需求有较大的差异，其原因在于消费者心理因素在起作用。在心理细分中，是以人们购买住宅的动机、生活方式以及个性等心理变数作为划分住宅消费者群的基础。就某一个具体的住宅需求主体——家庭而言，尽管其组成人员对住宅需求的心理状态展现各不相同，但是它们会相互作用而融合成一个以家庭面貌显现的住宅需求心理倾向。

▲动机。人们到市场上去购买住宅，并不全是为了满足自己的居住需要。除此之外，人们或许是为了保值增值、显示殷厚的经济实力或满足动迁用房的需要而加入购房行列的。总之，人们的购房动机是各种各样的。

动机是为了实现一定行动目标的理由，而不同的理由具体表现在对需求目标选择着眼点的差异上。自购自用住宅主要着眼于住宅的使用价值；投资增值住宅的着眼点则是住宅的获利性；用以炫耀购买者经济实力的住宅也许是高档豪华的；而用作福利解困安置的住宅需求一般是平面系数高的普通住宅。

▲生活方式。生活方式是指人们对消费、工作和娱乐的特定习惯和倾向性的方式。人们的家族生活方式影响了他们对各种住宅需求的兴趣，而他们所消费的住宅状况也在一定程度上反映出他们的生活方式。

譬如有些人喜欢经常邀请亲朋好友来家聚谈、娱乐，他们就需要客厅大一些的住宅。对那些拥有私家小汽车（小游艇）的家庭来说，他们所需要的住宅就必须配置良好的停车场地（泊位）和符合要求的驰车通道。另外在社会上还有一部分人，他们并不留恋甚至已厌倦了都市生活中永无休止的嘈杂，而倾心于寻找一块邻近自然的“绿洲”，以调剂因劳累而紧绷的神经。他们对居住空间的第一选择无疑是一幢绿荫环抱、空气清新的城郊小别墅。

无论从历史的或社会的角度看，人们的生活方式与住宅需求确实存在着十分密切的匹配关系。人们在生活方式上的差异，客观上需要有各类与之相应的住宅条件加以满足。可以这样说，住宅是人们生活方式的物质外壳，而人们对某种住宅的需求，往往体现了他们对现存生活方式改变的欲望，以及对某种更感兴趣的新的生活方式的追求。

▲家庭个性。每个家庭在住宅需求上都会有自己的个性特征。人们常说，世界上不存在两幢完全相同的住房，其实对住宅需求的家庭个性来说，情况也是如此。住宅需求的家庭个性主要表现在他们对住宅的式样、装修、色彩，室内平面布局、邻里关系等方面的心理偏好。其中突出反映在室内装修和平面布局问题上。

依据住宅需求的家庭个性变数，有的房产开发公司开发出售的住宅仅是一个可供人们随意分隔、装修的毛坯大空间，给家庭个性的实现和发挥留下了充分的可塑余地，很受一部分买家青睐。

④ 行为细分。以消费者对房地产产品的住宅消费数量、了解程度、使用程度、购买或使用时机等行为变量为基础划分出消费者群，称为住宅市场的行为细分。

▲使用时机。根据人们对住宅产生需要、购买或使用的时机加以区别。抓住消费者对住宅的使用时机，及时提供与需求相一致的各类住宅商品及其管理服务，是企业开拓和占领新的住宅市场的有效策略。譬如，在“对外开放、对内搞活”的形势下，一些地方出现了万商云集、门庭若市的新气象。与此同时，也为这些地方带来了新的住宅市场的机会。另外有一些住宅需求，则与旅游季节的来去有关。在这方面还可以举出许多例子来加以说明，如在大规模进行市政建设和旧城改造的情况下，动迁安置用房建设和供应就会相当紧张。房地产企业就可以利用这一时机，开辟“动迁周转用房”市场。总之，房地产开发经营企业应捕捉一切有利时机，发现人们新的住宅需求，选择为人们特定的居住生活需要服务。

▲追求利益。这是根据购买者对住宅产品所追求的不同利益所形成的另一种有效的细分方式。譬如，同样是购买住宅，有的是追求购物方便的临街闹市地段，有的注重视野开阔、赏心悦目的周围环境，有的对客厅和厨房的大小很注意，还有的特别倾心于选择一套具有良好物业管理服务系统的住房。因此，住宅开发经营企业，假如要以追求利益来细分住宅市

场，就必须使自己的住宅突出某些最吸引人的特性，并分别确定各自的型号，以最大限度地吸引某个或若干个住宅消费者群。

▲购前阶段。在任何时候，人们总是处在对某种住宅的购前阶段。有的消费者不知道有这种住宅，有的已知道，有的已得到信息，有的感兴趣，有的想买，而有的正准备买。住宅开发企业按照处于不同购前阶段的消费者进行细分，然后运用适当的市场促销措施。譬如，对于不知道本企业产品的消费者，要加强广告宣传，以引起他们的注意，最大限度地拓宽该类住宅的潜在市场。对于已经知道本企业产品的消费者，应着重宣传本企业产品带给他们的利益。对于感兴趣的、想买的或准备买的消费者，则要告诉他们销售地点、联系人、销售服务项目以及买受人的资格规定等。

(2) 非居住用房市场的细分变数。生产经营用房市场是整个房产市场的重要组成部分。这一市场的细分变数，基本与用来细分住宅市场的变数相同，但另外也有一些特殊变数，如“最终用户”变数和“顾客规模”变数等。

① 最终用户。所谓“最终用户”，是指最终使用生产经营用房的需求者，比如铝制品公司产品的最终用户可以有“汽车制造业”、“住宅建筑业”、“饮料装罐业”等。

用“最终用户”变数来细分市场，房地产企业就可以清楚地排出一系列相关的市场需求者群，主要是加工制造业、商业、金融业、宾馆服务业、文化娱乐单位等等。生产经营用房的这些最终用户对房地产开发企业所提供的产品及配套服务往往有不同的需求标准和利益要求。开发企业为了占领市场、在客户中建立良好的信誉并争取优秀的营销业绩，就必须尽可能使最终用户的要求得到满足，并对不同类型的最终用户要相应地运用不同的市场营销组合策略。因此，房地产开发企业在以最终用户变数细分生产营业用房市场时，重点应放在调查分析最终用户的需求标准上。譬如“星级”宾馆业对建筑物内部装潢的用料、工艺性及施工质量的要求就要明显高于普通的旅店。而豪华的娱乐总汇的音响、灯光设计标准，以及特定娱乐项目与建筑空间、场地的配合要求也会比一般俱乐部更高。

② 顾客规模。“顾客规模”是细分生产经营用房市场的另一个变数。顾客规模是指具体的“最终用户”对生产经营用房需求量的大小。根据顾客规模这个变数，通常可以把生产经营用房市场细分为大顾客市场、中顾客市场和小顾客市场。在市场上，大顾客一般较少，但其购买力大，而中、小顾客较多，但他们各自的购买力较小。生产营业用房的购买或租赁能力集中在少数大的生产商业企业。如来华开办商厦、银行的国外大企业集团或银行富豪就是生产营业用房市场的“大顾客”。房地产开发企业对大顾客可以直接挂钩，建立经常性的业务信息联络，制定最具信誉和吸引力的营销策略。因为大顾客能为开发企业带来更高的经济效益和社会效益。对中、小顾客，则一般可采用发布产品信息、广告宣传、外勤推销等相应的营销策略。

在实践中，房地产开发企业可以同时使用若干细分变数，有层次地来细分生产营业用房市场，并择优选取最能发挥自己特长、盈利大的目标市场。如图 9-2 所示，这家房地产开发公司首先按最终用户把生产经营用房市场细分为加工制造业、商业、金融业、宾馆业、文化娱乐业等五个子市场，然后决定选择其中一个该公司能服务得最好的宾馆业作为目标市场。第二步，再按产品应用变数把宾馆业市场细分为普通宾馆、别墅式宾馆和星级高层宾馆三个子市场。第三步，按顾客规模这个变数把别墅式宾馆市场细分为大顾客、中顾客和小顾客三个子市场，并且公司选择了大顾客为目标市场。最后，公司进一步按大顾客追求的各种利益细分。经调查分析，大顾客在追求利益上，特别重视宾馆的建筑风格、绿化设计和周到的物业管理，而公司在满足大顾客这些需要的能力又很强，所以，公司就把经过上述逐步细分而确定的子市场作为自己开发经营生产经营用房的目标市场。

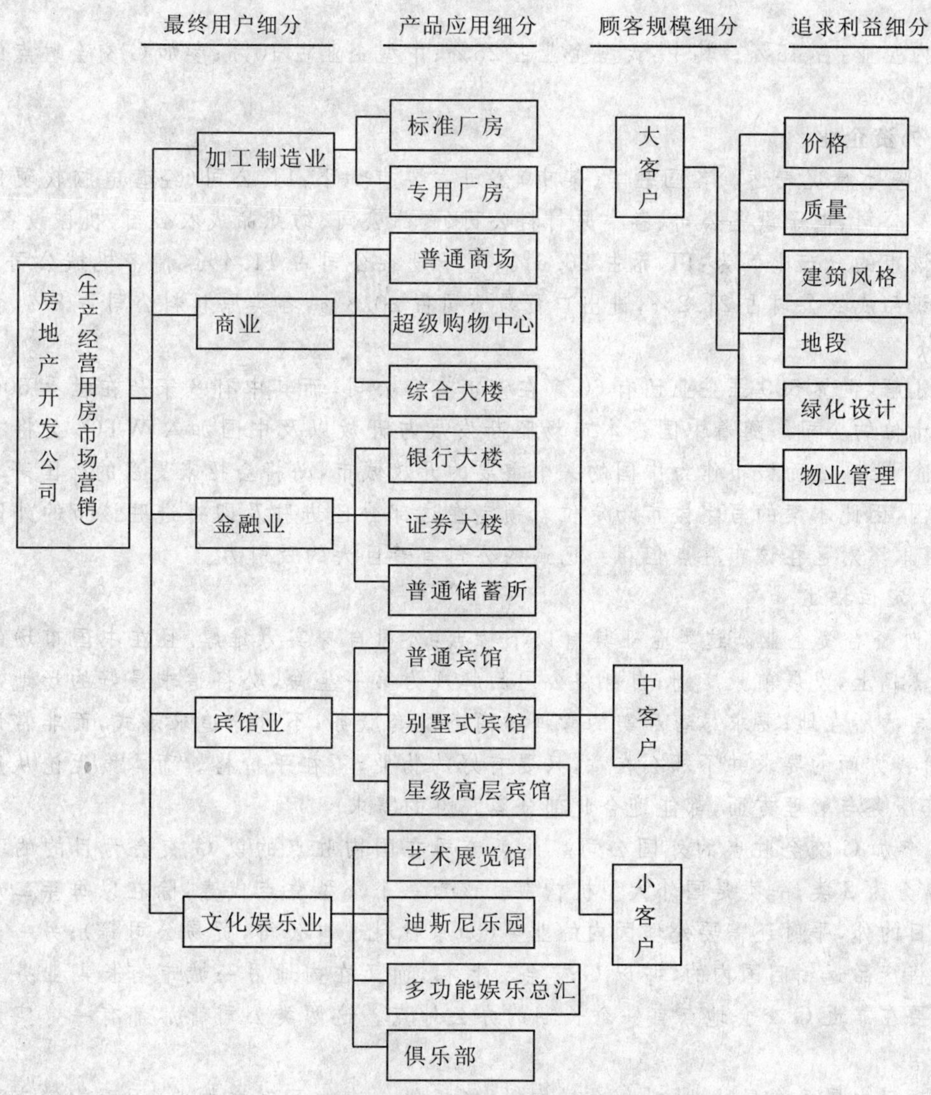

图 9-2　生产经营用房的市场细分

二、房地产项目客户定位分析示例

某公寓式写字楼项目位于某市商业圈内，项目定位为高档美式商业居住区，除 2 栋写字楼外另有 8 栋公寓及相应超市、银行、会所等配套设施。该项目配合该市举行 G 交会的契机推出。以下介绍的是写字楼部分的客户定位分析。

1. 目标客户群的结构

(1) 外国驻华企业(独资及合资企业,参加G交会驻点外国公司)

(2) 国内企业(大型名牌公司,中级公司,参加G交会驻点的国内企业)

2. 构成比例

外国驻华企业:占55%。其中:独资及合资企业占45%;参加G交会驻点的外国企业占10%。

国内企业:占45%。其中:大型企业占25%;中型企业占10%;参加G交会驻点的国内企业占10%。

3. 外资企业

(1) 基本情况表述。各国驻华(某市)公司主要有如下:IT公司(经营电脑软硬件)、进出口贸易公司、电子设备公司、各类原材料公司、食品公司、纺织品成衣公司、机械设备公司。

在该市的分布比例为:IT界占26.6%,电子设备公司占11.4%,精密机械公司占15.8%,纺织品成衣公司占21.2%,进出口贸易公司占20.8%,各类原材料公司占8%,食品公司占5%。

据了解,世界500强企业已有60家在该市有分公司,而其中有8家是在世界500强中排名前十位的公司。随着中国资本市场不断发展与开放以及中国加入WTO,必将有更多的外国企业进入,而该市作为中国的一个重要的开放城市,必将会招来更多的外国著名企业进入中国,因此本案的写字楼市场定位就锁定在这部分已进驻及即将进驻该市的外国企业上,并且本案对已在该市驻点但租约已满的公司有着巨大的吸引力。

(2) 定位描述

① 外资合资企业。这类企业具有以下特点:公司自身实力雄厚.且在中国市场的业务经营蒸蒸日上,发展前景广阔;自身将公司品牌视为第一生命,必将追求最好的场地及区域作为公司的所在地;要求尽善尽美的管理和商务配套服务;不过分追求形式,而非常讲究务实;对价钱方面的要求并不那么在意,只要有好的物业,不在乎价格。而本案无论从产品特点,配套服务与管理方面,都能迎合此部分客户群的需求。

② 参加G交会驻点的外国公司。此类公司在国内驻点的以G交会为目的的一类公司,通常分为2类,一类是国外大型机构常驻该市一个小型驻点代表,除在以每年二届的G交会为目的外,平时还需要处理国内的业务(如原材料进口公司,贸易公司等);另一类是合资公司将产品返销回国内的,并以G交会为目标,而又在内地另一城市有长期业务及基地的。需要在靠近G交会地点有一个长期的办公地点。这两类公司背后都有一个实力雄厚的母公司。

本项目也属于会展物业,毗邻会展中心,能提供一流的写字楼物业,因而能锁定这2类公司为目标客户。

4. 国内企业

(1) 基本情况概述。该市历来是商家云集之地,全国各地各著名的大中型企业多数在该市设有分公司,随着经济的深入发展,必然会有越来越多的国内著名大中型企业来到该市设立分部。而本案提供的一流的写字楼物业就毗邻该市的重要标志型建筑××会展中心,提供上述企业设立分公司的一个理想的地段和场所。而对已在该市设立分部,但又租约期满的公司也有着巨大的吸引力(通常此类公司签定的租约为半年至一年)。

(2) 定位描述

① 大中型著名企业。这类企业的特点为：公司实力较雄厚，规模大，并且其业务由所在地移到华南区域，并在华南地区不断发展中；较为重视公司品牌及企业形象，亦会挑选较好的区域、较注重排场；重视便利的配套服务；对价格要求较为严格，要求所花每分钱都有其价值；在国内已有一定实力和名气，欲与世界接轨；由于本案的产品功能，配套服务及地理商业氛围优势均能迎合上述国内知名企业的特点，再加上外国企业进入本案，这样无疑就从各方面锁定了国内著名大、中型企业这一客户群。

② 参加G交会驻点的国内公司。这类客户绝大部分是来自全国各地参加G交会的公司，派出在该市的一个常驻机构，以满足每年2届的G交会以及平时需要举办的展览会的需要。这类公司需要物业的特点：需求的面积不要太大，配属的职员不会太多；最好能连带提供所属职工的住处(如居家办公)；对价格要求较为务实；要求的地段最好能邻近G交会。

本案的地理优势(毗邻新会展中心)以及人性化公寓或写字楼的定位必能吸引这批客户群。

第三节 房地产项目产品定位分析

房地产项目产品定位分析主要研究产品种类和目标客户消费使用过程，确定房地产项目形成过程中的外部和内部条件，分析方案构成的主要因素，形成市场差异化产品。该部分要回答的问题主要有：消费者对房地产项目的实际使用过程是怎样的；产品的每个部分是怎样与消费者的行为相关联的；在使用过程中消费者的行为和心理的变化过程是怎样的？怎样才能使消费者的使用达到最佳状态；房地产项目产品构成要素和突破差异化的关键点是什么等。本节主要以建筑策划为例对项目产品定位进行分析。

一、建筑策划的基本程序

建筑策划指根据总体规划的目标，从建筑学的角度出发，依据相关经验和规范，以实际调查为基础，经过客观分析，最终得出实现既定目标所应遵循的方法和程序。它为建筑设计能够最终充分地实现总体规划的目标，保证项目在设计完成之后具有较高的经济效益、环境效益和社会效益而提供科学的依据。建筑策划研究的领域包括确定项目的性质、品质、级别以及建筑功能和空间的组合方法。

房地产项目产品核心集中体现在建筑环节，同时也是产品差异化竞争优势的产生方式。建筑方案确定房地产项目的使用功能、使用方式、表现形式甚至决定使用者的生活行为，因此建筑方案对项目起着决定性的作用。房地产项目定位中使用的建筑及相关专业知识不等同于建筑设计本身，它是在建筑设计之前，在市场研究的基础上提出的建筑设计内容。它是房地产项目产品构思、概念和形象的组成部分，也是产品研究的重要构成部分。

建筑策划的一般程序如下(图9-3)：

1. 目标规模设定

目标规模的设定必须以满足使用为前提，同时避免不切合实际的浪费与虚设。它主要

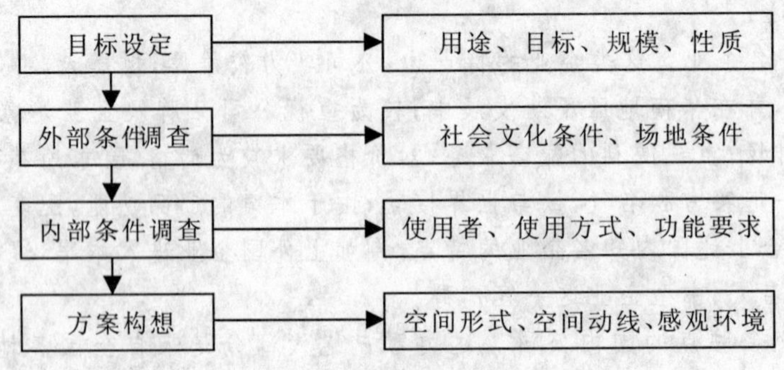

图 9-3 建筑策划基本程序

是求得抽象单位尺寸，在某种使用方法下的负荷人数和空间特征，以及项目在环境中的实际运行状况。抽象单位尺寸是指一些人均用地数量、人均用地面积、人均单位尺寸等指标，使用方式是对“使用时间——人数要素——使用空间”的考察。

目标规模包括建筑大小、高低尺寸、面积、容积、空间体量、尺度、建筑与街道的距离、建筑与环境的影响方式等方面的静态研究；还包括使用者活动流线、轨迹，使用者由内到外对目标空间的使用方式，空间组合比例及环境空间使用量上的分配比等。

2. 外部条件调查

建筑策划部分的外部条件主要包括地理条件、地域条件、社会条件、人文条件、景观条件、技术条件、经济条件、工业化标准条件以及一些总体规划中控制性条件。

(1) 地理条件。指与建筑设计、施工和运营有关的地理条件。包括地理位置、地理特征、地理气候等等。

(2) 地域条件。指用地所处的城市行政区的性质、行政区的划分级别、等级及与周围行政区的关系。

(3) 社会条件。指用地周围的社会生活环境状况、城市配套设施建设情况、社会组成的比例、社会治安和秩序现状等。

(4) 人文条件。指用地区域或附近的人口构成特征，人口文化素质，城市历史文化背景等。

(5) 景观条件。指用地本身在城市中的景观效应、用地四周的景观资源以及景观特征。

(6) 经济技术条件。指对技术手段、项目总投资、投资分配比例、土地价值的实现、对地区经济的作用等方面。

3. 内部条件调查

内部条件主要指建设项目自身条件，如功能要求、使用者条件、使用方式、建设者的设计要求、管理条件，基地内的场地性质。

使用者在建筑空间中的使用方式主要为两类，即人与人之间的活动和人与物之间的活动。使用者既可分为空间固有使用者和空间外来者，又可分为服务者和被服务者。因此，对使用者的分类和特性的研究是建筑策划内部条件调查的关键，它决定空间主体的使用方式和空间的基本构成。一些建筑空间使用者与使用特征可概括为表 9-4。

表 9-4　　建筑空间使用者的分类和特征

建筑类型	被服务者	服务者	使用特征
住宅	住户、来访者	物管人员	日常生活
写字楼	租用者、来访者	物管人员	日常生活
商店	顾客	售货员、管理员	随机
酒店	旅客、来访者	管理和服务人员	24 小时服务
活动中心	活动参与者	管理者、筹办者	有组织、随机
客站	旅客	物管人员	24 小时服务

建筑实体必须满足空间功能条件、空间心理感观条件、空间文化条件。因此，在内部条件的把握中需要在建筑内部和外部的空间中把握使用者的活动特征。

二、建筑策划应用示例

1. 目标分析

(1) 住宅主要功能包括：居住单元、花园、会所等主要部分，主要实现居住功能和一部分休闲功能。

(2) 公共建筑功能包括：商业、娱乐、观光、会议、居住和办公等，主要实现各式各样的交往功能。

(3) 将自然环境引进社区，形成持续发展的新型生态小区。

(4) 以人为本，充满人情味的小区，创造特色的中心，既是环境的中心，又是居民的心理中心，由自豪而生的情感；创立特色商业模式，集体设置服务设施；公园化的环境设计；合理的分区，使居民对小区有良好的识别性，各个组团采用不同的环境设计手法。

(5) 精心设计社区空间环境。创造积极空间，使传统的生活方式与新时代的生活方式相得益彰。最大限度满足居住的喜好和交流的需要，提供多种户型选择和多种公共空间进行交流；合理布局以取得良好的声环境，最大限度降低噪声污染；形成连续的步行环境，人车分流；满足居民体育锻炼的需求；无障碍设计是生态型居住区的基点；合理布局服务设施，使居民既能方便地获取内心安宁和精神愉快，又有物质生活的满足。

2. 方案构想

(1) 土地利用：利用人造园林手法进行园林设计，为居民提供一个休闲游憩空间，以绿化广场和水面为中心。

(2) 环境结构：以绿地小径为骨架，以中心广场和中心绿地为传媒，形成连续的开发空间体系。再配以东西两侧连续的绿化散步道，形成层次分明的绿化体系。规划布局公共空间、半公共空间和私密空间。各游憩活动区域有明显的空间界线，有利于小区安全防卫功能，又不失小区的整体感。自成体系的绿化系统提供一个与车行系统完全分离的步行网络，区内以步行为主，达到人车分流的目标。公共服务设施集体设置。

(3) 功能设置：一层入户大堂设置接待中心和商务中心，实现人的居家办公功能；六层和七层设置大型生态运动会所，满足休闲娱乐功能；两塔楼之间的七个主体休闲连廊空间，满足聚会交流功能；裙楼商场，满足购物功能；顶层设置星空会所，观星台、舞池、宴会厅，满足聚会和观光功能。

(4) 道路系统：小区入口，道路系统，行车方式，步行系统。

(5) 绿化系统：两个绿心，两条绿带，组团绿地，宅旁绿地，道路绿地。

(6) 建筑设计：小区建筑布局遵循“朝向优行，兼配景观”的原则；小区按照“通而不畅，顺而不穿”的原则；分三级布置，功能合理，主次有序；全区要结合“三片两中心，两轴两带”的规划结构，形成高低起伏，疏密有致，开敞向心的空间布局形态；建筑布置采用条式拼接，条式转角处理，点式点缀等多种处理。

第四节 房地产项目价格定位分析

在激烈竞争的市场环境下，房地产价格涉及的因素也相当复杂。如何制定消费者可以接受的价格，同时达到开发企业的利润目标，切合企业利益，是一件相当复杂的事情。价格定高了，能增加开发商的收益，但若不为消费者所接受而滞销，则不但达不到预期的效果还会造成一定的损失；若价格定低了，虽然能在短时间内销售一空，但开发商肯定要牺牲一部分可得利润。要进行合理的项目价格定位不仅需要了解影响供求的宏观因素，也要关注制定具体项目价格的微观因素和实际操作细节。

一、价格定位的基本流程

1. 评估内外部因素

内外部因素包括消费者需求、人口移动、市场动态、竞争对手、成本、商品力、销售能力、利润目标等。影响房价的主要因素很多，诸如供求比例、经济发展、居民收入变动情况、居民的居住水平和居住结构情况等等。

2. 收集定价信息

定价信息包括地段远近、产品品质、市场客源、楼盘定位相关政策等等。例如付款方式的转变、建筑设计发展趋势、销售策划、商场操作等。

3. 决定楼盘平均单价

简单的说，项目价格定位的程序，即是一连串由整体到个体，从全盘到各户的“评估”和“决策”的过程。每个阶段所评估的项目和决策的内容各有不同。任何一个楼盘首先须根据市场竞争、时机差异、产品规划及开盘目标等决定其整体价格水准，也就是一般所称的“平均单价”，作为细部价格制定的依据。但均价制定也须先区分楼盘中差异性明显的产品，例如商场跟住宅、大厦与别墅或钢骨结构与非钢骨结构建筑等，就各差异部分分别决定均价，以充分掌握产品差异的程度。

4. 决定各期、各栋的平均单价

一旦决定了平均单价，若为大规模楼盘，预计分期销售，则可就各期制定平均单价；若个

案规划为数栋建筑，则可评估各栋差异因素及程度，例如栋距、景观等，从而决定各栋的均价。除了评估差异条件之外，还须检视各栋平均单价乘以各自的可销售面积的总和是否等于楼盘的均价乘以全部可销售面积的总和。

5. 决定楼层垂直价差

垂直价差顾名思义，主要是指楼层高度不同所产生价格上的差异。一般在制定垂直价差时，常会先决定一个基准楼层，使基准楼层的单价等于该栋建筑的均价，然后再评估其他楼层与该基准楼层之间价格差异的程度，从而制定其相对价格，并使各楼层相对价格的总和等于零。

6. 决定水平价差

水平价差是指同一楼层之间朝向、采光、私密性、格局等因素之优劣程度，定出同层平面中各户的单价。但同一楼层各户单价之平均值与原定平均单价相符。若为直筒式建筑，由于每层的平面规划均相同，因此仅制定一个水平价差即可适用于各层；若是平面格局复杂，例如高度退缩式建筑，或每层之户数不相同，则就每种不同平面格局制定水平价差。

7. 调整价格偏差

经过上述各个步骤，我们已可逐步制定出各户型的平均单价，但还须检核整体的平均单价是否与原先预定的相符。这时，我们可将各户的面积乘以各户的单价，得出楼盘全部的可销售金额，将此可销售金额除以全部可销售面积（即各户可销售面积之和），即得出所制定的平均单价。由于各户的面积大小不一，因此所得出的平均单价可能不等于原先所预定的均价，此时，即可将差异金额等比例调整至相同。

例如按定价步骤得到的均价为 8020 元/m^2，原先预定的均价为 8000 元/m^2，为达到后者的水平，可将全案各户的单价均乘以 0.9975（即 8000/8020＝0.9975），一来可使销售总额维持原来预定的水准，二来由于是等比例调整，仍可维持定价过程中垂直和水平的相对价差。

对于总销售额的调整也可采用如下方式：如果最后得出的总销售金额高出原先所订的楼盘总价，这时全盘考虑各个户型，将产品条件最差的几种户型总价调低，以冲销高出的总销售金额。如果最后得出的总销售金额偏低，则可将产品条件最优的几种户型总价调高，以提高销售金额。这种方法虽然打破了原先预定的垂直和水平价差，但由于价格的调整仍遵循既定的程序和原则，所以仍能体现产品的差异。

二、价格定位的方法

从对影响房地产价格的不同因素入手，项目定价的方法众多，包括市场比较定价法、市场竞争定价法、未来收益定价法等。此处重点介绍以市场比较定价法形成价目表，以及在实际销售过程中所需要采取的调整方案。

1. 价目表制定的步骤

（1）制定核心实收均价

① 确定市场调查的范围和重点。以项目为核心，半径 2km 的范围是重中之重。若范围内不够，可再扩大；凡是竞争对手都应纳入视线范围；重点调查项目应不少于 6 个；二手楼

价格也应适当考虑。

② 对影响价格的各因素以及权重进行修正。不同类型物业的价格，影响因素不同；不同阶段、同一类型物业的各个价格影响因素权重不同，最好是与销售人员，尤其是在同一区域售楼人员座谈、分析。

③ 对每个重点调查项目进行调查。有经验的专业人士，5 人左右一起打分，再综合，不能由一个人决定；讨论时，调查楼盘的资料要确实，不确实的需要立刻补充小组打分由专人记录，开放式的座谈会形式，管理者要鼓励大家谈经验，最后由一个市场感觉好的人归纳总结。

④ 交易情况修正。以本盘预计发售的形象进度为基础，对调查楼盘形象进度的工期进行修正。为此，要了解调查盘发售时的形象进度；以本盘的目标销售速度为基础，对调查楼盘的不同销售速度进行修正。此时，必须了解调查盘发售的时间和销售率；必要时对广告投入进行修正；各楼盘发售的形象进度、发售时间、广告投放，要有所记录。

⑤ 调查结果表。每个调查盘进行的调查包括：最低价、最高价、平均实收价、特别楼层价(高、中、低，每 5 层一个)；形成表格，便于比较。

(2) 制定分栋、分期实收均价

① 分栋/分期之前，先将各栋/期面积及占总面积比例算出，以方便找到平衡；

② 分栋/分期的思考出发点：根据各自的相对位置、条件等，细化、找准核心价；根据销售阶段的策略安排，找出项目不同阶段最合适的均价。

(3) 层差和朝向差

① 关注最低层和最高层(除去顶层复式的标准层)的总差距；我们在制定价目表时，选择竞争对手的薄弱处，制定有竞争力的价格，不论是 1～5 层还是 10～15 层还是 25～30 层，通过层差的反复试算，可以达成。关注同层最高价、最低价的差距，在某一方向有特别景观时尤为重要。

② 层差和朝向差不一定是均匀的，可以是 0，可以是 1000 元，甚至更高，完全取决于销售需要。朝向差根据景观、朝向、(采光、通风，根据情况可以单列)遮挡、户型面积、户型设计等因素，分析每个户型。层差大幅跳动的可能点是：景观突变的楼层；吉利数楼层：9、22、28 等；心理楼层；例如：9 层和 10 层之间，19 层和 20 层之间等。

③ 档次越高的楼盘，客户对层差和朝向差的敏感性越低。

④ 根据不同的层差和朝向差，模拟不同的销售情况，进行方案比较，选定方案，电脑试算中改变的最多。

⑤ 高层顶层、多层低层带花园等的特殊单位应特殊考虑。适当的同层单位差会表现在每个单位都会成交。

⑥ 恰当的层差和朝向差表现为迅速突破，随后全面开花。

(4) 形成价目表。通过以上步骤，通过电脑试算选定 2～3 个方案后，进行如下调整(表 9-5)：

① 划分总价/单价区段，最好用色彩标注。例如：总价＜50 万元/套、单价＜5500 元/m^2 的，检查与销售阶段目标的配合程度。

② 根据目标客户感受，选择总价/单价表示，甚至是月供或每平方米月供表示。

③ 一次性印刷价目表会给客户以清晰、可以把握的好感觉。

表 9-5　　　　　　　　　　某项目的价格试算表

楼层差	栋号房号	A01	A02	A03	A04
	面积(m^3)	51.32	51.31	124.99	122.71
1	单价(m^3)	5360	5360	6020	6120
	总价(m^3)	275075	275075	752440	750985
2	单价(m^3)	5520	5520	6180	6280
	总价(m^3)	283286	283286	772438	770619
3	单价(m^3)	5680	5680	6340	6440
	总价(m^3)	291498	291498	792437	790252
4	单价(m^3)	5840	5840	6500	6600
	总价(m^3)	299709	299709	812435	809886
5	单价(m^3)	6000	6000	6660	6760
	总价(m^3)	307920	307920	832433	829520
6	单价(m^3)	6160	6160	6820	6920
	总价(m^3)	316131	316131	852432	849153

(5) 特别调整。针对顶层复式单位或双拼单位供应量小的情况依据以上方法再另行调价。

(6) 付款方式。

① 根据目标客户设计相适应的付款方式，并确定主打的付款方式；

② 设计折扣率时注意：一般在 8.5～9.8 折之间，超过范围的情况除非有意引导，一般情况下慎用；

③ 根据各付款方式的估算比例和折扣率，计算出综合折扣；

④ 在综合折扣基础上考虑如下因素，形成最终折扣率。考虑因素有以下几点：发展商关系购房的面积比例和再折扣范围，比如可以考虑发展商情面，预留 1% 的折扣率；销售过程中的促销用再折扣比例和范围，例如举办促销活动，给予适当的折扣，促进成本；尾盘的再折扣比例和范围；分阶段上调折扣比例和范围。

2. 价目表调整方法

(1) 制定核心均价的因素调整

① 确定楼盘比重：根据各楼盘物业类型、所处区位、市场销售期等因素对本项目的相关

影响程度确定各楼盘的影响分值。

② 确定项目不同因素比重：根据地理位置、楼盘建筑本体素质、物业管理、工程形象进度、营销五个方面的因素。各因素的细化项目见表 9-4（以住宅为主）。某项目核心均价的制定：

a）根据目前市场在售楼盘，选取典型样点楼盘，根据经验确定对本项目影响的权重：分别根据同质同区、同质异区、异质同区和异质异区确定权重。

b）价格制定者根据市场调查，根据经验给出不同细化项目的权重和得分值，即比较楼盘打分表如表9-6。

表 9-6　　比较楼盘打分

项目因素	细化因素		权重(%)	打分	得分	备注(略)
地理位置(46%)	环境(29%)	升值前瞻	3	0.2	0.6	
		生活气氛	7	0.1	0.7	
		人文气氛	7	0	0	
		自然环境	7	0	0	
		治安状况	3	0	0	
		区域印象	2	0.1	0.2	
	交通(7%)	车行管制	2	0.1	0.2	
		公共交通	2	0.2	0.4	
		关口	3	−0.2	−1	
	配套(10%)	学校、幼儿园	5	0.1	0.5	
		菜场、商场	3	0.2	0.6	
		医院、银行	2	0	0	
楼盘本体素质(40%)	规模（显示配套、空间、发展商实力、升值潜力及社会影响力）		5	−0.2	−1	
	平面设计（适实用、面积、有新意、朝向、通风、采光、每梯几户、户型）		13	−0.2	−3	
	设备（电梯、智能化、直饮水、中央热水、消防等）		3	0.1	0.3	

续表

项目因素	细化因素	权重(%)	打分	得分	备注(略)
楼盘本体素质(40%)	装修(地面、厨、卫、门窗)	5	0	0	
	建筑选材	2	0.1	0.2	
	外观(大堂、会所、外立面)	3	0.1	0.3	
	景观	4	−0.2	−1	
	车位	2	0.1	0.2	
	承建商(放水处理、新技术)	2	0	0	
	发展商实力	1	0.1	0.1	
物业管理(8%)	品牌	5	0	0	
	收费	3	0	0	
工程形象进度(3%)	潜在风险	3	0	0	
营销(3%)	市场时机、营销包装	3	0.1	0.3	
影响因素折扣合计		100			
折实均价(元)	6600	比较价(元)	6574	权重	20%

c) 根据选定的比较楼盘打的分值,得出该项目的核心均价(表 9-7)。

表 9-7　　楼盘比较

比较楼盘	楼盘 A	楼盘 B	楼盘 C	楼盘 D	楼盘 E	楼盘 F	楼盘 G	楼盘 H	汇总
楼盘价格	8000	6800	7100	7000	7240	10400	8200	7200	
比较价格	8248	7031	7157	7217	7602	9433	8577	7632	
权重(%)	20	15	15	10	10	15	10	5	100
权重值	1649.6	1054.65	1073.55	721.7	760.2	1414.95	857.7	381.6	7913.95

根据楼盘比较得出本项目的核心均价为 7914 元/m^2。

(2) 楼栋之间的因素调整。根据楼盘整体素质的分析,确定影响项目价格调差的主要因素。

例如:某项目,分析楼栋之间的差异,确定影响该项目的因素有朝向、周边景观、噪音等;根据经验和调查判断其不同的权重,见表 9-8。再根据判断的权重调整价目表。

表 9-8　　因素调整表

调差项目	权重(%)	影响因素
朝向	50	东南向、西北向、转角窗、通风、采光
周边景观	30	农民房、海景、城区景观、山景、立交桥 12 层以下受周边楼盘遮挡单位
噪音	20	创业路、东方路

(3) 楼层之间的因素调整

① 景观分布因素调整。随着生活水平的提高,消费者对景观、居住环境要求也随之提高。由于楼层和位置的不同,景观差异大。景观差异成为楼层价格差制定的依据之一。为了客观地调整景观因素值,首先必须制定景观分布表。根据不同楼层的东、南、西、北的景观差异进行景观打分。

② 其他因素调整。其他因素,如景观、朝向、采光、通风、户型、面积、噪声也需要排队比较打分,进行修正。各种因素调整表见表 9-9。

表 9-9　　各因素调整表

因素	修正值	小计	权重分析
景观	2～4	2～4	
朝向	1～2	2～4	多层＞高层
采光	0.5		
通风	0.5		
视野	0～1.5		
户型	1.5～2	2～4	客户层面差异大
面积	0.5～2		
户型比例	0～2		主力户型突出
噪声	0.5～1	0.5～1	
风险(包括工程进速、展示进度、入伙时间等)	0～1	0～1	分阶段进行的项目需要考虑

三、定价策略

定价策略，是指企业为了在目标市场上实现自己的定价目标，所规定的定价指导思想和定价原则。定价策略应根据商品房本身的市场情况、成本状况、消费构成、消费心理等多方面因素来制定。不同商品房在不同时间、不同地点可采用不同的定价策略。

1. 总体定价策略

房地产总体定价策略一般可分为低价策略、高价策略、中价策略三种。每种定价策略各有不同的定价依据。

(1) 低价策略。采用低价策略，一般以提高市场占有率为主要目标，而营销利润往往为次要目标。其定价依据主要是：①扩大市场容量，转换有效需求，让无法支付高价的新消费者成为实际购买者；②企业的产品多为较低档次的商品房，其价格弹性较大，低价会促进销售，从而提高利润总额；③ 企业的开发成本较低，期望的利润值也低；④ 市场上同类楼盘相对过剩，市场竞争激烈；⑤ 作为先发制人的竞争策略，有助于企业夺取市场占有率。⑥ 与竞争者保持均势；⑦ 低价可阻止实力不足的竞争者进入市场，使企业可在竞争压力最小的情况下，获得大量顾客。

(2) 高价策略。采用高价策略的主要目的是在短时间内赚取暴利，而市场营销量与市场占有率可能无法相对提高。定价的主要依据是：① 企业开发的楼盘档次较高，价格弹性较小，高价造成的需求或销售量减少幅度很小；② 该类楼盘的消费者档次较高，对价格的关注较少；③ 企业对利润的期望值较高；④ 同类型的楼盘竞争相对较少；⑤ 在一定时期内，这一类型的楼盘供应缺乏，企业希望通过高价策略获得较多的利润；⑥ 企业希望通过高价树立品牌形象；⑦ 楼盘的特色、功能、服务及区位是独一无二的。

(3) 中价策略。这种策略一般适用于房地产市场状况较为稳定的区域内的楼盘，房地产企业希望在现有的市场状况下保持其市场占有率。其依据是：① 市场消费容量较为稳定，成交量大；② 楼盘投入市场后比较成熟，消费者认同程度较高；③ 区域或楼盘形式的发展进入了成熟阶段；④ 价位对于开发商和消费者都比较容易接受；⑤ 市场供求较为平稳；⑥ 市场竞争较弱；⑦ 企业的利润期望值一般。

2. 过程定价策略

房地产销售过程是指开发的楼盘或小区从预售开始到售完为止的全过程。在实际销售中，市场销售环境可能相当复杂多变，房地产企业往往需要在确定总体定价策略后，根据实际情况确定其销售过程的过程定价策略。过程定价策略一般有以下几种：

(1) 低开高走定价策略。这种定价策略多用于期房销售。期房销售价与其施工进度密切相关，由于开发商投入的资金不同，一个楼盘的市场价其实在不断变动之中。

低开高走定价策略就是随建筑物的成形和不断接近竣工，根据销售进展情况，每到一个调价时点，按预先确定的幅度调高一次售价的策略，也就是价格有计划定期提高的定价策略。这种策略是较常见的定价策略，尤其适合处于宏观经济恢复阶段或者人气较旺的待售楼盘或小区采用。低开的目的是吸引市场视线，其路线是提升价格。

低开高走策略可分为两种模式：一种是开盘起价低，均价也低。随着项目工程进度的推进，项目起价、均价随之微调。应当说这种定价策略是多数项目所采取的。开盘时整体售价低，一是出于宣传目的，想让更多的人知道这个项目，让市场传播速度加快。这种让利行为实际上相当于开发商为自己做了一个广告。二是在初期购房的客户，比工程进度已到后期的客户承担的风险更大些，理应享受更多的优惠；另一种是开盘起价低，均价高。仅有几套房子走低价，随着楼层递增，售价快速蹿升。这种定价策略带有过强的宣传目的，并没有真正的让利给购房者。

若一个楼盘面对以下一种或多种情况时，低价面市将是一个比较明智的选择：

① 产品均好性不强，也没特色。产品的开价虽然有许多外部因素，但自身的条件仍是最根本的。一定的价格在绝大部分情况下总是对应一定的产品品质。如果一个楼盘的地点、规划、户型、服务等综合性能和其他产品比较，不但没有优势，而且还有或多或少的劣势，价格的定位不与之匹配，则其定价的基础就不稳固，降价的趋势是理所当然的。

② 楼盘的开发量过大。房地产是一个区域性产品，而区域性客源不但有限，而且是喜新厌旧的。吸纳量的相对过少，造成销售时间拉长。若是一味的高价定价，即使某个阶段销售业绩很风光，但销售后期也会出现危机。

③ 绝对单价过高，超出当地主流购房价格。如某地区目前房地产市场主流价格基本上在 7000～8000 元/m^2 左右，如果一个产品的单价超过 9000 元/m^2，便偏离了主流市场，客户的需求相对有限，在有效需求不足，产品没有特色的时候，开盘面市，尤其应该谨慎。

④ 竞争激烈，类似产品过多。在 1～2km 内，如果类似价格类似产品有超过 4 个以上的市场环境，产品定价则应以增强产品竞争力为主，否则大量的广告只是替他人做嫁衣裳。虽然吸引了不少客户，但客户在决定购买之前，必然会与周边楼盘做比较，如果你的产品没什么特色，价格也不吸引人，客户就会流失。

上述情况下的低价开盘，是一个好的策略但不是绝对的保证。正如任何决定都有利有弊一样，低价开盘也不例外。

低价开盘的有利点：

① 便于快速成交，促进良性循环。价廉物美是每一个消费者的愿望，以低于行情的价格开盘，肯定能吸引相当一部分客户的注意。客户在对产品进行了解，确认事实后，便很容易成交，不但意味着企业创利的开始，而且还能促进士气，以良好的精神状态开展日后的工作。此外大量的客户上门，即使没有成交，也会营造出现场热烈的气氛，创造楼盘良好的形象。

② 便于日后的价格控制。低价开盘，价格的主动权在发展商手里。当市场反映热烈时，可以逐步提高销售价格，形成热销的良好局面；当市场反映平平时，则可以维持低价优势，在保持一定成交量的情况下，静观市场的反应。

③ 便于内务周转，资金回笼。有成交便有资金流入，公司的运转才能形成良性循环。特别是在市场不景气之时，与其守着价位让银行利息吞噬，不如自己果断断臂寻求生机。

低价开盘的不利点：

① 首期利润不高。首期低于市场行情的售价往往利润不高，有的甚至没有利润。但发展商如果因此将主要利润的获取寄希望于后续调价时，也应谨慎从事，因为低价开盘后，如果价格调控不力，譬如单价升幅过大，或者升幅节奏过快，都可能对后续到来的客户造成一种阻挡，从而造成销售呆滞的局面，不但让原先设定的利润期望落空，而且会抵消已经取得的销售佳绩。

② 楼盘形象难以提升。高价位不一定代表高品质，高品质是需要高价位来支撑的。低

价开盘，作为局部的促销活动问题不大，但若作为公司的一项长久的策略，则必然会影响楼盘的档次定位和实际运作。

低开高走定价策略每次调价能造成房地产增值的假象，给前期购房者以信心，从而能进一步形成人气，刺激有购房动机者的购买欲，促使其产生立即购房的想法。但是，这种定价策略若使用不当，如提价速度过快或每次提价幅度过大，易使后期销售预留的提价空间过早失去，从而让竞争者夺走顾客。因此，这种策略的运用关键是掌握好调价频率和调价幅度。

调价频率的关键是吸引需求。每次调价后若能不断吸引顾客购买，这就说明调价频率是正确的。没有市场客户积累基础的主观调价，不仅会影响购买人气，而且会直接影响成交。

调价幅度的关键是：小幅递增。调价的要点是小幅递涨，一般每次调价涨幅在3%～5%之间，如每平方米5000元左右的楼盘，每次调价幅度在150元至250元之间较为合适。调价后的几天，配以适当折扣策略，作为价格局部过渡，有新生客源流时，再撤销折扣。

低开高走一般有如下4种结果：

① 因为开始的定价比综合的均价低，有的相差1000元左右，这就有可能影响物业的档次，给人一种“便宜没好货”的感觉。

② 由于公布的价格比消费者的心理价格低，给消费者以实惠感，这样容易聚集人气。

③ 由于价格低，消费者或投资者已经知道了发展商“先低后高”的战略，其中包含着市场机会和升值空间，容易成交。

④ 先低后高实现了前期购楼者的升值承诺。发展商容易形成口碑。

(2) 高开低走定价策略。这种定价策略类似“撇脂定价策略”，正如将一锅牛奶中的油脂(精华)部分一下撇走的做法，其目的是开发商在新开发的楼盘上市初期，以高价开盘销售，迅速从市场上获取丰厚的营销利润，然后降价销售，力求尽快将投资全部收回。

高价开盘楼盘的一般特点：

① 具有别的楼盘所没有的明显特点。楼盘的特点是楼盘的卖点之一，譬如有最先进、合理、经济的户型设计；有其他楼盘所没有的付款方式、产品配套等。这样的楼盘突破了市场的思维格局，代表了地产的发展方向，容易给客户以最新的购买享受，即使定价较高，也会受到客户的欢迎。

② 产品的综合性能上佳。高单价大多对应高品质，当楼盘没有什么特别的优点时，只要地点、规划、户型、服务等产品的综合性能为客户所接受，它所提供的产品品质与客户所能接受的心理价位相符，甚至略高，也便于高价开盘。

③ 开发量适合、发展商信誉好。如果一个楼盘的价格在当地的主流价格范围之内，产品的开发量适合，基本上在一年内能销售一空。并且公司的品牌响亮，市场需求大，高价开盘完全有市场基础。

这种策略一般适用于两种情况：第一是一些高档商品房，市场竞争趋于平缓，开发商在以高价开盘取得成功，基本完成了预期的营销目标后，希望通过降价将剩余部分迅速售出，以回笼资金；第二是楼盘或小区销售处于宏观经济的衰退阶段，或者由于竞争过度，高价开盘并未达到预期效果，开发商不得不调低售价，以推动市场吸纳物业，尽早收回投资。

与低价开盘相对应，高价开盘的利弊正好相反，其主要结果表现在：(1)便于获取最大的利润，但若价位偏离当地主流价位，则资金周转相对缓慢；(2)便于树立楼盘品牌，创造企业无形资产;(3)日后的价格直接调控余地少。

总之,无论低价开盘还是高价开盘,它们都有各自的实施条件和利弊点,但相对于市场行情价格的开盘策略,它们都有积极进取的意味。

高开低走的四种结果:

① 楼盘的品质和口碑得到了展示,先声夺人,符合“楼越好,看的人越多”的规律;

② 但由于价格较贵,难以聚集人气,难以形成“抢购风”,楼盘营销有一定的风险;

③ 由于高开低走,价格是先高后低,或者定价高折扣大,消费者也会感到一定的实惠。

④ 先高后低虽然迎合了后期的消费者,但无论如何,对发展商的品牌和物业品牌尚有一定影响。

上述两种列表(表 9-10)如下。

表 9-10　　定价策略

价格走势	低开高走	高开低走
物业品牌	影响物业档次	展示物业形象
卖场人气	畅旺	一般
升值空间	先大后小	先小后大
发展商品牌	较易建立	较难建立
销售速度	快	慢

(3) 稳定价格策略。

这种价格策略是指在整个营销期间楼盘的售价始终保持相对稳定,既不大幅度提价,也不大幅度降价。这种策略一般适用于房地产市场状况稳定的区域内的楼盘销售,或是在房地产开发项目销售量小,项目销售期短时采用。例如,利用稳定价格策略销售几个大客户购买物业后剩下的小量部分物业。

实际上无论是高开低走,还是低开高走,都不是绝对的,销售过程中的价格变化是较为微妙的。作为发展商,关键的问题是要在楼盘定价的前期,考虑消费者的机会点,这样才能真正地聚集人气。否则不考虑楼盘销售的成交量以及时间成本,将会受到严峻的市场考验,风险亦在其中。同时发展商在考虑楼价的高低差方面,也要根据市场的变化适当把握。否则太低可能影响利润,太高可能影响销售速度,发展商应在市场营销中不断进行价格曲线的维护,这样才能达到整合营销的效果。

3. 价格促销策略

在房地产销售过程中,价格作为最为敏感的因素对销售的促进相当重要。“没有卖不出去的房子,只有卖不出去的价格”,由此可以看出,价格对房地产销售的影响。

(1) 扩大客户层面。针对部分客户群的承受能力,考虑首期的成数,给出客户认为可以轻松接受的按揭方式。如首期二成,另外一成入伙前付清。首期支付能力的扩大,缓解了首付和月供的压力,无形中扩大了客户群。

运用此种策略必须注意以下原则:

① 除非发展商势力雄厚、财务状况优良,或者低首付的手法能达到某个销售目标,以获取建筑融资,否则不宜采用太偏低的首付款这一促销手法。

② 规模小、工期短的楼盘较适合采用低首付款的促销手法;而楼盘规模大,工期长,因财务压力大,采取低价开盘的策略优于采取低首付款的手法。

③ 运用低首付款时,需要注意付款方式与价格之间的关系。通常首付款的比例越低,越有必要将因延迟收款而造成的利息损失隐含在价格之中。

(2) 销售过程价格优惠。房地产进入销售阶段,价格促销策略是普遍采用的策略。价格优惠策略包括有广告户、限时折价、配合营销活动的价格优惠,老业主带新业主的价格优惠等,例举如下:

① 广告户。以超低行情吸引潜在客户的某一单位。通常格局不佳或市场上不受欢迎的楼层或朝向最适合做广告户。一般广告户多以降低单价作为卖点。例如"每平方米5000元起!"等,也可以以低总价来吸引客户,例如"每套仅50万元!"等等。

运用广告户手法通常需注意如下原则:

● 除非是采取全面降低的低价策略,否则"广告户"与其他单位之间须有明显的差别,以免客户对非广告户价格的争议和杀价。

● 广告户占全部可售户数的比例较低时(例如共200户的楼盘,仅推出1~3个单位作为广告户),不宜贸然采用。可待楼盘销售到一定比例时,再推出广告户,以免因广告户过少,不易发挥引导客户购买其他户的效果。

● 广告户的主要功能在于吸引客户到现场选购,因此应尽量对广告户的价格采取"不二价"的策略,并妥善定出广告户与其他单位之间的价差幅度及原因,以在客户比较价格、产品之时,顺利销售广告户及其他单位。

● 基于"广告法"、"消费者权益保护法"等方面考虑,在定出广告户之时应注明广告户的户别、数量等内容。以免客户在上门之后,因广告户已售出而产生心理障碍。

● 如果附近的竞争楼盘已运用了低价策略,除非该楼盘销售顺畅,或者自己的价格条件更具优势,否则应改用其他的促销手法。

② 限时折扣。制定价格折扣的时间,吸引客户在折扣期间购买房地产。在实务上这种促销手法一般针对两种客户,一是普通购房客户,大多通过大众媒体如报纸、夹报、派单等通知。另一种是特定的对象,例如公司的员工、关系企业及厂商,或某些明确的目标市场如机关、团体等。针对特定对象做限时折价促销时,大多采用直销、邮寄等方式传播信息。

运用此种手法必须注意以下原则:

● 折扣时间不宜太长或太短,一般而言以2~3周为宜。由于买房毕竟比购买其他商品谨慎,折扣期太短,客户可能因信心或冲动性不足而作罢。太长又可能降低了客户对折扣的兴趣。所以在应用这种方式时,需掌握能发挥促销效果的时效。

● 作为折价促销的单位,最好在产品本身的条件上能与非折价的单位有明确的区分。否则因为产品条件相似,运用这种方式有时不仅未能发挥促销效果,反而在折扣期限结束后影响其他单位价格的维持和调高。

示例:某项目制定的付款方式和折扣率及促销价和时间安排(见表9-11、表9-12)。

表 9-11　　某项目付款方式与折扣率

付款方式	折扣率	所占比例(%)	综合折扣率
一次性付款	0.89	7	0.924
三成首期	0.92	65	
两成首期,一成一年免息	0.94	25	
一成首期,两成两年免息	0.95	25	
建筑期分期	0.92	3	

表 9-12　　项目促销折扣率表

折扣方式	时间	折扣率	所占比例(%)	综合折扣率
第一阶段(开盘1个月)	8月11日～9月10日	0.02	15	0.008
第一阶段(第2个月)	9月11日～10月10日	0.02	10	
第一阶段(元旦前)	10月11日～1月1日	0.02	5	
第一阶段(尾盘期)	1月2日以后	0.04	5	

4. 价格避让策略

(1) 价格避让。价格的避让策略一般应充分考虑物业的市场供求关系。价格制定往往通过比较项目之间素质、销售状况形成的最终的价目表,房地产项目的竞争关系又与时段相关,即某一时段内推售的项目之间容易形成直接的竞争关系。虽说物业的供求关系决定物业的价格,由于土地的稀缺性和市场供应的非理性化,某一类型物业的供应量在某一时段容易失去控制,许多项目进入市场同争一块蛋糕容易形成恶性竞争。因此,在制定价目表或调整价目表的时候,制定一个比较有竞争力的均价容易达到销售目标。

(2) 价格等待。价格等待策略可作为商业物业定价策略来采用。房地产价格与区域的租赁状况关联紧密,房屋的出租使房地产成为理想的投资目标。采用价格等待策略的项目需要考虑其投资功能,先行租赁或招商,最大限度实现物业价值。比如商业物业具有很强的投资经营功能,物业整体的经营好坏决定物业的租金水平,物业的租金水平决定物业的价值。

目前商业物业销售一般采用市场比较法来制定本项目售价,要上溯到物业租金水平、物业经营水平必须要等到物业投入经营以后才能实现。作为发展商则需要尽快回笼资金,商业物业的定价仍然按照当前的物业租赁水平和参照当前的物业售价制定价格发售。在实际操作过程中,项目尽管可以发售部分物业单位,但由于没有和物业经营挂钩,未来物业经营程度对该物业的价格具有决定性的影响,直接出现的可能是物业迟迟不能投入经营,或者经营惨淡,根本无法实现预期目标,最终结果是小业主纷纷断供(拒绝继续供铺)。由于银行与发展商签有回购担保协议,出现售出的物业又回到自己手中的局面。

5. 价格策略与销售速度的关系

通过市场比较,形成合理均价区间。总体策略可分成低价、中价、高价三种价格;三种价格策略对销售不可避免产生影响。房地产开发企业的成本和对利润的期望对选择价格策略产生影响；开发企业在实际销售过程中采用何种价格策略，还需要能清楚判断均价与销售速度的关系。

（1）单价与总价区间。不同的价格策略形成不同的单价与总价区间，综合销售情况和客户承受力，进行方案比较。做出单价区间和总价区间比较表，检验价格的变化情况；中值与平均值的分布状况；最大值与最小值相差比例。如表 9-13。

表 9-13　　某项目单价区间比较和总价区间比较

	A 栋	B 栋	C 栋	D 栋	合计	百分比(%)
单价区间						
6000 元/m^2 以下	0	5	5	1	11	5
6000～7000 元/m^2	9	13	15	9	46	21
7000～8000 元/m^2	13	17	18	16	64	29
8000～9000 元/m^2	11	15	13	15	54	25
9000～10000 元/m^2	3	6	3	17	29	13
10000 元/m^2 以上	2	1	0	10	13	6
合计	38	57	54	68	217	100
总价区间						
70 万元/套以下	1	5	5	8	19	9
70 万～80 万元/套	6	15	16	14	51	24
80 万～90 万元/套	11	9	15	20	55	25
90 万～100 万元/套	8	15	13	7	43	20
100 万～120 万元/套	9	6	5	8	28	13
120 万～140 万元/套	1	4	0	3	8	4
140 万元/套以上	2	3	0	8	13	6
合计	38	57	54	68	217	100

(2) 销售突破说明。根据制定的价目表,单价区间和总价区间与目标客户的理性购买区间必然有许多重合之处;在价格调整中,景观突变区域的价差在价格制定中得到充分体现,理性购买区间和景观突变区域就有可能首先成为销售突破区域。

例如:从某项目调差价格表分析,该项目各户型基本相当,楼层价格变化表现为均衡上升的模式。因此价格表折实价格区间在考虑开盘第一个月的销售突破点为:朝向及楼层。由于朝向与景观的差别,这是考虑到6层周围已无低层房影响,高层价格逐渐偏高,同时,01和04号房朝向好、景观佳。

四、价格调整

房地产价格受供求关系影响,一般会出现两种情况。一种是市场供求按价格制定者的预想,进行价格调整,如价格策略的低价或高价策略;另一种情况是市场供求信息不能及时传递给价格制定者,也就是说,价格制定者对市场信息的判断并不完全准确。有时,我们先前制定的按揭折扣可能达不到实收均价或者销售出现障碍。这时候,就需要对价格进行调整。

1. 市场验证

在市场推出量大,竞争激烈的片区或中低价位的楼盘,每增加100元单价就可能会使10%~20%的单位失去竞争优势;某些高档楼盘增加300元、500元似乎不会立即造成客户流失,这就好比炒股,在竞争激烈的状况下就好像是前期有大量的套牢盘,股价上升一点就会引发大量的抛盘,因此股票就难以升上去;反之,当你的股票创了新高,所有的股东都是赢利的,没有任何压力,上升空间也就非常大,关键就是要具有独特的个性甚至是惟一性。

(1) 价格敏感度分析。通过单价区间和总价区间比较目标客户的理性购买价格区间。营销人员通过一般市场调查、成交客户分析、售楼现场调查等方法,找出目标客户的理性价格区间,作为价格敏感度分析的依据。

商品房作为大宗个人消费品,在消费者心目中都有其价格预算,可以根据其收入水平,对未来的预期等判断其首付能力和月供能力。对于消费者来说,理性价格区间使他们在购买时,便于区别与选择。

一般说来,低档盘、小户型的客户对单价敏感;中档楼盘(中户型)的客户对单价、总价都较为敏感;高档楼盘(大户型)的客户只对总价敏感;通常情况下,客户改变量在10%以下,视为敏感度小,可接受。

例如:某市房地产市场,中心区的目标客户的理性购买价格区间在8000~9000元/m^2,总价区间在80万~100万元。在进行价格敏感度分析时,将项目的单价区间和总价区间与目标客户的理性购买价格区间对比,发现客户对单价的敏感度并不高。也就是说,在市场验证过程中,中心区项目均价增加200~300元/m^2对其价位并不会产生多少影响。

(2) 难点户型价格分析。当前房地产市场销售项目,户型少则几种,多则数十种;每一种户型设计、景观方面均存在不少差异;不同户型目标客户也有不少差异。在销售过程中,经常会出现一些难点户型。这些难点户型出了什么问题,价格是不是高了,需要验证分析。

一般情况,销售首先突破的户型单位比较均匀,基本上可以判断市场接受方面可能并没有难点户型;如果某种户型单位特别难以消化,如开盘一个月仍未销售,此种户型可作为难点户型处理。

2. 分析方法

（1）上门客户问卷调查。销售过程的价格调整来自市场和客户的反馈。上门客户的问卷调查就是一种很好的方式，其所花成本和代价较低，问卷的方式可根据需要调整。如可以就采用客户登记的方式，让上门客户对价格的高低进行选择。

（2）成交客户分析。已成交客户资料是分析市场和判断市场的重要原始数据，这些原始数据的统计分析可以判断客户对户型、价格的偏好。我们通常可采用两种方式：① 成交客户问卷调查；② 成交客户资料分析。

（3）现场销售人员座谈。现场销售人员直接面对客户，对于客户资料外的个人感受，现场销售人员体会的相当深刻。客户选择的理由或不选择的理由，销售人员在日常接待客户中可以得到最直接的反馈。定期地组织销售人员座谈，也是对前期制定价格的检验。

3. 调整价格

（1）制定调整策略。根据市场反馈信息，验证预先的设想。如果设想通过验证，价格可按预先设想实施调整；如低开高走或高开低走等；如果设想没有通过验证，就需要根据市场反馈信息，重新制定价格策略。调整策略包括难点户型实收均价的调整；难点户型的层差和朝向差的调整，如10～20层一口价等；难点户型的重点推荐，如广告突出、样板房优化、附送装修或家电等变相降价等行为。

（2）形成调整后的价目表。根据调整策略，重新制定价目表。其中已包含价格策略的正常调整和难点户型单位的调整。在正常的价格调整中，包括一些保留单位价格走高。这种正常调整也可以根据市场反馈，修改调整幅度。譬如，按以前的调整设想调整200元/m^2，市场反应相当热烈，踊跃认购，这时的调整幅度可以适当调高。难点户型单位的价格调整可以就难点户型单位单独形成价目表。完成以上两类调整，形成调整后的价目表。

第十章 房地产销售推广

房地产项目销售推广是房地产企业对房地产项目营销推广活动进行整体、系统的超前决策和效果控制的过程。项目市场推广是房地产全程营销的重头戏,是营销策划与销售技巧的高度结合。本章重点介绍的是以房地产企业的发展目标为基础的销售推广措施。

第一节 推广准备

在进行具体的推广工作之前,企业要做好一定的准备工作,包括在对区域市场、竞争楼盘及消费者的调查基础上对项目强、弱势进行分析,进一步挖掘楼盘的卖点并对所需的费用、组织模式、阶段安排等进行统筹计划,从而为项目的推广实施打下坚实的基础。

一、挖掘卖点

目前国内的房地产市场已经进入买方市场,一个项目要成功地推向市场,就应该充分将其美好的、独特的、吸引人的卖点表现出来。所谓卖点,即楼盘自身优越的、不容易被竞争对手抄袭的个性化特点。卖点的展示可以建立和维持项目的优势,以抓住市场契机、适应市场的需要,从而实现预期的经济指标。

1. 片区市场研究

片区市场研究主要包括以下 6 个方面内容:① 片区的总体规划。包括土地性质、住宅规划、市政配套、景观规划、道路交通规划及入口规划等等;② 片区的功能定位;③ 片区内地产开发动态;④ 片区内物业的价格水平分析;⑤ 片区内物业的营销方式分析;⑥ 片区内已建、在建和拟建项目分析。

2. 对手动态跟踪

我们在此所说的对手包含两方面含义,其一,是指竞争对手。其二,是指竞争性楼盘。所谓“知己知彼,百战不殆”。对竞争性楼盘而言,我们应该分两种情况,一类是同一片区的楼盘;另一类是不同地区但定位相似的楼盘,对这些楼盘进行 4P 组合分析,即产品定位、市场定位、价格定位、营销定位 4 个方面,拿到这些楼盘数据后,要进行价格、销售率、营销推广、户型等多方面的对比分析。

(1) 确定竞争对手的目标,我们需要分析竞争对手对目前的盈利状况、市场占有率、现金流量、工程质量、服务水平等项目指标的重视程度。

(2) 评估竞争对手的优势和劣势,要评估竞争对手的优势和劣势,首先要收集有关竞争对手的信息并加以整理、比较和分析,最后得出其优、劣势的结论。实事求是的评估竞争对手的实力是必不可少的,这种实力决定了它发起进攻或反击行动的能力以及处理房地产中诸事件的能力。

(3) 识别竞争对手的现行战略,一般而言,处于同一战略集团的企业,有着基本相同的战略选择,所以首先划分房地产业的战略集团是有效的、必需的。

(4) 辨别竞争对手的假设,包括竞争对手对自己的假设和对房地产业及产业中其他企业的假设。从中我们可以发现竞争对手在管理上的偏见和盲点,并为我所用。

此项研究的资料收集主要通过媒体信息收集、实地考察及有针对性地访问(如访问对方营销经理等)等方式进行。

3. 消费者构成及购买行为研究

项目市场推广人员要了解市场,借助市场调研要明确下列问题:

(1) 哪些人构成了市场,他们有什么特征(年龄、性别、地区、经济收入状况等)?——购买者

(2) 他们购买哪种楼盘(对项目规划设计、价格、户型、质量、位置、配套设施等的要求)?——购买对象

(3) 他们为什么要购买这些楼盘?——购买目的

(4) 谁参与了购买过程?——购买组织

(5) 他们以什么方式购买商品?——购买行动

(6) 他们准备什么时候购买商品?——购买时间

(7) 他们在哪里购买商品?——购买地点

了解消费者的起点参见图 10-1 所示的刺激——反应模式。市场推广刺激与其他刺激进入消费者的意识后,消费者的特征和决策过程导致了购买决策。营销推广人员的任务就是要了解在出现外部刺激后到作出购买决策前的消费者意识中所发生的情况。我们要回答的问题是:消费者的特征(包括文化特征、社会特征、个人特征和心理特征)是如何影响购买行为的?

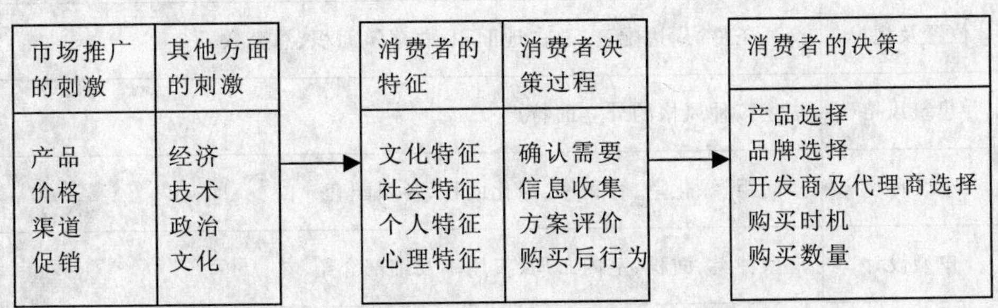

图 10-1　刺激-反应模式图

此项研究的资料收集主要通过进行专业的问卷调查、电话采访谈话等方式进行,可采用全面普查、随机抽样调查、非随机抽样调查、重点调查等方法。

4. 进行卖点挖掘

在以上三个步骤进行之后,将收集来的资料汇总整理并与项目本身进行对照比较,就可以发现项目的卖点。

例如:在对某度假小区项目市场环境进行深入的调查分析之后,发现其有如下优势:①该项目规划的度假小区深受青睐;②交通便利;③先天的度假素质;④发展商实力雄厚;⑤发展商内部有一定的潜在购买力;⑥该片区物业升值潜力巨大;⑦该项目户型定位为片区目前的空白点。

二、提炼推广主题

在项目卖点挖掘完成之后，企业还须将其加以提炼，形成具体的宣传重点，以便在随后进行的广告推广中加以运用。

将项目的卖点精炼为一两句话就形成项目的推广主题。主要解决“是什么样的物业?”、“卖给什么人?”、“能达到什么效果或有什么好处?”三个问题，我们具体可以从产品定位、市场定位和营销定位三个方面来寻找。

1. 从产品定位中寻找物业主题

首先要让消费者明确该项目是什么物业，要熟悉物业的基本构成，如交通状况、绿化、建筑设计特点、装修标准等。

(1) 产品定位的意义。良好的产品定位具有非常重要的意义：以开发商或土地使用者的立场为出发点，满足其利益目的；以目标市场潜在的客户需要为导向，满足其产品期望；以土地特性及环境条件为基础，创造产品附加值；以同时满足规划——市场——财务三者的可行性为原则，设计供需有效的产品。

(2) 产品定位的内容 。产品定位包含小区规划、建筑风格、小区环境、户型设计、功能定位、物业名称、物业管理等内容。

将以上各项内容提炼为具体的主题，即形成物业主题如表 10-1。

表 10-1　产品定位内容与推广主题内容

序号	产品定位内容	推广主题内容
1	位置及规模	交通条件、周边配套、总占地面积、总建筑面积、总套数
2	建筑风格	描述该种风格的外立面特点
3	小区环境	楼间距、绿化率、容积率、绿化面积、各项配套
4	户型设计	户型种类、面积、室内布局、实用率及细部介绍
5	功能定位	社区智能化程度介绍及装修标准
6	物业名称	诠释楼盘名称的内涵外延
7	物业管理	物业管理公司名称、服务内容、收费标准、配套设施

2. 从市场定位中寻找市场主题

准确的市场定位可以锁定项目的目标市场和目标消费者，在项目有了明确的市场定位之后，该项目所面向的消费者，一般来说就已经很明确了：该类消费群体是怎样的一些人，他们的职业、收入、年龄、性别、文化层次、喜好及未来需要是怎样的，以及由此而引起的一些消费倾向等等。

市场主题即从项目市场定位中找出符合其需要及能力的因素，并对这些要素加以描述，突出“卖给什么人、供什么人享用”。

3. 从营销定位中寻找广告主题

广告主题是广告所要表达的重点和中心思想，是通过一两句精炼的广告语来体现的，提高消费者对该项目的期望值，使其产生许多美好的联想和希望。例如，某临海楼盘的主打广告语“海风一路吹回家”让人不仅明白交通的便捷，更体验到了海边生活的幸福和温馨。

广告主题作为信息的焦点，在一个广告中不能有太多的诉求主题。而应根据不同情况进行筛选。

4. 实例举证

某项目的推广主题定位为“自然就是美！”，这主要是从三个方面归纳出来的：

(1) 从项目产品定位中来。该项目环境优美、配套齐全、形象极佳，让人相信未来的生活是美好的、自然的。

(2) 从潜在消费者中来。在消费者研究及定性分析中，消费者对居住区域和居住小区的要求可以折射出消费者对生活品位的追求，对居家环境的要求越来越高，崇尚自然成为现在和未来的主流。同时，家也永远是最自然的地方。

(3) 从市场营销的差异化和对本项目本身的营销联想中来。根据调查研究，可以深切地感受到现代人对宁静、自然的生活方式追求日趋强烈，对一些华丽辞藻的渲染已经司空见惯。而本主题定位描绘了项目的生活美景，给人以自然、美丽、充满关爱的联想。短句富有亲和力且不张扬，与楼盘形象相吻合。

三、制定推广计划

“凡事预则立，不预则废”。项目市场推广计划必须要有一个系统合理的计划作为行动方向，才能使随后的各项工作能够有条不紊地进行。根据不同的侧重点，我们可以针对推广费用、组织模式、阶段划分三个方面分别制定相应的计划。

1. 费用计划

企业年度财务计划控制要求在保证公司实现销售目标的同时，尽量减少支出。这就要求在推广实施之前对推广费用进行合理计划，使其能得到有效的控制。

(1) 营销成本的构成。房地产项目的营销，从策划、组织到推广实施，成本由以下几方面组成。

① 资料费：指房地产项目在销售前应做好的一些准备工作所需的费用，包括：设计制作售楼书（或称宣传册）；设计制作录像介绍资料带或光盘；设计制作展示板，通常有户型平面、小区规划、地理位置、环境及生活配套、立面效果、项目简介、装修标准等等；设计制作整体模型和分户平面模型，通常有小区规划的模型、建筑物模型、单体平面布置模型；设计建造示范单位；设计制作手提资料袋、宣传品、小礼品等等，旨在树立开发商公众形象和扩大项目的社会影响力。

② 广告费：指项目在进行市场推广时用于产品形象宣传所需的费用，包括：发布新闻媒体广告费，包括报刊、杂志、广播、电视等等；发布路牌广告费；制作地盘广告和地盘围墙（栏）广告费；发布公交广告费；展销会参展费；通过邮寄方式发布广告的邮寄费；通过公众信息网络发布广告的入网费、租金等。

③ 销售管理费，包括：销售人员工资及福利费；地盘专车的费用；租用场地（房屋）租金；

工作人员差旅费;业务应酬费用。

④ 中介服务费:委托中介机构进行的市场调查、价格评估、营销策划、销售代理等所支付的费用。

(2) 编制预算。“少花钱办大事”是每个企业的追求,企业应该如何决定其推广预算呢?推广费用的多少取决于其为企业带来的实际收益及社会影响力,但由于难以预料为实现既定目标或达到预期目的所需要付出的代价,制定推广费用难度较大。以下是常见的4种方法:

① 量力而行法:即将推广预算设定在公司所能负担的水平上。此法简单易行,但完全忽视推广对销售量的影响,会导致推广支出超量或广告支出不足。

② 销售百分比法:即以特定(当期或预测数)销售额的百分比或售价的一定比率决定推广预算,是最为常用的方法。

此法有三个优点:根据企业的负担能力而定,就财务而言合理可行;考虑到推广成本、售价与企业利润之间的关系;普遍采纳此法可以使竞争趋于稳定。

但此法也有以下不足之处;灵活性不够,在销量下降时,不能提供推广费用增加的需要;推广预算随着销售不停波动,对长期规划造成不利;只有经验基础,并没有理论作为支撑,销售与推广的因果关系倒置。

③ 追随法:即通过留意竞争者的推广活动并估计其推广费用,然后依行业平均水平来制定预算。此法特点:可以学习、参考竞争者的优点和长处,弥补不足和欠缺;可以避免广告大战;但仅仅是主观感觉而已,并没有证据来加以证实。

④ 目标任务法:此法最合逻辑,具体实施过程为:明确制订目标——确定实现这些目标所应执行的任务——估计执行这些任务的成本——编制推广预算

2. 组织计划

完整的、成功的项目推广过程离不开有效的营销组织作为保证,具体工作需要靠组织去实施。其中首要的是组织模式的确立,其他内容都是建立在这一基础上的。

(1) 影响营销组织模式的因素。营销组织模式的选择不是任意的,需要考虑各种影响因素。为了使营销组织具备灵活性和系统性的特点,一般需要考虑如下几个方面:①企业规模。一般来说,企业规模越大,营销组织越复杂;②市场。市场的地理位置是决定营销人员分工和负责区域的依据;③房地产种类。房地产种类的不同和多寡也关系到企业的营销组织形式。

(2) 确定组织模式。为了实现房地产营销推广的目标,企业必须选择、建立一个合理的营销推广组织。以下是常见的几种组织模式。

① 职能式组织(如图10-2):此种模式最大的优点是简便易行,它是按照企业需要完成的工作或职能来进行设置的。但随着公司推广项目的增多,市场扩大,这种组织方式可能丧失效率。因为没有一个职能部门对某一具体项目或市场负责,每个职能部门都在为获得更多的预算和更有力的地位而竞争,致使营销忙于调解纠纷。

② 市场式组织(如图10-3):市场式组织最大的优点是各种房地产营销推广活动可以被统一地组织起来,满足不同消费群的需要,而不是着眼于企业的某些职能或产品。但是,它也存在一定的不足之处:当有不同的多种类型的产品时,会产生权责不清和多头领导等矛盾。

③ 产品式组织(如图10-4):当企业有多种不同的产品在同一市场或少数几个目标市场

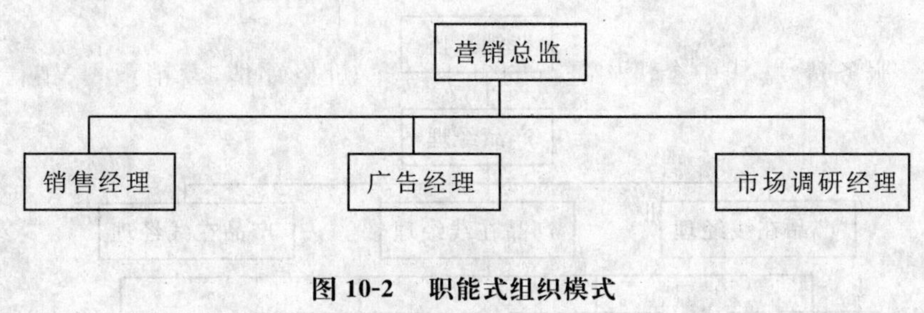

图 10-2　职能式组织模式

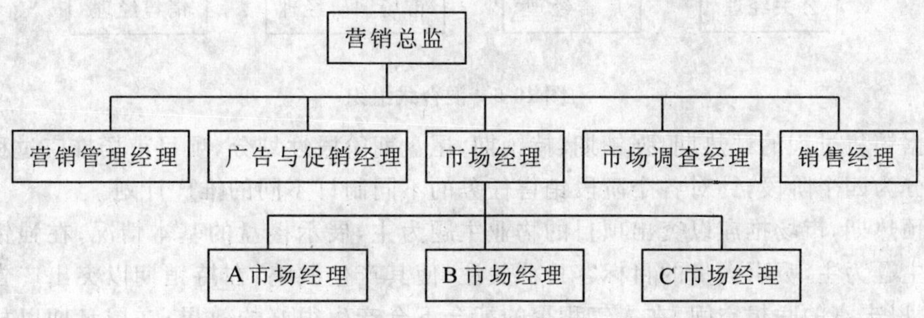

图 10-3　市场式组织模式

上进行销售时，此模式是最理想的一种形式，它的优点在于能集中精力管理具体的产品，但缺点是成本费用高、缺乏整体观念（产生部门冲突、多头领导及管理混乱等现象）。

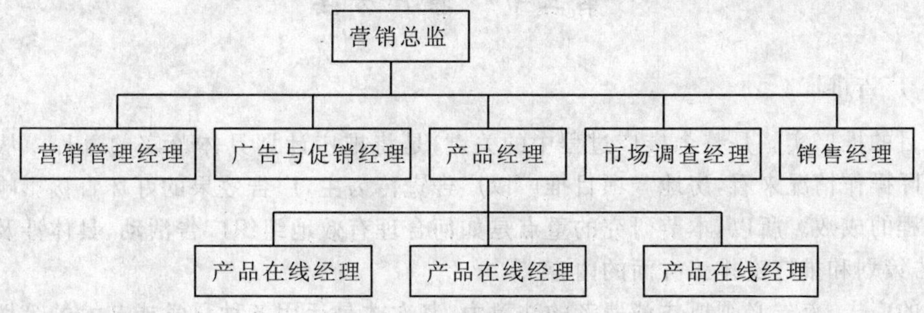

图 10-4　产品式组织模式

④ 混合式组织（如图 10-5）：此种模式是将以上 3 种形式结合在一起，取其优点克服其缺点而组成的一个更为复杂的营销组织。但它也不是十全十美的，这种组织形式的机构设置比较复杂，难免有时会出现部门冲突，多重领导的现象，给管理带来麻烦。

虽然说没有一个理想的组织模式能适合所有的企业，但对于一个具体的企业来讲，总会有一种形式比其他形式更适合该企业的实际需要。因此，根据具体的发展目标和经济实力，按照一定的组织设置安排是十分重要的。

（3）其他程序。其他还应包括的程序有：① 明确组织内部的各项活动及分工；② 建立组织职位；③ 配备组织人员；④ 制定组织规章制度；⑤ 建立监督检查机制；

3．阶段计划

市场推广过程是阶段性的，是与销售过程相呼应的。在不同的销售阶段，市场推广的目标、任务和具体活动都有所不同。

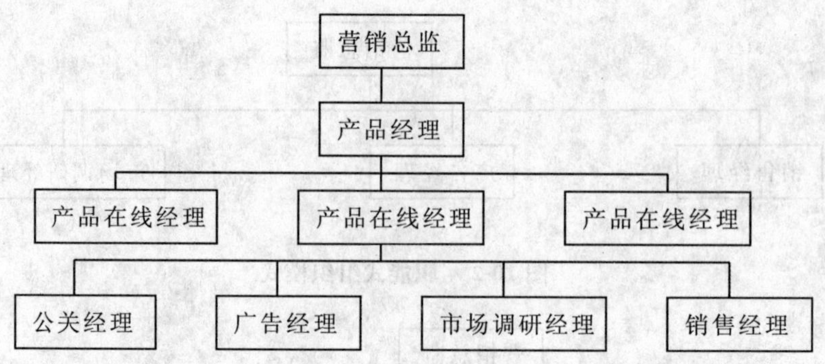

图 10-5 混合式组织

根据销售过程的预热期、强销期、持销期、尾盘期阶段性划分，项目市场推广过程也可以相应地分为四个阶段，针对各个阶段销售任务的不同制订不同的推广计划。

在预热期，市场推广以突出项目的物业主题为主，展示楼盘的基本情况；在强销期以突出市场主题为主，吸引大量的目标客户群关注，使其产生共鸣；在持销期以突出广告主题为主，给人以丰富的联想空间，在人气积聚的配合下会产生很好的效果；在尾盘期以朴实的宣传为重点，突出项目功能性特点。此种搭配只是作为参考，在实际推广过程中，往往是多种手段综合运用，但切忌"宁滥勿缺"的做法。

第二节 推广方法

一、广告推广

项目的推广实施是整个推广过程中的关键，是将推广计划具体落实的过程。从目前国内的实际操作情况来看，房地产项目推广以广告宣传为主，广告效果的好坏直接影响到整个推广过程的成败。所以，本节研究的重点是如何合理有效地组织广告活动，具体涉及广告心理、广告策划和推广安排三方面的内容。

好的广告，首先必须抓住消费者的注意力，其次才是运用各种科学或艺术的策划宣传技巧。离开广告心理，再富有艺术技巧的广告也只能是无的放矢、劳而无功；而没有出色的策划技巧，即使把握了广告心理，也只能是笨口拙舌、事倍功半。只有撼人心弦的广告，才是成功的广告。

1. 广告策划

广告策划是根据营销推广计划和目标，在市场调查预测的基础上，对广告活动的战略和策略进行整体的系统的筹划。广告策划是一种优先的、提前的、指导性的活动，决定广告活动的方向和基本思路。它包含有分析环境并明确要求、分析广告产品、确定广告对象、确定广告目标、确定广告主题和创意、广告策略选择、确定广告预算、广告决策、广告效果分析等九项内容。

(1) 对当前项目区域的广告情况进行透彻分析。对当前项目区域的广告情况应具体研究以下 4 点：①相关法律法规；②广告媒体的效果及价格；③目标消费群的喜好；④目前流行的广告模式。

(2) 确定广告的战略目标。广告的战略目标可以分为通知、说服、提醒。通知性广告主要用于产品的开拓阶段,促发初级需求;说服性广告在竞争阶段十分重要,是为了建立对某一特定品牌的选择性需求;提醒性广告通常用于产品的成熟期,目的是保持顾客对该产品的记忆。

成功的广告策略必须有明确的战略目标:是短时期内推销产品还是树立良好的企业形象;是扩大市场区域还是要提高市场占有率;是极力巩固现有市场还是通过向竞争对手发动进攻,抢夺对手的市场。这些问题在广告策划中必须明确,只有这样,才能使制定的广告策略有的放矢。

(3) 广告创意分析。广告创意是在广告策划全过程中确立和表达广告主题的创造性思维活动,它渗透广告策划的全过程,并引导广告策划方向。完整的广告创意流程应包含以下几个步骤:

首先,及时获得有关产品、消费者、竞争广告等准确的资料,并对其进行分析,找出各种因素之间的相互关系,并加以融会贯通。

其次,"将原来许多旧要素作新的组合"(詹姆斯·韦伯)。"旧要素"是指已经收集到的各种要素的资料。"新组合"则指通过想象将散乱的广告资料以独特的艺术表现手段有机地组合起来并形成映像,再通过思考、酝酿、综合,将其勾勒为一种创意。

最后,在创意产生后,经过多方研究与评定,若认为该创意符合广告总体策划与目标的要求,就可以进入广告的表现阶段。

(4) 广告形式的分析与选择。广告推广渠道分为传统媒体和网络两种形式。传统媒体包括电台、电视台、报纸、杂志、信函、车身、路牌等。对于房地产广告来说,根据楼盘不同的特征,在运用广告媒体上各有侧重。

各种媒体发布广告各有优势。在选择媒体时,发展商首先应考虑项目的规模,规模越大,开发周期(生命周期)就越长,应选择车身、路牌等固定广告位以长期被人认知;其次考虑楼盘的档次,楼盘的档次决定其目标客户群的身份层次,在媒体选择上更应注意他们对媒体的喜好,以增加接触机会,加深印象;第三是项目的区位,区位体现了目标客户的区域,因此要根据项目所在区域有针对性地发布广告;第四是资金实力,资金实力是开展立体广告攻势的先决条件。若实力雄厚,项目规模又够大,就应展开立体广告攻势,尽可能把目标客户一网打尽;若资金有限,则尽量节省费用。此外目标客户层次和目标客户区域等因素也对选择媒体产生影响。

(5) 确定广告预算。广告预算是一项系统性的工作,它是对如何安排、使用广告经费做出具体、详尽的资金使用计划的过程。它要求企业首先确定准备用于开展广告活动费用的具体数目,而后决定出于何种目的、于何时、何地支配使用这些广告经费。一个制订周全的广告预算要能做到:经费数额不但能保证实现预定的广告目标,而且还足以保证广告活动的连续性;为使广告活动能够适应经济环境、市场环境等因素变化及解决随时出现的问题,广告预算要具有一定的灵活性和伸缩性。广告预算的确定要求广告部门与企业营销部门、财务部门一起确定广告预算总投资,进而对广告费用进行具体的预算分配。

就房地产销售而言,广告预算大致应该掌握在楼盘销售总金额的1%～3%之间。具体情况则根据不同的公司、不同的经营理念、不同的竞争态势和不同的执行效果而灵活掌握。大的公司因为有充足的资金保证,往往是根据计划来确定预算的。这样的话,广告行为系统的完善，广告攻势猛烈，在强销时更能形成轰动效应，在开拓市场、维持市场方面也达到好的预期效果。而大部分中小型公司因为财力有限，广告预算基本上量力而行，有时候甚至是阶段性的滚动执行，销售结果一旦不尽如人意，广告预算便停止执行。

房地产广告预算在时间上的具体安排方法很多。但常规的广告预算作为楼盘营销整体计划的一个环节，决定了它必定与营销周期紧密相连。在销售的筹备期，因为包括接待中心、样品屋在内的大量户外媒体、印刷媒体的设计制作工作量相当大，再加上其他的准备工作，所以广告费的支出是比较大的，一般约占总预算的30%至50%。到了公开期，公共传播媒体的费用开始上升为主要的费用，其他的销售道具因为已全部制作完成，则很少再产生费用。进入广告强销期，报刊杂志、广播电视的广告密度显著增加，广告费用又陡然上升；另一方面，为了推动销售，穿插其中的各项促销活动也免不了。因此，大量的广告预算是必不可少的。这个时候的广告预算约占总量的40%强。接近持续期，广告预算慢慢趋近于零，销售也将结束。

在所有的广告支出中，若从相对节约、比较常规的角度来分析，销售前期的接待中心、样品屋等的设计和建设费用是一大块；贯穿销售始终、持续性的报刊杂志的发布费用则是另外一大块。这两大块预算约占总的广告预算的70%至80%。

有广告预算的安排，便有广告效果的评判，对投入和产出的认真计算是企业生存的基本准则。在具体的产出还未实现以前，广告预算的安排是否科学，是否经济则应该依赖于营销决策者的经验以及对市场调研资料的判断，并且在执行的过程中，不断的进行反馈和调整。

工作中，精打细算是应该的，但需要注意的是，广告预算的每一笔精打细算，不应该是简单地停留在对广告项目的竭力削减、费用的拼命压缩之上，而应该是贯穿营销决策的始终，贯穿于广告周期的缜密安排，贯穿于广告主题的切实把握和广告媒体的有效选择之中。因为一项决策的失误，往往会抵消几十次精打细算所节省下来的资金。

编制广告预算的基本流程：

① 了解营销计划。做广告预算之前，必先了解营销策略，才能使广告预算与计划结合。

② 分配广告预算。在确定广告预算总额之后，针对广告目标将总额分摊到各可能的广告活动中去，包括广告的调研、广告计划、制作、发布等各个环节。

③ 编写广告预算书。广告预算书的内容，是对广告预算列支、计划和分配进行详尽的说明。广告预算书，一般是以图表形式列明广告预算的项目列支、分配和项目内费用的分配等内容。

广告预算中的预算项目一般为：市场调研费；广告设计制作费；媒体刊播费；广告机构办公费（或管理费）；促销与公关活动费；其他杂费开支（如邮电、运输、差旅、劳务等费用）。

在广告预算中，应分别列明其广告预算费用的列支分配和使用范围。

项目费用的分配，主要指广告预算列支项目的细分项目分配列支，或不同工作阶段的广告费分配列支。这是为了保证广告计划的顺利进行并实施对广告费使用的阶段性控制的重要手段。

在广告预算书后，一般还附加一段文字说明，对预算书的内容进行解释。

2. 广告心理研究

在当今信息爆炸的时代，每天有成千上万的广告信息在争相吸引潜在顾客的注意力。

有证据显示，现在的消费者在面临购买决定时，越来越依赖认知（自以为重要、真实、准确的认知)而非事实(具体的、理性的思考)。这是因为消费者是被迫在周围资讯的汪洋大海中把获取的碎片整合起来据以行事。在这种情况下,企业只有让广告传递的讯息与消费者的认知相一致,才能避免被消费者的忽略。

(1) 消费者对广告信息的处理:①选择、处理和储存资讯。人的认知过程是主动的,在无数的选择中,把想要的、必须处理的、由于某种原因吸引注意的资讯挑选出来,并将之转化为一种简单的概念储存在记忆中,继而进行分类;②衡量、增加、使用已存的资讯。在碰到类似的新的资讯时,人们会将之与已存的概念和类别加以衡量判断,或加深记忆或淘汰,从而形成长期记忆。在有购买需要时,长期记忆就会起决定作用。

(2) 广告的功能作用:① 沟通信息,这是广告最基本的功能作用。广告信息可以突破时空限制,及时、广泛地渗透到各地区和各消费群体。②诱导消费。良好的广告或以理服人,或以情动人,它可以吸引消费者的注意,建立或改变他们对企业或产品的看法,产生好感和信赖,激发潜在的购买欲望,说服和劝导购买行为的实现。③创造需求。广告可以改变人们的消费观念,引起新的消费需要,创造新的需求。④制造并传递流行。广告的宣传可以造成社会消费热点,某些产品或观念为社会所接受,成为流行和时尚。⑤教育大众。广告不仅指导消费,而且也影响着人们的消费观念、文化艺术、社会道德等。文明、健康的广告对扩大消费者的知识领域、丰富精神生活、进行美育教育和促进社会公德,都有潜移默化的作用。

(3) 如何使广告符合消费者的购买动机:①直接道出产品的用处及功能或功能的重要性,以激发消费者购买产品的具体性动机。②帮助消费者找出他们购买产品的动机,并将产品与此动机直接联系起来。③暗示产品的功能可以成为达到另一种更高层次目标、满足另外一种需要的工具,借以引起消费者的购买动机。④广告中所要激发的动机与产品本身无关,但它有助于对产品信息的处理。⑤试图引起消费者潜在的需要,以促成购买。

(4) 广告运用中的几种原则:①产品本身的特性显著时,采用与产品本身有直接关系的广告比较适当;②当产品本身的特性并不明显时,采用与其功能相关的抽象性广告比较有效;③最有效的动机广告应该是让消费者以拥有某种产品为最终目的;④对于引起与产品不相干的动机的广告,必须小心处理动机与产品同时存在的问题。

3. 广告媒体安排

房地产常用的广告媒体一般为户外媒体、印刷媒体和公共传播媒体三大块。其中户外媒体因为位置固定,比较偏重于楼盘周围的区域性客源;印刷媒体可以定向派发,针对性和灵活性都较强;公共传播媒体则覆盖面广,客源层多。三者各有利弊,为了更好地发挥媒体的效率,使有限的广告经费收到最大的经济效益,应该对不同类型的媒体,在综合比较的基础上,加以合理的筛选、组合,以取长补短,以优补拙。

在房地产广告媒体的具体组合安排上,应该从纵横两方面加以考虑。

就“纵”的方面而言,一个完整的广告周期由筹备期、公开期、强销期和持续期 4 个部分组成,在广告的筹备期,广告媒体的安排以户外媒体和印刷媒体为主,包括售楼处的搭建、样品房的设计、看板的制作以及大量的海报、说明书的定稿印刷等;进入公开期和强销期,广告媒体的安排渐渐转向以公共传播媒体为主,在变化多端的竞争环境下,加快节奏,以灵活多变的特点,发挥其独特的功效;到了持续期,各类广告媒体的投放开始减少,销售上的广告宣传主要依靠前期一些剩余的户外媒体和印刷媒体来进行,广告计划接近尾声。

广告媒体在“横”的方面,也贯穿于广告周期的 4 个阶段,但在产品强销期的时候要求特别高。例如：某单价 8000 元人民币的楼盘，它的理想三维广告空间的媒体组合是这样设计的：坐飞机旅行的客户，在座舱里看到航空杂志上的楼盘广告；下飞机后坐汽车回市区，一路上看到同样内容的户外看板；晚上翻开报纸，该楼盘的广告赫然在目；第二天听早上新闻广播，同样的信息又飘然而至……视觉听觉的多重刺激，将在最大限度上挖掘和引导目标客源，以配合业务人员的推广行为。

要达到设计中的广告效果，进行各种媒体的搭配组合，并不意味着华而不实，有效和经济始终是我们据以决策的两大根本准则，在此基础上的不断反馈和修正更是成功的保证。

(1) 媒体分析。一般的广告媒体主要有报纸、电视、广播、邮发广告、户外路牌、公交车身广告、灯箱广告和网页广告等，要分析不同媒体的发行量(收视率)、发布范围、读者层次、阅读收视(听)习惯来进行广告策划。

(2) 媒体的组合

① 销售前期以报纸、软新闻和户外广告为主，突出工地形象和售楼处形象。

② 销售期结合主题营销，报纸、电视、电台、邮发广告多种媒体并用。报纸以地方报纸为主，外地主要媒体、业内主流媒体适时跟踪报道；电台以广告语为主，重点突出项目品牌；电视以纪实为主，适时推出专题片；邮发广告以系列为主，通过主题突出小区良好的人居环境；网站的宣传重点使人们了解小区的基本情况及工程进度。

③ 销售后期，媒体的运用以报纸和电视为主，报纸对小区系列活动深入报道，电视以纪实手法展现小区崭新风貌。

④ 在广播电台开办以楼盘或开发商品牌命名的节目，及时宣传楼盘的各种信息。

4. 选择广告公司的流程

(1) 制定选择标准。选择广告公司的 5 项标准：该广告公司的经营者是否热心于广告事业；该广告公司过去代理的广告是否成功；该广告公司行为是否专业；该广告公司能力如何(包括信息情报能力、策划能力、创意水平、公关能力、企业文化、对广告忠诚度、媒体掌握能力等)；该广告公司是否具备资金能力。

(2) 确定选择方式。常见的方式有：广告招标；根据广告公司的业绩、实力选样；根据策划效果、设计制作水平、创意形象等综合比较进行选择。

(3) 介绍楼盘资料与广告要求。主要有：①向广告公司提出楼盘的基本资料(规划指标、工程或开发进度，产品基本资料等)；②提出发展商的广告要求，即项目通过广告包装后所要达到的目标。

(4) 对意向、初选广告公司的考察。对待选广告公司过往业绩，业务性质、内容，工作流程及过往案例的创意水平等进行考察。进一步可考察他们提交的广告策划书、创意方案、广告样片(样稿)等，根据考察成绩，最终确定中标者。

(5) 楼盘营销广告策划方案。确定中标公司后，由中标公司正式编制营销广告策划方案，并监督其方案实施。内容包括：①广告形象定位；②主要卖点在广告方案中的体现；③广告平面(报纸广告、楼书、宣传单张等)的效果图；④广告诉求点(包括：地理位置、区域人文环境、交通条件、人口密度、发展商信誉、项目其他竞争要素如升值潜力、实用率、品质等)；⑤广告阶段划分；⑥广告表现；⑦首期广告内容及时间安排。

5. 广告效果测定及调整

所谓广告效果，是指通过广告调查、策划、创意和制作、发布和实施等活动，对广告主、消费者及社会所产生的效益和作用。

在广告策划实施的过程中，要及时进行信息反馈，经常对广告效果进行科学准确地分析，以调整广告整体策划。广告效果分析可以在广告前进行，也可在广告后进行，它既有阶段性又有连续性。只有连续不断地对广告效果进行测定，才能充分、准确地掌握其实际效果，进而对其进行纠正和调整，从而使广告效果达到最佳。同时也使广告策划水平不断提高，使广告活动更加科学化、规范化。

(1) 广告效果测定。测定内容包括广告活动过程效果的测定(广告调查评价、广告创意表现评价、广告策划评价、广告实施评价)、广告要素效果的测定(广告信息评价、广告作品评价、广告媒体效果评价)和广告目标效果的测定(广告的经济效果测定、广告心理效果测定)三方面。

(2) 广告效果测定的方法。主要有直接评估法、实地调查法及财务指标衡量等。

① 直接评估法：邀请专家、学者或有代表性的顾客来评定广告的效果，一般是利用广告评价表(表 10-2)打分评价。

评分等级：4～5 分为最佳广告；3 分为优等广告；2 分为较差广告；0～1 分为最差广告。广告作品水平也可以 10 分为满分。

表 10-2　广告评价表

评价项目和依据	权数(A)	广告作品的水平(B)					评分 (A)×(B)
		1	2	3	4	5	
吸引注意的程度	0.2			√			0.6
对广告宣传重点的认识	0.2				√		0.8
能否了解广告的全部内容	0.1				√		0.4
广告引起的兴趣程度	0.1					√	0.5
对广告产品的好感程度	0.1					√	0.5
由广告引起的立即购买行为	0.2			√			0.6
由广告唤起的潜在需求	0.1				√		0.4
合计	1.0						3.8

② 实地调查法：主要通过调查覆盖率、注意率(认知率)、有效率及行动率来评价。

覆盖率，指广告媒体与消费者接触情况。常用报刊的发行数量、广播电视的收听收视率来表示，对户外广告常用人流数量来表示。

注意率(认知率)，指广告受到注意或认知的程度。常用广告实施后根据消费者的印象深浅、记忆程度等数据来衡量。印刷及广播电视媒体广告常用下面两个公式作为尺度：

$$注意率=\frac{似乎看过广告的人数+确定看过广告的人数}{阅读报刊的总人数}\times 100\%$$

$$认知率=\frac{认知广告名称的人数}{广告节目收听、收视人数}\times 100\%$$

有效率，是指通过广告，有多少人知道了广告企业或广告产品，有多少人对广告产品产生了好感和购买欲望，有多少人真正相信广告或通过广告纠正了自己原来的看法和态度。

行动率，是指广告最终导致了多少购买行为的产生。包括：销售量的变化；市场占有率的变化（与主要竞争对手相比）；响应广告诉求后的态度变化。

③ 财务指标衡量。例如，预先制定广告开支的预期水平、控制上限及下限，在超出控制上限范围时，应及时加以分析，追究原因。

（2）纠正和调整。

在广告效果达不到预期目标时，就应当对其进行必要的调整。根据广告效果测定的结果可以发现问题产生的原因所在，再有针对性地进行调整。

①若是由于调查资料有误造成的，则重新进行广告策划过程；

②若是由于广告宣传出了差错造成的，则对广告宣传过程进行调整，如发布时机、媒体选择等；

③ 若是由于衡量效果所用的方法不当造成的，则选择其他的效果测定方法进行测定。

应该说，一份完整的房地产项目推广方案在制定推广计划书时就应该准备另一套修正方案。一个新建的房地产项目进入市场前，不可能只拟定一个方案，不同的策划师角度不同，写出的策划方案也不同。筛选原则是方案最优化。但对于一个方案是不是最优化，最有效的检验标准是市场，所以应急方案是作为一个具有深谋远虑的策划师所必需考虑的。

二、活动推广

在房地产项目推广过程中，除了广告推广之外，活动推广也非常重要。这两种推广方式互相补充，密切联系，使整个推广过程更加完善、有效。

1. 活动推广时机

活动推广是指企业整合本身资源（企业及楼盘的优势和机会点），通过具有创意性的活动或事件，使之成为大众关心的话题，并吸引媒体的报道与消费者的参与，进而达到提升企业及楼盘形象、促进销售的目的。

企业进行活动推广的时机有：①认为购买商品房的新顾客人流不够多时；②新项目导入市场的速度必须加快时；③该片区或某一特定时期，市场竞争特别激烈时；④企业想加强广告力度时；⑤主要竞争对手积极举办活动推广时；⑥企业想要获得更多消费者或路径方面的情报时。

在活动推广过程中，与新闻媒介的合作尤为重要。最好的广告有时不需要支付任何费用。有经验的推广策划人员常将项目的有关信息及时通报有关新闻单位，并邀请媒体记者到现场了解项目开发的进展情况，以新闻报道方式介绍自己的项目并对项目状况作出评价，这比单纯的商业广告宣传更具吸引力和可信度。特别是有政府官员和社会知名人士参加的项目庆典仪式的新闻报道，往往能取得更好的效果。

2. 活动推广类型

（1）楼盘庆典仪式。指在项目工程建设过程中举行的开工典礼、封顶仪式、竣工典礼、开盘仪式及业主入住典礼，将所开发的楼盘逐步推向市场。在楼盘庆典仪式中，需邀请具有一定社会影响力的机构、团体、个人参加。如邀请当地和全国有关的新闻机构、可能的买主、政府有关人员和社会知名人士参加。庆典活动中，企业和当地政府官员或知名人士致辞、物业情况介绍、现场参观等应是必需的程序。此外还可安排茶点或自助餐招待，并可赠送一些小纪念品和有关宣传材料，有时还可安排一些文娱活动。

(2) 社会公益活动。但凡涉及艺术、音乐，文化，体育、环保或社会责任等方面的公益活动，由于具有非商业性的本质，以及提升生活素质的功能，所以比较容易受到大众传媒的重视而成为有新闻价值的话题。企业从事公益活动，不但能塑造卓越的企业形象，也可增强消费者信心，可谓一举两得。

(3) 社区内活动。以举办并播报业主参加的各项大型活动来展示小区的文化内涵，通过间接的方式来引导消费者的购买行为，现已成为普遍流行的一种推广手段。其活动安排常选择在各种节假日，如元宵节灯谜晚会、重阳节敬老活动、“六一”儿童运动会、圣诞狂欢夜等等。此类活动推广在增加社区人气的同时可以起到吸引外界注意的作用。

(4) 大型有奖销售、打折促销活动。以“让利于民”的手段在短时间内聚集大量的人气，从而增加项目的知名度，并直接增加销售量。此类活动有易组织、见效快的特点，但不宜经常举行，让人产生“低廉”和“抛售”的感觉，导致消费者对楼盘品质产生怀疑而得不偿失。

(5) 导引教育型活动。在信息爆炸的今天，不断的追求新知与接受再教育，已经是现代人成就自己、肯定自己的途径之一。销售方可利用适当时机，针对消费者举办教育性质的活动，或间接利用小区内配套如学校的开学典礼来达到这一目的。

(6) 善用时势环境型活动。所谓善用时势环境，是指对世局、政局或社会议题、消费者心理等要有敏锐的反应，并将其吸纳为企业造势的资源。此外，还可以利用口碑、耳语、谣言、突发事件等来制造机会，起到宣传作用。

3. 活动推广步骤

该步骤具体包括：①明确活动的意义及目的；②制定活动原则及策划的依据；③安排活动时间表及活动地点；④组织(部门)分工安排；⑤媒介宣传方案；⑥活动程序安排；⑦费用预(结)算；⑧活动总结。

某项目活动推广案例：

(1) 项目前期：①与S电视台《家园》栏目联合举办“我们的家园”大型公众参与活动，广泛收集各种需求信息；② 与媒体、政府有关部门以“绿色家园”为题，举办大型征文比赛和小学生绘图比赛；③ 5月份趁全国康居住宅现场会在省城召开之机，与省建设厅联系安排来S市参观，形成品牌宣传热潮。

(2) 项目中期：①以“绿色环保”为题和市环保局一起举办有奖知识问答，导入环境ISO14000质量认证体系，引导消费者认识只有通过环保质量认证，才是上佳的绿色环保住宅；②推出“我的生活计划”概念文化主题宣传活动，聘请某艺术大师充当楼盘的形象代言人；③选择1～2项赞助性公益活动，举行以楼盘命名的“望月杯”体育比赛；④与《中国房地产报》有关栏目一起筹备“现代建筑如何与中国民居完美结合”的全国性大型研讨活动，以期在业界形成认同感。

(3) 项目后期：①与S电视台《家居印象》栏目一起举行家庭装饰知识有奖问答；②与省建设厅、省建管局、省装饰协会举办装饰设计大赛，参赛户型以本项目各种户型为主；活动结束后，举办大型展览。

(4) 辅助手段：为使项目顺利实施，采取以下辅助手段：①政府部门配合支持；②媒体深度宣传报道；③工地形象营造。

三、品牌推广

在国内房地产市场竞争日益激烈且复杂化的今天，如何求得生存和发展是每个企业都在探索的话题。以战略角度来看，在其他条件相差不大的情况下，品牌(楼盘品牌和企业品牌)的树立就成为决胜的关键。

品牌推广是一项系统工程，是从规划设计开始就贯穿整个开发过程的品牌积累与创新工程，通过品牌推广有利充实项目的内涵，增加项目的附加值。

但是并不能因为品牌至高无上就揠苗助长。包装和催生出来的品牌的生命力可能是短暂的，这就需要我们摆正品牌和产品、品牌和服务、品牌和市场份额与利润的关系。

1. 楼盘品牌战略

楼盘的品牌是企业的无形资产，成功的楼盘品牌策略可以增加该项目的知名度、认知度、美誉度和附加值，区别仅在于影响时间的长短。楼盘品牌策略就是通过产品本身的高素质并创造概念，对其加以宣传来树立产品形象。其最直接的体现方式是楼盘的名称和标志。

(1) *命名及标志*。成功的命名是项目推广成功的开始，案名效应是吸引目标客户群体、刺激其购买欲望的重要途径之一。通过楼盘案名，客户群体在心理需求中受到一种购买欲望的启示，不同楼盘和不同案名提供给客户不同的需求。好的楼盘名称应具备以下几个特征：

① 楼盘命名时不拘泥于“花园”、“广场”、“中心”等一统天下的楼盘命名惯例，不应落于俗套，不应过分雷同，应富有时代气息；

② 楼盘名称作为一个标识性强、个性浓烈的自我标记，应与地块的地理、环境、布局、物业的产品定位、客户的定位相吻合，体现楼盘的与众不同；

③ 要考虑项目的大小、定位、品位，暗喻物业的风格和档次；

④ 应考虑物业名称是否具有较强的人情亲和力、更具地方特色、更个性化；

⑤ 最后，要从名称的音、形、义上进行多方面审视，发音响亮、书写美观(放大或缩小都不影响字型的美观和清晰，利于传播推广)、寓意美好，朗朗上口，令人遐想。

总之，界定一个楼盘名称是否出彩，最简单的一个标准就是既要切合项目情况和定位，又要富有创意，不落俗套。成功的案名往往在一定程度上起到导购的作用，能起到事半功倍的效果，客户则可通过楼盘案名，加深对需求楼盘的了解。但它只是一种短期的广告效应，不能将其作为主要手段。

(2) *产品品质*。产品品质包括产品质量(建筑风格、装修标准、户型结构、实用率、容积率、绿化率、会所等内容)、服务(售前、售中、售后物业管理服务)、功能等内容。

有了好的名称，更重要的是以高素质的产品品质作为依托，否则只会弱化品牌效应。任何一个追求可持续发展的企业，都希望品牌与其产品品质相称，同时希望品牌能对销售起到作用。从消费者的角度看，名牌产品就需要付出较高的价值，虽然有时候两者的使用价值不相上下。这要看消费者是否需要或在多大程度上需要购买高出一般商品许多的附加值。所以，品牌产品稍有问题就会遭到比普通产品更多的投诉，这时品牌对销售的负作用就会暴露出来。

(3) *创造概念*。即设计、执行及控制各种方案，以促使目标群体接纳某些社会观念、主张或做法。具体而言，概念可以分为：

① 区位概念——现今阶段，城市的功能分区越来越明显，而且随着生活水平的提高和生活观念的变化，区位的优劣不再有绝对的统一标准，每个人根据自己的生活和事业需要选择。可以说每个地段或区位都是理想的，关键是发展商能否针对项目所处区位开发出反映区位特征并具有特色的楼盘。

② 生活概念——居住生活模式概念的包装实际上是一种生活居住概念的引导，与区位息息相关，只要能言之成理，能自圆其说，能打动消费者就可以成功。

③ 品质概念——物业品质概念包含建筑风格、装修标准、户型结构、实用率、容积率、绿化率、会所等内容，同时也包括国家建设部提出的经济性、适用性、耐久性、舒适性等内容。物业品质概念的包装就是要在这诸多的范畴中把楼盘最具代表性和说服力的内容加以概括、提炼，然后在广告中加以宣传，在销售中通过销售人员向客户进行描述。

(4) 追求个性化。目前国内房地产开发常有照搬复制的现象发生，一种模式或风格受到市场的欢迎就会有众多的模仿者一拥而上，造成一个大众化风格弥漫的时代。但在其中也不乏一些主动创新者，他们从平庸中稍加些许变化就成了流行和时尚，即成了个性化产品，从而受到消费者的青睐和追逐。

市场上已有太多的平庸作品和典范作品，消费者都崇尚创新，尊敬名牌，成为品牌的忠实拥护者。现在众多的企业都在极力创新，因为创新才是出路，才能赢得消费者、赢得市场，机会正是在一个个创新中产生和把握的。

以上介绍的几点都应该从个性化方面着手考虑，树立与众不同的楼盘品牌。

2. 企业品牌战略

20 世纪末，几乎所有的房地产企业都把企业品牌置于至高无上的地步，因为只有树立企业品牌，才能带动物业品牌。良好的品牌策略可以对内提高员工尽职度，对外提高顾客忠诚度，给企业带来高额的经济效益和显赫的声誉、荣誉及社会地位。

企业品牌策略就是将企业的品牌转化为名牌，起到那些普通商标起不到的作用，这一作用就是名牌效应。在品牌策略的执行过程中，有以下几种方案可供选择：

(1) 产品效应。企业品牌的树立离不开产品，只有把握市场趋势与需求脉搏，不断改进住宅功能，完善配套设施，将以人为本的精神贯穿于房地产开发、服务的全过程，提供被市场接受的产品，才能使企业品牌得到提升。同时，企业有了良好的品牌就必须向社会提供名副其实的产品并保持连续性，才能使企业品牌得到维持和发展。

(2) 人物营销。人物营销是指用以创造、维持或改变对特定人物的态度或行为的一系列活动。人物营销的目的在于塑造一个其名字可引起注意、兴趣、行动的知名人物，可以帮助组织达成目标。

人物营销始于仔细的市场研究分析，以发现消费者的需求和市场细分，继而评估人物目前的品质和形象，并且将人物转化以配合市场的需求和期望，最后改进方案来提高和传达名人的知名度。

(3) 服务策略。所谓服务，即提供给他方的任何活动或利益，无需将任何东西的所有权加以转让，并且并不一定要附属于某种实质的产品。如销售现场的咨询接待及物业管理等，其核心是人的素质。

目前的房地产市场，特别是发达地区的房地产市场，物业管理已愈来愈受到消费者的重视和关心，来自市场的信号向企业提出物业管理高起点、高标准、高水平的要求。物业公司前期介入已成为一种吸引消费者的方式。

(4) 活动策略。又称“事件营销”,是指企业整合本身的资源,通过具有创意性的活动或事件,使之成为大众关心的话题,以吸引媒体的报道与消费者的参与,进而达到提升企业形象以及销售商品的目的。如目前最为普遍的楼盘庆典仪式、业主入住仪式、节庆打折促销活动等。

(5) 关系策略。关系策略的重点是赢取政府机构和社会大众对公司的好感,为公司建立好的形象、塑造企业品牌,

3. 企业与楼盘品牌联动战略

企业品牌战略与楼盘品牌战略既对立又统一。对立主要体现在时效上,它们是长远目标与短期目标的矛盾、是整体与个体的关系、是代理商与开发商的区分。统一表现在目的与结果上,它们都是以赢利为最终目标;同时也表现在二者的相互关联上,企业品牌可以带动新楼盘品牌尽快地树立,而众多楼盘品牌的积累可以支撑企业品牌的延续和发展。所以,二者应有机地结合,将楼盘品牌的树立视为企业品牌树立过程中的一个步骤,保持项目开发的连续性,避免“急功近利”(只注重楼盘品牌而忽视企业品牌的树立)和“脱离现实”(只注重企业品牌而忽略楼盘品牌的树立)的问题出现。

可持续发展是当今国际社会普遍关注的一个世界性课题。在这里,我们要提到“二次营销”的概念。所谓“二次营销”是指企业已经成功地开发一两个项目或是一个大型项目,在社会上已形成一定的知名度和影响力,为致力于进一步提升形象和整体竞争力,企业又通过全面营销推广来提升项目的品牌,进而促进可持续经营的一系列活动。

(1) 楼盘品牌促进企业品牌。在楼盘品牌树立的过程中穿插企业品牌的宣传,即在单个项目的推广过程中,尽量使楼盘形象与企业形象同时出现,进行“捆绑销售”,久而久之,对企业品牌的树立有极大的益处。如前而所述的楼盘案名包装可采用企业名称冠名的方式、楼盘标志采用企业的标志;在对楼盘品质进行介绍时对企业的经营理念也加以宣传。

(2) 企业品牌带动楼盘品牌。良好的企业声誉是实施楼盘品牌推广战略的保证,一方面,房地产项目具有浓厚的区域特色,企业声誉的好坏直接影响项目形象的塑造和推广;另一方面,房地产项目投资大、周期长,企业的实力很大程度上影响着消费者的购买行为的决策。在企业品牌的宣传过程中进行楼盘形象的树立,即在以企业形象宣传为主的过程中(如行为信念传播、广告传播、公共关系传播),对楼盘形象做附带宣传,可以收到良好的效果。

第三节 推广控制

控制是管理的基本职能之一。整个市场推广过程是一个计划、组织、实施、控制的周而复始的过程,项目市场推广控制既是前一次循环的结束,又孕育着新循环的开始。

1. 目的及作用

实施项目市场推广控制的目的,是要确保各项推广活动按照计划规定的预期目标运行。控制的原因在于计划通常是建立在事先对众多不确定因素的假定基础上的。当计划实施过程中遇到与事先假设不一致的现实情况时,就需要通过推广控制及早发现问题,并对计划或计划的实施作出必要的调整。

控制有助于企业及早发现问题,防患于未然;控制还对市场推广人员起着监督和激励作

用，使其更加努力地工作并认真地按计划要求去做。

2. 控制程序

有效的推广控制是由科学、严格的工作步骤来保证的，具体程序如下。

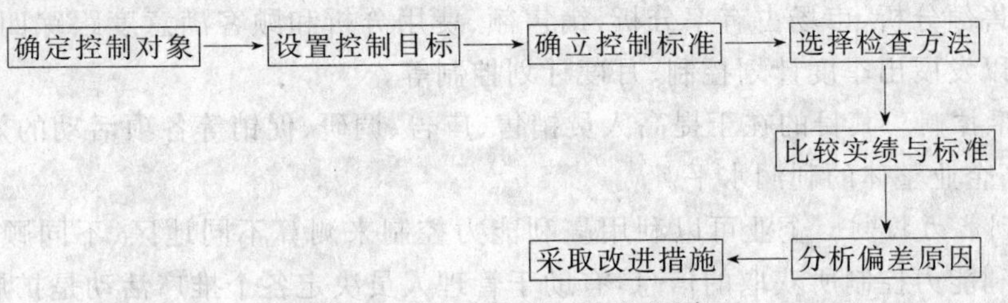

图 10-6　推广控制工作流程图

(1) 确定控制对象。控制的内容多、范围广，可获得较多信息，但任何控制活动本身都会引起费用支出。因此，在确定控制内容、范围、额度时，管理者应当使控制成本小于控制活动所能带来的效益或可避免的损失。

最常见的控制内容是销售收入、销售成本和销售利润，但市场调查、人员工作、消费者服务、广告等推广活动也应加以控制。

(2) 设置控制目标。控制目标是将控制与计划连接起来的主要环节。控制目标是根据企业所确定的市场推广对象来相应设置的，通常是企业的主要战略目标，如利润、销售量、市场占有率、产品保护、增长率等。

(3) 确立控制标准。控制标准是指以某种衡量尺度来表示控制对象的预期活动范围，即对控制目标加以量化。控制标准应允许有一个浮动范围控制标准的确立，并应尽可能吸收各方面的意见以使其更切合实际。确立标准需要考虑项目、地区、竞争情况不同造成的差别而使标准有所不同。一般采取两种标准：一种是按现在可接受的平均水平设立；另一种是用以激励营销人员工作的更高标准。

(4) 选择检查方法。选择检查方法即选择确定评价房地产市场营销绩效的方法，有定量检查法和观察法。如一些会计核算记录可用以确定企业产品销售收入及其成本，并提供获利情况的资料；客户的预订单可以说明销售量，可以据此判断销售人员的实际业绩。直接观察也是一种有效的检查方法，如对调研人员可以通过观察来评价其调查效果。

(5) 比较实绩与标准。通过检查得到的实际房地产市场营销推广活动绩效资料必须与控制标准进行比较。若比较的结果是实绩与控制标准一致，则控制过程结束；若不一致，则进行下一步。

(6) 分析偏差原因。营销推广活动绩效与控制标准之间产生偏差的原因可能有两方面：计划目标实施过程的问题和计划本身存在的问题，这两种情况往往交织在一起，使分析偏差这一工作成为控制过程中的一大难点。

(7) 采取改进措施。针对造成实际工作绩效与控制标准之间偏差的不同原因，管理人员必须采取相应的改进措施。如果企业在制定计划时就已经制定了应急计划，改进就能更快。但大多数情况下并没有这类预定措施，这就必须根据实际情况迅速制定补救措施，或适当调整某些推广计划和目标。

3. 控制类型

营销推广控制根据内容的不同可以分为 4 种类型：年度计划控制、效率控制、赢利能力控制和战略控制。

(1) 年度计划控制。其目的是确保企业达到年度计划规定的销售额、利润指标及其他指标，它是一种短期的即时控制，中心是目标管理，其实质是随时检查年度计划的执行情况。其中包括销售额分析、市场占有率分析、销售额、费用分析和顾客满意度跟踪四种工具。将其引申后可以发展出季度计划控制、月度计划控制等。

(2) 效率控制。其目的在于提高人员销售、广告、调研、促销等各项活动的效率，降低营销成本，提高企业整体的利润水平。

(3) 赢利能力控制。企业可以利用赢利能力控制来测算不同地区、不同顾客群的赢利能力。由赢利能力控制所获取的信息，有助于管理人员决定各个推广活动是扩展、减少还是取消。其主要工具有营销成本控制和财务指标控制。

(4) 战略控制。是指管理人员采取一系列行动使实际营销推广工作与原计划尽可能一致，在控制过程中通过不断评审和信息反馈，对营销推广战略作出修改。其具有整体性和全局性的特点，具体可以运用市场营销审计(包含营销环境审计、营销战略审计、营销组织审计、营销系统审计、赢利能力审计和营销职能审计六个方面)这一工具。

第十一章 房地产商品销售管理

房地产销售是房地产策划方案和价值实现的最终环节，通过销售房地产，开发商才能实现资金回收和利润实现。同时前期所有工作也需要通过销售环节来检验。本章将重点以住宅项目的销售为线索介绍销售实施前的准备工作，销售进入各个阶段后要准确把握其规律，针对性地制定方案，并在销售实施过程中不断地总结和调整营销方案。

第一节 房地产销售代理模式分析

房地产商品销售模式是指实现房地产商品由开发者转移给消费者的途径，还包括将产品或服务从开发者转移给消费者的过程中，所有取得产品所有权或协助产品所有权转移的机构和个人。

一、代理销售的类型

代理销售是房地产开发商委托房地产代理商来销售其房地产产品的行为。

代理商营销渠道在规范化的房地产市场是十分重要的营销渠道，也是目前普遍采用的营销渠道。现代的房地产代理商已经渗透到房地产开发经营的整个过程：协助开发商进行市场调查，了解消费需求，帮助开发商进行准确的定位；通过宣传对潜在的投资置业人士进行有效的引导；帮助买卖双方进行有关融资安排；通过有效的信息传递、交流，使买卖双方相互沟通，达成交易，提高市场效率。因此，从某种意义上来讲，房地产代理商是房地产买卖双方不可缺少的桥梁和纽带。

随着房地产代理业的飞速发展，目前代理市场上常见的代理模式有以下几类：

1. 独家代理

独家代理是指房地产中介公司受开发商的委托，全权负责房地产销售，双方在明确销售价格、销售进度之后签订委托销售协议，中介公司按实际的销售额提取一定比例的代理费。合同规定的销售期内，如果房地产开发商自行售出房产，则无须支付佣金给中介公司。中介公司独家代理销售该标的物的权利。开发商只能与一家中介公司签订委托契约，不可同时与一家以上的经纪人或中介公司签约。在实践中，独家代理又可分为：

(1) 现场代理。现场代理是对一些开发商在销售有困难的情况下进行物业现场代理销售，并允许开发商本人销售，但手续仍由中介公司办理，中介费同样收取。对于要求实行现场代理的项目，中介公司要进行严格的筛选。首先以项目的销售市场前景为依据，对代理项目所处的地域、地段、结构与平面布局、开发商的报价等进行市场可行性论证，把握市场的购买动向和特点；然后再对图纸设计，施工队伍的信誉和质量以及基础工程技术处理等进行可行性研究。在完善和明确代理商与开发商各自的权利与义务之后，签订现场代理合约，着手为开发商制定促销计划，设计促销广告、售楼书、模型，确定房屋的总体价格、层次价格、朝向价格等，布置现场售楼处，进行现场代理销售。

(2) 风险包销代理。所谓风险包销代理就是代理商向开发商支付一笔保证金，保证在一定时期销售一定数量的物业。这种代理方式的风险很大，但开发商积极性很高。在实际运作中，应该掌握“项目体量就小不就大，项目区域就好不就差”的原则。首先对项目的市场前景进行充分论证，参与修改该项目设计，使其更符合市场需求；其次合理参与定价，加大广告促销力度；最后对销售资金的周转进行精密的预测。开发商与代理商可以约定在一定时期内销售的数量和底价，如果在规定的时间内没有完成规定的数量，则风险包销就转为购买方或委托方少付、不付中介费(有的还要有经纪人赔偿)，这种代理方式可以适当提高佣金取费率，以调动委托人和经纪人双方的积极性。

(3) 全程代理。由于代理商是房屋买卖双方的中间桥梁，既了解买家的消费心理，同时也知道开发商的客观条件，因此有一些具备一定实力的代理商不再停留于后期促销服务，而是利用自身的市场操作经验和专业技术水平的优势，为开发商的项目提供专业意见和全程策划服务。所谓全程代理，就是代理商在房地产项目前期便介入开发的全过程，从项目的可行性研究开始，提供市场调查、项目定位、提出建筑规划及设计要求、物业管理及经营规划、营销策划、项目推广、执行策划和全面推广销售的一条龙服务。全程代理的出现是房地产市场走向成熟的标志，在欧美的房地产市场中，代理公司早在20世纪70年代就开始进入了全程代理阶段。一些房地产代理机构不仅同时承担了开发咨询、投资咨询的业务，还在投资组合、开发组合方面起着组织者的作用，并进而对代理项目进行部分投资，承担起委托开发、信托开发等新型投资营销方式，在改善和维护房地产市场秩序方面起到举足轻重的作用。

(4) 买断代理。买断代理是指中介公司在市场调研、市场前景的预测及对风险度测算的基础上，向开发商一次性买断房地产，然后再向社会销售，获得销售差价的代理方式。严格说来，这种方式已不属于代理销售的范畴，因为在买断开发商手中的项目后发生了产权转移，因此，这种代理方式在一些国家和地区是严格禁止的。这种代理方式的风险非常大，但对于前景看好的在建项目以及由于资金短缺而形成的“半截子工程”则收益较高。中介公司可采取向开发商按工程进度付款的方式买断房地产，在此之前必须核算好已建部分的工程造价，同时按比例摊付项目前期费用等。

2. 独家销售权代理

独家销售权代理与独家代理只有一个重要区别：中介公司有独家销售该标的物的权利，在契约有效期中不论是中介公司还是开发商将房地产出售，开发商都必须向中介公司支付佣金。经开发商同意，中介公司业可以委托分代理，完成部分物业的销售代理工作。

3. 公开销售代理

公开销售代理是指房地产开发商给众多的中介公司一个平等销售房地产的机会，通知所有中介公司以一个固定的价格出售房地产，如果有中介公司找到了买主，它就有权取得佣金。在契约有效期内，开发商若自行售出房屋，则无须支付佣金给中介公司。

4. 联合销售代理

联合销售代理是指有多个销售代理人提供服务的代理模式。在大多数情况下，为了使开发商或私有房主能在较短时间内将房屋出售，一个代理人取得了独家经销权后，通知一个代理服务中心，这样可以通过联合销售服务网将所签合同转给所有会员，若由其他分代理人出售其代理协议中的房地产，则分代理人可以取得一部分佣金。这在房地产经纪人采用信息技术开展销售代理的过程中运用得十分普遍。

5. 净值销售代理

这种方式已经具有房地产行纪的特点，即开发商对其标的物设有固定价格（最低价），不管代理人或经纪人实际售价为多少，只需将固定价格交给开发商即可。经纪人获取的佣金为售价与原底价之间的差价，但经纪人必须把差额告知开发商。也有采取佣金按固定价格的一定百分率加上售价与原底价之间的差价分成计算的。

二、房地产代理价格的确定

1. 房地产代理价格的类型

目前在市场上常见的代理价格类型主要有：

（1）固定费率。这种收费方式是确定一个固定的收费比例，无论最后房地产的成交价格是多少，都以成交总额固定比率来收费。取费比率根据房地产类型及数量大小的不同而不等。目前，还没有统一规定房地产代理服务佣金的收取标准，只有各地根据自己的情况制定的标准。

（2）固定费率，超价部分双方共享。这种方式目前在市场上也是常见的。具体方法是固定取费比率，并固定房地产售价，如果中介公司所卖出的售价高于房地产开发商所定的价格，则高出部分由中介公司与开发商分成。采用这种方法，取费比率一般为2%～3%，差价部分的分配由中介公司与开发商协商后确定分成比例。

（3）不付佣金，完全赚取超价。由于服务费的概念并未被所有的委托人所接受，因此部分房地产开发商委托中介公司销售房地产却不愿付佣金，而是只同意中介公司赚取超出所定售价的部分。这样，会使得中介人员为追求更大利润而采取各种手段，以提高售价，从而造成消费者的损失。

2. 房地产代理模式与代理价格类型的关系

从理论上说，各种代理模式的选择和代理价格是由委托方和中介公司经过协商后确定的。它们之间的相互关系如表11-1所示。

表11-1　代理模式与代理价格类型

价格类型	独家代理				独家销售权代理	公开销售代理	联合销售代理	净值销售代理
	现场代理	风险包销	全程代理	买断代理				
固定费率	√		√		√	√	√	
固定费率＋超价部分	√	√	√		√	√		√
完全超价	√			√	√			√

3. 房地产代理价格的确定

房地产代理商在确定向开发商收取代理佣金的取费率时，应考虑以下几方面的影响因素：

（1）代理商的费用成本。代理商以费用成本为中心，在单位产品成本费用的基础上加上一定比例的预期利润和税金，作为确定取费率的标准。耗费在单位产品上的代理商的成本主要包括：代理商从事代理活动所消耗的各种服务费用和活动费用；代理商服务人员的工资支出；代理商从事代理活动所需的固定资本支出，如办公房屋、办公家具、通讯设备等。

(2) 房地产代理市场的竞争。代理商在确定代理取费率的时候，还应考虑房地产代理市场的竞争影响，必须从代理服务的竞争实力出发，将服务质量、成本费用、专业水平、服务效率与竞争企业进行比较，将竞争者的价格与本企业估算价格进行比较，及时跟踪竞争者代理价格的变化并分析原因，相应调整本企业的代理价格。这种方法所定的价格不仅随代理商成本费用的变动而变动，而且随竞争者的价格变动而变动。

(3) 各地区的有关政策和法规。由于各地区关于代理取费标准的规定不同，因此代理商在确定代理价格时，必须考虑本地区的政策和法规。例如在南京市，实行独家代理的，收费标准由委托方与房地产代理机构协商，取费率可以在市场的居间代理基础上适当提高，但最高不得超过成交价格的3%。

三、房地产代理的流程

房地产代理业务的来源有房地产开发商委托和个人委托两类。在目前我国房地产市场上房源充裕、房源信息易得的环境下，房产购买者委托经纪人处理代购房屋事宜的情况并不多见，较常见是房产出售者、开发商委托经纪人或代理商处理其房产出售的有关事宜。房地产代理工作的基本流程可以分为以下几个步骤。

1. 寻求代理委托

(1) 寻找代理业务。房地产代理商应首先制定计划，充分利用各种信息资源，利用各种关系收集有关代理业务的线索，积极开拓服务领域，使自己的业务来源更加广阔。例如通过土地出让市场获取有关开发项目的信息、通过客户介绍联系、向服务过的客户寻求继续合作的机会、从市场上一些销售遇阻的楼盘中获得机会等等。

(2) 筛选可能需要代理服务的开发商名单。这些开发商的项目可能市场前景看好，但是否能够形成委托关系，还有赖于诸多因素，例如代理商自身的能力和代理经验、自身专长、代理项目的代理条件是否苛刻、开发商对代理服务的态度等。

(3) 深入了解开发商的项目情况。要了解目前销售情况，开发商有无寻求代理服务的意向或打算采取何种方式寻求代理服务、开发项目的市场前景预测、竞争项目的情况、开发商的开发经验、资金状况、专业水平等。

2. 洽谈委托

洽谈委托指与选中的目标客户(开发商)进行意向性的接触，洽淡有关委托代理事项，并同时注意：

(1) 审查委托人。审查委托人分为以下2种情况：①私房业主。对于私房业主所进行的审查，一般较为简单，经纪人只需了解他的身份是内地居民、港澳台同胞、还是海外华侨，并验证其身份即可。②法人。如果委托人是房地产开发商，可以通过查验开发商的营业执照来确定委托者是否具有法人资格，只有具有法人资格的企业，才可以承担签约责任，才是合法的委托人。

(2) 审查委托人的经济能力和经营范围。对委托人经济能力和经营范围的审查包括以下5个方面：①自有资金流动的数量及注册资金的数量；②有职称的各类专业人员的数量；③从事房地产开发的年限；④累计竣工的房屋建筑面积和房地产开发投资数额；⑤工程质量的合格率和优良率。

除此之外，经纪人还应该从其他渠道了解开发商的业绩，信誉，并最好获得有关能证明开发商财务状况的文件。对于实力差、信誉低、经营状况不良的开发商，经纪人在接受其委托前应慎重考虑。在代理商品房的预售时，这一问题尤为重要。因为一个开发商若不讲求信誉，或实力规模有限，或管理不善，或资金周转不灵，都极容易出现在收取预付房款之后，工程搁浅或暂缓，以致房屋不能按期交房的现象，这就会使代理商连带蒙受不利影响和损失。

(3) 审查委托的标的物。该项审查包括两个方面：一是审查委托出售的房屋是否符合交易或转让的条件，二是了解委托出售房屋的基本情况。

① 新建商品房。新建商品房是特指由房地产开发公司综合开发，建成后出售的住宅、商业用房和其他建筑物。已建成的商品房第一次进入交易市场的主要条件是：该商品房已取得有效的权属证明文件，经纪人和中介公司在认真审查了商品房的权属证明书后才可以受理商品房的销售委托业务，这样可以在更大的程度上减少风险，避免因承接某些土地来源不正当、产权权属未清或质量不合格的房屋的销售代理业务而蒙受不必要的损失。

② 预售商品房。大多数的代理业务都与预售商品房有关。预售商品房是指开发商已投入了一定资金进行开发建设，但尚未建成而预先出售的住宅、商业用房和其他建筑物。根据我国的有关规定，商品房预售实行许可制度，开发商必须向房地产管理部门办理预售登记，取得商品房预售许可证之后，方可进行商品房的预售。经纪人和中介公司应该从以下几个方面审核开发商是否符合商品房预售的条件：

- 是否已支付全部土地使用权出让金，取得土地使用权证书；
- 是否已办妥建设项目的投资立项、规划和施工的审批工作，取得《建筑工程规划许可证》和《施工开工许可证》；
- 除付清地价款以外，投入开发建设的资金是否已达到工程预算投资总额的25%(有的地区为20%)；
- 是否已在当地注册银行开立代售房屋预售款的账户，并与金融机构签订预收款监管协议；
- 土地使用权是否为作抵押或已解除抵押关系；
- 是否已制定商品房预售方案，该方案包括：商品房的位置、建筑面积、交付使用的日期、交付使用后的物业管理等，并应附有建设用地平面图。

中介公司在代理商品房预售的委托事项时，应查验开发商的《商品房预售许可证》，以确认其所代理楼盘的土地使用权来源合法，各项施工报建手续完备，工程已投入一定资金，预收款项能得到监管并专款专用。确保自己代理销售的楼盘能按时收楼，顺利办妥产权登记手续等，以减少日后与开发商或买家的不必要的纷争。

对于房屋基本情况的审查，其目的在于通过对房屋基本情况的了解，使代理商对于房屋销售的难易程度、销售价格、完成销售的大致时间、应选择的营销方案以及大约的费用做到心中有数，使在与委托人签订委托合同，议定有关委托期限、委托价格以及佣金等条款时，不致处于被动状态。该项审查的内容主要包括：了解房屋的一般情况，如坐落地点、朝向、面积、建造年限等；了解房屋的质量情况，如房屋结构、质量等级、内部设施、装修标准等；了解房屋的地理环境情况，如交通情况、配套设施、居民情况、发展规模等。

3. 签订委托合同

房地产开发商与代理商在明确了各自的权利和义务的基础上，签订经纪代理委托合同。代理商应根据代理模式的不同将风险通过合同在开发商与自身之间进行合理的分摊。

在签订委托合同时，首先要根据代理模式的要求，制定代理楼盘的销售价格。制定销售价格对开发商和代理商而言都是十分敏感的，代理商必须保持清醒的头脑，不能被开发商的乐观情绪所左右而忽略市场风险。如果定价过高，势必增加代理商的推广难度，也会使开发商的资金周转不灵；如果定价过低，会被开发商认为其利益将受损失；如果价差幅度不合理，导致条件好的户型卖得快，较差的户型留下甚多。由于一般所剩下15%的尾盘就是利润所在，这就使得开发商的利润无法实现。因此对代理项目合理的定价是代理合同需要解决的首要的核心问题。

其次是代理商与开发商的权限划分，例如价格让利权、合同内容变更权、合同内容解释权等，这些问题必须在代理合同中尽可能约定明确，以免日后产生不必要的纠纷。

4. 制定代理计划

房地产代理商根据委托代理合同的内容，按照不同的代理模式制定代理计划，将代理的房地产项目看作一个项目管理对象。首先将代理的各项目标进行系统分析，研究总目标实现的可能性，总目标中的销售额、销售进度、销售费用投入、销售人员投入、销售方式、楼盘价格、销售风险及各阶段回报是否平衡或能否实现。如果发现不平衡或不能实现，则必须修正目标。

总目标在确定、修正后，应通过计划将各项目标分解，落实责任。计划是整个代理项目的工作指南，必须在项目实施中贯彻执行。这时应注意以下几点：

(1) 代理计划受代理总目标的限制。

(2) 代理计划必须符合实际。实际上，大多数代理项目失败的重要原因就是计划往往脱离实际，因此必须考虑代理商自身的能力、销售队伍的经验、项目内外环境的影响、项目本身的客观规律、项目其他合作方(如广告公司、策划单位等)的能力大小、沟通的难易程度等，并据此制定出一份客观的计划。

(3) 计划必须考虑代理商的成本控制。计划既要保证一定的效率，同时也必须兼顾代理商的总成本，即遵循费用少、收益高的原则。

(4) 代理计划要保证一定的弹性，以适应市场的不断变化或者其他方面的干扰。

5. 实施控制

通过具体、周密地安排代理工作，把计划实施过程中的各项指标，如销售进度、销售增长率、电话询问量、成交率、平均成交价格等与实际状况相互对照，找出差距、问题及其产生的原因，及时加以控制和调整。

四、房地产代理的市场选择程序

每个房地产开发商都希望找到一个优秀的、可以信赖的代理商为自己服务。代理商也希望能被更多的房地产开发商委托从事代理工作。对于代理商而言，必须深入了解开发商对代理业务的想法、如何选择代理商和其选择的标准如下。

1. 开发商选择代理商的基本程序

选择代理商的程序一般可以分为5步：

(1) 计划。由开发商组建一个由 3～5 人的选择小组,在开发商销售经理的指导下进行选择。其第一阶段的主要任务是:①收集市场上代理商的有关资料;②设计一个评审模式,制定选择代理商的标准;③如果目前已有代理商,应对其各项工作进行评估;④初选一批代理商作为重点,也可以根据需要随时增减;⑤制定一个详细的选择计划,对各项活动及所需的时间作出具体安排。

(2) 访问候选的代理商。选择小组要访问各候选的代理商,收集决策所需的各种资料,明确各代理商的优势和劣势。必要时也可以访问代理商的主要客户。需要了解的主要内容有:①考察代理商的实力、其代理楼盘的规模及主要客户;②考察代理商的主要服务领域和服务范围,如能否包销、价格是否合理、能否为客户提供全方位的营销策划服务等;③考察代理商的素质、经验和能力;④考察代理商的管理水平和财务状况;⑤考察代理商的业绩、成功的代理项目占所有代理项目的比例如何;⑥考察代理商与客户的关系状况。

(3) 邀请候选代理商访问开发公司。在第二步完成之后,可以对候选的代理商做适当删减,将一些不合格的代理商去掉,并逐一就代理项目和余下的代理商进行交谈,其内容包括:①介绍开发商的发展历史、组织结构;②开发项目的计划及其特点;③主要竞争对手的基本情况;④楼盘推出和销售计划,包括楼盘竣工时间、楼盘位置、价格、规模和费用支付标准等。

这一阶段的主要任务是:先让各代理商了解开发公司推出的楼盘,然后让各代理商在规定的时间内拿出各自的营销方案,然后逐一进行评估、打分、汇总,以供评审选择之用。这类似于投标竞争的方式,较为公正合理。

(4) 评审各代理商的营销方案。要准备一个营销方案评审表,列出评审项目和评分标准。

(5) 决策。选择小组按原定评审标准,写出综合评审报告,交由决策者作出最后的选择。由开发商与中选的代理商签订代理合同。

2. 房地产代理商的市场选择标准

在开发商的综合评审报告中,通常会对代理商的自身能力、经验、对代理项目提交的营销计划等各方面进行综合评估。具体来说,以下几方面通常是开发商考虑的重点。

(1) 代理商的实力。规模较大的楼盘倾向于委托给大型物业代理商,规模较小的楼盘倾向于委托小型物业代理商。对于小规模的楼盘,大型物业代理商会觉得利润太少而不愿承担,或者虽然承担但并不给予足够重视;而对于大规模的楼盘发售,小型物业代理商可能由于人力有限而难以承担。

(2) 代理商的主要业绩。选择代理商的目的无非是想取得更好的销售效果,这与代理商以前的业绩有着密切的联系。因此,代理商应注意积累代理过的物业资料、销售效果评价资料等,以增强市场业绩的说服力。这中间必须注意考察代理商的擅长面是否与代理项目有关,因为各代理商的背景不同、成长经历不同,所以其擅长面便有所不同,有的擅长企划,有的擅长广告宣传,有的擅长销售,有的擅长商场招商,有的擅长销售写字楼,有的擅长推广住宅等等。另外,各代理商的客户群也不一样,有的代理商的客户群仅限于本地,有的代理商能拓展本省客户,更有的代理商有海外的客户源,对此,要仔细评估考察。

(3) 代理商对本项目物业的熟悉情况。销售代理物业的精髓在于说服客户购买楼盘。一个代理成功的前提条件是代理商对其代理的物业非常熟悉。不仅要熟悉物业的位置、环境和本身的特点，还要熟悉代理物业的市场状况、顾客偏好、国家有关政策以及主要竞争对手的情况。

(4) 与其他开发商的物业冲突。开发商一般不会选择正为竞争对手销售物业的代理商。这一方面是为了保护开发商本身的商业秘密，另一方面也是为了避免有关各方造成利益上的冲突，不利于建立长期的合作关系。

(5) 是否容易沟通。一个合适的物业代理商不仅要业绩优秀，而且要容易彼此沟通。这需要考虑两点：一是其人员要容易合作共事，能同业主保持融洽的关系，可以长期信赖；二是其地理位置要适当，通常选择大城市交通便利的物业代理商比较有利。

(6) 国际物业代理。对于国际物业代理来说，熟悉目标市场的文化习俗、市场状况和法律规定等是极为重要的。对于一些外销的楼盘，应选择在国外市场有代理点的物业代理商比较好。

(7) 代理商的管理能力。代理业不是资金密集型行业，而是智力密集型行业。代理商的代理队伍的整体素质往往取决于代理商的管理能力。管理能力的强与弱体现在：员工的基本工作状态及精神面貌、基本职业素质、工作场所设计与氛围塑造、员工之间的配合度、销售策略的正确性等。

(8) 代理商的营销代理计划。对营销代理计划的评审项目一般包括：①销售前的各项准备措施；②销售方案的创造性和实用性；③能否达到预期的销售目标；④整个销售过程的协调性；⑤销售方式的可行性；⑥营销战略的体现和发展等。

综合以上评审指标，可以按照权重值进行打分，最终确定代理商。例如，某项目的代理商选择经由部门经理、外聘专家、高级顾问等组成的评审委员会综合考察后，对以下评估要素分别做出评分结果(表 11-2)。

表 11-2　　评审委员会综合评分表

评估要素	权重	代理商 A		代理商 B		代理商 C	
		分数	权重×分数	分数	权重×分数	分数	权重×分数
实力	0.15	80	12	60	9	90	13.5
业绩	0.20	60	12	70	14	70	14
易沟通	0.15	85	12.75	90	13.5	65	9.75
管理能力	0.20	80	16	80	16	75	15
营销代理计划	0.30	75	22.5	65	19.5	80	24
合计	1	75.25		72		76.25	

最终，开发商根据评审委员会的结果得出结论，评分最高者代理商 C 中标，获得该项目的代理资格。

五、房地产代理销售合同

房地产代理合同根据代理模式、代理期限、代理内容、代理范围的不同，有许多不同的种类，这里只将其中最常见的独家代理合同(样本)列出，以供参考。

房地产独家代理销售合同样本

甲方：＿＿＿＿＿＿＿＿＿＿＿（委托方）

地址：＿＿＿＿＿＿＿＿＿＿＿邮编：＿＿＿＿＿电话：＿＿＿＿＿

法定代表人：＿＿＿＿＿＿＿＿＿职务：＿＿＿＿＿＿＿＿

乙方：某房地产经纪代理有限公司（代理方）

地址：＿＿＿＿＿＿＿＿＿＿＿邮编：＿＿＿＿＿＿＿电话：＿＿＿＿＿＿＿

法定代表人：＿＿＿＿＿＿＿＿＿职务：＿＿＿＿＿＿＿＿

甲乙双方经过友好协商，根据《中华人民共和国民法通则》和《中华人民共和国合同法》的有关规定，就甲方委托乙方（独家）代理销售甲方开发经营或拥有的：＿＿＿＿＿＿＿＿＿＿＿＿＿＿事宜，在互惠互利的基础上达成以下协议，并承诺共同遵守。

第一条　合作方式和范围

甲方指定乙方为在＿＿＿＿＿（地区）的独家销售代理，销售甲方指定的，由甲方兴建的＿＿＿＿＿项目，该项目为（别墅、写字楼、公寓、住宅），销售面积共计＿＿＿＿＿m^2，销售许可证号：＿＿＿＿＿。

第二条　合作期限

1. 本合同代理期限为＿＿＿＿＿个月，自＿＿＿年＿＿＿月＿＿＿日至＿＿＿年＿＿＿月＿＿＿日。在本合同到期前的＿＿＿天内，如甲乙双方均未提出反对意见，本合同代理期自动延长＿＿＿个月。合同到期后，如甲方或乙方提出终止本合同，则按本合同中合同终止条款处理。

2. 在本合同有效代理期内，除非甲方或乙方违约，双方不得单方面终止本合同。

3. 在本合同有效代理期内，甲方不得在＿＿＿地区指定其他代理商。

第三条　费用负担

本项目的推广费用（包括但不仅包括报纸电视广告、印制宣传材料、售楼书、制作沙盘等）由甲方负责支付。该费用应在费用发生前一次性到位。

具体销售工作人员的开支及日常支出由乙方负责支付。

第四条　销售价格

销售基价（本代理项目各层楼面的平均价）由甲乙双方确定为＿＿＿元，乙方可视市场销售情况征得甲方认可后，有权灵活浮动。甲方所提供并确认的销售价目表为本合同的附件。

第五条　代理佣金及支付

1. 乙方的代理佣金为所售的＿＿＿项目价目表成交额的＿＿＿%，乙方实际销售价格超出销售基价部分，甲乙双方按＿＿＿比例分成。代理佣金由甲方以人民币形式支付。

2. 甲方同意按下列方式支付代理佣金：

甲方在正式销售合同签订并获得首期房款后,乙方对该销售合同中指定房地产的代销即告完成,即可获得本合同所规定的全部代理佣金。甲方在收到首期房款后应不迟于3天将代理佣金全部支付乙方,乙方在收到甲方转来的代理佣金后应开具收据。

乙方代甲方收取房价款,并在扣除乙方应得佣金后,将其余款项返还甲方。

3. 乙方若代甲方收取房款,属一次性付款的,在合同签订并收齐房款后,应不迟于5天将房款汇入甲方指定银行账户;属分期付款的,每2个月一次将所收房款汇给甲方。乙方不得擅自挪用代收的房款。

4. 因客户对临时买卖合约违约而没收的定金,由甲乙双方五五分成。

第六条　甲方的责任

1. 甲方应向乙方提供以下文件和资料:

△ 甲方营业执照副本复印件和银行账户;

△ 新开发建设项目,甲方应提供政府有关部门对开发建设项目批准的有关证照(包括:国有土地使用权证书、建设用地批准证书和规划许可证、建设工程规划许可证和开工证)和销售项目的商品房销售证书、外销商品房预售许可证、外销商品房销售许可证;旧有房地产,甲方应提供房屋所有权证书、国有土地使用权证书;

△ 关于代售的项目所需的有关资料,包括:外形图、平面图、地理位置图、室内设备、建设标准、电器配备、楼层高度、面积、规格、价格、其他费用的估算等;

△ 乙方代理销售该项目所需的收据、销售合同,以实际使用的数量为准,余数全部退给甲方;

△ 甲方正式委托乙方为项目销售(独家)代理的委托书。

△ 以上文件和资料,甲方应于本合同签订后2天内向乙方交付齐全。

△ 甲方保证若客户购买的的实际情况与其提供的材料不符合或产权不清,所发生的任何纠纷均由甲方负责。

2. 甲方应积极配合乙方的销售,负责提供看房车,并保证乙方客户所订的房号不发生误订。

3. 甲方应按时按本合同的规定向乙方支付有关费用。

第七条　乙方的责任

1. 在合同期内,乙方应做以下工作:

△ 制定推广计划书(包括市场定位、销售对象、销售计划、广告宣传等);

△ 根据市场推广计划,制定销售计划,安排时间表;

△ 按照甲乙双方议定的条件,在委托期内,进行广告宣传、策划;

△ 派送宣传资料、售楼书;

△ 在甲方的协助下,安排客户实地考察并介绍项目、环境及情况;

△ 利用各种形式开展多渠道销售活动;

△ 在甲方与客户正式签署售楼合同之前,乙方以代理人身份签署房产临时买卖合约,并收取定金;

△ 乙方不得超越甲方授权向客户作出任何承诺。

2. 乙方在销售过程中,应根据甲方提供的________项目的特性和状况向客户作如实介绍，尽力促销，不得夸大、隐瞒或过度承诺。

3. 乙方应信守甲方所规定的销售价格，非经甲方的授权，不得擅自给客户任何形式的折扣。在客户同意购买时，乙方应按甲乙双方确定的付款方式向客户收款。若遇特殊情况（如客户一次性购买多个单位），乙方应告知甲方，作个案协商处理。

4. 乙方收取客户所付款项后不得挪作他用，不得以甲方的名义从事本合同规定的代售房地产以外的任何其他活动。

第八条　合同的终止和变更

1. 在本合同到期时，双方若同意终止本合同，双方应通力协作作妥善处理终止合同后的有关事宜，结清与本合同有关的法律经济等事宜。本合同一旦终止，双方的合同关系即告结束，甲乙双方不再互相承担任何经济及法律责任，但甲方未按本合同的规定向乙方支付应付费用的除外。

2. 经双方同意可签订变更或补充合同，其条款与本合同具有同等法律效力。

第九条　其他事项

1. 本合同一式两份，甲乙双方各执一份，经双方代表签字盖章后生效。

2. 在履约过程中发生的争议，双方可通过协商、诉讼方式解决。

甲方：	乙方：
代表人：	代表人：
签章：	签章：

年　月　日

第二节　房地产销售准备

一、项目合法的审批资料准备

国家按照未竣工项目和竣工项目的销售分别设定了不同的法律条件。

1. 未竣工房地产项目销售

未竣工的房地产项目进入市场销售需要符合预售条件。目前，全国各地对项目预售的规定也不同。一般来讲，商品房预售条件及商品房预售许可证明的办理程序，按照《城市房地产开发经营管理条例》和《城市商品房预售管理办法》的有关规定执行。

比如上海市商品房预售，必须符合以下条件：

（1）土地使用权以出让方式取得，已经支付全部土地使用权出让金；

（2）土地使用权已经依法登记并取得房地产权证；

（3）取得商品房的建设工程规划许可证；

（4）取得商品房建设工程施工许可证；

（5）七层以下（含七层）的商品房项目，应当完成基础工程并施工至主体结构封顶；八层以上（含八层）的商品房目，应当完成基础工程并施工至主体结构 2/3 以上（不得少于七层）；

（6）已经确定商品房的竣工交付日期，并落实了市政、公用和公共建设施的配套建设计划；

(7) 已经与在上海注册登记的银行签订了预售款监管协议；

(8) 已经制定房屋使用公约，并与物业管理企业订立了前期物业管理服务合同。

2. 竣工房地产项目销售

按建设部颁布的《商品房销售管理办法》规定，已竣工的房地产项目进入市场销售需要符合以下的条件。

(1) 现售商品房的房地产开发企业应当具有企业法人营业执照和房地产开发企业资质证书；

(2) 取得土地使用权证书或者使用土地的批准文件；

(3) 持有建设工程规划许可证和施工许可证；

(4) 已通过竣工验收；

(5) 拆迁安置已经落实；

(6) 供水、供电、供热、燃气、通讯等配套基础设施具备交付使用条件，其他配套基础设施和公共设施具备交付使用条件或者已确定施工进度和交付日期；

(7) 物业管理方案已经落实。

符合法律规定可以进入市场销售的项目，开发商可以委托代理销售公司进行销售。房地产销售代理公司必须具有承担该业务的合法资格，并与委托方签署正式委托销售合同。

二、销售资料的准备

销售资料的准备一般包括法律文件、宣传资料和销售文件的准备。

1. 必要法律文件的准备

(1) 建设工程规划许可证。根据相关法律规定，在城市规划区新建、扩建、改建建筑工程和市政工程应向市规划主管部门或派出机构领取《建设工程规划许可证》方可办理开工手续。《建设工程规划许可证》的附图和附件是该证的配套文件，具有同等法律效力。取得《建设工程规划许可证》后超过一年未开工的，《建设工程规划许可证》自行失效。

建设工程竣工后，建设单位或个人持建筑工程竣工测绘报告向原审批部门申请规划验收，未经验收或验收不合格的，不予发放《规划验收合格证》，不予房地产权登记，不得投入使用。

(2) 土地使用权出让合同。土地使用权出让合同，由土地管理部门与土地使用者共同签定。土地使用者与土地管理部门签定或者变更土地使用权出让合同时，必须向土地管理部门交纳土地开发费与市政配套设施费。

(3) 预售许可证。符合规定预售条件的，经主管机关核准后，发给《房地产预售许可证》。

(4) 房地产买卖合同。当地规划国土房地产主管部门制定的标准合同文本。

2. 宣传资料的准备

(1) 宣传资料制作的原则。制作宣传资料应注意以下几点原则：

① 卖点突出：即楼盘主打卖点应提前表现；

② 内容充实：有销售力，站在买家角度，更具吸引力。制作楼书要考虑项目不同的消费群体和阅读习惯；

③ 符合项目市场定位：楼书的制作和项目本身联系紧密；

④ 文案配合：切合主题，有渲染力，避免平淡；

⑤ 美案设计：要有贯穿楼盘主要特质，形象定位，即主色调或主标识物；标题设计醒目；选取最能表征或接近楼盘特色的图片配以文字说明；户型平面图、墙线、标准层平面要注意对称和平衡等问题。

(2) 宣传资料的分类。一般来说房地产销售的宣传资料有形象楼书、功能楼书、折页、置业锦囊、宣传单张等形式。在进行资料准备时，一般要根据项目具体规模、档次、目标客户群等来选择其中一种或多种组合使用。

① 形象楼书：楼书是向消费者介绍楼盘产品特性的书面资料，它包括楼盘的地理位置、周边配套、小区配套、户型资料、交楼标准、物业管理等信息。一般楼书的具体内容有位置图、总体规划、楼体形象、代表户型图、会所、物管介绍。

在项目确定市场定位及形象定位后，形象楼书的风格及色调也同步基本确定。在形象楼书中一般要用较抽象的手法将项目的品牌、档次、给目标客户的生活和工作(写字楼)带来怎样影响、对未来生活的幢憬和事业的发展(写字楼)等表现出来，在展现项目卖点的过程中多采用图片及较易产生联想的语言来表述。如某房地产项目“阳光四季”在形象楼书中除用大幅图片表达项目的品牌、较高档次、未来生活外，主打语为“阳光有多好，你就有多好”。又如一条为“风和日丽”的房地产项目，用小主人公在大片绿地上沐浴阳光和放风筝来表现一种和谐的生活，其主打语为“和谐的民风，亮丽的日子”等。另一楼盘“美庐锦园”则是用大幅图片表现蓝色大海、绿色高尔夫及华侨城景观等生活环境，配以“海风轻拂，芳草绿，悠然在我家”等。

形象楼书，应给人很多回味及想象的空间，将项目与自己未来生活的美好联系在一起。

② 功能楼书：功能楼书一般来说是对房地产项目各方面较全面的说明，可以理解为一本简单的“产品说明书”。它将楼盘的开发商、整体规划、交通、建筑特色、内部规划、各层功能分区，各种户型介绍等展现在客户面前。让客户看后应对楼盘整体素质有一个较全面的了解。

例如，某项目功能楼书，内容包括：1、2 页，开发商实力背景；3、4 页，建筑总体设计及总体规划资料；5、6 页，楼盘地理位置及地段总体规划；7、8 页，社区内环境园林介绍；9、10 页，物业管理及服务介绍；11、12 页，楼盘品质及交楼标准介绍；13～17 页，各种户型介绍等。

③ 折页、置业锦囊、单张：折页主要是形象楼书和功能楼书的一种简要版本和补充。在折页上，外页用来表现形象包装的内容，而里页配以各种户型或楼盘的介绍，其他方面内容的介绍也可以采用插页夹在其中。置业锦囊则主要侧重于生活配套及目标客户关注问题的说明，有时可起到以小见大的效果。单张一般用于大量派送，如展销会或街头派送等。

(3) 常见的搭配使用方法。上述资料不一定每一个项目都样样具备，一般可根据项目特点搭配使用，使其既能达到房地产项目的宣传效果，又能控制成本。以下是几种常见的方案：①功能楼书＋形象楼书＋单页；②形象楼书＋锦囊＋折页；③形象楼书＋功能楼书；④功能楼书＋锦囊＋单页等。

3. 销售文件准备

(1) 客户置业计划。项目在推向市场时，不同的面积单位、不同的楼层、不同的朝向，总价都会不同。应事先制定出完善的客户置业计划，这样可以明确地告诉置业者不同付款方式和金额。

下列是某项目的客户置业计划范本。

一次性付款________折:________

按揭付款 ________折:________

首期________成:________

贷款________成:________

________年月供:________

________年月供:________

________成 ________年免息分期:________

共分________期,每期付:________

(2) 认购合同。在房地产销售过程中,当置业者选中了自己喜欢的单位,需交纳一定数量的定金来确定其对该房号的认购权,但此时还没有签定正式房地产买卖合同,这样就需签定认购合同来保障置业者和开发商双方的合法权利。

下面是某楼盘认购合同样本:

XX 花园认购合同(样本)

编号:001

出售方(下称甲方):XX 有限公司

地址:________电话:________

甲方指定代理商:________有限公司

地址:________电话:________

认购方(下称乙方):________

姓名:________身份证号码:________

地址:________电话:________

公司或机构名称:________

法定代表人:________委托代理人:________

代理人身份证号码:________电话:________

公司或机构地址:________

甲方之出售物业"XX 花园"位于________,地块编号:________,使用期限为________年。

乙方认购住宅为________栋________层________单元,建筑面积________平方米(以政府有关部门最后丈量核实面积为准)。

乙方认购住宅总价为人民币________元,现优惠________,成交总价为人民币

________元，大写人民币_____佰_____拾_____万_____仟_____佰_____拾_____元整。

乙方现交付人民币________元整作为定金，并计入乙方房款中。

付款方式：

一次性付款：________

________年________月________日付首期款(30%)，即人民币________元(含定金)，大写人民币________佰________拾________万________仟________佰________拾________元整，并签署楼宇正式买卖合同。

余款人民币________元在________年________月________日前付清。

标准银行按揭

________年________月________日前付首期款(总房款的________%)人民币________元，大写人民币________佰________拾________万________仟________佰________拾________元整，并签署楼宇正式买卖合同。

余款人民币________元，向银行办理________成________年按揭。

补充条款：

乙方须按本认购书所约定依时交付各期楼款。逾期未交，视为放弃，所交定金不予退回。

签订房地产买卖合同后须办理公证手续，费用由乙方负担。

本认购书一式叁份，甲方及甲方指定代理商、乙方签章即生效，三方各执一份，均具同等效力。乙方与甲方签署正式买卖合同时，本认购书自动作废。

甲方：　　　　　　　　　　　　　　　　乙方：

甲方指定销售商：　　　　　　　　　　　代表：

年　　月　　日

(3) 购楼须知。房地产属于大宗消费品，购买过程复杂，为明晰置业者的购买程序，方便销售，事先应制定书面的购楼须知。购楼须知内容包括物业介绍、可购买对象、认购程序等。

下面为某楼盘的购楼须知：

XX花园购楼须知

欢迎您认购________花园，请您仔细阅读《购楼须知》、《价目表》、《付款方式》等有关资料，我们将为您提供周到的服务。

① ________花园，位于________，为商品房商住楼，其产权可自由转让、出租、抵押、赠与或继承，使用年限七十年。

② ________花园接受个人或公司认购

个人购房者应年满十八周岁，十八周岁以下的签署购房合同须征得其监护人同意；

境内人士凭有效居民身份证认购；

境外人士凭有效护照或身份证认购；

以公司名义认购时，请备齐公司营业执照、法人身份证复印件、法人代表授权委托书和委托人有效身份证。

③ 认购程序

交付定金，并签署《__________花园认购书》；

按认购书规定的时间及选定的付款方式交付首期或付清全款，并签署《XX市商品房买卖合同》。

等候办理按揭通知。

④ 每单位认购定金为人民币贰万元整（￥20,000.00），定金须用现金或银行支票支付。

⑤ __________花园的单位面积均以政府部门核实的面积为准，所认购的房号、业主姓名及付款方式在签定有效法律文件后，不得随意更改。

⑥ 购楼费用明细（见附表）

⑦ 售楼咨询电话：__________

（4）价目表。价格策略制定完成后要制做价目表，价目表可以按每套房的单价，也可以按每套房的总价或单价和总价同时编制。

（5）付款方式。房地产销售有不同的付款方式。如一次性付款、按揭付款、建筑分期付款等。按揭付款有不同按揭年限、按揭成数的付款。在项目准备阶段，应制定出开发商可接受的不同的付款方式。如表 11-3。

表 11-3　　某项目付款方式一览表

付款方式	折扣率	备注
一次性付款	0.88	15天内付30%，30天内付剩余70%
七成15～20年按揭	0.90	15天内付30%，45天内办理剩余70%的按揭手续
七成20年按揭	0.95	15天内付10%，45天内办理剩余的70%的按揭手续，入住前付20%
七成20年按揭(3年分期)	0.98	15天内付10%，45天内办理剩余的70%的按揭手续，入住前付20%
3年免息分期	0.98	15天内付30%，剩余70%3年免息36期供完

（6）其他相关文件。其他应准备文件可根据项目自身来确定，如办理按揭指引、需交税费一览表、办理入住指引等相关文件。

三、销售人员准备

1. 确定销售人员

房地产销售一般根据项目销售量、销售目标、广告投放等因素决定销售人员的人数，然后根据销售情况进行动态调整。

如某楼盘有500套房屋，按照三个月销售30%的目标，按8%的平均成交率计算，总共约需接待1875批客户，因此正常销售期间每天必须保证接待21批客户，如按每个销售代表每天接待4～5批客户，每天大约需要5～6人上班，综合考虑调休等因素，该项目在此销售阶段需安排8～9名销售代表。

选择销售人员时，应注重他们的素质。首先要有良好的个人形象，其次还要有基本的专业素质和沟通能力，能为客户提供专业及优质服务。根据不同的房地产项目选择熟悉该地区、该类客户、该房地产类型的销售人员，为房地产销售打下良好的人员基础。

2. 确定培训内容

为了达到一个预期的销售目标，在正式上岗前对销售人员的培训是非常重要的，同时在销售过程中也要不断结合销售中出现的新问题进行后续培训。对销售人员的培训一般有以下内容：

（1）公司背景和目标：公司背景、公众形象、公司目标（项目推广目标及公司发展目标）；销售人员的行为准则、内部分工、工作流程、个人收入目标。

（2）物业详情：项目规模、定位、设施、买卖条件；物业周边环境、公共设施、交通条件；该地区的城市计划，宏观及微观经济因素对物业的影响情况；项目特点，包括项目规划设计内容及特点（包括景观、立面、建筑组团、容积率等）；平面设计内容及特点（包括总户数、总建筑面积、总单元数、单套面积、户内面积组合以及户型优缺点、进深、面宽、层高等）；项目优劣势分析；竞争对手优劣分析及对策。

（3）销售技巧：售楼过程中的洽谈技巧，以发问探寻客户需求、经济状况、期望等，掌握买家的心理；恰当使用电话；掌握推销技巧，语言技巧，身体语言技巧。

（4）签订买卖合同的程序：①售楼处签约程序；②办理按揭及计算；③入住程序及费用；④合同说明、其他法律文件；⑤所需填写的各类表格。

（5）物业管理课：①物业管理服务内容、收费标准；②管理规则；③公共契约。

（6）其他内容：包括销售人员的礼仪培训，建筑学基本常识、财务相关制度等等。

如某商品房项目销售培训计划如下表（表11-4）：

表11-4　　销售培训计划

主　题	内　容
房地产市场	房地产市场及发展分析
建筑基本知识	建筑常识；建筑识图；常用专业名词；房屋类别及建筑形态；城市及小区规划；CBD规划
房地产交易	五证二书；新合同和补充条款；外地客户在沪购房须知；价格、交易税费；付款方式；按揭
业务素质	卖场管理；公关和礼仪
产品知识	建设单位；建筑设计、规划；电气系统；智能化；设备；装修；物业管理
市场调查	周边项目；总结分析会；区域市场分析潜在客户分析
业务技巧	卖场接待流程；电话接听技巧；顾客类别及分类接待方法；了解客户需求的方法和技巧；如何引导客户看房；如何对客户跟踪服务
业务演练	

3. 确定培训方式

(1) 课程培训。讲解、传授内容包括国家及地区相关房地产业的政策法规、税费规定；房地产基础术语、建筑常识、识图、计算户型面积；心理学基础；银行的按揭知识，涉及房地产交易的费用；国家、地区的宏观经济政策、当地的房地产走势；公司制度、架构和财务制度等。

(2) 销售摸拟。①以一个实际楼盘为例进行实习，运用全部所学方法技巧完成一个交易；②利用项目营销接待中心、示范单位模拟销售过程；③及时讲评、总结，必要时再次实习模拟。

(3) 实地参观销售现场。结合现场销售流程进行实地讲解。

四、销售现场的准备

房地产销售的现场准备是销售前准备工作中非常重要的一环。诚意客户在接收到楼盘销售的信息后，决定来现场参观，现场状况的优劣将直接影响其购买行为。一般来说现场工作包括售楼处(模型)、看楼通道、示范单位、形象墙、户外广告牌、灯箱、大型广告牌、导示牌、彩旗、示范环境、施工环境等。

1. 售楼处

售楼处又称销售中心，主要是向客户介绍楼盘和展示楼盘形象的地方，同时也是客户作出购买决定并办理相关手续的地方。因此，其地点的选择和装修设计风格都要精心安排。

(1) 售楼处位置选择。应遵循以下原则：①最好迎着主干道(或主要人流)方向；有较好的环境和视线；②设在人车都能方便到达，且有一定停车位的位置；③设在能方便到达示范单位的位置；④设在与施工场地容易隔离、现场安全性较高的位置；

(2) 售楼处的设计布置原则

① 功能分区明确，一般设有：门前广场、停车场、接待区、洽谈区、展示区、放像区、办公区、客户休息室、儿童游戏区、卫生间、储藏室、更衣室等；

② 进入销售中心前要有明确的导示，如挂旗、灯杆旗、彩旗、指示牌灯等，入口广场上要有渲染氛围的彩旗、花篮、气球、绿化等，在空间够大时，还可以布置水体、假山石、花架、休闲椅等；

③ 销售中心的内外空间要尽可能通透；室内灯光要明亮，重点的地方要有灯光配合作为强调，如展板、灯箱、背景板等；展示区要与洽谈区相邻或溶为一体；在必要的地方布置小饰品和绿色植物；

④ 在接待区要通过背景板营造视觉焦点，背景板可以展示楼盘的标识、名称，也可以用图片展示一种氛围；接待区的灯光要经特别处理，做到整体和局部的结合，天花板的造型要特别；接待区要布置在离入口处较近，且方便业务员看到来往客户的位置；

⑤ 主卖点要有明确的展示，如：展板、图片及实体展示；要配合楼盘性质营造氛围，如普通住宅的温馨，高档住宅的尊贵豪华，写字楼的庄重等；

⑥ 接待台的尺寸一般：长不小于3.0m，宽为65～85cm，高度在68～75cm之间；洽谈桌尺寸的宽≤80cm。

2. 看楼通道

看楼通道是连接售楼处和示范单位(或现场实景单位)之间的交通通道。看楼通道应注意以下几点：

（1）看楼通道的选择以保证线路尽可能短和安全通畅为原则；对于有转弯的地方或不符合人的行为功能的地方要有提示，如高低不平、顶梁过低等；

（2）要保证通道充足的采光或照明；在通道较长的条件下，要做到移步一景，要丰富而不单调；

（3）最好要有利于施工组织，尽可能不要形成地盘分割；

（4）一般排列的方式有：平列式、下走式、架空式。

3. 示范单位

房地产项目在预售时，由于置业者在产生购买行为时看不到完整的房屋状况，因此，示范单位的制作主要是让客户在此之前对所购买物业有一个直观的感觉和印象。示范单位装修布置应表现真实，同时在具体选择和装修上要注意以下原则：

（1）示范单位选择的基本原则

① 选择主力户型、主推户型；

② 设在朝向、视野和环境较好的位置；设在可方便由售楼处到达的位置；

③ 多层期房尽可能设在一楼或低楼层；高层现房一般设在较高楼层；

④ 高层期房一般布置在4～6层。如果小区环境已做好或周边景观好，也可以利用施工吊笼或临时电梯作垂直交通工具布置在尽可能高的楼层。

（2）示范单位装修原则

① 装修应充分展示户型空间的优势；要有统一的标识系统（如门前户型说明、所送家具或电器的标识）；

② 针对空间的使用要给客户进行引导（特别是难点户型和大面积户型）；

③ 装修的风格和档次要符合项目定位和目标客户定位。如：经济型用房要着力展示空间的实际使用功能，小户型住宅可从空间的有效性和生活的情调两方面展示，高档物业着力表现其尊贵豪华和突出品位；内部展示的电器、家具、小饰品都应协调；

④ 色彩明快温馨，能煽情；光线要充足；家具的整体风格要统一，不可零乱；做工要精细；

⑤ 对于周边有安全网的示范单位，其窗、阳台与围板间保留约30cm的间隔，用以绿化；在示范单位上两层阳台等入口处设挡板，以防施工掉物，给客户造成安全性不强的印象；

⑥ 示范单位门前要设置鞋架或发放鞋套，最好可以让客户直接进入。

4. 形象墙、围墙装修原则

（1）形象墙、围墙一般主要是用在分隔施工场地，保证客户看楼安全和视线整洁的地方；一般可用普通的砖墙、也可用围板；在客户视线可及的地方要进行美化和装饰；可以上裱喷绘也可用色彩直接上绘；

（2）墙上的内容可以仅仅是楼盘的LOGO和售楼电话，也可以根据其墙所在的位置通过结合灯箱、广告牌来展示楼盘的形象和卖点，其风格和色彩应与整体推广相统一，具有可识别性。

5. 示范环境

室外空间要进行专项环境设计，根据空间的大小可设置水体造型，如喷泉、叠泉等。水池要与环境结合紧密，也可结合假山石，休闲坐椅、花架等；绿植和花草类一般都是必需；在住宅开盘时最好多选择些时令花卉，以渲染气氛。

6. 施工环境

施工现场应保持干净、整洁、有条理。施工现场的组织与管理水平直接代表着建筑施工公司的水平及实力，而建筑施工公司的水平及实力又直接影响着房地产产品的质量，因此在选择合格的施工公司后，对施工现场环境的维护和有序的管理，将直接影响到项目的形象和其在市场中的口碑，从而影响到消费者的购买信心。

7. 模型

模型主要用于在无法完整直接地看到楼盘实际效果时，用来告之客户完成后楼盘的完整形象，同时，也方便业务员给客户讲解时指明具体户型的位置、方位。模型一般包括社区整体规划大模型、分户模型、局部模型、环境模型和区域模型。

整体规划模型用于表现项目的具体位置、周边的景观、配套和小区布局以及中心庭院等，整体楼盘模型的常规比例为 1∶150。

分户模型主要用在实体示范单位和交楼标准不能展示全部户型时，方便客户对户型的实际布局和户内空间大小尺寸进行了解，常规比例 1∶25。

局部模型主要用于楼盘现场及其它模型都不能充分表现的局部，可以是建筑的阳台、建筑的空中花园、建筑的屋顶或屋顶会所，也可以是建筑的一段外墙、建筑内墙、小区或户外的环境局部、会所的局部等；但这些往往是楼盘的主卖点或主要需要展示的地方，比例可以根据实际任意确定。

环境模型主要用在楼盘的环境面积较大或特色明显但通过现场又无法展示的情况下采用。

区域模型主要用在楼盘所在区域主要为规划中或建设中，而实际看到的现状相对零乱时采用。

8. 广告牌、灯箱、导示牌、彩旗等

当项目位置处于非主干道或是销售中心位置不便发现时，广告牌、灯箱、导示牌、彩旗的作用就非常明显。一方面他们可以将项目的重要信息（如位置、咨询电话等）在更广阔的地域向外发布，更重要的是它们可以将客户从主干道或是其熟悉的地方引导至项目现场，同时对项目现场气氛起到烘托的作用。

五、影响项目开盘的其他因素

受市场供求关系的影响，房地产项目销售推出时机至关重要，周边市场项目推售和工程进度是决定项目进入市场销售的重要因素之一。其他相应工作有：价格制定；楼书、单张等楼盘资料印刷完毕；示范单位、商场会所外装修完工；楼梯条幅、形象墙等现场包装到位；开通销售热线；制定认购期的推出单位和优惠措施等。

如某项目，可进入市场销售的前提条件有：

(1) 工程进度：部分项目封顶，形象可向购楼者展示；

(2) 商场会所封顶，外装修完毕并对外进行形象展示；

(3) 庭院部分绿化完成，完成部分配套设施，如游泳池可投入使用；

(4) 售楼现场装修完毕，可充分展示卖点：①售楼处气派大方、井然有序，着意营造认购气氛；②实体示范单位，豪华高档；③看楼通道整洁，导示清晰明确。

第三节 房地产销售实施与管理

一、房地产销售实施

1. 销售实施阶段的划分

销售实施阶段的划分是根据市场销售规律、工程进度及形象配合等因素进行。由于实际情况的不可预估性，后期的策略应根据本项目的实际销售情况、工程进度以及同期市场竞争状况再进行相应调整。

按项目销售时间及进度，可将房地产销售分为以下几个阶段：预热期、强销期、持续销售期、尾盘期，如表 11-5，一个销售期约 12 个月的项目划分：

表 11-5 房地产销售阶段累计销售量

阶段	时间	累计销售量大约
预热期	开盘前第 1～2 个月	5%～10%
强销期	开盘后第 1～2 个月(2 个月)	40%～50%
持续销售期	开盘后第 3～6 个月(4 个月)	70%～80%
尾盘期	开盘后第 7～10 个月(4 个月)	90%～95%

2. 各销售阶段的策略

房地产项目进入销售阶段，通过前期市场定位及各销售阶段的总结，可得出下一阶段的销售策略。

(1) 预热期的销售策略。房地产市场的发展越来越理性，置业者在购房时都会反复比较和挑选，寻求性能价格比最高的物业，注重眼见为实。对比于现楼，置业者对期房的信心相对不足。因此，入市的时机一方面取决于当时市场的竞争状况，更重要的取决于入市时的工程形象和展示是否到位。

一般来说，项目在正式进入市场前都要有一个预热及提前亮相的阶段，通常有以下几种作用：

① 不具备销售条件，但需提前发布将要销售的信息以吸引客户等待；

② 面对市场竞争日益激烈，提前预销可分流竞争对手的部分客户；

③ 为了在开盘时能达到开门红，先行在市场中建立一定知名度和客户基础；

④ 对目标客户及市场进行测试，为正式开盘时的销售策略提供准确依据。

(2) 强销期的销售策略。此阶段一般为项目正式进入市场开始销售，在此阶段项目会投入大量的广告费、推广费用，一般还配合有开盘仪式以及其他各种促销活动等，相应此阶段的销售数量及能力需求也较高。强销期内须注意以下问题：

① 顺应销售势头，保持较充足的房源供应量，否则有可能造成客户资源的浪费，如需保留房号，数量不宜超过总量的 15%；

② 此阶段现场热销气氛非常重要，因此应加强促销，不要轻易停止，可根据实际情况变换不同方式，以保持热销场面；

③ 价格调整一定不能一次太多，一般每次不应超过1%，但在客户可接受的前提下，可采用小步慢跑式(即可多次提价，但每次较少)；

④ 此阶段为项目的最关键阶段，如在市场中成功建立入市形象及市场认同感，则为持续期及尾期奠定了较好基础。

(3) 持续销售期的策略。当项目通过大规模广告及促销后，逐渐进入平稳的销售期，此阶段即为持续销售期。此期间上门客户量逐渐趋于平稳，广告量也不如前段那么大，因此此阶段应根据项目特点和所剩房源挖掘个性进行销售。

如某项目因其紧靠山景公园，楼盘最大卖点为山景高尚住宅，因此，朝向山景的单位在前期销售较好。销售在进入持续销售期后，剩余大量房源为无山景的住宅，此时及时挖掘这部分房的价值，发现住宅背山面水在风水上是大吉，故对此部分单位主推此卖点，吸引大量重风水的客户成交，很快取得效果。

(4) 尾盘期的策略。项目进入尾盘，销售速度明显减缓，项目入伙临近，销售问题尤其突出。一是剩余房号可供客户选择范围的少，剩余户型集中在户型设计相对不合理或总价高部分，无市场竞争力；二是部分户型定位与区位环境不符合。进入尾期后，一般剩下的销售额即为开发商利润，因此解决此部分的销售对开发商特别关键，解决尾盘应注意：

① 既考虑售价，也要考虑时间。即尾盘不能追求高价格，因追求高价而不能变现，反而增大风险；

② 可多考虑现楼因素多做促销。

3. 销售业务流程

(1) 寻找客户。要想把房子销售出去，首先要寻找到有效的客户。客户的来源有许多渠道，如咨询电话、房地产展会、现场接待、促销活动、上门拜访、朋友介绍等。要了解不同来源客户的特点，做好接待工作。接听电话必须态度和蔼，语音亲切；客户在电话中问及价格、地点、面积、格局、进度、贷款等问题时，销售人员应扬长避短，在回答中将产品的卖点巧妙地融入。

需注意的问题有以下几点：

● 在与客户交谈中，设法取得有价值的资讯：第一要件，客户的姓名、地址、联系电话等个人背景情况的资讯，其中，与客户联系方式的确定最为重要；第二要件，客户能够接受的价格、面积、格局等对产品的具体要求的资讯。

● 最好的做法是，直接约请客户来现场看房，约请客户应明确具体时间和地点。

● 挂电话之前应报出业务员自己的姓名、手机号、联系电话，欢迎客户随时咨询，并马上将所得资讯记录在客户来电表上。

● 接听电话时，尽量由被动回答转为主动介绍、主动询问。

● 应将客户来电信息及时整理归纳，与现场经理、广告制作人员充分沟通交流。

此外，参加房展会，通过朋友或客户介绍客户等，都是较常见的寻找客户的渠道，要细心分析资料，收集信息，以找准目标客户。

(2) 现场接待。现场接待作为销售环节中最为重要的一环，尤应引起销售人员的重视。所有的前期工作都是为了客户上门做准备。

① 迎接客户，应仪表端庄，态度亲切，接待热情；② 介绍项目，可配合沙盘模型等做简单的项目讲解(如：朝向、楼高、配置、周边环境等)，使客户对项目形成一个大致的概念；③ 带看现场，在售楼处作完基本介绍，并参观样板间后，主动带领客户参观项目现场。

(3) 销售谈判

① 初步洽谈。样板间及现场参观完毕后，可引导客户到谈判区进行初步洽谈，介绍客户中意单元的价格及付款方式及各种相关手续费用等；针对客户的疑惑点，进行相关解释，帮助其逐一克服购买障碍。适时制造现场气氛，强化其购买欲望。

② 谈判。谈判是在客户已完全认同本物业各种情况之后进行的工作，其焦点主要集中在折扣及付款方式上。折扣问题上，应尽可能守住目前折扣，以留一些余地给销售主管，切忌一放到底；在付款方式上，一些客户会提出希望延迟交款或提交按揭资料时间，对此种要求，业务员应酌情处理，处理前应征求销售主管意见，无法解决时可由销售主管协助解决。

③ 暂未成交。若暂时没有达成协议，销售人员仍应态度亲切，始终如一；及时分析暂未成交或未成交的真正原因，记录在案；针对暂未成交或未成交的原因，报告现场经理，视具体情况，采取相应的补救措施。

(4) 客户追踪

① 填写客户资料表。无论成交与否，每接待完一组客户后，立刻填写客户资料表。填写的重点是客户的联络方式和个人资讯，客户对产品的要求条件，成交或未成交的真正原因。根据客户成交的可能性，将其分类为：A. 很有希望；B. 有希望；C. 一般；D. 希望渺茫，以便日后有重点的追踪询访。

② 客户追踪。适时依客户等级与之联系对于 A、B 等级的客户，销售人员应列为重点对象，保持密切联系；将每一次追踪情况详细记录在案，便于日后分析判断；无论最后是否成交，都要婉转要求客户帮忙介绍客户。

(5) 签约

① 收取定金。收取定金不在于金额大小，其主要目的是使客户关注该楼盘，因此当客户未带足资金时，鼓励客户支付小定金是一个行之有效的办法；定单填写完后，应仔细检查户别、面积、总价、定金等是否正确；折扣或其他附加条件，应报现场经理同意备案；收取的定金须确实点收。

② 定金补足。定金补足交齐后，应在定金栏内填写实收补足金额；将签约日期和签约金填写于定单上；详细告诉客户签约时的各种注意事项和所需带齐的各类证件；填写完后，再次检查户别、面积、总价、定金等是否正确；将详尽情况向现场经理汇报备案。

③ 换户。需换户者，在定购房屋栏内，填写换户后的户别、面积、总价，并注明何户换何户，收回原定单；应补金额及签约金若有变化，以换户后的户别为主；其他内容同原定单。

④ 签订合约。签约时应验对客户身份证原件，审核其购房资格；出示商品房预售示范合同文本，逐条解释合同的主要条款；签约成交后，按合同规定收取第一期房款，同时相应抵扣已付定金；对签约后的合同，应迅速交房地产交易管理机构审核，并报房地产登记机构登记备案。

⑤ 退户。遇到退户情况应分析退户原因，明确是否可以退户；报现场经理或更高一级主管确认后，办理退户手续，结清相关款项，将作废合同收回留存备案；有关资金移转事项，均须由双方当事人签名认定；若有争议无法解决时，可提请仲裁机构调解或人民法院裁决。

(6) 入住。客户凭入住通知书、身份证明、合同副本、交款证明到物业公司办理入住手续；发展商向客户出具房屋质量检验合格书、验收项目说明(可选项)、房屋使用说明书；客户补足房款总额；物业公司与客户签署物业管理公约；物业公司向客户提供物业管理收费标准;客户缴纳物业管理费、公共维修基金、车位租金(可选项)、装修质押金(可选项);领取所购房屋钥匙。

二、房地产销售管理

1. 销售日常管理

(1) 人员管理。销售的日常工作可以划分为销售任务与服务任务两部分。执行销售任务的人员主要面对顾客、接待顾客、推荐楼盘、实现成交;执行服务任务的人员主要包括售楼经理、售楼主任及当值售楼人员、保安、财务等,为销售工作提供必要的后勤服务。

① 销售流程的设定。项目销售流程设计应该有条不紊、运作高效;

② 销售会议。每天例行的早会和总结性晚会,互相交流,反馈信息,检查当天的工作情况;

③ 销售考勤。通过现场签到及电话抽查制度,保障销售考勤的严肃性;

④ 销售控制。采用隐含销控的方法,由专人负责,每天与发展商核对销控情况;

⑤ 销售制度。在分清职责的前提下,采用计划管理与目标管理双管齐下用制度强化规范管理,减少人性偏差。

⑥ 激励机制。有奖有罚,以提高售楼人员的工作能动性,减少售楼人员挑客、争客的现象。如:每月评选"最佳售楼人员"1 名,每季评选"高额售楼人员"3 名,报公司嘉奖;连续 3 个月销售排名倒数第一者予以辞退。

(2) 物品管理。包括销售资料的管理(设立资料台账,专人管理,有计划派发,尽量做到有效利用,减少浪费),日用品的管理和样板房及示范单位的管理(专人管理,设立资产账,做好日常维护及每季盘点工作)。

(3) 财务管理。及时完成催、收款事务,收款要完善签收制度及证明人制度;专人专档管理销售合同;客户定金应到财务交纳不得私自收取;临时定金收据应交销售主任签收保管,退订单据由销售人员签字证明。

2. 销售人员薪酬管理

房地产产品价值得以最终实现,在于销售人员自身的努力和团队的协同作战,而这种努力和协作除了有好的组织架构来安排,更需要有合理的报酬激励制度来维护。现行营销人员的报酬制度,一般有薪金制、佣金制和底薪加奖金混合制 3 种。其中,底薪加奖金的混合制各取所长,弥补了薪金制和佣金的不足,目前采用较为普遍。底薪加奖金的混合报酬制度通常有以下 4 种形式,它们各自适合于不同的情况:

(1) 高薪低奖。该报酬制度适合于工作二线的一般行政人员和刚进公司不久的新进人员。行政人员因为工作性质不同,个人主观能动的发挥与业绩成效关联不是最直接,高薪低奖可以调动其工作积极性;新进人员因为对业务不熟,工作开展尚有一段孕育期,高薪低奖可以稳定他们安心学习,迅速掌握工作技能。

(2) 低薪高奖。该报酬制度适合于一线的销售人员。以低薪给予基本生活保障,让高额奖金刺激其扩大销售业绩。因为销售业绩的好坏直接和企业的收入多少、个人的奖金高低密切相关,所以低薪高奖是双方都乐意实行一种薪金制度。

(3) 高薪高奖。这是偏重于个人利益的一种薪金制度,除非经济发展景气很好,或是个人去留对公司至关重要,一般很少采用。

（4）低薪低奖。这是偏重于公司利益的一种薪金制度。但于销售公司而言，不宜激励员工不断开拓的进取心，更不容易形成良性循环的工作绩效。除非经济发展不景气，企业需维持现状，一般很少采用。

必须强调的是，房地产销售是销售人员个人技能发挥的大舞台，同时又是一项团队的活动，它更需要相互间的支援合作。适当的激励机制应该是着重鼓励这种个人努力，并且保证这种个人努力与团队间的良好配合。因此，销售人员的个奖往往会提留一部分作为团奖的分发。事实证明，也只有这样，个人的努力才能充分发挥，团队的力量才能加强。

销售管理案例：

某高档公寓销售管理条例

1. 业务制度

（1）**客户登记制度**。每位销售人员在接待完客户或接听完热线后，应及时将客户的联系方式进行电脑录入，以便作为日后评判业绩归属的依据，为公司积累客户资料。

需要注意的是，客户确认时间应以电脑录入时间为准。如业务员未进行客户登记，发生与其他业务员撞单事件，责任自负，其业绩和佣金归属由销售总监酌情分配。

（2）**工作日记制度**。工作日记是用来记录销售人员一天工作情况的表格，也是副总监用来衡量组内销售人员工作态度及工作效率的标准，还可以帮助领导找出销售人员业绩不佳的原因。

在发现与其他业务员撞单时，销售总监可根据工作日记判别客户的归属。每个业务员在每天工作结束之前作好工作日记，销售部将不定期进行检查。

工作日记的内容包括：接待来电来访记录、客户追踪记录、客户信息反馈、业务员在工作中遇到的问题及销售副总监、总监的批复等、工作日报表于每周日下午 17:00 交前台秘书。未交、迟交工作日报表的业务员第一次罚款 10 元，第二次罚款 20 元，第三次罚款 30 元，依次累加。

（3）**客户追踪制度**。业务员在初次接待客户后应为该客户建立客户档案，填写一份客户登记表，于当天 17:00 前交前台秘书。以上表格如未按时交给秘书，第一次罚款 10 元，第二次 20 元，依次累加。

（4）**周报、月报统计制度**。业务员应在每周五下午 17:00 前将本周工作情况进行总结，填写工作周报表。工作周报表包括接待统计、业绩统计两部分。

（5）**成交登记制度**。内部认购期：销售人员在客户签认购书并付足 30000 元定金后必须填写成交确认单，交由副总监、总监、市场部销控人员签字确认后由财务部预支佣金。业绩统计人员也将以此计算销售人员及所在小组业绩。

在客户签署正式购房合同付清首付款后，业务员需重新填写成交确认单，经销售部、市场部、财务部相关人最确认后发放相应部分佣金。待客户按揭款到帐，由财务部发放剩余部分佣金。

正式销售期：在客户签署购房合同交齐首付款后，由业务员填写成交确认单，交由销售副总监、总监、销控人员、财务部签字认可，由财务部核发相应部分佣金。

成交确认单应于每月最后一天前上缴。当月因迟交确认单而未发放佣金者，责任自负。

(6) 例会、培训及考核制度。销售部每周一固定为例会日，由销售总监向销售全体人员传递公司的最新决议及思想，同时销售人员可将在销售过程中出现的一些情况，需要哪些部门给予配合向销售总监反映，由销售总监整理集中处理。销售部人员必须按时出席例会，不得缺勤。如遇特殊情况，须经销售总监批准方可缺席。

除了开盘前公司组织封闭式统一训练外，应针对每个销售阶段及项目进展情况随时依据需要对销售人员进行临时短期培训，使得公司对产品、市场的一些想法及理念能及时传达给每一位销售人员，以便传递给客户。各组销售副总监亦可根据实际需要对组内人员进行全面或个别的培训。

副总监、总监可随时考核业务员的业务知识、销售技能。对于不符合要求的业务员有权停止其接待客户，待再次考核合格后方可上岗。

(7) 客户合同更名原则。为了杜绝人为的炒作行为，原则上不允许客户签完合同之后更名。只有客户的直系亲属(夫妻、子女、父母)才可更名。更名时必须出示与新业主的关系证明(户口本、结婚证)，填写客户更名申请表，按照公司规定办理手续。

2. 业绩归属

(1) 严禁销售人员协助客户炒房，不得做私单，违者销售副总监有权报经销售总监批准予以辞退，未提佣金不予发放。

(2) 销售人员录入的客户确认及工作日报表为判定业绩归属的重要依据，客户确认的有效期为10天，过期可续登。

一般发生撞单有以下两种情况：

① 在有效期内，已被登记的客户在别的业务员处成交(以交纳大定金为准)，则登记该客户的销售人员将分得此单业绩和佣金的1/3，而成交的销售人员分得此单业绩和佣金的2/3。

② 若该客户成交时，已过最初登记的有效期，则此单业绩和佣金完全归成交的销售人员所有。若成交的销售人员也未做客户登记，则此单根据工作日报中记录的工作情况，由销售总监进行分配。

(3) 销售人员所登记的客户，如果在成交时使用的是其直系亲属的名字，均视为同一客户对待。

(4) 销售人员不得用自己(或所在组)掌握的类似房源来争抢其他销售人员的客户(已交过定金的客户)。类似房源即指在户型或面积上类似的房源。

若销售人员推荐客户购买的户型与其最初认购的户型、面积、朝向上有本质的区别，则可视为该销售人员是重新做了工作，不视为争抢客户。业绩分配比例为：该业务员2/3，最初成交的业务员1/3。

若发生上述争抢客户的情况，则此单业绩、佣金都归最初成交的业务员所有，且视情节，销售总监有权对抢客户的行为施以处罚。上述情况针对的客户如果未交纳定金，则业绩制定依照第2条款执行。

三、房地产销售常见问题

在坚持客户和公司“双赢策略”、努力提高成交率的同时，销售人员要不断提高自身的销售技能。下面介绍一些销售中常见的问题及解决措施。

1. 销售角度的问题

(1) 任意答应客户要求。一般来说原因有二，一种情况可能是销售人员因长时间没有签单而急于成交；另一种情况可能是被一些别有用心的客户所诱导。解决措施主要有：① 确实了解公司的各项规定以及不确定的状况，并向现场经理请示；② 相信自己的产品，相信自己的能力；③ 认真审核所有文字载体，包括列入合同的内容；④ 注意辨别客户的谈话技巧，注意把握影响客户成交的关键因素；⑤ 明确规定，若逾越个人权责而造成损失，由个人负全部责任。

(2) 产品介绍不详实。造成该类情况发生的原因，无非是销售人员对产品不熟悉，对竞争楼盘不了解。解决措施主要有：① 对楼盘公开销售以前的销售讲习，要认真学习，确实了解及熟读所有资料；② 多讲多练，不断修正自己的措辞；③ 进入销售场时，应针对周围环境随机应变，再慢慢对具体产品做进一步了解；④ 端正销售观念，明确让客户认可所定尺度，明确房屋买卖是最终目的；⑤ 随时请教老员工和部门主管。

(3) 未做客户追踪。造成此种情况发生的原因主要有现场繁忙、没有空闲、自以为客户追踪效果不大或者销售人员之间协调不够、害怕对同一客户进行重复追踪等。解决措施主要有：① 每日设定规定时间，建立客户档案，并按成交的可能性分门别类；② 依照列出的客户名单，大家协调主动追踪；③ 对每日追踪都要记录在案，分析客户考虑的因素，并且及时汇报现场经理，相互探讨说服的办法；④ 尽量避免电话游说，最好能邀请来现场，可以充分借用各种道具，以提高成交概率；⑤ 电话追踪或人员拜访，都应事先想好理由和措辞，以避免客户生厌。

(4) 不善于运用现场道具。造成此种情况的原因，主要有两种，一是销售人员不明白、不善运用各种现场销售道具的促销功能，二是迷信于个人的说服能力。解决措施主要有：① 营造现场气氛，注意团队配合。② 了解现场销售道具对说明楼盘的各自辅助功能。③ 多问多练，正确运用名片、海报、说明书、灯箱、模型等销售道具。

(5) 不满奖金制度。此种情况的发生原因主要是自我意识膨胀、不注意团队合作、销售现场管理有误或者奖金制度不合理等。解决措施主要有：①征求各方意见，制定合理的奖金制度；②加强团队合作，鼓励共同进步；③加强现场管理，避免人为不公；④对于个别害群之马，坚决予以清除。

2. 客户角度的问题

(1) 客户喜欢却迟迟不做决定。遇见该类情形时，首先可能是客户对产品不了解，想再做比较；其次可能是客户同时选中了几套单元，犹豫不决；再次可能是客户想付定金，但身边钱带的很少或没带。解决措施主要有：①针对客户的问题，再作尽可能的详细解释；②缩小客户选择范围，肯定其某项选择，以便早下定金签约；③若客户来访二次或二次以上，对产品已经很了解，则应力促其早早下定金；④暗示其他客户也看中同一套单元，或房屋即将调价，早下定金则早定心；⑤定金无论多少，能付则付；客户方便的话，应该上门收取定金。

(2) 客户下定金后迟迟不来签约。此原因可能是想通过晚签约，拖延付款时间，对所定房屋又开始犹豫不决或者实务繁忙，有意无意忘记了。解决措施主要有：①下定金时，约定签约时间和违反罚则；②及时沟通联系，提醒客户签约时间；③尽快签约，避免节外生枝。

(3) 退定或退户。一般说来，此原因大多见于受其他楼盘的销售人员或周围人的影响，犹豫不决、的确自己不喜欢或者因财力或其他不可抗拒的原因，无法继续履行承诺。解决措施主要有：①确实了解客户的退户原因，研讨挽回之道，设法解决；②肯定客户选择，帮助排除干扰；③按程序退房，各自承担违约责任。

（4）一屋二卖。该类原因有二：一种情况是销售人员因自己疏忽而出错；另一种情况是没作好销控对答，现场经理和销售人员配合有误。解决措施主要有：①清楚事情原由和责任人，公司另行处理；②协调客户换户，并可给予适当优惠；③先对客户解释，降低姿态，口气婉转，请客户见谅；④若客户不同意换户，报告公司上级部门，经同意后，加倍退还定金；⑤务必当场解决，避免诉讼。

（5）优惠折让

a）客户一再要求折让。这种情形主要见于知道先前的客户成交有折扣、销售人员急于成交暗示有折扣、客户有打折习惯等。解决措施主要有：①立场坚定，坚持产品品质，坚持价格的合理性；②拟订价格时预留足够的还价空间，并设立几重折扣空间，由销售人员、现场经理和各等级人员分级把关，大部分预留折让空间，由一线销售人员掌握，但应注意逐渐退让，让客户知道还价不易，以防无休止还价；③为成交而暗示折扣，应掌握分寸；若客户确有困难或诚意，应主动提出合理的折扣。

b）客户间折让不同。这种情形主要见于：一是客户系亲朋好友或关系客户；二是在不同的销售阶段，有不同的折让策略。解决措施主要有：①内部协调统一折扣原则，对特殊客户的折扣要有统一的解释口径；②尽可能了解客户所提异议的具体理由，对合理的要求要尽量满足；③给客户的报价和价目表，应说明有效时间。

（6）订单填写错误。造成此种情况的原因一般是由销售人员操作错误引起的，或者是公司有关规定发生调整造成的。解决措施主要有：①严格操作程序，加强业务训练；②软性诉求，甚至可以通过适当退让，要求客户配合更改；③想尽各种方法立即解决，不能拖延。

（7）签约问题。造成此种情况的原因主要是：签约人身份认定、相关证明文件等操作程序和法律法规认识有误；签约时，在具体条款上的讨价还价（通常会有问题的地方是：面积的认定、贷款额度及程序、工程进度、建材装潢、违约处理方式、付款方式……）；客户想通过挑毛病来退房，以逃避因违约而应承担的赔偿责任。解决措施主要有：仔细研究标准合同，通晓相关法律法规；耐心解释，强力说服，以时间换取客户妥协；在职责范围内，研讨条文修改的可能；兼顾双方利益，以“双赢策略”签订条约细则；对无理要求，按程序办事，若因此毁约，则各自承担违约责任。

第十二章　房地产居间业务

房地产居间业务是房地产经纪业务中最典型的一种活动，房地产经纪人为交易双方提供信息及条件，促成双方成交。本章除重点介绍房地产经纪人要掌握的房地产交易手续方面的基本知识、与房地产交易业务相关的一些专业知识外，还介绍了谈判技巧、客户心理、风险防范等内容。

第一节　房地产居间业务操作要领

一、房地产居间业务信息收集处理与发布

房地产交易信息是房地产经纪人的收入来源。在房地产市场发展初期，信息相对闭塞，房地产经纪人对于信息的敏感度也较迟钝，不能及时发现和利用市场信息；在市场成熟时期，信息量增大却又不知如何取舍和利用。随着市场的发展，信息量猛增，要求房地产经纪人应当具备收集与处理信息的能力。

信息，是房地产经纪人赖以开展业务的重要资源，信息的收集和传递，必须经过信息分析和处理。各种市场信息有真有假，要进行筛选、分析、整理、去伪存真，提取有价值的信息，同时要注意其时效性。有些市场信息还有一定的局限性和偶然性，采用时不能片面，不适用实际情况的信息不能采用。最后，对可以采用的市场信息，要尽快利用，以及时获得利益。

1. 信息分类

房地产经纪人受理委托业务后，主要应收集三方面的信息：标的物业信息、与标的物业相关的市场信息和委托方信息。

(1) 标的物业信息。指标的物业的物质状况、权属状况、环境状况等方面的信息；

(2) 与标的物业相关的市场信息。指标的物业所属的房地产分类市场（如中心城区二手住宅市场、城市边缘区别墅市场等）的供求信息、价格信息等；

(3) 委托方信息。包括委托方的类型（如个人或法人，法人的经营类型）、信誉情况等。

在对以上信息辨别、分析、整理后，房地产经纪人就对委托标的成交对象和可能的成交价格有了一定的把握。接下来就要进行信息传播，以吸引潜在的交易对象。信息传播的主要内容是委托标的物和委托方的信息（主要在代理销售商品房时），传播可以通过报纸、电视广告、经纪机构店铺招贴、人员推介、网络、邮发函件等方式。值得注意的是，目前，很多房产经纪机构及执业人员都非常重视运用信息高速公路即互联网技术进行信息的采集与传递，使信息成为房地产经纪人的知识财富并转化为实际经营能力，这已成为房产经纪机构及执业人员提高其竞争能力的有效途径。

2. 信息收集

充足的房地产市场信息是房地产经纪人的最大资源。房地产经纪人应当养成随时收集信息的职业习惯。对于房地产信息的收集，应从如下几个方面入手。

(1) 常规信息。常规信息的收集主要有：不同版本的城市地图，新楼盘推出的信息、售

楼书和平面图，政府部门及服务机构常用电话，各类公交路线及其过路站点，按揭还款系数表、按揭费用，二手楼市场转移登记税费表、房屋租赁表等。

(2) 动态信息。动态信息的收集主要有：本地报刊杂志每日必读，浏览有关地产及城市生活动态内容，研读地产版的分析介绍和楼盘广告；参加房地产展销会和楼盘展销会，了解客户需求走向；参观政府城市规划建设成果展，了解城市变迁及前瞻；走访设计院、模型公司等专业单位，提前获取项目信息；浏览互联网，特别是本地地产信息网，价格行情等。

(3) 信息收集渠道。由于各个地区、城市的房地产市场规模与发育程度不一样，房地产交易信息收集的渠道也有所不同，可因地制宜，也可根据经纪公司的规模与运作方式而定。一般来说，房地产交易市场信息收集的渠道有以下几个方面：①通过上门或电话咨询客户收集信息；②通过人际关系网收集信息；③主动上门走访；④通过客户口碑了解；⑤收集有偿提供的信息；⑥收集广告媒介信息；⑦同行互通信息；⑧查询政府及相关部门、单位的信息。

3. 信息处理

房地产经纪人收集到的房地产市场信息，经过核实、整理、归类、分析、储存备用等几个环节的处理之后，可提高信息的利用价值。在对信息进行处理与利用的时候，应注意以下几个方面。

(1) 信息来源要真实可靠。房地产经纪人所采集的市场信息来源必须真实可靠，如果是错误的或虚假的信息，不但误导自己，浪费时间和精力，还会误导客户，并可能造成客户经济上的损失，影响经纪人的声誉。

(2) 对采集到的信息进行处理。房地产经纪人对采集到的信息应进行整理、筛选、归类、分析。在分析处理的过程中，首先去掉不可取的垃圾信息；然后将信息分别归类，如市场各类物业供需量、价格行情、市场动态、业主报盘、求购信息等；最后根据自己的需要进行分析，并将整理分析结果储存备用。

4. 信息利用

不少房地产经纪人从租售信息做起，但未能重视信息的价值并进行有效利用。如何有效地利用信息，是房地产经纪人应当注重的问题。作为房地产经纪人，首先要提取当前市场上需要交易的信息，进行发布，寻找商机，促成交易；其次是从信息分析中挖掘资源，开拓新的市场空间，寻找市场机遇，扩展业务。在分析房地产市场信息时，应考虑信息利用的可能性，注意两个方面的因素：一是信息的价值；二是信息的商机。

(1) 通讯系统。通讯系统是房地产经纪人必须具备的工具，目前比较普遍应用的是有线电话、传呼机、移动电话、传真机、内部网络、互联网。这些通讯系统将会随时传递市场信息，带来商机。

(2) 信息系统。随着市场信息化时代的到来，在房地产市场区域范围较大和市场发育比较成熟的城市或地区，通过信息系统收集、整理、归类、储存、处理、调取、发布房地产信息已为经纪公司大量采用。信息计算机化要求房地产经纪人应当熟悉操作，在规模较大的公司，一般都会考虑安排若干名计算机技术人员负责操作，专职从事信息系统技术服务。

(3) 信息发布方式。随着房地产市场的逐渐成熟与饱和，市场竞争加剧，要求房地产经纪人必须及时将其交易信息发布出去，进行推广宣传，这样才能利于交易。房地产经纪公司在发布房地产交易信息时，通常采用的方式有：

① 公司挂牌。房地产经纪公司挂牌交易，通常是在公司交易信息栏上公布。

② 报纸广告。由于报纸信息传递迅速，涉及面广，报纸广告是房地产经纪公司最常采用的发布方式。

③ 电视广告。由于中、小城市地方电视台在黄金时段之外的广告费较低，通常也被选为房地产交易信息发布的渠道，但其效果不及报纸。

④ 网上广告。随着互联网的普及，网上发布房地产交易广告的越来越多，但市场效果不明显。不少经纪公司通过网上广告发布信息，部分规模较大的经纪公司则在互联网上建立自己专门的信息网站。

⑤ 专线联网。公司内部、连锁店或同行公司专线联网，共享房地产交易信息。

⑥ 派发资料。在房地产市场竞争不大的地区，对某些针对性较强的房地产交易信息也可采用寄发、派发、投放等方式来发布。但如果此类信息过多过滥，会引起信息接收者的反感。

⑦ 路牌广告。在某些街边、路口放置路牌广告，在大厦或住宅小区出入口的宣传栏上张贴广告，吸引过路者观看，是一种较好的方式。

⑧ 关系网传递信息。有些房地产经纪人善于利用各种人际关系传递房地产交易信息，虽然宣传面有限，但由于熟人口碑的可信度高，成功的机会也较高。

(4) 应当注意的问题。在发布房地产信息时，应注意以下几个方面：

① 信息发布的渠道与方式视具体情况而定，必须选择经济而有效的方式集中发布，广告发布费的支出与业务收入必须成比例，否则广告发布费将是一笔沉重的负担；

② 信息发布必须持续不断，这样才能占有市场，偶尔做一两次广告是毫无意义的；

③ 广告发布的信息点必须能引起目标客户的注意，否则属于无效宣传。

二、房地产居间业务操作方法与技巧

同一家公司里，在同一条件下开展业务，不同房地产经纪人完成的业务情况可能存在很大差别。在房地产居间业务活动中，房地产经纪人最终能否促成交易，与其在业务活动中运用的方法和发挥的技巧是否到位有很大的关系。因此房地产经纪人除了应具备职业性礼仪修养、房地产知识结构、基本技能外，还应具备一定的业务技巧。

房地产经纪活动既是一个商品交易过程，也是一个心理活动过程。在房地产经纪人所涉及的每一单房地产交易居间业务的活动中，都贯穿了这样两个过程。根据美国市场营销学教授罗伯特·阿里恩(Robert Arin)在其所著的《动态推销书》中的划分，从寻找客户开始到成交后的服务中止，可将人员推销过程划分为8个阶段：

Finding the suspect——寻找客户(准备阶段)

Opening the interview——接近客户(开场阶段)

Identifying the need and problem ——确认需求和问题(探测阶段)

Presentation and demonstration ——介绍说明(展示阶段)

Objections dealing ——异议的对付(排除异议阶段)

Negotiation ——协商谈判(商谈合同阶段)

Action(Closing the sale)——促成交易(签约阶段)

Satisfaction——售后服务(履约，使客户满意阶段)

将这些英文的第一个单词的头一个字母合起来就是FOIPONAS，即“佛泊纳斯”公式。

消费心理学总结客户购物时的心理动态过程，大体也经历了8个阶段：注意、兴趣、联想、欲望、比较、信赖、行动、满足，与上述推销过程8个阶段的“佛泊纳斯”公式如同一辙。房地产经纪人如能把“佛泊纳斯”公式和客户购物的心理动态结合到房地产居间业务活动中，将具有积极的意义，有利于房地产经纪人开展居间业务。技巧需要学习，但更多的是需要自己在实践中，不断地去体会、感悟、总结和提高，并在不同的具体情况下加以灵活运用。下面将“佛泊纳斯”公式的原理与消费心理学变化过程，同房地产居间业务的活动结合在一起，归纳房地产居间业务活动过程中的操作方法与技巧如下。

1. 联系客户

房地产居间业务活动过程的第一个步骤，就是要寻找潜在的目标客户，与其进行联系。由于房地产居间业务所涉及的对象是房地产的交易双方，寻找的客户也是双向性的。房地产经纪人寻找客户的渠道与方式，是通过市场调研、信息的收集与发布去实现的。通过具有创意性的广告信息发布，引起目标客户的注意，吸引客户前来联系。

2. 接待客户

在房地产居间业务的活动过程中，接待客户是最重要的组成部分。当房地产交易信息发布出去后，许多房地产经纪人都在盼望着客户的电话或上门来访。但如何使来访的客户对我们推荐的商品产生兴趣，并接受我们的服务，建立新的业务关系，房地产经纪人在接待阶段要解决的问题有：接待前的准备、接待到场客户等。

(1) *接待前的准备*。准备好楼盘资料、相关的宣传资料及交易资料，注意挖掘各个楼盘不同的卖点；房屋展示准备，尽可能创造有利于成交的条件，于细节处表现房屋优点；设想可能会出现的有关问题，事先作好应对准备；注意修饰，保持得当的仪容仪表，以使客户对经纪人产生认同感。

(2) *接待到场客户*。接待到场客户非常重要，它能给新客户留下良好的第一印象，有利于建立新的业务关系，对于老客户，做好现场接待工作，也可以为下一次洽谈过程进行铺垫。通过良好的接触，使客户对经纪人产生信任感，由此而寄希望于经纪人为其解决卖房或购房问题。

3. 了解客户需求

成功的经纪人，要善于观察客户的一言一行，并根据自己的丰富经验，做出准确的判断，尽量减少交易风险，提高交易的成功率。经纪人在与客户的接触中，利用引导和提问的技巧充分了解客户的需求及基本情况，例如：可从朋友的角度去发问、沟通，用自己的热忱与诚恳感染客户，努力与其建立相互信任的关系；主动进行选择性、试探性的介绍，询问一些基本问题，认真聆听、友好交谈、循循善诱。经纪人在通过深入了解客户的需求和需要解决的问题后，可以拿出对策，采取一些措施，化解出现的问题。

4. 介绍情况

因房地产产品的异质性，楼盘具有不可移动性，每一个产品都因其地理位置、周边环境不同而具有惟一性。因此，在房地产推广销售过程中，一个优秀的专业经纪人既是一个专业的解说员，又是一个优秀的销售行家。经纪人在了解客户的需求和出现的问题后，应有针对性地向客户进行介绍说明，从各个方面激发其购房的欲望。

(1) *介绍资料*。配合客户的需求，推荐合适的房地产，提供真实、准确的资料，及时提供专业性的参考意见。

(2) *看房介绍*。介绍客户参观样板房时应注意以下几点：在引导客户看房时，应将该房屋之优缺点具体列出，着重阐述优点，对客户提出缺点，应胸有成竹，立即作答；注意安排客户在适当的时段看房(如周末时间宽裕),可以营造购房气氛;引领客户进入房屋后,除介绍房屋本身特色外,还应介绍与房屋相关的外部情况;看房顺序安排上,应先看优点再看缺点;根据客户背景情况,判断对方是否属于目标客户;注意了解客户购房关注的焦点问题,有针对性地强调本楼盘的优点。

(3) 提示与提问。在向看房客户进行介绍时,应选择适当的时机,向客户进行一些必要的提示与提问,逐步化解其心中的疑虑,并在此过程中不断发现新的问题,进一步化解。客户的购房信心就会不断地得到增强,购房的欲望也随之高涨。在进行提示与提问的过程中,注意从以下三个方面入手:

① 利用房屋的优势,展现你推荐的房屋能给客户带来较好的效用或利益。让他们对其优势以及优势能带来的利益感兴趣。

② 要不断排除客户所担心的风险。客户迟迟不作出购买决策,常出于一种求稳、求安全的心态,如担心质量不可靠,经纪人的保证是否可信,交房时间是否及时等。为了减少客户的担心,经纪人可以根据不同的情况,有选择地请老客户向新客户介绍,或利用媒体的有关报道来证实。老客户和媒体报道都有一定的可信度,可以增强客户对经纪人的信任,避免或减少其对风险的担心。

③ 经常向客户提问。通过提问可以更有效地和客户进行交流与沟通,也给经纪人提供了必要的信息反馈,使他们知道怎样根据不同客户采用不同的介绍形式。

5. 解决问题

经纪人在与客户洽谈的过程中,客户会随时提出各种各样的问题。这些问题有可能发生在你与客户通电话的过程中,也可能发生在向客户介绍房地产资料时,或在带客户看房的过程中,或者是协商谈判当中。问题发生最多的时候,一般是在介绍说明与协商谈判这两个阶段。经纪人应当正视在各个阶段中客户提出的各种问题,并能及时化解。

(1) 问题的产生。房地产经纪人在与客户接触的过程中,当客户提出有异议的问题,应视为这是一个希望的信号。如果经纪人能够为其解决这个问题,客户会进一步考虑购房;对于经纪人来说,就意味着业务有了进展。如果客户不提异议,反而不利于业务的进展。房地产涉及面较广,客户可能提出的问题也会很多。这些问题可以归纳为:①产权方面的质疑与相关手续的办理;②房屋质量的忧虑和配套设施方面的期望;③开发商(或业主)、经纪人的背景与信誉及物业管理服务的收费与服务质量;④旧房的历史与未来的前景;⑤社区群体氛围;⑥价格行情;⑥房屋交付的问题;⑦其他问题。

(2) 问题的处理。经纪人处理异议的有效方法有两个方面:

① 主动与直接处理。对有些比较明显且不可回避的问题,与其让客户提出来,倒不如经纪人自己主动先提出来,但事先应作好充分的准备,予以妥善处理。对于可以肯定的问题,经纪人要掌握分寸恰到好处地给客户一个满意的答复,让客户产生信任感;对于不能肯定的问题,经纪人应直截了当地否定,但要注意语气和分寸。

② 被动与委婉处理。在处理异议时,合适地运用巧妙委婉的处理技巧,效果较好。这些方法和技巧有:

● 仔细倾听意见。真诚地对待客户的问题,有利于双方沟通。让客户多说话,也便于经纪人进一步了解客户的需求和问题所在,使经纪人更能把握方向,成功地处理问题。

● 复述与提问。听完客户的异议,经纪人要对客户提出的主要观点进行复述,确认客户担心的问题之所在；复述时辅以提问，从客户肯定或否定的回答中，可以发现一些解决问题的新思路。

● 转折性否定。只要客户的异议有点道理，经纪人都应该首先肯定客户的观点，然后提出不同意见，进行耐心的解释。这种方法不仅表现了经纪人对客户的尊重，而且可以减少争议，创造和谐的气氛。

成功的经纪人，要为委托双方的利益着想，针对客户的疑惑点，要审慎回答、语言温和、态度诚恳、措词恰当、尊重客户，不要轻视或忽略客户的异议或直接反驳客户。对客户提出的问题进行相关解释，应求真求实，不应夸大、虚饰、推诿。

客户在有关问题得到满意的答复后，会对经纪人产生信赖，从而愿意进入实质性谈判。

6. 协商谈判

成功地处理了客户的异议之后，随之而来的是买卖双方就交易中的价格、付款条件、交房日期和违约责任等合同条款进行的协商。其中的焦点是价格谈判，经纪人要善于从中斡旋，达成一个公平合理的交易价格，促进成交。

对于不同的房地产及其交易方式或不同的客户，会有不同的谈判过程。经纪人对于常用的谈判策略和技巧应当熟练掌握，针对不同的客户采用灵活的、恰当的谈判策略，并掌握常用的应对技巧。

(1) 谈判原则。在谈判过程中，坚持原则也是一种技巧，这将使对方对你更加信任。

① 平等原则。坚持平等原则，会赢得对方的尊重，双方意见较易达成一致。

② 互利原则。互利原则使交易双方达到“双赢”，在谈判中，应寻求互利而非让利。

③ 合法原则。在谈判中强调合法性原则，使购买双方感到有保障，会增加成功的机会。

④ 信用原则。在谈判过程中不要轻易许诺、出尔反尔，一旦承诺，则必须严格履行。

⑤ 相容原则。在没有违背根本原则前提下，谈判应留有一定余地，原则性和灵活性有机结合，更有利于达到目的。

(2) 确立谈判目标。房地产交易谈判，通常都要经过多次协商才会有结果，因此经纪人要做好谈判前的准备工作，对关键因素充分了解，明确谈判的目标和谈判的议程，掌握主动。

(3) 摸清底牌。谈判前期，多听少讲，并从不同角度诱导对方讲出自己的看法。当经纪人弄清了客户的真正需求和希望，然后比较自然地把谈判引入深处，逐渐进入实质性问题。

(4) 组织协调。在房地产交易谈判中，买卖双方经常会因为一些具体问题互不相让，使谈判陷入僵局。经纪人谈判的目的在于促使交易成交，所以有必要进行组织协调，维持谈判，创造一种良好的谈判气氛。

(5) 谈判技巧运用。房地产经纪人要善于运用恰当的表达方式与客户交往，并有效地引导、提醒、协调、说服客户，才能最终促成交易。①适当时机向交易双方提出建设性意见；②在谈判陷入僵局时，经纪人应从中斡旋，设法打破紧张气氛；③尽量为交易双方着想，尊重各方；④引导交易双方紧扣谈判主题；⑤帮助交易双方适度妥协和让步；⑥经纪人要始终注意自己所处的法律地位，公平、公正地表达意见。

7. 促成交易

促成交易是经纪人与客户商谈过程中的最后一个阶段，也是居间业务的最终目的。促成交易是指经纪人在合适的时候采用有效的技巧使客户作出购买的决定，并与客户签订交易合同。

在促成交易过程中，经纪人应当学会促成交易时机和地点的把握。此外，促成交易技巧的运用是推销成功不可缺少的一环。促成交易的技巧主要有以下几种：

(1) 直接促成法。也称为直接请求成交法，指经纪人直接主动地要求买卖双方成交。直接成交法是一种最简单、最常见的成交方法，经纪人应该利用各种成交机会，积极提示，主动向客户提出成交要求，努力促成交易。

(2) 让步促成法。也称为优惠成交法，是指经纪人向业主建议以提供优惠条件而促使成交的方法。采用这种方法可以较快地与客户达成协议，并且可以在较短的时间内加速商品资金的回笼。

(3) 选择促成法。也称为提供方案成交法，是指经纪人向客户提供一些购买决策的备选方案以促成交易。选择促成法的要点在于使客户回避“要还是不要”的问题，而让客户回答“要A还是要B”的问题。尤其是客户面对多种选择拿不定主意时，采用此法有可能奏效。

(4) 异议促成法。也叫做处理异议成交法，是指经纪人利用处理客户异议的机会促使客户成交的方法。如果经纪人发现客户的异议正是客户不愿意购买的理由，则消除这个异议就会促成交易。

(5) 从众促成法。从众促成法，是指经纪人利用客户从众的心理促使客户购买的一种成交方法。其表现形式通常是利用一部分客户去说服另一部分客户，制造“羊群效应”。利用小量成交去促成大量成交，诱发客户的从众心理动机，促成交易成功。从众促成法适用于集中多套的住宅销售或大型商场散卖的销售。

(6) 抢购促成法。抢购促成法，是指经纪人制造销售紧张空气，促使犹豫不决的客户立即决断的成交方法。其表现形式通常是告诉客户，这套房别人也已中意，可能明天就来签约，迫使其下定决心，促成交易。

(7) 涨价促成法。涨价促成法，是指利用客户买涨不买跌的心理，把将要涨价的消息传递给还在观望的客户，促使其赶紧购买的一种成交法。

8. 签约技巧

经纪人与客户在各个阶段的洽谈，都是为了实现签约成交，为了促使客户决定行动，还应注意运用签约中的技巧以完成交易。

(1) 合同条款商洽技巧。在讨论合同条款时，对于一些较为敏感的条款，应在适当的时候提出来，过早提出会使客户退缩，过晚提出，客户会认为经纪有意回避。对于因对合同条款有异议而犹豫不决的客户，经纪人要议价有节、谨慎从事。

(2) 增强客户信赖技巧。经纪人在与客户的洽谈过程中，应通过自己的专业服务，建立起客户的信心，掌握客户需求、喜好和弱点，才能为其提供周到的服务。

(3) 消除合同隐患技巧。当交易双方已经达成共识，客户决定成交时，经纪人应立即促成交易，收取定金，锁定客户。“临门一脚”是整个交易过程中最关键的一环，务必把好此关。

(4) 签订圆满合同技巧。签约时经纪人应协助交易双方审查每一交易条款，务必明确定金、主款、尾款的数额及支付时间、安排贷款、税费负担等。交易双方一旦签订房地产买卖合同，即宣告成交，经纪人可及时进行佣金结算。

9. 售后服务

促成交易、签订合同后，虽然已完成了经纪人居间业务的全部工作，但为了今后业务的延续，经纪人还应当提供售后服务，使客户感到购买后的满足。正是客户的这种满足感，将会为经纪人带来新的商机。经纪人的售后服务要点如下：

(1) 完善客户资料的登录。客户的信息资料是经纪人的主要资源之一，也是进行售后服务的第一步。通过建立客户的档案，与客户保持良好的业务延续关系，对于经纪人来说，这就是一笔财富。

(2) 代办事务。经纪人促成交易后，客户还有一些善后事务需要处理，经纪人利用自己的专业知识与业务关系为客户提供一些其他的服务，可能会成为新一轮业务的延伸。

(3) 保持与客户的联系。

经纪人与客户继续保持联系，不断发展和积累与顾客的感情，是很有必要的，例如：①常拜访客户，与客户沟通信息和感情；②帮助客户办理一些与业务无关的其他事务；③逢年过节给客户写信函、明信片，或寄赠其他礼物。

成功经纪人总是拥有一批客户资源，其中的主要原因就是他已与客户建立了良好的可被信赖的关系。

第二节　房地产转让居间业务操作

房地产转让居间业务，是房地产经纪人的主要业务之一，其业务活动可以贯穿整个房地产市场，并在各个环节中不同程度地发挥其积极的作用。由于房地产产品的特殊性，此类业务的操作基本上要经过信息收集处理与发布、业务接洽与委托、市场推广与交易洽谈、完成交易与售后服务 4 个流程(见图 12-1)。在实际操作中由于具体情况不同，运作模式可能也有差异。

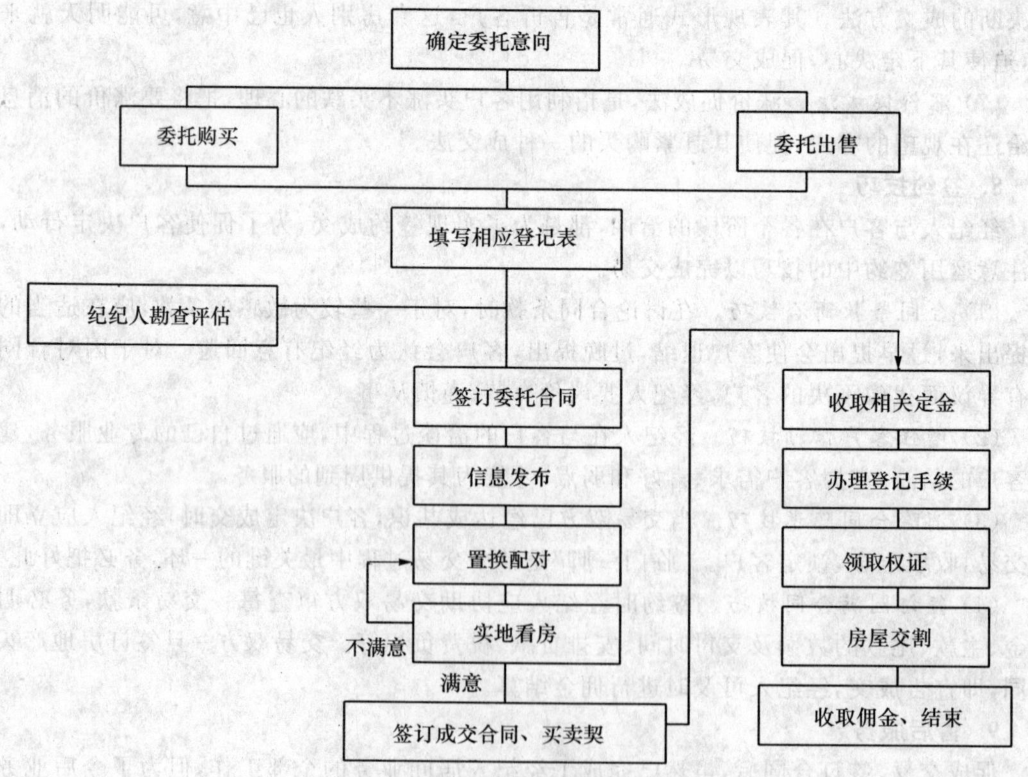

图 12-1　房地产居间业务运作基本流程

一、接受委托

1. 接受委托

房地产经纪人通过筛选分析获取有价值的业务信息后，应当立即行动。通过一定的渠道，采取适当的方式，选择有意向的目标客户进行业务洽谈，并争取接受委托。

在业务洽谈中，应当应尽量避免盲目性和随意性，注意事项如下。

(1) 取得客户信任。在与客户的接洽中，自始至终要给予客户信任感，如果客户对你没有信任感，业务是无法开展下去的。

(2) 了解客户情况。房地产经纪人在与客户的初始接触中，应设法尽快了解对方的基本情况，才能对症下药。如果经纪人不了解客户的需求，只是一味地追求自己的目的，就会影响洽谈的。

(3) 快速锁定客户。当机会来临时，如果不能尽快锁定客户，情况随时都会发生变化，而失去商机。

2. 房地产转让委托手续

房地产转让委托服务流程见图 12-2，其关键是把握房地产权属状况和房地产委托价格两个核心。

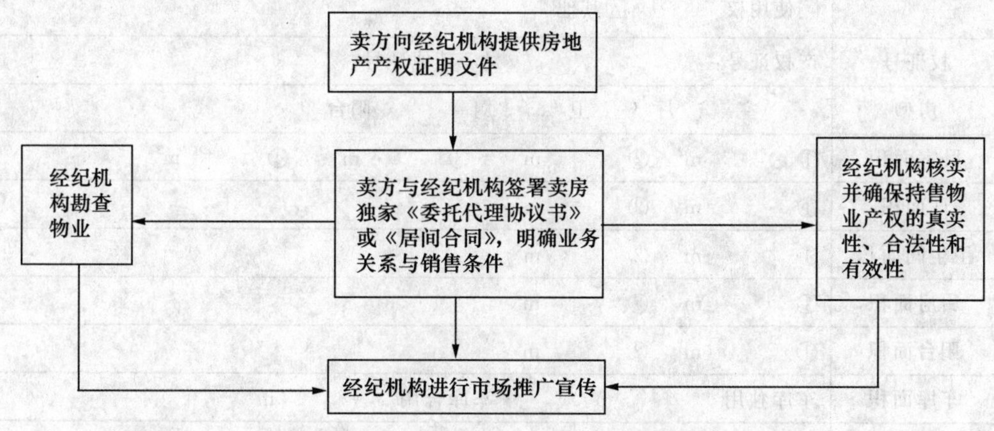

图 12-2　房地产转让委托服务流程

(1) 填写客户转让的物业资料。房地产经纪人应当根据所需了解的情况，填写表格(表 12-1)，并向业主询问或核实产权证书等文件的原件，填写完毕，请业主签名确认。在可能的情况下，经纪机构可到现场勘查物业情况。

(2) 明确委托关系。房地产经纪人通过与客户接洽，达成委托意向后，应以书面形式明确委托关系，根据经纪合同的条款，明确居间服务事项、范围、要求、期限，双方的权利与义务，佣金标准，支付时间及支付方式等等。

接受委托人委托，应签订委托合同(委托协议)，委托合同也称经纪合同，具体形式应根据业务类型的不同而异，如居间业务应签订房地产居间合同，代理业务应签订房地产代理合同。委托合同的当事人双方既可以都是公民或法人，也可以一方是公民，另一方是法人。公民必须具有完全民事行为能力。作为委托人的公民或法人对委托事务必须具备相应的权利能力，即只有委托人依法有权进行的事务才可委托他人办理，否则委托合同无效。

表 12-1　　委托出售房屋情况登记表

登记号：　　　　　　　　　　　　　　　　填表日期：　　年　　月　　日

<table>
<tr><td colspan="2">房屋座落</td><td colspan="5">区　　路　　巷(街道)幢　　单元　　室</td></tr>
<tr><td colspan="2">产权(承租)人姓名</td><td colspan="2"></td><td>身份证号</td><td colspan="2"></td></tr>
<tr><td colspan="2">同住人姓名</td><td colspan="5"></td></tr>
<tr><td colspan="2">联系人</td><td></td><td>联系电话</td><td></td><td>邮政编码</td><td></td></tr>
<tr><td colspan="2">联系地址</td><td colspan="5"></td></tr>
<tr><td colspan="2">委托内容</td><td colspan="5">□出售　□置换　□出租</td></tr>
<tr><td colspan="2">需求时限</td><td colspan="5">至　　年　　月　　日</td></tr>
<tr><td rowspan="14">房屋参数</td><td>房屋面积</td><td colspan="5">建筑面积：　　m^2　使用面积：　　m^2</td></tr>
<tr><td>房屋类型</td><td colspan="5">□高层　□多层　□商用房　□平房　□简易房
□别墅　□其他</td></tr>
<tr><td>房屋权属</td><td colspan="5">□单位产权　□个人产权　□房改房　□商品房
□使用权　□其他</td></tr>
<tr><td>权证号</td><td colspan="5">产权证号：　　　　其他证号：</td></tr>
<tr><td>房型</td><td colspan="5">室　厅　卫　厨　阳台</td></tr>
<tr><td>卧室面积</td><td colspan="5">①　　m^2　②　　m^2　③　　m^2　④　　m^2</td></tr>
<tr><td>厅面积</td><td colspan="5">①　　m^2　②　　m^2</td></tr>
<tr><td>卫生间面积</td><td colspan="5">①　　m^2　②　　m^2</td></tr>
<tr><td>厨房面积</td><td colspan="5">①　　m^2　②　　m^2</td></tr>
<tr><td>阳台面积</td><td colspan="5">①　　m^2　②　　m^2</td></tr>
<tr><td>车库面积</td><td colspan="5">车库独用　　m^2　车库合用　　m^2</td></tr>
<tr><td>房屋楼层</td><td colspan="5">第　　层(共　　层)楼内层高　　m</td></tr>
<tr><td>房屋结构</td><td></td><td>建造年代</td><td></td><td>房屋朝向</td><td></td></tr>
<tr><td></td><td></td><td colspan="5"></td></tr>
<tr><td rowspan="3" colspan="2">房屋配套设施</td><td>装潢情况</td><td colspan="4">□豪华装潢　□一般装潢　□无装潢　□其他</td></tr>
<tr><td>生活设施</td><td colspan="4">□水　□电(增容)　□管道煤气　□有线电视　□电话</td></tr>
<tr><td>物业管理</td><td colspan="4">□有　□无　其他</td></tr>
<tr><td rowspan="2">委托要求</td><td>出售价格</td><td>单价</td><td colspan="4">至　　元/㎡　总价　　至　　万元</td></tr>
<tr><td>出租价格</td><td colspan="2">至　　元/月</td><td>房屋评估</td><td colspan="2">□需要　□不需要</td></tr>
<tr><td colspan="2">受理部门</td><td colspan="2"></td><td>经办人姓名</td><td colspan="2"></td></tr>
<tr><td colspan="2">备注</td><td colspan="5"></td></tr>
</table>

房地产转让居间合同主要条款包括：①委托(代理)事项、价格、期限及要求；②居间报酬(佣金及必要经费)的计算方法、支付时间和方式；③权利与义务；④违约责任；⑤其他约定事项；⑥在合同条款中，如果有双方约定的提示性条款、明示条款、免责条款，从其约定；如果没有约定，可视为默许条款，按合同法及相关规定处理。

《房地产委托出售合同》样本见附件1。

在签订委托居间(代理)合同时，有的问题暂时难以明确的，可通过补充协议或委托人以书面形式改变要求来完善。如办理委托手续时，经纪人只凭业主要求的价格受托，但通过现场勘察、市场调查和物业估价后，其转让价格需要调整，须再次明确。

(3) 产权核实。房地产经纪人接到正式委托后，应在第一时间核实房地产产权的合法性、完整性、真实性和有效性。核实产权最直接的方式是到房地产产权管理部门核实。如果政府相关部门难以配合，可通过其他渠道核实，如辨认产权证书的真伪、通过开发商或物业管理处等进行核实。在核实房地产权属情况时，注意以下几个问题：

① 房地产产权的法律性文件。委托转让的房地产产权法律性文件包括《土地使用权出让合同书》、《房地产证》(有的地区是《国有土地使用证》和《房屋所有权证》)、《房屋共有权证》、《房地产买卖合同书》等。

② 房地产权属是否明晰。注意房地产权证上的业主姓名与售房者是否相符，有无共有权人，是否已得到其他共有人的书面同意。

③ 产权性质类别。房地产交易是产权交易，产权可以是完整的，也可以是分立的。产权还会随历史的变迁和政策的调整而相应变化。这就要求房地产经纪人必须了解房地产产权性质的类别，并在处理业务时，作出准确无误的判断。

④ 房地产权属转移的有效性。房地产权属暂时不能转移的，有以下几种情况：有争议的；未取得房地产权证的；被司法或行政部门依法裁定、决定限制和查封，或者以其他形式限制房地产权利的；产权未经确认或产权纠纷未予协调，以及他项权利不明的房地产；产权人出卖房屋后，没有居住去向；共有房地产，未经其他共有人书面同意的；权属有争议尚在诉讼、仲裁或者行政处理中的。

上述房地产暂时都不能转让，经纪人应在合法手续办妥以后，或待争议、纠纷解决后再签订代理出售手续。在没有解决上述问题的情况下，如果房地产经纪人接受这类房地产转让的委托，转让后是不能办理产权转移的。对继承、赠与、分割所得的房屋，必须有公证机关或人民法院的法律文书，方能投放交易市场。

⑤ 房地产产权的合法性。根据规定，下列房地产不能出售：未具备商品房销售条件的；依法收回土地使用权的；依法收回房地产产权证的；未依法登记取得房地产产权证的；法律、法规、规章规定不得转让的；未经有关主管部门批准，擅自违章自建、扩建的房屋；经批准征用或划拨的建设用地范围内的房屋。

上述房地产都不得转让，因而涉及此类房地产转让的经纪业务不能成立，房地产经纪人决不能违法操作。

⑥ 房地产其他权利的设定。房地产产权是否抵押、有无债权纠纷、债权人是谁等，房地产经纪人在接受委托时，应当了解清楚这些情况。

⑦ 房地产使用期限。房地产经纪人在接受委托时，必须了解该房地产的土地使用权期限、房屋的历史年期及剩余使用年限等。

⑧ 租赁权。有的房屋在出售前就已出租，房地产经纪人在接受委托时，应当了解清楚这方面的情况，并向购买方介绍清楚。尤其要说明，按照规定在同等条件下，承租方有优先购买权，如果承租方放弃购买，才能外售。出售后，其租赁关系不受产权关系变更的影响，购买方需要承接其租赁关系。

(4) 文件资料。房地产经纪人在接受房地产转让委托时，也应对其他非法律性文件资料的基本情况进行了解。如项目批准文件、工程概况、售楼说明书、住宅使用说明书、住宅质量保证书等。

(5) 现场查勘。

房地产经纪人在接受委托后，应到物业现场仔细查勘房屋状况，核实是否与业主提供的资料内容一致。除核实业主提供的情况以外，经纪人还应进一步详细了解与物业相关的其他情况，注意掌握不同类型物业的特点。

到现场实地察看需了解的有关情况如下。

① 住宅。住宅的实地察看，内容较多，应逐一记录在册。

● 所处地段、交通环境、市政配套设施、公共配套设施、商业网点、生活服务、楼宇周围环境、具体位置、形状、朝向、公用部位情况等。

● 建筑风格、房屋的成新、外形、房屋的质量，如屋顶、楼面、墙面有无渗漏水迹，有无裂缝；门窗开启是否灵活；上下水道及煤气管道有无渗漏等。

● 房屋的建筑结构，确认房屋的准确面积，观察房屋的内部结构、户型、平面布置管线是否合理。

● 建筑材料、装修情况、配套设施。

● 设备：水、电供应容量、户内外电线、电话线、“三表”等。

● 物业管理水平，了解小区物业管理可提供的服务项目及各项收费标准。

● 社区状况，了解社区的面貌、治安状况、邻居组合、文化氛围、周边居住环境等有关情况。

● 周边楼盘比较，了解周边有关楼盘情况，以比较出该楼盘与邻近楼盘之间的区别和特点。

② 写字楼。包括客梯、空调、实用率、员工餐厅、停车位。

③ 商业用房。包括经营管理、空调/电路、市场推广、停车位、货仓、商品销售税费、运输、商品组合/邻居。

④ 工业用房及货仓。包括电力配套、污水处理、工业用水、消防配套、客/货梯、宿舍、设备/天车。

上述有关情况，房地产经纪人除了亲临现场查勘以外，还应向已入住的业主及邻居了解房屋的历史与使用情况。总之房地产经纪人在接受代理前应多了解一些物业情况，在接受委托和洽谈协商时才能得心应手。

3. 房地产购买委托手续

在房地产居间业务中，许多房地产经纪人没有与购房客户签订委托合同的习惯，或者是等客户决定购房后，才与其签订委托合同。为了规范市场行为，同时也为了保护房地产经纪人的利益，应事先办理购房委托手续。在为购房客户进行委托服务时，可按图 12-3 所示流程进行。

(1) 了解购房客户需求。经纪人在与有购房意向的客户接洽时，应当充分了解客户的需求，以便针对性地向客户推荐房屋。如果经纪人缺乏客户所需的房屋资源，可以通过其他方式为其寻找房源。因此,经纪人应填写客户资料(如表 12-2)。

表 12-2　　委托购买房屋情况登记表

<table>
<tr><td colspan="2">客户姓名</td><td colspan="3"></td><td colspan="2">身份证号</td><td></td></tr>
<tr><td colspan="2">联系人</td><td></td><td colspan="2">联系电话</td><td>邮政编码</td><td colspan="2"></td></tr>
<tr><td colspan="2">联系地址</td><td colspan="6"></td></tr>
<tr><td colspan="2">委托内容</td><td colspan="6">□出售　□置换　□出租</td></tr>
<tr><td colspan="2">需求时限</td><td colspan="6">至　年　月　日</td></tr>
<tr><td rowspan="8">房屋参数</td><td>房屋区域</td><td colspan="6"></td></tr>
<tr><td>房屋类型</td><td colspan="6">□高层　□多层　□商用房　□平房　□简易房
□别墅　□其他</td></tr>
<tr><td>期房现房</td><td colspan="6">□期房　□现房</td></tr>
<tr><td>房屋权属</td><td colspan="6">□单位产权　□个人产权　□房改房　□商品房
□使用权　□其他</td></tr>
<tr><td>房屋面积</td><td colspan="6">建筑面积　至　m²,使用面积　至　m²</td></tr>
<tr><td>房屋结构</td><td></td><td colspan="2">建造年代</td><td></td><td>房屋朝向</td><td></td></tr>
<tr><td>房型</td><td colspan="6">室　厅　卫　厨　阳台</td></tr>
<tr><td>房屋楼层</td><td colspan="6">□高层　□小高层　□多层　□其他
至　层　至　层　至　层</td></tr>
<tr><td colspan="2">房屋配套设施</td><td colspan="6"></td></tr>
<tr><td rowspan="4">委托要求</td><td>购房价格</td><td>单价</td><td colspan="2">至　元/m²</td><td>总价</td><td colspan="2">至　万元</td></tr>
<tr><td>付款方式</td><td colspan="3"></td><td>贷款需求</td><td colspan="2">□需要　□不需要</td></tr>
<tr><td>公积金贷款</td><td colspan="3">万元</td><td>商业贷款</td><td colspan="2">至　万元</td></tr>
<tr><td>房屋评估</td><td colspan="6">□需要　□不需要</td></tr>
<tr><td colspan="2">受理部门</td><td colspan="3"></td><td>经办人姓名</td><td colspan="2"></td></tr>
<tr><td colspan="2">备注</td><td colspan="6"></td></tr>
</table>

(2) 客户看房。按照常规,房地产经纪人在为购房客户服务之前,应当签订委托服务合同,但由于很多客户不习惯事先签订委托服务合同,于是出现了看房意向书(香港称为看楼纸)。看房意向书可以初步确定业务关系,约定房地产经纪人为其服务后,愿意承担房地产经纪人为其提供服务的成本费用。房地产经纪人带领客户看房后,如果客户有进一步的购房意向,就应要求客户签订购房委托服务合同。

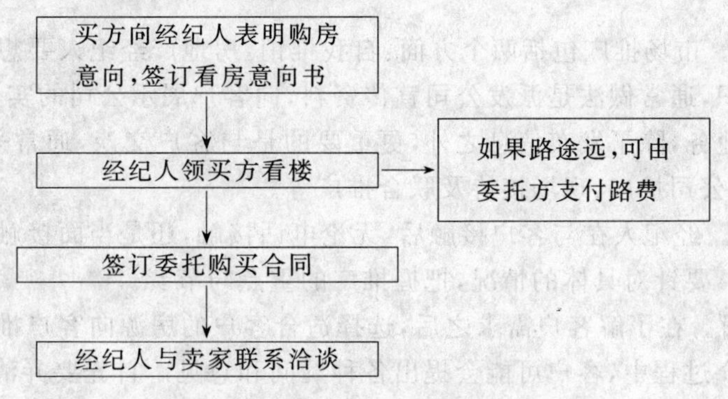

图 12-3　房地产购买委托业务流程

(3) 签订委托购房合同。委托购房合同条款与委托转让合同条款基本一致。客户签订委托服务合同后,房地产经纪人进一步为其提供服务。如果签订委托服务合同后,暂时没有客户所需要的房屋,房地产经纪人应积极为客户寻找房源。

(4) 在业务洽谈中应当注意的问题。在购房者决定购房后,房地产经纪人应帮助其从家庭经济状况、支付能力、未来还款能力等方面,正确估算其实际购买能力,帮助其选择房屋户型、面积、价位贷款额度、还款年期和还款方式等。

二、交易洽谈

1. 销售推广

在买方市场阶段,经纪人的主要工作是通过信息发布与市场推广等找买家。信息发布是经纪人开展业务的前奏,信息发布出去后,宣传推广工作能否吸引客户至关重要。房地产转让散单的信息发布与推广宣传方式,与大宗项目代理业务有较大的差别,应注意灵活运用。

(1) 房地产转让信息发布。大宗项目代理销售的广告发布,一般只针对一个楼盘进行宣传,所有相关的广告发布内容及主题都是围绕某一销售楼盘去展开的,广告费投入量大,而且是短期效应。而房地产转让经纪业务散单的广告发布,则要同时顾及其他的房屋转让信息的发布,广告内容往往是多条售房信息的组合,而其展示的主题则是经纪机构的品牌与信誉。广告费投入量小,但需要持续不断地发布,具有长期效应。房地产转让经纪业务散单的信息发布,可考虑如下方式。

① 信息发布的主要媒体。一般来说,大、中城市畅销的报纸是最好发布媒体;中小城市采用有线电视和户外广告比较适宜。在办公楼里的经纪机构,需要在媒体上不断发布广告信息;而繁华地段临街店面里的经纪机构,玻璃墙上的信息栏则是较好的传媒。

② 信息发布的辅助手段。除了主要传媒外,还可以采用其他不同的方式作为信息发布的辅助手段。如信函、传真、路牌、互联网等。

(2) 市场推广。大宗项目代理销售的市场推广,一般是在媒体广告发布信息或促销活动之后,售楼员守在售楼处,进行被动式推广。而房地产转让经纪散单的市场推广则更为多样化。对于房地产经纪人来说,任何有购房需求的地方,都是其推广业务的场所,任何时间都可以开展推广工作。在进行市场推广工作中,要做好以下三个工作步骤。

① 接洽客户前的准备。要将房源信息资料及相关资料一一落实,尽可能满足客户所有需求。

② 推广方式。市场推广包括两个方面:自我推销,房地产经纪人要想赢得市场,必须具有较强的公关意识,通常做法是派发公司宣传资料,向客户展示公司的实力与业绩。

房地产经纪业务,除了发布信息之外,更重要的是与客户交谈,通常采用的产品推销方式有电话推广、在公司推广、现场接待及联合推广等。

③ 推广宣传。经纪人在与客户接触后,无论电话接触,还是当面接触,都要善于抓住时机开展推广攻势。要针对具体的情况,把握推广的重点与节奏。

(3) 介绍说明。在了解客户需求之后,选择适合客户的房源向客户推介,并妥善处理异议。经纪人在推介过程中,客户可能会提出各种疑问和意见。首先要弄清原因,是客户本身的原因还是房源的问题。对于客户提出的异议,一定要妥善处理。

2. 交易洽谈

房地产交易居间业务洽谈，是一个艰辛的过程。由于所洽谈的业务大多数是散盘交易，不确定因素较多。与二级市场(一手楼盘)的整盘代理销售对比，居间业务难以形成广告集中宣传、销售条件统一、整体优势突出、消费者"羊群心理"趋向的局面，成交的难度相对较大。因此，在与客户洽谈业务时，应遵守基本程序与行为规范。

当客户了解房地产经纪人推荐的房地产相关资料、勘察现场之后，产生了购买意向，其业务则转入购买洽谈程序。在此阶段，客户比较关注的问题大致有以下几个方面。

(1) 价格。作为房地产经纪人，在促成房地产转让或租赁业务时，在价格方面应当遵循公平、公正与公开的原则。

① 关系公开。房地产经纪人在交易业务洽谈前，首先应向交易双方申明自己在该宗业务中的地位，所代表的利益，以及经纪人的收益。

② 业务公正。如果经纪人与交易双方都为居间关系，在交易洽谈中只能站在中间的立场上，如实向交易双方转达对方的意见，不能偏袒任何一方。

③ 公平议价。经纪人应向客户如实介绍当前的价格行情，以供客户估价、定价参考，杜绝欺诈行为。

④ 立字为据。房地产交易双方商洽的价格确定后，应立字为据，尤其对于大宗和情况复杂的业务，更要按规范程序办理。

(2) 产权明晰。房地产交易的买方，在房地产交易的价格商定后，最担忧的是所购房地产出现产权纠纷。因此，房地产经纪人一定要事先核实明晰产权情况，排除后顾之忧。

(3) 房屋质量。房地产产品涉及的内容较多，无论是期房还是现房，都会出现一些这样那样的问题。一般来说，开发商或业主都不会主动将待售房的缺点告诉经纪人。因此，房地产经纪人在接受委托时，要善于提出问题、发现问题、解决问题。房地产经纪人应当在建筑知识与工程质量方面不断提高自己的专业水平，以其高度的专业服务责任感，认真处理好类似问题，不留隐患。

(4) 有关费用。在房地产交易双方洽谈价格时，房地产经济人还应协助双方落实可能涉及到的其他各种费用，如律师费、公证费、按揭手续费、房屋保险费、税费、过户登记费、物业管理费、水电费、燃气费、电话费、有线电视费等，避免留下隐患.或在将来引起纠纷，影响房地产经纪人的声誉。

(5) 其他。所洽谈的业务是否存在法律纠纷、经济纠纷或其他纠纷，事先都要核实。对于正在租赁的房屋，转让后买方是否愿意接受原承租方续租，也要事先提出来商讨。

以上几个问题，在交易洽谈前或洽谈的过程中应一一处理好，否则都有可能影响成交。

3. 谈判沟通

在交易谈判中，房地产经纪人处于居间地位，对于买卖双方在谈判过程中的不同意见，房地产经纪人有义务如实转告，并进行协调解决，帮助双方达成共识。在向对方传达另一方的意见时，要公平、公正、客观、诚实。

房地产经纪人在交易谈判中，应注意把握机会，充分发挥其业务技巧，推动洽谈进程，争取促成交易。

三、签约成交

1. 促成交易

无论是哪一种经纪行为，最终目的都是促成交易。房地产经纪人在这一环节中的主要工作是协调交易价格。在通常情况下，交易双方总是站在各自的立场上来判断房地产价格，因此往往难以达成一致。这就需要房地产经纪人来协调双方的意见。一般而言，房地产经纪人应以标的物业的客观市场价格为基准来协调交易双方，必要时还可借助房地产估价师的帮助。

房地产转让居间交易流程见图 12-4。

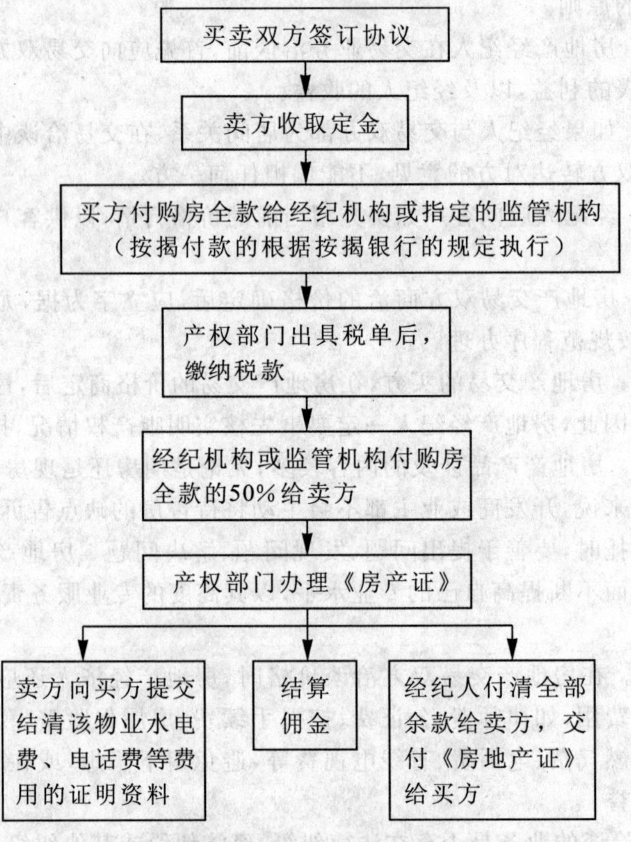

图 12-4　房地产转让程序

2. 签约成交

经纪人在买卖双方办理交易手续之前，必须将交易程序、有关规定、合同条款、需要提交的资料、应纳税费、按揭手续、房款支付手续等一系列问题向客户介绍清楚，并请求客户配合。应当注意的问题有以下几个方面。

(1) *房地产买卖合同*。房地产交易双方在办理产权过户手续之前，双方必须签署房地产买卖合同。国际上通行的做法是在律师楼完成，国内目前是在经纪公司或公证处、政府设置的房地产交易所等处办理。合同文本通常是由政府部门统一制作提供。房地产交易双方按照政府提供的合同文本签署合同，如另有约定的条款，可以附件的形式签属。房地产买卖合同分为预售和现售两种。

商品房买卖合同应当明确以下主要内容：当事人名称或者姓名、住所；商品房基本状况及商品房的销售方式；商品房价款的确定方式及总价款、付款方式、付款时间；交付使用条件及日期；装饰、设备标准承诺；供水、供电、供热、燃气、通讯、道路、绿化等配套基础设施和公共设施的交付承诺和有关权益、责任；公建配套建筑的产权归属；面积差异的处理方式；办理产权登记有关事宜；解决争议的方法；违约责任；双方约定的其他事项。

如果合同文本是由政府部门统一制作提供的，应将其条款逐条与政府的相关规定进行对照。可对照的文件有《中华人民共和国城市房地产管理法》、《城市房地产开发管理条例》、《城市商品房预售管理办法》、《商品房销售管理办法》、《中华人民共和国合同法》，各省、市政府部门的有关规定。境外人士购房，所签的合同书要经过公证或认证。

(2) 签约注意事项

① 房地产权利与风险的转移。商品房出售合同生效，不等于房地产权利的转移。根据规定，国家实行土地使用权和房屋所有权登记发证制度。房地产登记机关转移登记的日期，为房地产产权转移的日期。有关规定如下：

● 房地产转移时，土地使用权出让合同规定的权利和义务同时转移。

● 转让人应当将土地使用权出让合同书或者其复印件提供给受让人。

● 房地产转移时，转让人对同宗土地上的道路、绿化、休憩地、空余地、电梯、楼梯、连廊、走廊、天台或者其他公用设施所拥有的权益同时转移。

● 房地产首次转让合同对停车场、广告权益没有特别约定的，停车场、广告权益随房地产同时转移；有特别约定的，经房地产登记机关初始登记，由登记的权利人拥有。

● 房地产的风险责任，产权转移前由转让人承但，产权转移后由受让人承担。

对于上述有关规定，房地产经纪人在有关交易中应向交易双方提示。

② 优先购买权。这是一项有前提的权利，指房地产出售时，依照法律规定，国家、单位、个人所享有的优先购买权利。在房地产交易过程中，常见的优先购买权有以下几种：

● 承租人的优先购买权。这是指房地产所有权人对出租的房地产作出销售处分时，在同等的条件下承租人有优先购买权。对于已经出租的房屋，如要出售，必须提前一个月通知承租人，方可投入市场。

● 共有人优先购买权。这是指房地产所有权属两个或两个以上的单位或个人所有，其中持有共有权的一方人将房地产作出售处分时，在同等的条件下，其他共有人有优先购买权。

● 国家优先购买权。这是指房地产交易申报登记的转让价格低于市场价格，有明显瞒价偷漏税费行为，房地产管理机构代表政府有优先购买权。

当一处房地产作出售处分时，国家的优先购买权效力最高，共有人和承租人要求购买时，共有人享有的优先购买权效力高于承租人。

3. 付款手续

(1) 定金。签署认购合同(定金合同)时，购房客户即须支付定金。经纪机构收到购房客户定金时，应取得客户一份书面文件，即付款委托书，用以发放定金给业主，或建议购房客户直接将定金交给业主，同时，经纪机构应持有业主房地产产权证原件并代为保管。在业主产权状况不明确时，应提醒客户宜将定金交经纪机构代为保管，但保管期不宜过长。签订房地产买卖合同时，业主可能要求支付首期房款，约占购房总额的 30%左右，经纪机构在产权不明确的情况下务必慎重。对于认购定金的处理，可按《中华人民共和国担保法》第八十九条规定执行。在征得委托方的同意后,经纪机构可将代为保管的定金视为受托佣金的保证金,在买卖双方签订合同、支付购房款时,对定金、购房款及佣金一并结算,以保护经纪机构的自身权益。

(2) 付款

① 付款方式。由于从订购到正式签订《房地产买卖合同》和产权过户的时间长短不一,为了锁定目标和保证交易的顺利进行,定金和购楼款有可能分为多次交付。一般分为一次性付款、按揭付款、分期付款三种形式。

● 一次性付款——买方将购房款一次性交到买卖双方共同指定的帐户,房地产产权转移登记完成后,解冻付款。

● 按揭付款——买方将首期购房款存入贷款银行,办理按揭手续后,银行将贷款及首期款直接划入指定的卖家账户。

● 分期付款——买方将购房款分为多次交付,一般为三期,各期比例由买卖双方约定。

② 付款过程。房地产买卖合同签订后,购房客户应按合同约定的付款方式支付房款,由于房地产买卖的成交以产权过户为标志,而产权过户需要有一个过程才能完成,如果是分期付款,时间就更长。在此过程中,主要是购房款的交付与产权过户的给付,目前我国还没有一个统一的模式,通常有如下几种情况:

● 银行共管帐户——买卖双方以双方名义在银行开设共管帐户,将购房款存入银行,产权转移登记完成,领取新的产权证后,买卖双方一同到银行取款,进行款、证移交。此方法适用于一次性付款。

● 银行代收代付——以按揭方式购房的,买卖双方在贷款银行分别设立帐户,买方将首期购房款存入贷款银行,办理完按揭手续,银行将新产权证收押后,将首期房款连同贷款支付到卖方的帐户上。

● 机构代管——交易双方选择一定机构代收代付,代办产权过户与款、证移交,代收代付的机构有经纪公司、律师事务所、政府下属兼有过户公司职能的机构。这种方式适应于一次性和分期付款。

在支付购房款方面,一般来说,取得完税凭证后支付主要房款,拿到产权转移登记后的新房地产证、最后交易完毕时再支付尾数。

4. 房地产产权转移登记手续

我国实行土地使用权和房屋所有权登记发证制度。依照规定,房地产权属转移时,应当向当地人民政府房地产管理部门申请转移登记,换领房地产产权证书。各地人民政府房地产管理部门的有关规定各有不同,在办理房地产产权转移登记时大致要经过登记申请、权属调查与审核、纳税、登记办证等程序。办理转移登记时,应按当地政府规定的程序与手续进行。经纪人应当熟悉相关的手续与程序,协助交易双方办理产权转移登记手续。

(1) 房地产产权转移登记申请。在办理房地产转移登记申请时,应根据政府规定,提交相关的文件,如:① 房地产转移登记申请书;② 房地产产权证书;③ 身份证明;④ 房地产买卖合同;⑤ 非商品房转移登记时,应符合政府的相关规定,如需补交市场地价的,应提交付清地价证明书;⑥ 法人企业或组织的房地产转移,应提交其产权部门同意转移的批准文件。

(2) 房地产转移登记税费。房地产转移登记时,应按政府规定缴纳相关的税费,例如上海市商品房买卖中涉及的税费大概包括以下几种:

① 契税。根据国家契税条例的规定，房屋买卖要向国家交纳契税，征收标准按房屋买卖成交价的3%～5%收取，全部由买方负担。

② 印花税。对房屋买卖双方要缴纳印花税，印花税要贴附在房屋买卖契约正本上，按照房屋买卖成交价的0.3‰交纳。

③ 营业税。在中华人民共和国境内，转让土地使用权、销售不动产的单位和个人，是营业税的纳税义务人，应纳税额为转让土地使用权、销售不动产及其他附着物营业额的5%。

④ 城市维护建设税。缴纳增值税、营业税的单位和个人，是城市维护建设税的纳税义务人。它以纳税人实际缴纳的增值税、营业税额为计税依据，分别与增值税、营业税同时交纳。纳税人所在地在市区的，税率为营业税税额的7%；纳税人所在地在县镇的，税率为5%；纳税人所在地不在市区、县城、建制镇的，税率为1%。

⑤ 教育费附加。这是国家为发展教育事业、筹集教育经费而征收的一种附加费，以营业税额为计费依据，税率为3%。

⑥ 土地增值税。转让国有土地使用权、地上建筑物及其附着物并取得收入的单位和个人，都要缴纳土地增值税，土地增值税实行4级超额累进税率。

应纳税额＝增值额×适用税率增值额＝转让收入－扣除项目金额转让收入包括货币收入、实物收入和其他收入。

⑦ 房产税。房产税是对坐落在城市、县城、建制镇和工矿区范围内的房产征收的一种税收。房产税的计税依据分为房产余值和租金。

⑧ 手续费。办理了房屋买卖过户手续后，由买卖双方向房地产管理部门交纳手续费，征收的标准是按照国家房屋买卖成交价或最低保护价的1%，由买卖双方各缴纳一半。

⑨ 房屋产权登记费。办理房屋所有权登记时，应交纳登记费、权证工本费、印花税。登记费的收费标准是每建筑平方米0.3元，管房单位自测并符合要求的每平方米减收0.08元，由登记人交纳。不按规定期限申请登记，又未获准缓期登记的，每逾期1个月，每建筑平方米加征罚金0.1元；已申请登记，但未按期办理手续的，亦按上述标准加征罚金。权证工本费，每件收费4元；共有权执照及他项权利执照，每件收费2元。印花税，每件5元。

(3) *其他费用*。中介服务费。中介服务费是依法设立并具备房地产中介资格的房地产咨询、房地产价格评估、房地产经纪等中介服务机构，为企事业单位、社会团体和其他社会组织、公民及外国当事人提供有关房地产开发投资、经营管理、消费等方面的中介服务，向委托单位收取合理的费用。

(4) *房屋交付*。根据交易双方签订的房地产买卖合同，卖方应在约定的时间内将房屋交付给买方。在房屋交付时，按合同约定的条款进行验交。一般情况下，主要有以下三个方面：

① 有关费用理顺交接。房屋的有关费用涉及到物业管理费、水电费、燃气费、电话费、有线电视费、房屋维修基金、城市土地使用费等，这些费用的结算、押金与过户手续都应理顺交接清楚。

② 租赁关系转移。如果转让的房屋在转让前已经出租，租赁合同未到期，而购买前买方已承诺承接租赁关系的，在房屋交接时，应办理租赁关系转移手续。

③ 房屋交接。房屋交接时，首先确认是否已搬空，涉及的内容以合同约定的条款为依据，一般主要有：设施、设备是否完好（或与购买前看到的是否一致）；装修、结构等有无破坏

(或与看房时的是否一致);可移动物品与不可移动部分的处理是否有约定,交房时是否如约。

上述3种情况,经纪人应协助落实。

5. 售后事务与服务

(1) 佣金结算。佣金的支付应当在签订房地产买卖合同时同步落实。交易过程完成后,房地产经纪人应及时与委托人(或交易双方)进行交易结算,防止被拖帐。

(2) 整理归档。经纪人在完成交易后,应当将业务记录与客户资料整理归档。

(3) 售后服务。售后服务是树立经纪人职业形象、积累客源、促进业务良性循环的有效方式。因此,在交易完成之后,协助甚至代理客户办理有关善后手续及其他事务是非常必要的。例如香港的一些经纪人在完成交易服务后,还专门发给客户一封感谢信,有的还特意送给搬进新屋的购房者家饰礼物。给客户留下深刻的印象。

四、房地产按揭

1. 按揭基本条件与要求

(1) 基本条件。银行在具备以下几个基本条件时,可代购楼者将贷款支付给销售开发商或卖房业主:

① 银行同意给予贷款额度。银行接受开发商的申请,同意给予所申请项目的按揭贷款额度(一手楼交易)。

② 购房者有完善的购房手续。购房者与开发商或卖房业主签订房地产买卖合同,并支付首期购房款(其余的购房款可通过银行办理按揭手续,并由开发商或其他担保机构提供担保,向银行贷款)。

③ 购房人办理按揭贷款需提供以下资料并同时具备下列条件:

● 个人身份证明:个人住房贷款对象为具有完全民事行为能力的自然人,具有城镇常住户口或有效的居民身份。已婚者提供配偶身份证及结婚证明,未婚者提供未婚证明,未成年人购房,须交其监护人的身份证、户口本。

● 个人收入证明:单位收入证明、存款证明、房地产收入证明等,有稳定的职业和收入,信用良好,有按期偿还贷款本息的能力。

● 按揭(抵押贷款)申请书(文本由银行提供)。

● 房产权属证明复印件(主要指房产证)。

●《房地产买卖合同》及首期付款收据。

● 抵押承诺书(文本由银行提供)。

● 过户后的房地产证原本。

● 房屋财产保险单正本。

● 买卖双方在借款银行开立的存折账号。

④ 担保手续。有银行认可的资产作为抵押、质押或具有代偿能力的单位或个人作为借款担保人。有的银行对于当地户口居民二手楼按揭贷款,若信誉良好,也可以不用担保人担保,只要以资产作为抵押即可。

⑤ 评估报告。所购住房价格基本符合银行或银行委托的房地产估价机构的评估价值。

(2) 约定条件。银行、售房者或担保公司和购房者三方之间的约定的条件有:

① 售房者和购房者签订的《商品房买卖合同》(预售或现售)。

② 银行与售房者(或担保公司)、购房者签订的《借款合同》(有的签订《楼宇按揭抵押贷款合同》、《委托扣款协议》)。

③ 银行与售房者(或担保公司)签订的《楼宇按揭贷款承诺书》。

④ 借款合同的主要内容:《借款合同》(《楼宇按揭抵押贷款合同》)是售房者、购房者和银行签订的用以规定银行向购房者提供按揭贷款过程中三方权利义务的协议,是购房者获得按揭贷款的关键性法律文件。合同包括贷款金额、期限、利息、划款方式、还款原则、还款总期数、还款方法、还款方式、提前还款、延长还款期限抵押物的保险、担保责任、各方权利与义务、特别约定等内容,例如:

抵押期间,未经贷款银行同意,抵押人不得将抵押物转移、出租、变卖或馈赠。

借款人不具有足够清偿债务能力时,可提出由贷款银行认可的第三方提供不可撤销的全额有效担保。

保证人是法人的,必须具有代为偿还全部贷款本息的能力,且在银行开立有存款帐户。

保证人为自然人的,必须有固定经济源,具有足够代偿能力的,并且在贷款银行存有一定的保证金。

保证金与债权人应当以书面形式订立保证合同。保证人发生变更的,必须按照规定办理变更担保手续,未经贷款银行认可,原保证合同不得撤销。

贷款担保方式:在借款合同执行期间,抵押人不得以任何理由中断或撤销保险,否则,贷款银行有权代为投保,一切费用由抵押人承担。

贷款偿还:偿还贷款采取先还息后还本,按月均还的办法。

2. 按揭贷款还款计划

根据按揭偿还的特点,既可分为等额偿还的按揭、不等额偿还的按揭;也可分为定期偿还的按揭、不定期偿还的按揭。下面介绍最常用的一种偿还形式即等额偿还的按揭方式:

(1) 等额偿还的按揭方式。等额偿还的按揭方式是指利息率和月偿还额在一定的年限里保持不变的按揭贷款偿还方式。大多数的按揭是以等额偿还的方式进行的。这种方式一经计算确定,今后保持不变,操作简单,购房者对每次该还的贷款本息心中有数,也有利于银行操作。

但等额偿还的按揭方式也有以下缺陷:

① 利率变化的风险。这对借贷双方都存在,降低利率,对借款人不利;提高利率对贷款人不利。10～20 年的购房按揭贷款,时间很长,利率变化难免。因此,对借贷双方都有较大的风险。

② 借款人前期压力大。等额偿还的按揭方式,不仅要支付首期款,还要每月偿还贷款,这对资金不足的借款人有较大压力。

(2) 等额偿还的计算公式。等额本息还款法,即甲方按月以相等的金额偿还贷款本息。

$$每月还款额=\frac{月利率\times(1+月利率)^{还款总期数}}{(1+月利率)^{还款总期数}-1}\times贷款本金$$

等额本金还款法,即甲方每月等额偿还本金,贷款利息随本金逐月递减。

$$每月还款额=\frac{贷款本金}{还款总期数}+(贷款本金-累计已还本金)\times月利率$$

经纪人在为购房者进行服务时，应帮助其制定按揭贷款与还款计划，通过多种还款计划的计算与选择，根据购房者的支付能力，帮助其确定一种理想的按揭成数与贷款年期。在计算按揭还款计划时，一般都按照贷款银行提供的楼宇按揭贷款等额还款月供系数表进行计算(表 12-3，表 12-4)。

表 12-3　　商业贷款万元月还款额表

年份	月数	月利率(‰)	年利率(%)	月还款额	每万元本息总额	每万元需付总利息
1	12	3.975	4.77	到期一次还本付息	10477.00000	477.00000
2	24	3.975	4.77	437.68458	10504.42998	504.42998
3	36	3.975	4.77	298.67741	10752.38692	752.38692
4	48	3.975	4.77	229.25251	11004.12064	1004.12064
5	60	3.975	4.77	187.66042	11259.62516	1259.62516
6	72	4.2	5.04	161.23494	11608.91538	1608.91538
7	84	4.2	5.04	141.52712	11888.27813	1888.27813
8	96	4.2	5.04	126.78972	12171.81346	2171.81346
9	108	4.2	5.04	115.36579	12459.50561	2459.50561
10	120	4.2	5.04	106.26114	12751.33682	2751.33682
11	132	4.2	5.04	98.84309	13047.28733	3047.28733
12	144	4.2	5.04	92.68983	13347.33542	3347.33542
13	156	4.2	5.04	87.50934	13651.45749	3651.45749
14	168	4.2	5.04	83.09302	13959.62804	3959.62804
15	180	4.2	5.04	79.28789	14271.81976	4271.81976

表 12-4　　公积金贷款万元月还款额表

年份	月数	月利率(‰)	年利率(%)	月还款额	每万元本息总额	每万元需付总利息
1	12	3.000	3.600	到期一次还本付息	10360.00000	360.00000
2	24	3.000	3.600	432.47107	10379.30567	379.30567
3	36	3.000	3.600	293.46378	10564.69608	564.69608
4	48	3.000	3.600	224.00501	10752.24070	752.24070
5	60	3.000	3.600	182.36563	10941.93759	941.93759
6	72	3.375	4.050	156.67975	11280.94206	1280.94206
7	84	3.375	4.050	136.91834	11501.14053	1501.14053
8	96	3.375	4.050	122.12548	11724.04633	1724.04633
9	108	3.375	4.050	110.64493	11949.65282	1949.65282
10	120	3.375	4.050	101.48294	12177.95254	2177.95254
11	132	3.375	4.050	94.00710	12408.93715	2408.93715
12	144	3.375	4.050	87.79582	12642.59748	2642.59748
13	156	3.375	4.050	82.55720	12878.92354	2878.92354
14	168	3.375	4.050	78.08276	13117.90450	3117.90450
15	180	3.375	4.050	74.21960	13359.52875	3359.52875

3. 办理按揭贷款手续及程序

(1) 办理按揭贷款申请。购房者在确认自己选择的房产得到银行按揭支持后,应向银行或银行指定的律师事务所了解银行关于购房者获得按揭贷款的规定,准备有关法律文件,填报《按揭贷款申请书》。① 双方签署《买卖合同》;② 对产权及房产交易的合法性进行公证;③ 由银行指定机构受理按揭业务申请,并出具物业评估报告;④ 对借款人进行各项资格审查、认证;⑤ 银行做出是否按揭的答复;⑥ 银行向符合要求的按揭申请人出具"按揭抵押贷款承诺";⑦ 买卖双方到房地产管理部门办理房产过户手续;⑧ 申请人出具抵押承诺;⑨ 申请人与银行签订《按揭贷款合同》、《委托扣款协议》、《抵押合同》;⑩ 办理抵押登记手续;⑪ 买方按房产评估值进行全额投保;⑫ 银行按买楼人提供的账号将贷款划给卖楼人账户;⑬ 买方按照按揭合同还本付息。

(2) 银行审核购房者有关的资料。银行受理置业者贷款申请后,银行工作人员收妥借款申请书及规定的文件将按银行规定的工作程序进行调查、核检,从民事主体资格、资信状况、还款能力等方面对购房者进行资格审查,以确认是否符合规定条件。确定具有偿还能力后,同意按揭。

(3) 办理签约、抵押登记、保险手续。银行通知借款人(持本人身份证)在规定的时间、地点办理保险、公证等手续。然后,双方签订借款合同、抵押合同、借款人承诺书。

购房者、开发商和银行持《楼宇按揭抵押贷款合同》及购房合同到房地产管理部门办理抵押登记备案手续。对期房,在竣工后应办理变更抵押登记。在通常情况下,由于按揭贷款期间相对较长,银行为防范贷款风险,要求购房者申请人寿、财产保险。购房者购买保险时,应列明银行为第一受益人,在贷款履行期内不得中断保险,保险金额不得少于抵押物的总价值。在贷款本息还清之前,保险单交由银行保管。

合同条款规定:

① 贷款利率在借款期限内,若遇国家法定利率调整,于下年 1 月 1 日开始按相应档次利率执行新的利率;但借款期限 1 年以内(含 1 年)的执行本合同利率,遇法定利率调整不调整合同利率。国家法定利率调整时,银行有义务直接执行中国人民银行有关规定,不再另行通知借款人。

② 借款期限在 1 年以内(含 1 年)的,实行到期本息一次性清偿的还款方法。借款期限在 1 年以上的,银行与借款人双方约定采用等额本息还款法或等额本金还款法中的一种。

③ 甲方申请提前清偿全部贷款,经乙方同意,根据本合同约定期限的利率和贷款余额按照实际占用天数计收利息。

④ 甲方在本合同履行期间,不能按照合同约定按期归还借款,须提前 20 个工作日向乙方申请延长借款期限,经乙方批准后,双方签订延期还款协议并办理延长还款期限等有关手续。甲方申请借款延期只限一次。原借款期限与延长期限之和最长不超过期限 30 年。原借款期限加上延长期限达到新的利率期限档次时,从延期之日起,贷款利息按新的期限档次利率计收。已计收的利息不再调整。

(4) 开立专门还款帐户。购房者在签订《楼宇按揭抵押贷款合同》后,按合同约定应在银行指定的金融机构开立专门还款帐户,并签订《委托扣款协议》授权该机构从该帐户中支付银行与按揭贷款合同有关的贷款本息和欠款。

(5) 支付贷款。按揭手续办理完毕,购房者将房地产权证明文件抵押在银行,由银行将借款人贷款资金以借款人购房款的名义划入开发商或原业主账户，直接支付给卖方。

(6) 还款。买方借款人根据借款合同约定按月分期向银行偿还本息。

由于不同地方的银行按揭手续及程序可能会有差别，上述内容仅提供参考，具体执行按当地银行规定办理。经纪人应当熟悉从业所在地银行按揭的有关规定和程序，在办理按揭手续时，向购房者解释清楚，并协助购房者办理相关手续。

4. 按揭手续所需费用

一般具体收费种类包括：查册费、按揭手续费、评估费、保险费、交易税费、他项权利证登记费、房管杂费等等。

5. 按揭注意事项

对借款人来说，按揭也存在一定的风险。借款人应当具有风险意识，注意防范按揭贷款的风险。具体防范措施如下：

(1) 无力继续偿还贷款本息。购房者有可能在按揭购房的还款期内出现经济困难而一时难以偿还按揭贷款本息。因此，在申请按揭贷款时，借款人应该对自己目前的经济状况与未来的还款能力作出正确的判断。根据自己的条件选择合适的贷款额度、还款年期与还款方式，并留有一定的余地。

(2) 房屋贬值风险。导致房屋贬值风险的原因很多，有政治动荡、经济危机、自然灾害等不可抗力因素，也有人为灾害与质量因素。要求按揭房屋进行财产保险，是防范这种风险的主要措施，对银行和购房者都有必要。

(3) 利率变化风险。未来利率会发生什么样的变化，这是难以预料的，借款人对此要有思想准备。

(4) 房屋处理风险。房屋处理过程中，银行为尽快收回自己的贷款，很可能不顾购房者的利益，低价拍卖房屋。购房者在签定购房按揭合同时，应当注明监督权。监督权包括对拍卖底价的认可、招标活动的参与、公告发布问题、估价单位的选择、估价拍卖费用问题等。

第三节 房屋租赁及其他居间业务

一、房屋租赁

房屋租赁是指房屋所有权人或房屋委托代管人将房屋出租给承租人使用，由承租人向出租人支付租金，并在租赁关系终止后，将房屋返还给出租人的行为。也包括房屋所有权人以房屋使用权，参与公民、法人或其他组织的生产、经营、生活、消费等活动和从事房屋租赁经营服务的行为。出租的房屋包括住宅、商业用房、办公用房、厂房、仓库及其他用房。

由于房屋租赁业务比较琐碎，情况复杂，长期以来我国房屋租赁居间业务的规范难度较大，房地产经纪人从事租赁居间业务活动的利益经常得不到保证。随着市场形势的变化，这一情况正在逐渐向好的方面发展。房地产经纪人在开展房屋租赁居间业务活动时，一方面要规范操作，另一方面要保护自己的合法权益。

1. 租赁居间主要业务

(1) 招租居间业务。房屋招租是由业主委托经纪机构通过发布信息，吸引租户前来洽谈租用。有的出租房屋规模较大，需要营造物业环境，创造相关条件，吸引租户。

如某大型商场建成使用后，由于该片区商业环境不理想，出租情况比较差，空置量大。

某经纪公司接受业主招租委托后，对商场的有关情况进行了充分的调研，通过招商策划将其定位为女性零售主题商场。通过包装、营造商场氛围、广告宣传、市场推广等手段进行招商，仅一个月时间，就将该商场全部散租出去。

(2) 代租代管。即业主将自己拥有的物业，委托经纪机构代租代管。经纪机构代理业主出租，租金归业主，同时扣留代理拥金，出租空置的市场风险由业主承担。对于容易租出的房屋，业主不支付佣金，佣金由承租人支付。

有的业主拥有大量物业，但不熟悉房地产市场，既没有时间、精力去料理出租业务，也不想承担市场风险。这些业主通常以包租的形式将房屋交给经纪机构按一定期限出租，定期收取固定数额的房租，其市场风险由经纪机构承担，高出固定租金部分差价属于经纪机构的收入。经纪机构出租该房，俗称"二房东"，属行纪行为，但目前我国对于房地产的行纪行为尚无相关规定。包租的时间一般为3～10年，业主收取的固定租金低于市场租金水平。如某单位自有物业为一栋高层小户型住宅，原为单位职工宿舍，随着生活水平的提高，职工都购买了商品房并搬出该物业。该单位将该物业委托给经纪机构代租代管。经纪机构对该楼盘进行了适当的装饰布置，实行酒店式公寓的管理，并将其定位为"白领公寓"进行出租，深受青年白领一族欢迎，出租情况很好。经纪机构从事包租业务，需要一定的费用，并具有一定的市场风险。因此，很少有经纪机构涉及包租业务。

2. 房屋租赁居间流程

租赁居间中由于出租人与承租人发生的租赁关系持续时间长，在租赁期可能会由于各类原因产生矛盾和纠纷，因此经纪人应在租赁业务中把握房屋产权、租赁合同、房屋交验等几个关键环节，才能保证租赁关系的稳定性以及双方当事人的利益。

(1) 租赁信息登记。客户在提交相应证件后，进行租赁信息登记，并与经纪人签订委托出租(承租)协议。经纪人根据信息数据库中的资料为其寻找合适的承租(出租)者，将信息提供给委托方。

(2) 现场看房。如果有求租者，经纪人首先应核查求租人的身份证明，经登记后为其提供备选房源。确认租房意向后，经纪人应为双方接洽看房事宜，向出租人预约上门看房时间，与求租人一起现场看房，并解答、协调双方的细节问题。如果经纪人数据库中没有合适的房源，经纪人应将该委托意向通过其信息网络对外发布，直到委托方寻找到合适的房源为止。

(3) 合同签订。在双方达成一致意见后，就可以签订合同。房屋承租人有违约行为，出租方有权终止合同，同时收回房屋。由此造成损失，由承租人赔偿。

(4) 房屋租赁登记备案。房屋租赁登记备案的程序是：

① 申请。签订、变更、终止租赁合同的，房屋租赁当事人应当在租赁合同签订后30日内，持有关部门证明文件到市、县人民政府房地产管理部门办理登记备案手续。

出租共有房屋，还须提交其他共有权人同意出租的证明。出租委托代管房屋，还须提交代管人授权出租的书面证明。

② 登记备案。房屋租赁登记备案包括审查。

(5) 物业交验。登记备案后，在合同规定的房屋交验期，经纪人将陪同承租方进行房屋现场交验，协助验收房屋内有关家具、电器等设施。双方填写《房屋交验单》，向承租方交付房屋钥匙，并向经纪人支付租赁居间服务的佣金。

(6) 租后服务。在完成租赁之后，经纪人应以跟踪服务的形式为承租人提供多方位的房地产买卖及租赁服务，代收代付，并定期回访，了解承租人的需要，协调与出租方的关系等。

房地产租赁居间流程见示意图 12-5。

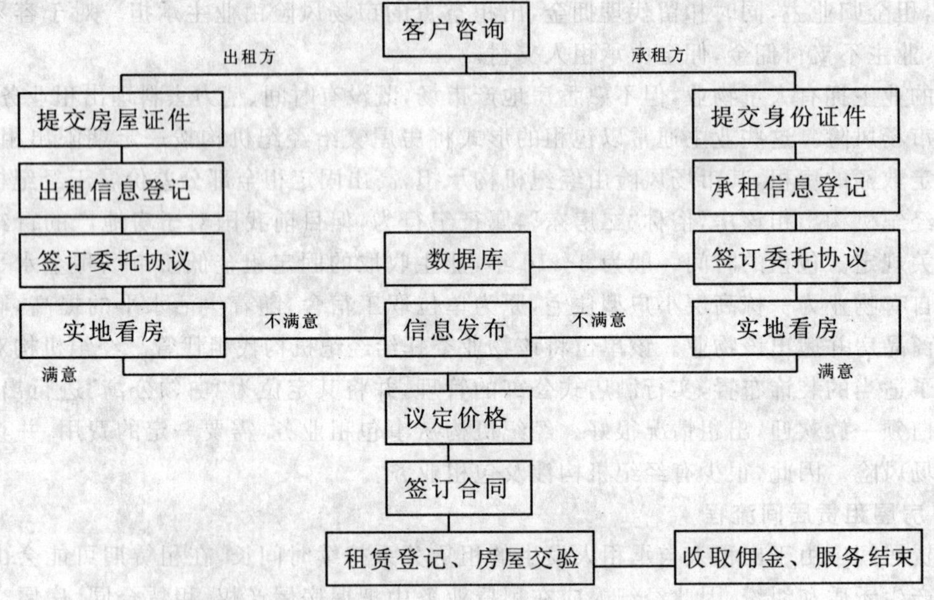

图 12-5　房地产租赁居间业务流程示意图

3. 房屋租赁居间中的各项税费

(1) 房产税。房产税是以房产为课税对象，向产权所有人征收的一种税费。凡是中国境内拥有房屋产权的单位和个人，都是房产税的纳税人。产权属于全民所有的，以经营管理的单位和个人为纳税人。房产税的课税对象是房产。房产税的征税范围为城市、县城、建制镇和工矿区，不包括农村。房产税按年计征，采用比例税率分期交纳。按房产余额计征的，税率为 1.2%；按房产租金收入计征的，税率为 12%。具体规定如下：

① 对于非出租的房产，以房产原值减除 10%～30%后的余额为计税依据计算交纳。

② 对于出租的房产，以房产租金收入为计税依据。

③ 国家机关、人民团体、军队自用的房产，由国家财政部门拨付事业经费的单位自用房产，个人所有非营业用房产等可以享受减免房产税的优惠政策。

④ 对个人按市场价格出租的居民住房，其应缴纳的房产税暂减按 4%的税率征收。

(2) 个人所得税。个人(包括个体工商户、城乡居民、港澳台同胞和华侨、外籍人员等)出租房地产，每月租金收入在 1600 元以下的，免征个人所得税。每月租金收入超过 1600 元(含 1600 元)的，可按以下两种方法选择一种计征：

① 每月租金收入不超过 4000 元的，减除费用 1600 元；超过 4000 元的(含 4000 元)减除费用 20%，依 20%税率计征个人所得税。

② 按租金收入总额(不减任何费用)以 2.5%代征个人所得税。

(3) 营业税、城市维护建设税和教育费附加。营业税、城市建设维护税和教育费附加通常也称作"两税一费"。个人出租房地产,每月租金收入在 800 元以下的,免征营业税、城建税和教育费附加。每月超过 800 元的(含 800 元),应按租金收入总额计算税费。对个人按市场价格出租的居民住房,其应缴纳的营业税暂减按 3%的税率征收。

(4) 城镇土地使用税。出租的房屋坐落在城镇土地使用税开征范围内的,应按房屋土地(含出租的院落占地)面积,依土地登记及适用的土地等级税额,计算缴纳城镇土地使用税。其中对符合免交房产税的个人,也免交城镇土地使用税。

(5) 印花税。应于签订合同同时,按双方订立的书面租赁合同所规定的租赁金额的千分之一贴花。税额不足 1 元的,按 1 元贴花。

(6) 其他费用。如租赁管理费等,由各地方政府制定收费标准。

4. 注意事项

由于房屋租赁双方的连带关系受租赁合同约束,并受租赁期所限,其间可能会发生一些变化。房地产经纪人在促成双方交易时,有义务向各方提示应当注意的事项。

(1) 房屋出租人须知。房地产经纪人在与房屋出租人接洽时,有义务告知房屋出租人注意下列事项:

① 房屋出租不妨碍房地产产权的转移。房屋出租人出售所租房屋应当先征求房屋承租人意见,在同等条件下房屋承租人有优先购买权。承租人放弃优先购买权的,房屋受让人应当作为新的房屋出租人继续履行原租赁合同。

② 出租人在租赁期限内死亡的,其继承人应当继续履行原租赁合同。

③ 出租人有权对承租人使用房屋的情况进行监督,但不得对承租人正常、合理使用房屋进行干扰或妨碍。

④ 出租人应按合同约定的责任负责检查、维修房屋及其设施,保证房屋安全。

(2) 承租人须知。房地产经纪人在与承租人接洽时,有义务告知房屋承租人注意下列事项:

① 承租人应当爱护并合理使用所承租的房屋及附属设施,不得擅自拆改、扩建或增添。确需变动的,必须征得出租人的同意,签订书面合同,报经有关管理部门批准。因承租人过错造成房屋损坏的,由承租人负责修复或者赔偿。

② 房屋承租人在租赁期间死亡的,与其生前共同居住的人可以按照原租赁合同租赁该房屋。

③ 房屋转租,是指房屋承租人将其承租的房屋部分或全部再出租的行为。承租人在租赁期限内,征得出租人同意,可以将承租房屋的部分或全部转租给他人。

房屋转租,应当订立书面转租合同。转租合同必须经原出租人书面同意,并到房屋所在地的县级以上房产行政管理部门办理登记备案。转租合同的终止日期不得超过原租赁合同规定的终止日期,但原出租人与转租双方协商约定的除外。转租合同生效后,转租人享有并承担转租合同规定的出租人的权利和义务,并且应当履行原租赁合同规定的承租人的义务,但原出租人与转租双方另有约定的除外。转租期间,原租赁合同变更、解除或者终止,转租合同也随之相应的变更、解除或者终止。

④ 租赁期间,承租人未解除租赁关系而自行迁出,由第三人占用致使出租房屋受到损坏的,承租人与第三人应负连带赔偿责任。

(3) 关于合同公证。有的城市统一要求租赁合同公证,有的没有统一要求,就国内人士而言，公证自由，也可以不用公证。但涉外租赁合同一般都要对其真实性与合法性进行公证，以免将来出现涉外法律纠纷。

(4) 居间业务中的义务与责任。房地产经纪人在租赁居间业务中的义务除了上述以外，还应当注意其在法律关系上的义务与责任。房地产经纪人在租赁居间业务中的地位是居间还是代理，房地产经纪人是否已在委托合同中加以明确，在实际操作中是否已按照委托合同约定履行。如果房地产经纪人有超越委托合同的行为，或与其中一方客户恶意串通，损害另一方的利益，就应当为自己的行为负责。

房屋租赁合同样本见附件二。

二、其他居间业务

房地产其他居间业务，还包括地产交易、项目居间业务和其他综合性居间业务等。由于具体的业务和业务对象不同，而且业务量也较少，因此本书只作简要介绍。

1. 地产交易

地产交易的居间活动，是以土地资源市场信息的分隔和资源的市场化导向为存在基础。一些企业或单位占有一定土地的土地使用权而缺乏开发建设资金，需要寻找具有投资实力的投资者进行合作开发或将其土地使用权转让给对方。而有些投资者拥有雄厚的资金实力却缺乏土地资源储备，希望寻求投资对象。房地产经纪人在获得有关信息后，为土地方与投资方提供相关服务，促成交易，收取中介费。

经纪人在促成交易的过程中，可以同时运用自己的专业知识和市场经验，为投资方作投资顾问，开展市场调研、项目定位、营销策划、销售代理等一系列业务。

随着中国土地市场管理制度的日臻完善，土地二手交易逐渐集中到土地管理部门公开挂牌交易，经纪人在此类居间业务的重心也逐渐转向投资顾问方面。开展此类业务，必须注意以下几个方面的问题：① 了解用地手续的合法性、完整性和时效性；② 了解用地有无遗留问题；③ 了解客户的背景、实力与信誉。

2. 房地产项目居间服务

(1) 项目转让与合作。房地产项目转让与合作是由于一些房地产开发企业因其实力不足而导致无法独立完成其项目的开发，需要引进资金合作开发或将项目转让出去。经纪人在处理此类业务时，与上述土地转让的需求基本一样。若是在建工程，应注意了解建设中的工程相关问题，尤其注意是否出现经济纠纷。

(2) 旧房改造包装租售。有的旧房由于各方面的原因低价出售，经纪人帮助投资者收购后，进行改造包装或改变用途，通过宣传或促销提高附加值，高价售出。

某旧房改造包装转手案例：

某市原工业区随着城市建设与社会经济的发展，其街区人气渐旺，而某工厂生产则日渐衰落。某经纪机构为该工厂进行旧房改造策划，将临街厂房报请政府批准改变功能，进行包装，将其功能进行重新定位。一至三楼出租给商家，改作大型超市商场；四至六楼出租给公司，用于办公。当市场营造起来，商业氛围兴隆时，经纪机构又为该厂找到了投资置业者。将其整栋改造的厂房购置，用于出租经营。投资置业者将其物业进行抵押贷款，用于资金周转。工厂获得了售房收益，投入生产，使工厂起死回生。由于房地产经纪人的介入，使该物业进入了一个良性循环，产生了较大的价值。

目前此类项目在中国各城市都有可能出现，具有一定的商机。

经纪人在开展此类业务时，应做到以下几点：① 必须充分了解其市场现状，对前景有准确的预测；② 其改造必须具有创造性和前瞻性；③ 选择最佳时机进行。

(3) *旧城改造*。随着城市建设的发展，城市格局发生重大变化，出现新旧交替的局面。经纪人可利用这个机会，帮助投资者收购旧房或废旧工业区，改变用途后再行销售。

此类业务对于经纪人来说，情况类似，难度却大得多。它涉及到政府的规划管理与城市建设的发展等重大问题，需要解决的问题较多。但难度虽大，仍是一个较好的商机。

上述几个方面的业务，虽然标的高，经纪人的收入也高，但操作难度较大，成功率较低，因此普通经纪人一般都较少介入此类业务。要操作上述业务，经纪人必须具备几个重要的相关条件：① 具有丰富的经验、专业水平和操作能力；② 具有较强的开拓能力；③ 具有良好的社会关系；④ 具有广泛的信息渠道；⑤ 具有敏锐的眼光和胆略；⑥ 具有较强的创造能力。

3. 其他综合性居间业务

(1) *租售结合*。对于一些滞销房屋，可以采用租售结合的方式，即先租后售或先售后租。一是可以降低机会成本；二是通过租用聚集人气，促进销售，早日回笼资金；三是通过出租，营造市场，提高物业附加值。

① 住宅租、售案例：某开发商将滞销积压的住宅现楼委托给某经纪机构。该经纪机构向开发商提出建议，先将其住宅用于“试住出租”，有购房意向的购房者可租用 3 个月试住。如果满意，再签订《房地产买卖合同》并支付购房款。如果不满意，3 个月满后退租。

② 商场租、售案例：某开发商将滞销积压的商场现楼委托给某经纪机构，经纪人为其进行策划后，将其商场定位为家居广场，整体出租给商家经营，再将其产权进行重新分割，化整为零，将各个铺位产权出售给众多小投资者。投资置业者购买其产权后，按月向商家收取租金。

(2) *房屋理财*。“房屋理财”是银行与开发商或经纪公司合作推出的家庭理财模式，面向房屋租赁市场，完成房屋租赁管理的代理服务。

业主向“房屋理财”提交《房屋银行出租登记表》，由“房屋理财”根据房屋素质和市场情况，评估出房屋的合理出租价格，征得业主认可后，双方签署《房屋理财存房合同》。由“房屋理财”全权负责房屋的租赁、管理及售后服务工作，实现房屋资源的优化配置。

房屋首次出租后，业主每月应得的租金，由银行定期从“房屋理财”专用帐户划款到业主在银行的储蓄账户，使业主存入“房屋理财”的房屋就如存入银行的现金一样，能按时取“利息”和到期收回“本金”。

“房屋理财”向客户承诺：通过“房屋理财”存房、看房、租房均免收佣金，凡存入“房屋理财”的房屋首次出租后，每半年除去 20 天的招租工作和 3 天的房屋交接期，其余时间无论房屋出租与否，业主均可如期收到合同约定的租金。

银行与开发商或经纪公司通过租金差价而获取收益，但也承担相应的风险。

由于“房屋理财”操作复杂、难度大、风险高，从事此项业务的经纪机构不多。

(3) *购销租联动交易*。经纪人为有一定经济实力的客户对其几个不同的物业，进行购、销、租联动交易服务。

例如：某先生将自己的富余资金用于此类投资，委托经纪人帮助购买有升值潜力的房屋，先用于出租。如果已经升值，而且有更好房屋在售，经纪人帮助投资者将旧房出售，转购新房，再出租，所收租金用于投资者购买新房的按揭还贷，滚动经营。

操作此类业务，对于经纪人来说，最重要的是业务操作能力与信誉。通常精明能干的经纪人手里都会有一些上述客户与其保持长期的业务关系。在开展此类业务时，首先要当好客户的置业顾问，为客户提供建设性的意见，并让客户有收获。

(4) *房屋置换*。房屋置换是由开发商、银行、经纪人联合经营，通过代换、代租、代售、代管、代收、代付、代办等综合形式，为客户进行家庭理财的一种业务。这类业务的开展必须有银行的参与和配合而且有一定的难度。

① 以小换大、以旧换新、零首付。业主在有关楼盘选购一套房屋后，将自己原来的房屋抵作银行贷款作为首付款，即可入住。然后，将旧房存入“房屋理财”中心，月租金用来按月还贷款，轻轻松松住新房。由于此类业务操作难度大，很多银行不受理。

② “房屋寄售”。业主的房屋由置换公司以公平价格代为销售。

③ “以大补小、以旧换新”。业主先在中意的楼盘选购一套大房或新房后，置换公司将其原来的房屋合理作价收购，业主只需补足差额即可。或者，通过按揭贷款支付差额。

④ 为二手房提供住房消费贷款。客户在置换公司选购一套中意的房屋后，交纳银行按揭的首付款后即可入住，余额以月供支付。

(5) *其他代办事务*。其他代办事务主要有以下几种：① 为小业主互换房屋进行代理或居间服务；② 代办房地产转让、赠与等有关事务，如纳税、按揭、办证等；③ 为社会各界人士提供房地产市场供求信息、价格信息等。

上述业务在房地产经纪业务中属附带性业务，有时候房地产经纪人为了促成主要的房地产居间业务，在代办事务方面经常是免费服务。但从市场规范的角度来讲，应当收取服务费。

第十三章 网上房地产交易实务

随着电子产业、信息产业的迅猛发展，房地产交易方式为适应市场形势发生了巨大的变化，由过去的手工操作改为在网上备案交易，本章主要以上海市网上备案系统为例，介绍商品房网上交易的具体操作流程。

第一节 网上房地产交易简介

一、新建商品房交易网上签约业务流程

新建商品房期房取得商品房预售许可证或者新建商品现房取得房地产权证的，可上网进行销售，具体的网上签约流程如下图(图 13-1)。

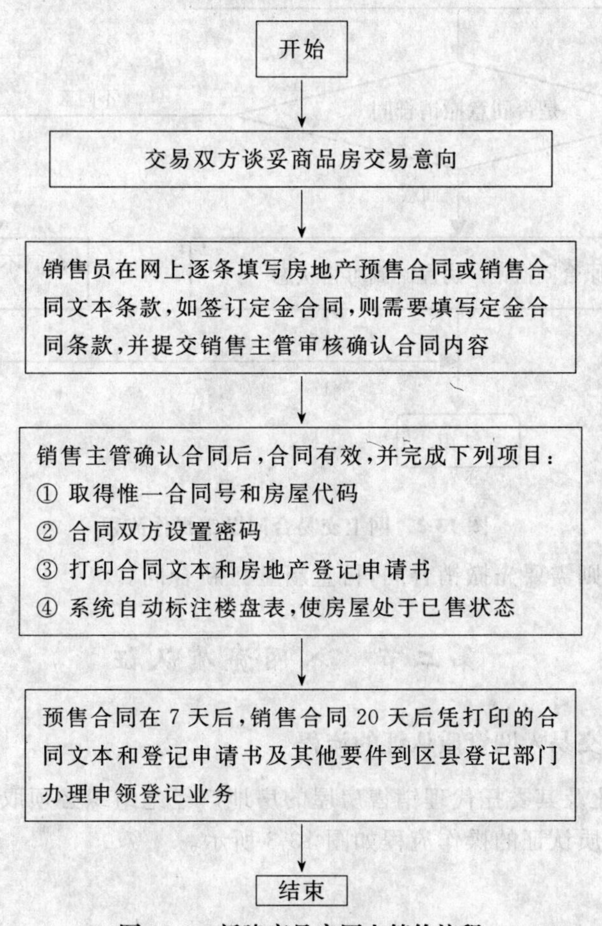

图 13-1 新建商品房网上签约流程

二、合同的变更与撤销

在申领预告登记证明或房地产权证前，交易双方经协商，如需变更或撤销在网上签约的合同，应由当事人双方凭签订合同同时双方设定的密码及相关材料申请合同的变更或撤销，经市房地产交易中心审核后可对合同进行变更和撤销。合同撤销后才能对同一套房屋进行另一次网上签约。

合同撤销的操作流程如下图（图 13-2）：

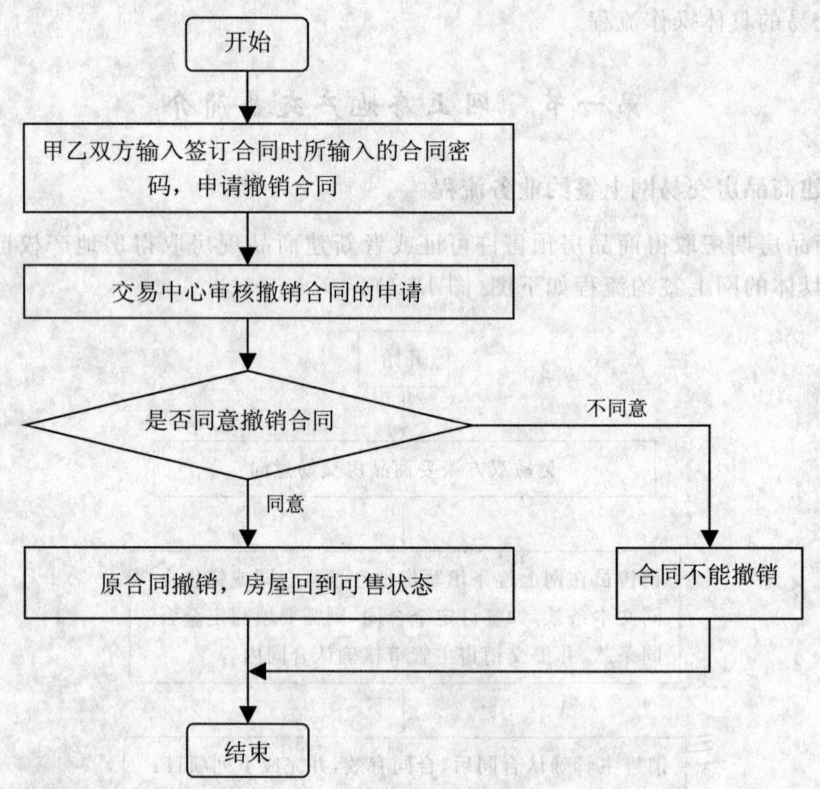

图 13-2　网上交易合同撤销操作流程

如是变更合同，则需要先撤销合同，再重新签订新合同。

第二节　入网资质认证

一、新建商品房交易入网资质认证的流程

房地产开发企业及其委托代理销售房屋的房地产经纪组织必须取得入网资质认证后才能入网操作，入网资质认证的操作流程如图 13-3 所示。

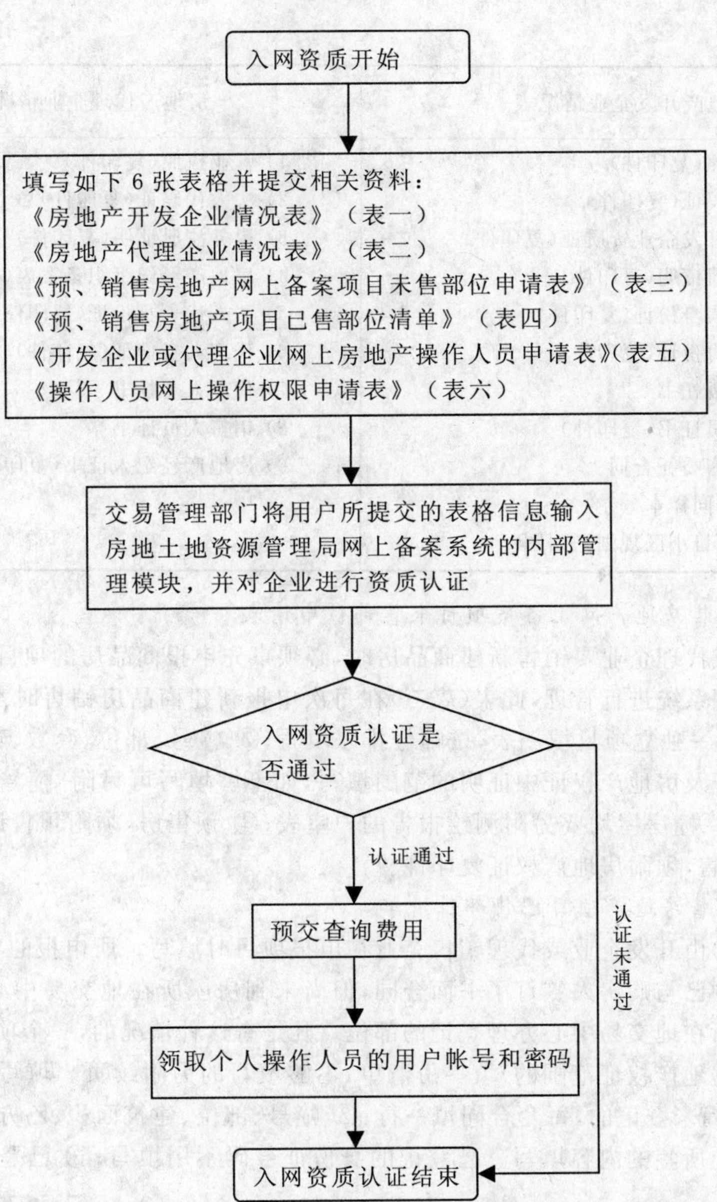

图 13-3　入网资质认证操作流程

二、新建商品房交易入网资质认证流程说明

1. 填表

(1)《房地产开发企业情况表》或《房地产代理企业情况表》

申请加入上海市房地产合同网上备案系统的房地产开发公司必须填写《房地产开发企业情况表》(表一)；房地产经纪组织必须填写《房地产代理企业情况表》(表二)。说明：此二表在申请入网资质时一次性填写，交易中心将这些信息输入到内部管理系统，便于对公司信息的管理和验证(日后公司如有变更信息可到交易中心进行更改)。同时申请人还要随表提

供以下资料。

房地产开发企业情况表	房地产代理企业情况表
1）营业执照（复印件）	1）营业执照（复印件）
2）法人代码证（复印件）	2）法人代码证（复印件）
3）房地产开发企业资质证（复印件）	3）税务注册证明（复印件）
4）税务注册证明（复印件）	4）房地产经纪组织备案表（复印件）
5）法人代表身份证（复印件）	5）法人代表身份证（复印件）
6）代理人身份证（复印件）	6）代理人身份证（复印件）
7）代理人委托书	7）代理人委托书
8）销售人员证书（复印件）	8）销售人员证书
9）代理销售委托合同	9）房地产经纪人证书（复印件）
10）签订合同样本	
11）所售项目小区规划平面图	

（2）《预、销售房地产网上备案项目未售部位申请表》

开发企业或代理企业要销售新建商品房时，必须事先申报商品房的项目，交易中心将项目信息输入管理系统进行管理，此表（表三）在每次申报新建商品房销售时都要填写。填写时应注意：① 每一独立项目填一表，按幢号排序填写；② 幢号、部位、套数、建筑面积栏的填写按预售许可证及房地产权证中证明的范围填写，如不够填写可另附“幢号、部位、套数、建筑面积表”；③ 一幢房屋均要另附测绘报告的户室表；④ 预售房，须附预售许可证及附表的复印件；现房销售，须附房地产权证复印件。

（3）《预、销售房地产项目已售部位清单》

此表（表四）由开发企业或代理销售企业在申报项目时填写。所申报的项目是正在预售或销售的楼盘中已与购房人签订了书面合同，但尚未到房屋所在地交易中心办理登记的部位和已在房屋所在地交易中心办理登记的部位。凡是有这种情况的，一个项目（指一张预售许可证或一个房地产权证范围的）填一份清单，不够填写的另附续页。填写该清单时注意：① 对已签合同尚未登记的，每套合同填一行；② 幢号、部位、建筑面积、乙方（买受人）、签约日期均按合同上所签的内容填写。已登记的身份证号码不用填写；③ 已登、未登栏的填写用“√”表示。

（4）《开发企业或代理企业网上房地产操作人员申报表》

此表（表五）为房地产开发企业或代理销售企业申请入网后，明确上网操作的销售人员名单。每次申请新建商品房销售申报项目时都要填写有权销售该项目的操作员申报表。

① 所属企业：指操作人员所属的企业，代理企业人员在备注栏内注明“代理企业”字样。

② 名栏：指操作员名单。操作员应通过房地产交易系统培训。

③ 销售项目名称：指每个操作员所销售的项目名称和每幢楼盘的幢号、部位。在签合同时每个操作员只有权签订所负责的楼盘。一个操作员可以销售多幢楼盘，一幢楼盘亦可由多个操作员操作。

（5）《操作人员网上操作权限申报表》

此表（表六）由房地产开发企业或代理销售企业确认入网操作员在操作房地产合同备案

系统的操作权限时填写。此表填写的操作员名单要与操作员申报名单一致。凡是经企业领导明确权限后,此表中除编号、姓名栏填写文字外,其余空格仅打勾即可。

表13-1列出了系统的操作权限明细:

表13-1　　网上交易系统操作极限细则

权限列表	□预售合同填写	□预售合同签订	□出售合同填写
	□出售合同签订	□买卖合同填写	□买卖合同签订
	□租赁合同填写	□租赁合同签订	□转租合同填写
	□转租合同签订	□合同查看	□余额查询
	□明细帐查询	□房屋查询	□合同模板制作
	□设置撤销合同密码	□修改撤销合同密码	□撤销合同申请
	□合同状态查询		

操作权限介绍:

- 姓名栏与操作员申报表名单一致。
- 职务栏分别在销售员或销售经理栏内打勾选择。
- 四类合同中"填写"是指可在网上填写合同权,"签订"是指对已填写的合同进行审核和确认权,明确权限范围后打勾。
- 合同模板制作:是指为了提高工作效率,对销售的新建商品房所签合同条款中相同或相近处制作模板。模板分为主模板和子模板。制作模板一般只要按照项目的大小选定一、二个人即可。
- 合同查看权限:可以查看所有已签的合同。
- 查询房屋权限:可以查看各自负责销售房屋的权属状况。销售员都应有此权限。
- 余额查询、明细帐查询:一般由企业管理人员控制,由公司选定。

2. 预交费用说明

房地产开发企业或代理企业的入网资质认证经上海市房地产交易中心审核通过后,需预交查询费用,以取得操作员用户帐号及用户密码,方能进行入网操作。

为了保护交易双方的合法权益,在签订合同之前,必须查询房屋的权属状况,每套房屋在确认合同时需要交付该房屋权属情况查询费用30元。

3. 用户帐号及用户密码

申请人在通过资质认证后,交易中心打印出该企业所申报操作员的用户帐号及用户密码,操作员在取得用户帐号及密码后即可上网进行操作。为确保操作的安全性,每个操作人员在首次登录时必须修改密码。

如操作员遗忘密码可向房地产交易中心提出重置帐号密码的申请。

企业因故需要删除某帐号的,可向房地产交易中心提出删除帐号的申请。

第三节　网上备案系统内部管理业务流程简介

一、入网资质申请内部管理业务流程

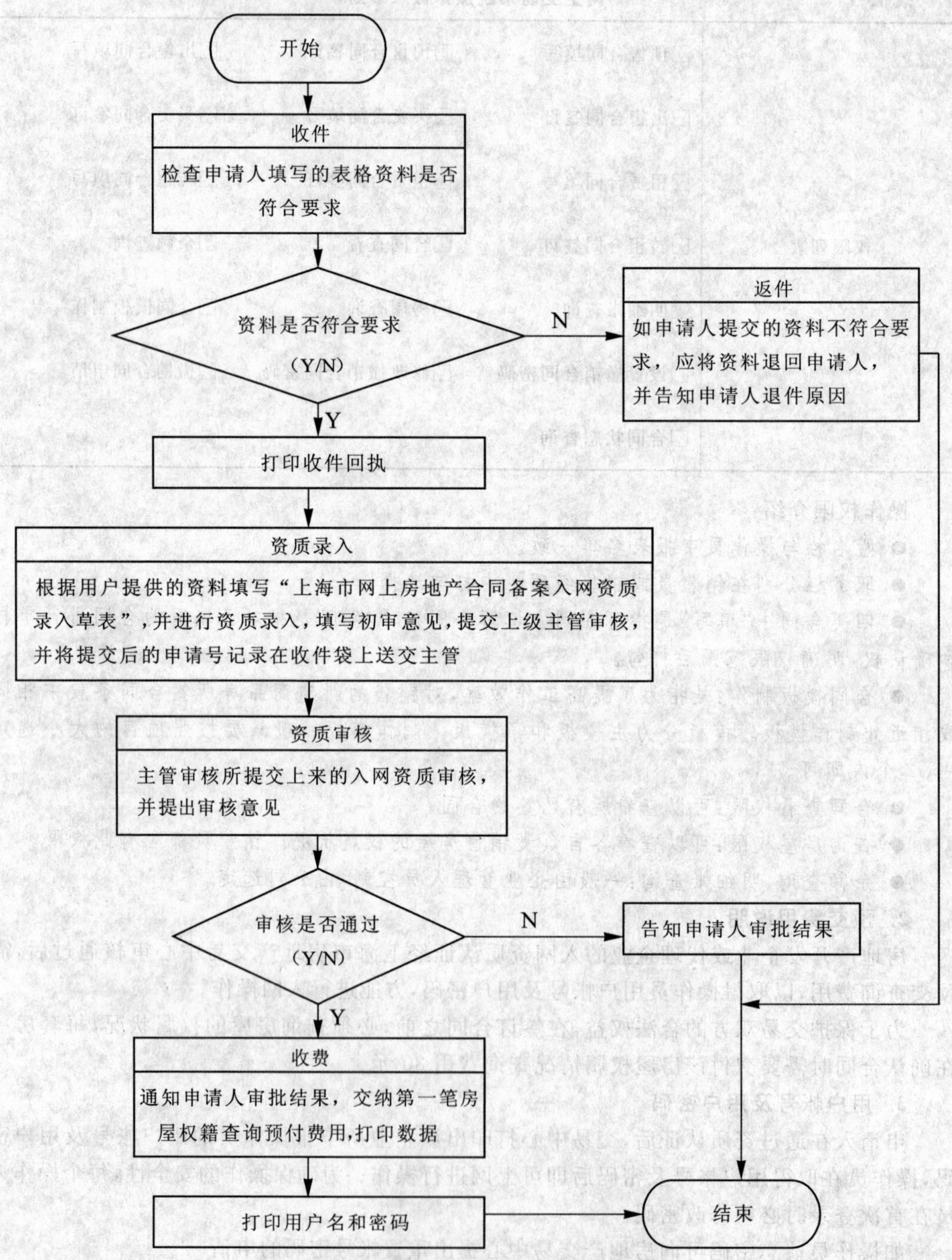

图 13-4　入网资质申请内部管理业务流程

二、企业资质录入

交易中心工作人员将企业的资质录入到内部管理系统中，资质录入要录入 3 个方面的内容：企业基本情况表，企业项目表，企业操作人员表，表式如下。

上海市网上房地产申报资格认证审核表

○房地产开发企业　　○房地产经济组织　　○个体房地产经纪人

企业全国唯一编码	*				
企业名称	*		法人代码	*	
所在省市		所在区县		邮政编码	*
办公地址 （注册地址）	*		经营地址	*	
联系电话	*	传真		电子邮箱	
法人营业执照 注册号	*		登记注册类型		
营业执照到期日	*		工商注册日	*	
资质等级	*		资质证书发证编号	*	
资质证书 发证日期	*	资质证书有效起 始日期	*	资质证书有效 中止日期	*
法人代表	*		联系电话	*	
身份证件名称	*		身份证件号码	*	
联系地址			邮政编码		
净资产	*	总资产	*	注册资本	*
总经理		职称专业人员数		高级职称人数	
在册人员总数		中级职称人数		初级职称人数	
批准从事房地产开 发经营日期	*				
经营范围					
初审意见					

注：有"＊"项必须填写

企业项目表

<table>
<tr><td colspan="4">增加一个新项目</td></tr>
<tr><td colspan="4">项目名称</td></tr>
<tr><td colspan="2">项目地址</td><td colspan="2"></td></tr>
<tr><td>土地面积</td><td></td><td>建筑面积</td><td></td></tr>
<tr><td>预售证/房地产编号</td><td></td><td>类型</td><td></td></tr>
<tr><td colspan="2">发证机关</td><td colspan="2"></td></tr>
<tr><td colspan="2">土地使用权出让合同编号</td><td colspan="2"></td></tr>
<tr><td colspan="4"></td></tr>
<tr><td colspan="4">请查询楼幢并为项目添加楼幢</td></tr>
<tr><td colspan="4">——请添加——</td></tr>
<tr><td colspan="4">查询楼幢：　　路　　弄　　支弄　　号　　区县　查询</td></tr>
<tr><td colspan="4">坐落全称：</td></tr>
</table>

注：先按上表填写项目名称等信息，再按下表通过查询楼幢后，为该项目添加楼幢

企业人员情况

<table>
<tr><td rowspan="4">基本信息</td><td>姓名：</td><td colspan="2"></td></tr>
<tr><td>证件名称：</td><td colspan="2"></td></tr>
<tr><td>证件号码：</td><td colspan="2"></td></tr>
<tr><td>身份证号码：</td><td colspan="2"></td></tr>
<tr><td>权限列表</td><td>□预售合同填写
□出售合同签订
□租赁合同填写
□转租合同签订
□明细帐查询</td><td>□预售合同签订
□买卖合同填写
□租赁合同签订
□合同查看
□查询房屋</td><td>□出售合同填写
□买卖合同签订
□转租合同填写
□余额查询
□合同模板制作</td></tr>
<tr><td>有权签约的楼幢列表</td><td colspan="3"></td></tr>
<tr><td>公司开发的项目和楼幢</td><td colspan="3"></td></tr>
</table>

三、费用管理

费用管理模块功能包括:① 费用缴纳;② 费用退还;③ 明细查询与打印。

四、撤销合同

如果签订合同的双方因故要撤销合同,合同双方可持双方的密码到交易中心办理撤销合同事宜。合同撤销的管理分两级管理,必须由上级主管批准审核,步骤为:合同撤销——合同撤销审核

1. 合同撤销的操作步骤

① 点击“合同管理”的“合同查询撤销”;② 选择合同状态,点击查询按钮,出现已签合同列表,点击查询按钮,出现已签合同列表,点击具体的合同可查看明细并撤销。

合同编号:______ 合同类别:______ 合同状态:______

开始时间:____年____月____日 结束时间:____年____月____日 查询

合同编号	房屋地址	卖方	买方	确定时间	签订帐号	状态	查看	撤销
20040000	卢湾区桃源路××弄××苑3幢(号)7层801室	上海市××房地产开发有限公司		2004-02-06	00000001	已经	合同文本	撤销

上海市网上房地产交易合同注销审批表

合同编号:200400000275

房地坐落部位	*	签订日期	*
房屋面积	*	总价	*
申请人	*	电话	*
身份证件名称	*	号码	*
联系地址	*	邮编	*
代理人		电话	
身份证件名称		号码	
联系地址		邮编	
申请人	*	电话	*
身份证件名称	*	号码	*
联系地址	*	邮编	*
代理人		电话	
请输入经办意见			

注:选择“提交审核”按钮,申请合同将交给上级主管进行审核;有“*”项必须填写

2. 合同撤销审核

选择“合同管理”，点击“合同撤销审核”出现申请撤销合同列表，如下：

申请撤销合同列表

合同编号	房屋坐落	房屋面积	申请人	经办人	审核
2004000000	卢湾区桃源路××弄×××苑 3 幢(号)7 层 801 室	222.93	上海市××房地产开发有限公司	Administrator	点击审核

注：在申请撤销合同列表中选择具体的合同，审核并作出决定

第四节　网上备案系统外网操作流程

一、系统登录

系统登录的流程图(图 13-5)：

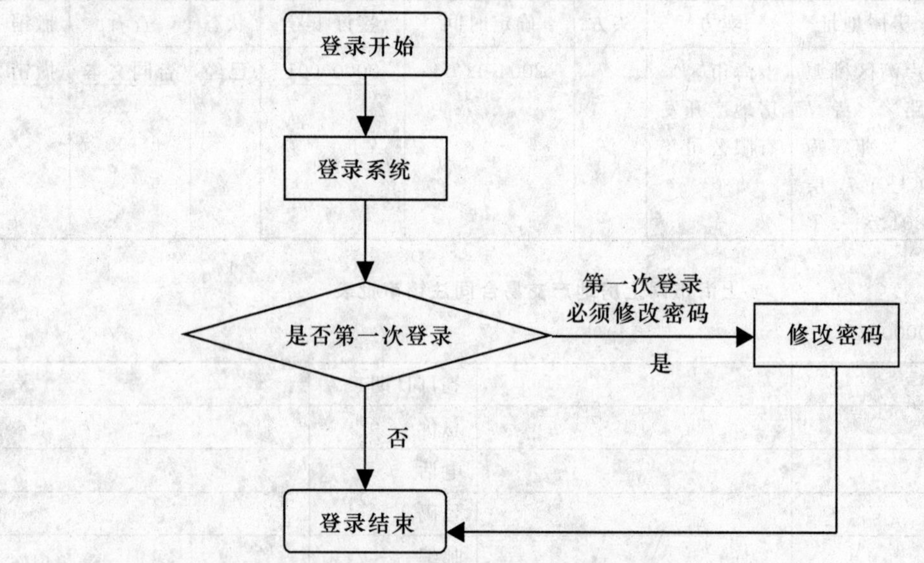

图 13-5　系统登录流程

操作步骤：

(1) 打开 IE，在地址栏输入 http://……，显示登录界面；

(2) 输入用户名、密码，选择“登录”；

(3) 如果第一次登录入网，自动进入修改密码界面，用户必须修改密码；

(4) 系统登录后，如交易中心有最新公告发布，就会弹出公告界面。

二、系统功能概述

上海商品房销售合同网上备案和登记申请系统包括以下功能：

1. 管理模块

① 合同模块管理。对于新建商品房合同条款中的相同或相近的信息内容(如:公司信息、公司销售策略信息、常用附件等)可事先输入或定义,供签约时灵活使用。

② 费用总帐及明细帐管理。公司对房屋权籍信息查询费用使用情况查询。

③ 撤销合同密码设置。撤销合同时需输入的甲方的密码在此设置。

④ 撤销合同申请。如甲乙双方需要撤销销售合同的,在此输入双方的密码,向交易中心提出撤销合同申请。

⑤ 撤销定金合同申请。如甲乙双方需要撤销销售合同的,在此输入双方的密码,向交易中心提出撤销定金合同申请。

⑥ 撤销合同状态查询。

2. 查询签约

销售员在此功能模块里查询有权销售楼盘的可售情况,查询可售房屋的权属信息后,根据交易双方谈妥的条件,填写商品房预售合同或出售合同条款,并提交给上级主管审核(如需要签订定金合同则要填写定金合同条款,操作员有权利与用户签订定金合同)。

3. 待签合同

待签合同是指待销售主管确认签定的商品房预售合同或商品房出售合同。有些待签合同已签过定金合同,有些是未签过,两者在操作时有些不同,将在后面的操作说明中详细说明。

4. 已签合同

已签合同功能是列出已经签字确认的合同列表,界面中显示合同的基本信息,选择希望查询的合同标号,可以看到合同的详细信息。

5. 公告信息

公告信息列出所有公告信息列表,其中“查看”选项可以进行查看公告的详细信息。

6. 修改密码

用于用户修改现在使用的用户密码。

三、网上备案和登记申请系统操作流程

新建商品房销售合同网上备案和登记申请系统操作流程图如下(图 13-6):

四、系统操作说明

1. 模板管理

合同模板分类:① 主模板,指整体合同文本;② 子模板,指合同中的某些条款有一种或几种可能的内容。说明:合同模板定义时应先定义子模板,再定义主模板。

(1) 子模板管理

操作步骤及说明:

① 单击“管理模板”,出现以下 8 个子模块:合同子模块管理、合同主模块管理、费用总帐查询、费用明细查询、修改撤销合同密码、撤销合同申请、撤销定金合同申请、撤销合同状态查询。

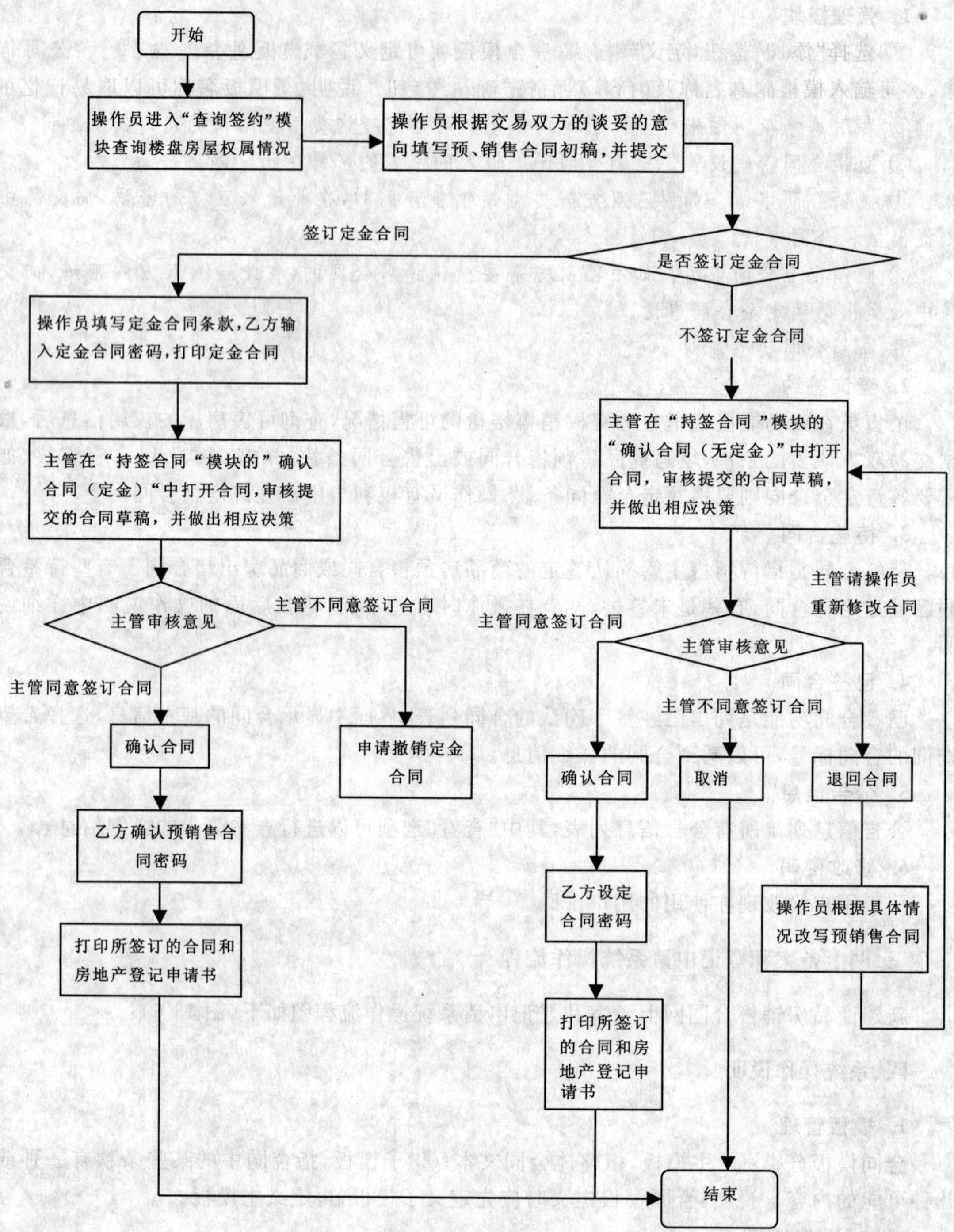

图 13-6 系统操作流程

② 选择"合同子模板管理"，出现：

选择合同类型：		选择合同条款：		确定

③ 选择“合同类型”和“合同条款”，然后，单击“确认”。

④ 选择“添加”按钮，定义新模块(一个模板项可定义多个模板副本)。

⑤ 输入模板副本名称及内容，然后按“确认”按钮。说明：子模板名称可以取易记忆的名称。

⑥ 如需“修改”、“查看”、“删除”，则先选择相应的选项，再单击相应的按钮。

(2) 主模板管理

① 选择“管理模板”菜单的“合同主模板管理”；

② 选择“预售合同模板”，按“添加”按钮；

③输入模板名称(主模板最多5个，通过名称区别)。

上海市商品房预售合同模板

(模板名称：预售合同模板)

甲方(卖方)：________________________

住所：________________________邮编：____________

营业执照号码：________________资格证书：____________

法定代表人：________________联系电话：____________

委托代理人：________________联系电话：____________

乙方(买方)：________________________

国籍：____________性别：____________出生年月：____________

住所(址)：________________________邮编：____________

身份证/护照/营业执照号码：____________联系电话：____________

委托/法定代理人：________________________

住所(址)：________________________联系电话：____________

④ 按照公司要求逐项定义(此处需定义的数据主要是针对下表中第二类数据)。

合同中的项目数据分析

数据分类	一类数据 (交易系统数据)	二类数据 (公司销售策略数据)	三类数据 (单套数据)
数据性质	不可更改	模板数据，可更改	可更改
数据内容 (2000版预售合同为例)	① 甲方信息 ② 合同中第一条 ③ 合同中第二条 ④ 合同中第六条 ⑤ 附件二 ⑥ 附件四	① 第五条 ② 第七条至第四十条 ③ 第十七条、第十九条、第二十一条、第二十二条、第二十三条、第二十四条、第二十五条、第三十一条、第三十二条、第三十三条、第三十四条 ④ 附件三 ⑤ 附件五 ⑥ 补充条款	① 乙方信息 ② 第三条 ③ 附件一 ④ 补充条款

模板定义后，在今后的合同填写时可直接调用各模板。

2. 网上签约的流程

第一步：查询签约（拟定合同初稿）

查询签约含义是：查询房屋权属并拟定销售合同初稿（或签订定金合同），通常一般销售人员只有拟定合同初稿的权限，合同初稿需经过销售主管确认通过后才能生效。

交易双方谈好商品房交易意向后，销售员登录系统，双方查询该房屋的权属情况，以确保交易的安全性。在系统中可查询到房屋的权属属性，包括产权人、面积、是否抵押、是否限制等状况。

销售与买方经过协商，达成一致意见后，双方可以根据系统提供的预、销售合同文本格式，逐条填写商品房预销售合同的内容，如用户需要先签订商品房"定金合同"的，则销售人员可直接与用户签订好定金合同。定金合同不需要销售主管审核直接生效，然后销售员将填写的合同初稿提交给主管审核。下面分两种情况说明整个签订合同的过程。

(1) 双方签订"定金合同"

关于定金合同的说明：① 在填写定金合同之前要先填写所有的预销售合同的各条款，包括所有乙方的姓名，定金合同视作正式预（销）售合同的一部分；② 有合同填写权限的销售员均有权与用户签订定金合同；③ 为了今后可能要撤销合同的需要，所有乙方都需要设置撤销合同的密码，定金合同签订后自动在网上进行备案；④ 签订过定金合同的预销售合同初稿，可由主管根据双方的意向在确定合同时更改内容，但房屋总价和乙方信息不得更改；⑤ 定金合同可以由双方共同申请撤销。

签订"定金合同"的操作步骤：① 单击"查询签约"；② 选择"项目"和"楼栋"；③ 出现想查看楼盘的销售情况表；④ 选择"合同类型"及合适的"合同模板"副本，按"进入合同签订按钮"；⑤ 根据与用户协商的结果，修改合同中的相应条款（此时的修改主要是针对第三类数据，也可修改第二类数据中相冲突的部分。注意边修改，边保存）。

房屋状态有"已付定金"，"已签"，"已登记"，"未纳入网上销售房屋"和"可售"5 种。系统中分别以 5 种不同的颜色区别不同的房屋状态。可售房屋的详细权属情况可以被查看。

各种颜色含义说明如下：① 粉色，代表该房屋已签订了定金合同；② 黄色，代表该房屋已经签订和预售合同和出售合同，但尚未进行商品房登记；③ 红色，代表该房屋已经签订和预售合同和出售合同，并且已经进行商品房登记；④ 白色，代表该房屋未能纳入网上销售；⑤ 绿色，代表该房屋处于可销售状态，只有可售的房屋才能与买方签订合同。

选择绿色的"房号"，查询该房屋的权属关系如下表：

房屋权属查询结果

幢号		部位	
建筑面积		层数	
房屋类型		房屋结构	
产权来源		竣工日期	

房屋土地状况

地号		使用期限		规划用途	
总面积		共用面积		使用权来源	

权利人信息

权利人		权证或证明号	
共有人与共有情况			
房屋坐落			
受理日期		核准日期	
备注			

注：乙方的第一个姓名必须输入身份证号码，如第一位买方是未成年人，需提供户口本以便填写身份证号码

上海市商品房预售合同

甲方(卖方)：__________

住所：__________ 邮编：______

营业执照号码：__________ 资格证书号码：______

法定代表人：__________ 联系电话：______

委托代理人：__________ 联系电话：______

乙方(买方)：__________

⑥ 提交合同给主管审核。注意：合同提交后销售员不能修改，单击“确认”后则进入正式的定金合同模式。

如单击“确认”按钮弹出“定金合同录入”窗口，如下所示：

定金合同录入

定金：______ 大写：______ 预定天数：______

本协议一式____份，甲乙双方各持____份，______、______各执一份。

正式合同签约地点：______ 正式合同签订日期：____年____月____日

总房款付款方式：______ 房屋交付日期：____年____月____日

⑦ 所有乙方输入密码(用于撤销合同时)，按确认“定金合同”即生效，具有法律效应。如“定金合同”需变更，必须先向房地产交易中心申请撤销。

⑧ 打印“定金合同”，双方签字合同生效，甲乙双方根据定金合同约定，在规定期限内，

由销售主管确认该商品房的预(销)售合同,定金合同如:

房屋代码:25000000310322

定金合同

(供商品房预定时使用)

甲方(卖方):______________________________

住所:______________________ 邮编:__________

法定代表人:__________________ 联系电话:__________

乙方(预购方):______________________________

住所:______________________ 邮编:__________

证件名称:________ 证号:__________ 联系电话:__________

甲、乙双方遵循自愿、公平和诚实信用的原则,经协商一致,就乙方向甲方预定《________》商品房事宜,订立本合同。

(2) 直接拟定"预售合同初稿"。双方不签订"定金合同",直接拟定"预售合同初稿",操作步骤①～⑤与签订"定金合同"的①～⑤步相同,⑥ 提交主管审核。注意:交易双方在网上填写的合同初稿提交后,系统自动生成惟一合同号,合同号和 18 位房屋代码都显示在合同封面上,合同初稿自动进入待签状态;"预售合同初稿"提交后,销售员不能再做更改,如销售员想修改合同,必须经销售主管"退回"(见销售主管操作)。

第二步:合同确认(待签合同)

(1) 含"定金合同"的商品房销售合同的确认。对于已签过定金合同的商品房,双方在规定期限内需签订商品房预(销)售合同,具体步骤如下。

① 单击"待签合同"功能,显示如下:

选择合同状态

草签合同

拟签合同(定金)

拟签合同(无定金)

确认合同(定金)

确认合同(无定金)

② 单击"确认合同(定金)",确认合同(定金)指主管确认已签过定金合同的商品房预(销)售合同的初稿。显示如下:

待签定金合同列表

合同号	合同类型	坐落部位	买方	初签人	初签时间
200000000224	预售合同	徐汇区虹桥南路××弄××苑17号9层901室	某某	0000000002	2004-03-31
20040000217	预售合同	徐汇区虹桥南路×××弄××苑17号8层801室	某某	0000000002	2004-03-31
……					

③ 单击具体的合同号显示该合同文本，如下所示：

上海市商品房预售合同

甲方(卖方)：________________

住所：________________邮编：________________

营业执照号码：________________资格证书号码：________________

法定代表人：________________联系电话：________________

委托代理人：________________联系电话：________________

乙方(买方)：________________

国籍：________________性别：________________出生年月：________________

住所：________________邮编：________________

证件名称：________________号码：________________联系电话：________________

委托/法定代理人：________________

④ 销售主管对提交的含“定金合同”的预销售合同初稿进行审核。如审核通过，则确认后由乙方输入与签订“定金合同”是相同的密码，按“确认”后生成含“定金合同”附件的“预(销)售合同”。

⑤ 打印“商品房预(销)售合同”及“房地产登记申请书”

⑥ 在打印出的商品房预(销)售合同文本上甲、乙双方签字盖章，合同生效。

(2)“预(销)售合同初稿”的确认

① 单击“待签合同”，显示如下：

选择合同状态

草签合同

拟签合同(定金)

拟签合同(无定金)

确认合同(定金)

确认合同(无定金)

② 单击“确认合同(无定金)”，显示如下：

待签合同列表

合同号	合同类型	坐落部位	买方	初签人	初签时间
200000000262	预售合同	徐汇区虹漕南路××弄××苑17号3层301室	某某	0000000002	2004-04-01
20040000253	预售合同	徐汇区虹漕南路×××弄××苑17号8层801室	某某	0000000002	2004-04-01
……					

③ 单击具体的合同号显示该合同文本，如下图：

上海市商品房预售合同

甲方(卖方)：____________________

住所：________________ 邮编：__________

营业执照号码：____________ 资格证书号码：__________

法定代表人：____________ 联系电话：__________

委托代理人：____________ 联系电话：__________

乙方(买方)：____________________

国籍：________ 性别：________ 出生年月：________

住所：________________ 邮编：__________

证件名称：________ 号码：________ 联系电话：__________

委托/法定代理人：____________________

住所(址)：________________ 邮编：__________

④ 对提交的"预售合同初稿"提交审核意见，具体有以下几种操作选项：确认合同初稿，如对合同无修改意见，则按"确认"(也可对合同修改)；退回合同初稿，如对合同有修改意见，则按"退回"，可将合同退回给提交该合同的销售员进行修改操作；废除合同初稿，如要废除已提交的合同初稿，按"取消"，合同初稿被删除。

⑤ 乙方输入合同密码(所有乙方都必须输入各自的密码)，打印"商品房预、销售合同"及"房地产登记申请书"。

⑥ 在打印出的合同文本上甲、乙双方签字盖章，合同生效。

五、其他功能说明

1. 费用管理

(1) 费用总帐查询。费用总帐查询的主要功能是供公司查询自己的预交费用使用情况，包括公司累计交纳金额、已使用金额、当前可用余额等信息。企业因需要可向交易中心提出退费申请，申请退回的金额先冻结再退费。

操作步骤：单击"管理模块"，再选择"费用总帐查询"，显示如下：

累计交纳金额为:20000.00元
已经使用金额为: 300.00元
已经冻结金额为: 0.00元
已经退款金额为: 0.00元
当前可用余额为:19700.00元

(2) 费用明细查询。单击“费用总帐查询“下的”明细查询“按钮。

2. 撤销合同管理

合同一旦经过销售主管确认后,企业便不能擅自变更或撤销。合同双方经过协商确实需要变更或撤销合同的,需向市房产交易中心或其委托机构申请撤销合同。

(1) 修改撤销合同密码。如合同双方因需要撤销合同的,必须输入双方的撤销合同密码,一个公司只有一个撤销合同密码,拥有密码者可在此修改撤销合同的密码。

操作步骤:单击“管理模块”菜单;再单击“修改撤销合同密码”。

(2) 撤销“定金合同”申请。操作步骤:单击“管理模块”菜单,再单击“撤销定金合同申请”;输入合同编号后,单击“查询”按钮;分别输入企业撤销合同的密码和签“定金合同”时所有乙方的密码,提交后完成“定金合同”的撤销申请;系统弹出“上海市网上房地产交易合同注销审批表”。

上海市网上房地产交易合同注销审批表

合同编号:200400000275

房地坐落部位	*	签订日期	*
房屋面积	*	总价	*
申请人	*	电话	*
身份证件名称	*	号码	*
联系地址	*	邮编	*
代理人		电话	
身份证件名称		号码	
联系地址		邮编	
申请人	*	电话	*
身份证件名称	*	号码	*
联系地址	*	邮编	*
备注			
请输入经办意见			

注:输入经办意见后,选择“提交审核”,申请撤销的定金合同就被提交到交易中心进行审核;有“ * ”项必须填写

(3) 预、销售合同的撤销申请。如果要撤销的是已经确认的预、销售合同，则操作如下：单击“管理模块”菜单，再单击“撤销合同申请”，其他操作类同“定金合同”撤销申请

(4) 请撤销的合同的其他说明。

如果该合同不能提出撤销申请或者已经提交过的撤销申请正在办理当中，则可能有“待签状态”、“编辑状态”、“已签状态”、“撤销状态”、“已登记”、“内部撤销”、“已领证”、“系统已自动撤销该合同”等状态。

如果合同号不正确，会提醒该合同不存在。

(5) 撤销合同状态查询。合同申请撤销后，可以通过此功能块查询撤销申请的办案状态。申请撤销的合同有“已申请”，“已撤销”，“未通过”等状态。

3. 已签合同查询

已签合同功能列出已经签字确认的合同列表(如下表)。用户可以在此查询已签订的合同，列表中显示合同的基本信息，选择希望查询的合同号，可以看到合同的详细信息。

合同号	合同类型	坐落部位	买方	签约时间	状态
200400000276	出售合同	卢湾……		2004-04-02	撤销
200400000275	出售合同	卢湾……		2004-04-02	已签

第十四章　房地产营销成败的关键

实践证明，房地产营销策划是房地产项目开发的重要环节，而影响营销策划的因素又是多方面的。本章将主要介绍在实际操作中所积累的经验和教训，以增强读者对营销策划工作的感性认识。

第一节　营销策划的关键

一、房地产营销关键点剖析

1. 项目定位依据问题探讨

(1) 项目定位问题的参考因素

① 公司实力。公司的实力包括公司的资金实力、技术实力、对资源的整合能力、关系能力、企业领导人的人格魅力、创新实力等。

公司实力对项目营销定位问题的决定性在于公司是否有能力将项目按照构想实施，是否有能力持之以恒的遵循公司的方针、政策。在营销过程中，公司实力表现为：

● 在产品方面：产品能否超越其他产品，并对消费者形成较强吸引力，即产品能否具有自身特色，并且将特色转化为项目的卖点。

● 在宣传推广方面：提出的概念能否得到充分表达，消费者能否正确理解并接受概念的内涵，进而将之向其他消费者传播。

以上都成为项目定位的参考因素，但由于现代社会资源融通能力与速度大为加强，因此这些因素并不能构成项目定位的决定性因素。

② 概念地产空白区。在概念地产中，概念集中将产品的特色、理念以及项目的精神内涵进行高度的概括与浓缩，使人们通过概念理解整个项目的内涵。

在本地市场中，拥有些什么样的概念地产、相对先进发达区域还有哪些空白点、根据本地区域文化还可能延伸些什么概念、什么样的概念能够被市场最快接受并能形成时尚，这些是概念地产营销成功的重要保证。

一般说来，形成概念主要考虑的因素是当地的社会文化习俗及当地文化学习方向。城市的开放性与文化传统，在很大程度上将成为概念地产生存发展的土壤。

③ 市场环境问题。市场环境对营销定位的影响，主要表现在城市的各项经济指标上，比如失业率、城市人均可支配收入、城市阶层的分布情况；具体到地产行业方面表现为产品供应的层次与梯度问题和同层次同梯度产品的供应量；消费者对各类产品的接受程度及当地文化习俗与风俗禁忌等。

(2) 项目定位问题的关键因素

① 地块因素。项目具体的条件成为项目定位的核心因素。包括：项目的地理位置、项目周边生活配套设施的完善程度、地块的大小、地块的地形地貌及可供利用的自然资源因素、项目规划方面的制约（容积率、绿地率、高度、层数等建筑元素的限制）等，这些因素成为

项目定位的硬件制约因素。

② 社区模式问题。这里指的社区模式主要包含两个方面的内容:社区产品模式与社区价值取向。

社区产品模式主要指项目周边大社区的产品模式,比如项目在CLD里建设商务楼或者在CBD区域内建造住宅楼就不合时宜。与周边环境和谐统一是项目定位的重要原则。逆社区潮流不仅要付出巨大的代价(比如花巨额的宣传费用去改变人们心目中原有的观念),同时还要面临巨大的风险,这种风险不仅体现在销售方面,同时还体现在社会大众的谴责、政府职能部门的压力等。因此聪明的发展商在选择产品模式问题上,往往表现出随大流的态度。

社区价值取向,在原理上与产品模式方面是一致的。如果项目地处所谓的高尚住宅区、富人区、平民区内,那么发展商在建筑产品方面应当与这种价值取向保持一致。比如在富人区内建设经济实用房或者在平民区内建设豪宅,不仅给项目的营销带来巨大的困难与风险,同时也会引发社区内原居民的不满情绪,进而对发展商的形象与美誉度带来负面影响。因此开发商对逆社区价值取向建造产品,应慎重又慎重。

(3) 项目定位与营销推广的关系问题

① 形象定位与项目的统一问题。项目形象定位的成功与否,主要取决以下几个方面:项目形象定位对产品美誉度与价值提升是否有利;形象表现是否具有美感;形象所展示的精神内涵是否与时尚或者主流价值观协调统一。在销售方面,通过宣传手段所表现出来的内容能否引起消费者的购买欲望等。

形象定位与项目定位必须统一,这与人们的习惯心理相吻合。在项目形象定位方面应遵循统一原理,否则将造成销售不畅,市场不认同的尴尬局面。

② 营销推广中的项目质素与销售推广策略的匹配问题。项目质素对营销推广的规定性主要表现在产品形象的统一性方面,其原理与上一问题相同。

通常而言,高端产品的竞争不表现在价格方面,而低端产品的竞争也不会表现在产品精神内涵方面。这个原理可由马斯洛的人的需求理论来解释。

(4) 项目定位中的忌讳问题

① 背离社区模式。背离社区模式的巨大营销风险与社会风险对发展商而言是致命的。因此建议发展商在项目定位之前,就项目所在社区未来的规划前景,详细的向当地政府咨询,然后再进行项目定位,这样既可减少可能的机会损失,也可以减少项目的营销风险。

② 定位过窄。定位过窄是指发展商在产品定位过程中,片面追求某方面的因素,比如户型——一个大型小区的户型全是大户型或者全是小户型;或者比如在景观方面,片面的强调某种景观的好处,并在营销推广中,作为其主诉求点,但市场并不完全认同这种诉求点,这种不当定位对项目的持续销售、项目的特色及后期管理都会造成相当大的风险。

③ 定位过宽。定位过宽是指产品定位要覆盖的市场面太广,没有任何特色。在项目的宣传推广过程中,找不到产品的主利益点,也没有赋予产品特定的精神含义。造成在宣传推广过程中,不断变换主题,但仍然不能吸引买家的局面。

④ 定位过高。产品定位过高是指产品定位超出当地的需求,市场接受不了,导致销售困难。具体表现在两个方面:一是产品单位面积定价过高;二是户型偏大,造成总价过高,导致顾客面过于狭窄,影响到整个项目的销售。

2. 关于项目价值与价格的关系问题探讨

(1) 发展商对利润的态度问题

发展商对待利润持何种态度,对项目的营销具有重要的影响。它将集中影响到项目的价格策略与营销推广政策的制定等问题。

如果发展商对单位项目的利润态度过于乐观,则在制定价格方面表现得比较刚性,一般都采取高开高走的策略。采取这种策略的风险相对而言较高,因为项目在营销过程中,缺少价格方面有力支撑,使促销措施不能起到立杆见影的效果。所以此类项目一旦销售陷入困境,想要重新崛起,相当困难。

此种策略较适宜于地理位置极佳、品牌知名度极高、缺乏同质竞争的项目。并且项目自身配套完善、设施高档,体量一般不超过 8 万平方米。

如果发展商眼光更长远一些,则更倾向于实行低开高走的策略:一方面低价开盘能够迅速聚集人气;另一方面在营销过程中,通过对价格策略的灵活运用,可以形成不同的亮点措施;第三则是通过对产品的不断完善,不断提高项目的附加值,提高人们对项目的满意度,进而提升顾客对项目的认同度,从而为项目带来物超所值的美誉度,使项目在营销过程中的风险降到最低。但实行此种策略的项目应有相当的体量做保证,或者发展商及时推出后续项目。

实行此种策略的项目一般处于不成熟社区,小区体量较大,发展商实行分期开发的策略,有建立品牌的良好愿望。

(2) 发展商对资金盈利能力与流动速度的观点

发展商对资金的盈利能力与资金流动速度的评估,将对项目的营销起着决定性的作用。如果发展商只重视项目的盈利能力,而不考虑资金的流动速度,一般都会采取高价策略;而如果发展商更关心资金的流动速度带来的滚动效益,则会淡化对单位项目利润的追求,更愿接受低价策略。当然在房产营销策划中,策划者须努力找到一个单利与资金流动速度合理的结合点,使项目更快的销售出去。

对这个问题的探讨首先要依据企业资金实力状况,在结合市场动态与企业技术能力进行综合分析后,对两种营销策略的销售风险进行评估后再做出决策。

(3) 优质低价的代价与机会选择问题

优质低价策略实质就是一种薄利多销的经营方法。但薄利多销将不可避免的损失一部分即得利益,薄利也就决定了品牌的指向不可能是精品路线,从而为公司后继项目转向获取高额利润埋下隐患。因此如何让项目在薄利多销的情况下,保持必要的品牌尊严,是每个营销者必须仔细考虑的问题。对这个问题的决策必须结合企业领导者自身素质、价值观及由此形成的独特的经营观念综合分析后才能做出结论。

一般而言,对于资金技术短缺企业或者项目先天条件不好,走精品路线有相当难度的企业,或者低端市场异常空缺的项目可以实行此种策略。此种策略的要点是价格必须在市场上占绝对优势,能够在市场中形成轰动效应,且有大量的资源可供企业持续经营走实力路线,形成大众品牌来获取由品牌带来的边际效益。

(4) 随行就市面临的市场难题

随行就市面临的最大难题是产品同质化带来的恶性价格竞争,导致企业无品牌,企业利润得不到保障,同时正常的销售也不得不靠价格的下降来维持,市场对价格已经非常敏感。

竞争对手一次小小的价格变动，也会对自己的销售带来不利后果。

然而，有的企业可以仍然利用此种策略来赢利。对那些公司规模不大、资金实力与技术实力一般、地块较小，体量在6万平方米以下、且位于城市边缘社区的项目来说，此种策略不失为一种可行的策略。企业可以通过成本的节约获取价格优势。

(5) 优质高价的市场机会与持续性经营问题

优质高价策略的实质就是在市场上奉行高端路线策略，企业通过向市场提供有特质的、有个性的且优异的产品去引导市场上消费者的行为、心态及购买趋势的策略。此种策略能够给企业带来良好的口碑及可观的效益。

实行此种策略，首先要求企业领导者具有较高的个人素质，丰富的经济学、社会学、美学知识，能够预测一段时间内市场的发展趋势。其次要求企业拥有雄厚的技术实力与资金实力，能够在短时销售受阻的情况下，坚持既定的路线继续经营。第三是企业必须有严格的质量把关，坚持始终如一将自己的产品的塑造成社会典范产品。

在非常不发达或上流行者以量取胜市场中，实行此种策略最为有效。并且要求项目地理位置具有规划方面的潜力，而不仅仅是现实的优越性，项目具有足够体量使得企业在市场成熟时可以获取前期积累的品牌效应带来的边际效益。

实行此种策略，应在品牌初步显现出社会效应时，重视对品牌的维护及赋予品牌更新的含义与社会责任感，使社会对品牌保持良好的口碑。

3. 营销推广中的几个策略问题探讨

(1) 系统策略的应用问题

营销中系统策略应用主要是指企业的营销推广中的形象同一性和营销推广策略与企业在市场中的地位相适应问题。

具体而言，就是如果产品为高端产品，一定要做到企业形象、发展商公司的CI系统和产品的CI系统相统一，都要符合市场对高端产品的定义，在营销策略中的促销政策尽量避免单一的价格策略。最好赋予产品特定的文化含义，使企业的行为、政策与公司项目宣传的生活方式相统一，使社会感觉到企业即是该种生活方式的实践者。

反之如果企业的产品为中端产品，则一定要表明自己的行为方式是社会主流。企业产品为低端产品，则要使营销对象了解，企业让产品经济实惠，购买该产品，可以为他们节约更多的金钱。

(2) 促销策略与价格执行问题

企业实行怎样的价格策略即决定了他的促销政策的力度。

如果企业实行高价策略，且市场证明价格策略基本正确，那么企业的促销活动可以围绕着解释产品的高价格这个主题进行，着重体现企业的与众不同。如果企业的价格政策被市场证明偏高，可以利用价格做优惠措施，实行限时限价的策略。同时发布有关本项目获得的市场荣誉及为项目增添的附加值。

如果企业采取低价路线，则在营销中可以通过阶段性的提高价格而实行限时限价的策略，在销售推广中，造成给予顾客的每一优惠，都是发展商在自己的合理的利润空间中做出的决策。让消费者珍惜每一次发展商作出的让步策略。

(3) 营销推广费与价格走势问题以及边际价值趋向问题

现在房地产企业已经普遍接受了以广告树立品牌的做法，即使广告宣传费占到销售费用的3%～5%，也能被企业普遍接受。

由于竞争日渐激烈，若项目不具备足够的基础性客户做支撑，或者不具备巨大的价格优势作为后盾，企业做广告宣传是必不可少的。

通常企业会采取两种费用策略，一是尽量少的策略，力图实惠，使其发挥最大的效用；另一种策略则通过较多的广告推广费，来树立企业或者产品的品牌，以牺牲短期利益来换取品牌给企业带来的长远效益。

但在市场中采用这两种费用策略都将面临一个问题，就是在销售受阻时应压缩广告费，彻底让利给消费者，还是应增加广告费，通过强势推广树立品牌、促动销售。

若产品具有特色，定位准确，价格没有异常，建议采用加大广告投入的策略，但一定要对以前的广告策略做仔细思考，全面衡量项目知名度与美誉度，同时检查广告宣传的价值观是否符合当时特定的社会状态下人们的心理，品牌指向是否有利于项目的价格支撑。若推广思路与社会发生了明显的偏差，且已经具有相当的知名度，建议暂停广告，改用比较实惠的价格策略。

(4) 概念地产的应用问题

从营销学发展的角度看这个问题，我们认为概念地产是地产营销的高级状态，并且将持续发展下去。

概念地产的前提是产品本身具有特性，营销者通过对这种特性进行提炼，找出一种更适合当前人们居住的生存状态或者生活方式来向人们推销。

首先，概念是建立在产品的基础上的；其次，概念的内涵一定要符合当前社会时尚或者社会大众审美情趣，其三，对概念的解释一定要与潜在顾客方向相同，不要背道而驰。

二、房地产营销策划的误区分析

不少营销策划人员限于经验及专业素质的不足，在推广具体的项目时易陷入各种误区。以下列举常见的几种营销策划误区，以示警醒。

1. 广告论

很多企业或发展商将产品或项目的成功程度等同于广告投入金额的多少。他们认为，只要有足够的广告费，所有的产品都能够销售出去。

对于产品或房地产项目的推广而言，必要的广告费是推广成功的助推器，可以借助媒介传播的力度，迅速打开市场局面。但是正确、高效的信息传达，离不开营销策划人员周密、严谨的操作与安排。以房地产而言，投入千万广告费而销售额只有几十万甚至为零的比比皆是。这些例子实在是值得唯广告论的人士引以为戒。

2. 经验论

把以往的成功经验，生搬硬套到新项目的营销策划中，这是最常见的策划误区。房地产项目区域性极强，不同区域买家的购房需求有很大区别。生搬硬套个别项目的运作策划模式，必然会造成"南桔北枳"的结果。

做营销策划不仅要知其然，更要知其所以然。必须结合丰富的营销技巧，为每一个项目度身订造切实可行的策划方案，即使前面所说的市场追随策略，也决不是生搬硬套，而是扬弃，只有这样才能确保新项目的推广成功。

陷入经验论误区的人，往往排斥营销策划，否定其作为一门学科的专业性，甚至不愿意去总结、学习他人的成功经验。在知识更新换代周期越来越短的现代信息社会，这种凭经验做营销策划的工作方式是极其危险的。

3. 造势论

不少策划人言必称造势，时刻想制造轰动效应，以求得媒介的免费宣传与消费者的关注。不少企业或房地产商也仅满足于做表面功夫，沉迷于制造所谓的“新闻效应”，盼望以最小的投入换来最大的产出。这其实是一种严重的投机心态，对于房地产策划及销售来说存在很大风险。

营销策划关于传播部分要求的是有效传播，即将正确的信息传达给明确的潜在消费群。所谓“造势”和“轰动效应”绝大部分只能帮助提高企业知名度。而追求此种效应的企业，为了一时的新闻价值，往往不能将正确的产品或项目信息传递给有效的购买人群，最终导致营销策划工作只能追求表面繁荣。

4. 技巧论

现很多营销策划人员沉湎于各种促销方法、促销花样的翻陈出新，把营销策划等同于出点子、搞促销，实际上是把一门严谨、专业的应用型科学庸俗化、低级化。

营销策划重在潜在市场的挖掘与培育，运用各种理论去形成正确的战略与战术并加以实施。单一的“点子”或“促销技巧”，对于一个项目的整体市场推广而言，所起的作用十分有限。

综合而言，上面所述四种营销策划的误区比较常见，反映了部分企业或策划人在营销策划中的不足。

第二节　房地产项目卖点的开发

一、对卖点的基本认识

房地产项目的卖点即项目有竞争力的价值点，也是吸引客户付款的理由。对卖点的理解包含以下几个方面：① 常规性的价值点不等于卖点；② 卖点的惟一性：越具有惟一性（特定时间、空间和客户层）竞争优势越明显；③ 卖点的特征：具有竞争优势，明确的，可转化为顾客实际利益的，可感知的；④ 卖点需要整理，否则可能相互冲突，消抵价值；⑤ 卖点需要展示，需要市场力的推动，让客户了解、认识、接受；⑥ 卖点推广需要成本，因此不一定越多越好；⑦ 卖点宣传必须统一口径。

二、卖点的分类

项目卖点的开发对于不同档次、不同功能定位的楼盘来说各有所异，但大体上可归纳如下：

1. 楼盘硬件与空间价值

产品时代与营销时代似乎是一个循环，然而优质产品毕竟是决定购买行为的最终要素。楼盘的硬件价值体现于每个细节当中，开发商应从中发现最有价值的一个，并能够让客户了解它。与此同时，人们对居住空间布置的合理性与实用性提出了越来越高的要求，开发商应以创新的户型为客户带来更大的空间价值。卖点构成：户型卖点、配套设施、交通卖点、精装修卖点、板式住宅、建材与配置、景观卖点、新工艺新材料、使用率卖点、楼间距卖点、会所卖点、泳池卖点、户口卖点、大型超市进驻、规划卖点、专业组合、大规模卖点、创新技术、绿化率卖点、错层卖点、跃式卖点、复式卖点、空中花园、大露台卖点等。

2. 建筑风格

今天建筑风格几乎是影响住宅魅力的第一元素。风格有很多种，哪些适合于我们的项目？哪些具有更强的杀伤力？需要我们着力研究。

卖点构成：建筑艺术、德国风格、欧陆风格、法国风格、意大利风格、海派建筑风格、和式筑居、新加坡风格等。

3. 自然景观与园林主题

环境作为居住空间的重要组成，与住宅一起肩负了"天人合一"的使命。拥有自然景观资源的房子，本身便构成了一道风景。

卖点构成：全海景卖点、一线江景、二线江景、园景卖点、人工湖景、山水景观、山景卖点、河景卖点、自然湖景、中心花园、加拿大风情园林、主题园林、艺术园林、亚热带园、园林规模、欧陆园林、江南园林、自然园林、树木卖点、新加坡式园林、岭南园林、园林社区、澳洲风情、海滨风情、热带园林等。

4. 区位价值

区位对不同定位的居所来说，影响各有不同，但都是决定性的。有些项目的核心价值正是体现在区位上的，需要更具创造性的发挥。

卖点构成：繁华路段、CBD 概念、中心区概念、奥运村概念、地铁概念、商业地段等。

5. 产品类别及原创概念

人以群分，物以类聚。某些特殊类型产品定位，往往可以更加精确的捕捉特定的目标客户群。地产商们为购房创造了许多概念，但也只有符合客户心理需要的概念才能赢得客户。

卖点构成：小户型物业、Townhouse、产权式酒店、独立别墅、酒店式公寓、大户型物业、商务公寓、国际公寓、学院派公寓、新独院住宅、经济适用房、居住主题、新都市主义、宣言卖点、度假式概念、现代主义、游戏规则等。

6. 人以群分，居住文化与生活方式

不同买家对住宅品质的要求也不同。所谓好的产品，就是最适合某种类型的人的产品，社会是有阶层的，楼盘也是有阶层的。不同阶层的人们具有不同的生活方式和居住文化，如何为客户量身定做相应的居住氛围，是值得开发商探讨的问题。

卖点构成：豪宅卖点、白领卖点、单身公寓、工薪阶层、外销卖点、先锋人士、国际化社区、生活方式、品味卖点、文脉卖点等。

7. 功能提升与产品嫁接

为购房者创造剩余价值，往往要通过功能提升来实现，这些价值提升往往超越了楼盘的先天资源，但同时也对开发商的操作提出了更高的要求。功能的提升离不开对其他产品的借鉴，这种借鉴，不管是产品嫁接，还是复合地产，都将更好地激发人们对美好生活的向往。

卖点构成：健康概念、投资概念、绿色概念、概念卖点、环保概念、生态概念、教育概念、音乐概念、艺术概念、运动概念、旅游概念等。

8. 楼盘软性与产品可感受价值

附加值是无形的，发展商在为人们提供有形的居住空间的同时，还应该为住户们构筑一个无形空间。居住者对生活空间的感受是多元化的。这与人类的价值观有紧密关联，在不同时代，不同地域，会有不同的侧重点。

卖点构成：服务卖点、文化卖点、物业管理、口碑卖点、品质卖点、成熟社区、身份地位、安全卖点等。

9. 楼盘及发展商形象

在信息不对称的环境下，处于劣势地位的消费者大多会凭借开发商的声誉来判断该购买谁的房子。

卖点构成：荣誉卖点、发展商品牌、知情权卖点、自我标榜、张扬个性等。

10. 创意促销与情感砝码

家庭是人类温暖的归处，人们对居住地自然会倾注感情，利用人们对家庭成员的感情创造卖点，能够达到事半功倍的效果。在促销方式及理念上也应该提倡以家庭情感为主题，不断创新。

卖点构成：价格卖点、付款方式、竞卖卖点、节日促销、折扣促销、送礼促销、特价单位促销、巨奖促销、名人效应、各类比赛促销、征集活动促销、开放日促销、业主联谊促销、音乐会促销、表演活动促销、艺术活动促销、新旧房互动、车房互动、送私家花园、另类营销手法、孩子卖点、情缘卖点、亲恩卖点。

11. 销售与工程进度

购房者最直接的信心来自楼盘的工程进度，发展商巧妙利用施工过程中的几个重要阶段，将能营造出一系列气氛热烈的庆典时刻。

卖点构成：奠基卖点、内部认购、第一期公开发售、第二期公开发售、最后一期公开发售、火爆人气、热销卖点、加推卖点、样板房开放、外立面呈现、封顶卖点、竣工卖点、交楼卖点、入伙卖点、尾房销售、现房卖点、答谢卖点等。

三、卖点设计实例

某楼盘销售卖点设计如下：

1. 卖规划设计

① 江南名居与现代建筑的完美结合。

② 现代居住人性化的最佳人居环境。

③ 超前的户型设计和概念房型。

④ 生态环保的绿色住宅，大面积的绿化景观。

⑤“小河进人家，人家尽枕河”的水景住宅特色。

⑥“名师联手的惊世之作”——个性化的设计方案及装修方案。

2. 卖楼盘品质

①“地产名牌，信心保证，精雕细镂，现代经典”。

②“绝版园区，世代传承”。

③ 即将申报“联合国最佳人居环境奖”。

④“买经典楼盘，创辉煌人生”，崭新的生活方式就在您的眼前。

3. 卖小区的设施配套

①“e网时代，您与世界相连”，展示小区的智能化系统。

②“八重保护，您的生活无忧无虑”，展示小区的安保系统。

③“顶级会所”，展示您生活的高贵品质。

④“师出名门，孟母何须三迁”，小区的教育环境一流。

⑤“直达巴士接送”，上班一族更显尊贵。

4. 卖小区的人文环境

①“我们100%的服务是您信心的保证”，完善的物业管理，满足您的生活需求。

② 独特的社区文化，为您的下一代创造成长环境和新的生活方式。

③ 邻里亲近的沟通，关怀您的情感空间。

5. 卖开发商的品牌和实力

① 无理由退房”——产品质量的保证。

②“零风险试住”——开发商形象的显现。

③“责任建筑师制度”——户型由客户决定。

④“低首期付款”——降低入住门槛。

⑤“以旧换新”——客户多了选择面。

第三节　广告策略的应用

在房地产项目的销售过程中，广告的作用就是“巧传真实”。就是要以深具吸引力、说服力及记忆点的广告语，以最震撼人心的方式把产品中与消费者最相关的部分，即所谓“真实”的东西巧妙地传达给消费者，这个“震撼人心”表现在3个方面，即相关性(Relevance)、原创力(Originality)和震撼力(Impact)。在实践中，这两者往往处于不平衡的状态。例如，不少创意导向的广告公司长于创意手法，但在销售方式上不甚高明，有些广告公司擅长销售方式(说什么)却弱于创意手法(如何说)，而针对房地产这种直效性非常强的产品，作者更加坚持“创意与策略”或“策略性创意”。这是永远不变的结构。这其中“真实性”永远要放在第一位，而“创意”则是广告全部的生命力和灵魂。

针对每个不同领域、不同价值和不同档次的房地产项目，广告策略的具体内容也会有所不同。但我们应注意两点：一是反映人性，其二是发现、建立全新的创意。本节以海滨花园的广告方案为例介绍广告策略的应用。

广告策略的制定也应遵守从粗入细的一般规律，首先确定其总体策略。

一、广告宣传总体策略制定实例

实施品牌形象战略，以形象取胜，确保形象品牌的优势，以求迅速聚集人气，加大品牌渗透力。

地产市场是一个竞争激烈的市场，任何单一的宣传形式都难以有效地影响消费者。海滨花园是一个14万m^2的大型项目，因此，为了有效的扩大品牌知名度，聚集人气，在广告形式上应力求多样化。电视广告、报纸平面广告乃至路牌广告同时出击，形成宣传强势，但无论是何种媒体，其产品定位和广告诉求均要保持较一致的形象，以达到较强的识别性。

广告诉求应采取情感诉求和理性诉求相结合的方式，情感诉求要着重强调人性化，使消费者感受到一种较强的亲和力，在情感上接受并喜爱海滨花园；同时理性诉求的目的在于理性的说服消费者，让消费者在情感认同的同时，在理智上也取得对海滨花园的认同，认为海滨花园确有其优势所在，即所谓的物有所值，这就要强势宣传海滨花园的几大卖点。

因为电视广告转瞬即逝，给人的视觉冲击力较强，因此建议电视广告主要采用情感诉求方式；报纸平面广告给人阅读空间，既有视觉效果，又有思考空间，要情理诉求并重，力求全面详细介绍楼盘的优势，以达到消费者对产品充分认知的目的。

应抓住和制造可以利用的一切新闻切入点，集中炒作，争取媒体最大限度的配合与支持。

在广告诉求上，极力挖掘产品的“USP”，塑造与众不同的产品形象。

具体来说，广告策略的制定可从以下5个方面着手：

1. 目标市场的策略

开发商通常并不针对整个目标市场，而是针对其中的某个细分市场做广告。哪个细分市场需要广告配合，广告就应该以那个细分市场为目标并采取相应的广告策略。

以兼有多层和高层住宅的小区广告策划为例：当小区刚起步时，以开发深受市场欢迎的多层住宅为主，这时可采用开拓性广告策略，广告结合多层住宅的销售热潮不断强化小区的知名度和客户的认知度，使楼盘迅速进入市场。当小区逐步成型时，则采用劝说性广告策略，广告以说服客户购买，提高市场占有率为目的。当小区初具规模，欲推出高层楼盘时，可采取提示性广告策略，以造声势、提醒客户留意认购期为主要目的。

(1) **广告目标**。通过强势的广告宣传，使海滨花园高品味豪宅的建筑概念深入人心。通过对海滨花园成功的形象包装及楼盘促销吸引购楼者及潜在消费者，使本地市场购买力达70%，并拓展外销市场，达到30%左右。

(2) **广告对象**

① 花园目标客户，主要为以下7类：大中型企业老总，主要为民营企业，如工厂主等；外资、金融届、IT界等企业的高级经理；在海城市投资经营或港台人士和外籍华人；较多的中高级公务员；从事特别经济的隐居者；从事影视文艺的“公众人物”或“明星”；

② 目标客户的特征：收入稳定，事业有成，家庭稳定的富贵人士，月家庭收入超过2万元；自有或可支配的现金超过200万元；从事职业可能包括金融、保险、商贸或民营经济；有车一族(每户至少一部自备车)；注重优雅，交通便利的居住环境，注重家庭生活的私密性和安全感；对生活的品味、子女的教育和身心健康等高质量的生活方式有独到的见解和认同度；年龄在30～55岁之间，家庭人口约3～5人；现已有一套或多套住宅，可能对居住现状不满，有换房的要求，并要求有良好的居住环境和条件；社会关系较广、社会经验丰富，有自己独特的消费取向和审美观念，强调个性发挥；对高层高尚住宅有一定的经验和判断标准，不易跟风炒楼或冲动签单。

2. 市场定位策略

定位策略的根本目的是使楼盘处于与众不同的优势位置，从而使开发商在竞争中占据有利地位。定位时可根据目标客户群的要求，采取价格定位策略、素质定位策略、地段定位策略、时尚定位策略等。市场定位不能含混不清，否则广告诉求时重点不明，受众难以留下特定的鲜明印象。

3. 广告诉求策略

根据诉求对象、诉求区域的特点，房地产广告可采用理性诉求策略，即通过真实、准确、公正地传达开发商或楼盘的有关信息或其带给客户的利益，让受众理智地做出决定；也可采用感性诉求策略，即向受众传达某种情感或感受，从而唤起受众的认同感和购买欲；当然还可用情理结合的诉求策略，即用理性诉求传达信息，以感性诉求激发受众的情感，从而达到最佳的广告效果。

(1) 广告定位

海滨花园的 9 大卖点：

① 区位——滨海城市中西部的核心地带；

② 景观——海景与园景，旅游城；

③ 文化——21 世纪示范城区，居住园林化、田园化，纯住宅概念，平易近人的形象；

④ 档次——豪宅平民化的规划、配套、景观、立面与质量，平民化的价格，平易近人的形象；

⑤ 概念——凝聚购买者的“世纪情怀”。外墙不批荡，每户一车，住宅设计 20 年不落后；

⑥ 交通——海滨花园地处滨海城市环西大道，为中西部核心地带，地铁出口，通达性与便利性，优势天成，时间换空间的优势得天独厚；

⑦ 品牌——政府、领导、游人、同行、媒体，具购买力的消费者对旅游城及周围的景观、环境普遍认同，有着良好的口碑；

⑧ 质量——综合排名第五的实力派大地产商；一流的设计—建造—销售—管理组合；建筑风格与技术的先锋派；首家 ISO9000 质量认证的地产商；底层绿化、衣帽间、大客厅、欢乐空间、开扬通透的双阳台等细部，更显海滨花园的豪宅风范；

⑨ 买家——消费者明晰，购买力强，认同度高，层次高。公务员、金融和 IT 界人士、企事业机构的高级白领是主要的购买力。

在突出产品个性的前提下，广告定位可以有以下几种选择：

定位出发点	定位表述
景观定位	每幢住宅户户面海，海景与园景相结合
档次、质量定位	豪宅风范
顾客利益点	使顾客享受真正家的意义——温馨、便利、舒适
品牌定位	强调家住海滨花园是居住者尊贵与身份的象征
使用者定位	为讲求高质量、高品味的现代成功人士设计的住宅
与其他产品差异	文化气息浓郁

(2) 定位表述

综合以上各种定位，单一广告诉求难以突出海滨花园个性，再结合前面对广告对象的分析，我们不难看出，购买海滨花园的消费者是追求生活品味的一族，且海滨花园本身大户型豪华房的概念又体现着产品本身的品质。因此，应该将海滨花园的优势结合起来，统合成一个整体的定位。总体表述：海滨旅游城——21 世纪的示范城区；具体表述：生态社区。

4. 广告表现策略

广告表现策略要解决的是广告中信息如何通过富有创意的思路、方式以及恰如其分的广告表现主题传达给受众。广告诉求的重点通常是楼盘的优点和特色,而广告表现的主题则具有更深一层的内涵,即楼盘带给客户的是生活品位的提高和由此而生的自豪感、优越感。广告表现策略要求用创意对广告信息进行包装并确定广告设计、制作的风格和形式。广告创意讲求新颖独特,但不能离奇古怪。失败的创意有时让人厌恶,给楼盘销售也带来负面影响。

(1) 报纸广告创意

① ——海滨花园:大海的精灵

文案:集大海的灵气,海滨旅游城的人气、设计师的才气、发展商的实力,便有了生态社区——海滨花园。

表现:以整个绿色为背景,画面上是海滨花园的楼群不做其他任何渲染,但要着力打出生态社区——海滨花园几个字,突出海滨花园是生态社区这一概念。

② 海滨花园:楼花和鲜花同时开放

文案:海滨城素以规划和环境卓卓领先,海滨花园更主张环境先行。

表现:画面上只有黄色的葵花和矗立的楼群。

③ 家住海滨城,海滨花园让您感受生活中最美的音符

文案:弯弯的小河,起伏的山峦,浓郁的林荫道,美丽的海岸线,给现代生活画上一个个优美的音符,美丽的海滨城,正逐渐成为最适合现代人居住的地方;美丽的海滨花园,正逐渐成为您生活的港湾。

表现:一位曲线优美,身穿芭蕾舞服的女人正在一架钢琴的琴键上用足尖轻跳芭蕾舞,一串美丽的音符悠然而起。

④ 良禽择枝而栖——卓越的您,当然选择海滨花园

文案:"良禽择枝而栖",这是人所共知的道理,美丽的鸟儿尚且要挑选好的树木筑造它的家园,何况人呢?选择海滨花园,才是与您匹配的选择。

表现:画面中心是一只美丽非凡的鸟儿在一棵郁郁葱葱的参天大树上筑巢,远处,若隐若现的一片楼群在昭示人们选择海滨花园。

⑤ 海滨花园——新生活的摇篮

文案:入住海滨花园,感受现代生活。海滨花园是一组拥有生活配套设施的高尚住宅旅游小区,其周边有华夏艺术中心、海滨艺术馆、保龄球馆、三大景区、市立医院、江洲大学、民立中学、现代化的菜场,还可以在这里爬山散步。因此,入住海滨花园,您不但可以享受便利的现代化生活设施条件,还可以享受高尚轻松的娱乐生活,将使您完全感受现代人的生活气息,无论在生活品味还是心灵感应上,都将成为您生活的摇篮。

表现:为了突出海滨花园周边便利而优越的各种生活及娱乐设施,平面广告要表现出一种生活化的气息。画面中心是海滨花园的楼盘,向四周以发散的形式辐射出菜场、学校、医院、艺术中心等设施。

(2) 电视广告创意

① 创造理念:作为TV广告,要突出强调海滨花园的定位——建筑的精灵,将这一理念深入消费者心中,采用情感诉求方式进行广告诉求,利用TV广告视觉冲击力较强的特点,将广告演绎成美丽的故事,给人留下深刻的印象。

② 电视广告脚本

镜头号	画面说明	景别	语言	时间(min)	音响效果
1	一片蔚蓝色的大海	远		2	波涛澎湃
2	沙滩上远远的走来一对手牵手的母子	远		2	波涛澎湃
3	母子越走越近,母亲优雅大方,3～5岁的儿子,聪明可爱	中		1	波涛澎湃的声音渐小
4	忽然,小男孩挣脱母亲,向前奔跑	全		2	波涛澎湃的声音渐小
5	小男孩跑到一只大海螺边,弯腰拾起海螺	中		1	波涛澎湃的声音渐小
6	小男孩仰起脸,脸上充满兴奋,举起手中的海螺向远处的母亲叫道	近	妈妈,快来看,好大的海螺	3	无
7	小男孩的母亲脸呈微笑,向小男孩走来	全		1	轻轻的波涛声
8	小男孩将海螺贴近耳边,脸上充满好奇与惊喜,对走过来的妈妈说	中	妈妈,海螺里有大海的声音呢!	3	海螺发出的呜呜声
9	妈妈蹲下身子,揽住男孩,指着浩瀚的大海对儿子说	全	孩子,大海是有生命的,海螺里的声音是海的精灵在呼唤	4	无
10	小男孩重新把海螺放在耳边,仔细倾听	特写		2	海螺发出的呜呜声
11	镜头推移,重现2浩瀚的大海4	远		1	波涛澎湃声
12	镜头2切换海滨花园的楼群出现,可遥望海景	远		2	波涛澎湃声
13	镜头推进,锁定海滨花园	特写	旁白:集海之灵气,吸海之精华,建筑的精灵——海滨花园	4	无
14	打出字幕:海滨花园,建筑的精灵			2	无

5. 广告媒介策略

媒介选择不当,就有可能造成投入高、见效低的结果。通常房地产广告可以选用四大媒体:报纸、广播、电视和杂志,还有户外广告,如工地围墙宣传画、巨幅电脑喷画、路牌、灯箱、车身广告、横幅等,这些可统称为“线上媒介”。“线下媒介”也是开发商常用的,如展销会、直邮、赞助及其他推销用的楼书、优惠券、单张(海报)等。广告媒介策略首先要求开发商和代理商合理选择媒介组合,形成全方位的广告空间,扩大广告受众的数量;其次要合理安排广告的发布时间、持续时间、频率、各媒体发布顺序等,特别重要的广告要提前预定好发布时间和版位。

二、媒介策划

1. 媒介策略

海滨花园的“低开高走”策略要求海滨花园在发售前有大量形象和广告的铺垫，因此，在广告策略上应采取媒介组合策略。

(1) 由于电视广告视觉冲击力强，不易查阅，转瞬即逝，因此利用电视广告的目的在于突出品牌形象，而不在于详尽介绍海滨花园的卖点。所以电视广告要突出楼盘的定位——“建筑的精灵”这一概念，以强化消费者的功能记忆，使海滨花园的品牌形象深入人心。

(2) 对于地产广告，平面广告是促销的第一选择，平面广告的投放配合销售进度即可，重在吸引客户流量，积累海滨花园产品品牌。同时配以软广告作为对平面广告的补充，以达到综合分析的效果。

2. 媒介选择

(1) 电视：选择海城台，经济台；

(2) 报纸：《江海晚报》，《商务导报》，《海城日报》(这3份报纸在海城市的发行量分别为50万份，35万份和20万份，影响面较大)。

(3) 媒介计划及费用预算

媒体名称	频次	单位	时段	时机选择	单价	合计	折扣	优惠价
江海晚报	15次	1/2版		12月1日～3月31日	23万元/版	345万元	95折	327.75万元
商务导报	15次	1/2版		12月1日～3月31日	20万元/版	300万元	7折	210万元
海城日报	15次	1/2版		12月1日～3月31日	8万元/版	120万元	65折	78万元
海城台	30次	30分钟	20:20-22:00	12月1日～3月31日	3960元	11.88万元		
经济台	30次	30分钟	18:30-21:30	12月1日～3月31日	6380元	19.14万元		

3. 形象和广告宣传阶段

① 形象导入期(2003年9月1日～2003年11月30日)

② 楼盘热销期(2003年11月18日～2004年11月18日)

③ 理性分析期(2003年11月～2004年5月)

④ 品牌巩固期(2003年4月1日～2004年10月1日)

第四节　销售技巧

一、说服客户的技巧

说服销售就是销售员通过了解客户的需求，并将这种需求与自己的产品特点联系起来，从中为客户挖掘利益，然后将这种需求和利益通过沟通技巧介绍给客户，使客户认同并愿意购买的过程。说服销售不同于推销，推销总是让人们产生一种厌烦的心理，当客户怀疑你在向他推销时，他会自然而然地产生一种拒绝受人支配的心态。而说服销售是将利益和需求结合在一起呈现给客户，从而变成客户主动购买的行为。这是一个全新的概念，它改变了对已往销售的认识与理解。下面介绍说服销售的一般方法。

尽管由于销售的商品不同，在具体的做法上会有所不同，但下述方法对于销售工作还是有借鉴作用的。

1. 了解客户的需求

了解客户的需求是有效说服客户接受推销产品的前提。对大多数经营性客户而言，他们的经营活动以增加销售、获取利润和产生效益为自己的追求目标。

如果要深入、透彻地了解经营性客户的需求，必须在日常的销售工作中注意以下问题。

(1) 认识客户的目标。一般来说，销售人员需要认识客户以下几个目标。

① 客户的销售目标：主要了解客户总的销售目标和类别目标，特别是客户有关本公司产品的销售目标。

② 客户的发展目标：认识客户的经营发展方向；了解客户经营范围的变化；了解客户的人员发展目标；了解客户的品牌目标(能否与本公司的产品互补)，等等。

③ 客户的采购目标：了解客户的采购目标以便本公司较好地迎合客户，使自己了解本公司的目标在客户总体目标中的位置与价值。

(2) 认识客户的观点。销售人员要积极、巧妙地了解客户对于本公司及其产品以及行业状况的主要观点，以避免本公司与客户在销售时发生概念上不必要的冲突而产生出更多的异议和障碍。

(3) 认识客户的现状。销售人员要积极全面地掌握自己客户的现实状况，即使是目前经营状况好、发展稳定的客户，亦需要仔细研究观察，预见性地提出建议和意见，这会帮助销售人员达成目标并增加日后发言的份量。

(4) 认识本公司产品在客户心目中的表现。对于落后品牌来讲，销售人员会提心吊胆地留意客户对自己产品的每一细微态度和要求，但往往忽略竞争对手的产品的表现，尤其是同一档次竞争对手产品的表现。因此，如果不能通过客户对产品的评价来迅速准确地判定客户的要求和希望，最终将失去改进产品或增加订单机会。

对于领先品牌来讲，销售人员往往忽视客户对产品的看法，而将客户先前的良好评价当作终身评价，这种想当然的做法也会使客户感到不受重视而伤害其感情，导致客户转向其他品牌，从而增加了其他品牌的拓展机会。

以上是一般商品说服销售过程中应了解的客户需求内容，而对于房地产商品，销售人员应重点了解购房者买房时考虑哪些因素，不同的客户考虑的主要因素是什么。居民购房考虑最多的是以下几个方面：

● 住宅的实用性：如面积、功能、层数、采光与通风等；

● 公共服务设施的方便性：如幼儿园、小学、菜市场、商店，以及水、暖、电、煤气的供应等；

● 交通的便捷性：如公交站点、道路情况、上下班(学)远近停车位等；

● 居住安全性：如周边治安状况、小区安全防范措施、交通安全等；

● 环境健康性：如环境卫生、交通噪音、空气污染、小区绿化等；

● 社区互助性：社区组织、物业管理、邻里职业构成等；

● 价位合理性：性能价格比是否合适。

购房者一般都会考虑这几方面的因素，但是不同的购房者考虑的重点是不同的，这是销售人员应了解把握的。

2. 说服销售的模式与步骤

说服销售的模式是根据对实际销售拜访的观察所发展出来的模式。这种模式被证明能够大大提高成功的机率。它可分为以下 5 个步骤：

(1) 陈述情况。使客户知道本公司在提出建议前已经考虑并了解他的情况，最好就公司的下列情况做一个扼要的说明：① 需求。本公司开发的产品能满足客户哪方面的需要，以利于客户接受公司的推销；② 市场机会。销售本公司新产品、新技术会给客户带来的商机；③ 利益。向客户介绍经营本公司的产品能获得哪些方面的利益；④ 销售政策。即说明本公司可提供的销售优惠和帮助。

在陈述情况时，必须要引起客户的兴趣，然后就可以进入下一个步骤。

(2) 陈述意见。销售人员陈述意见时要注意：① 简单、清楚；② 符合客户的需要及机会适当；③ 需要有行动的建议。

(3) 解释如何运作。销售人员应着重解释：① 谁负责什么，何时、何地、如何进行、怎样进行；② 解释意见或产品特征及客户利益；③ 预计问题或异议；④ 帮助客户进行评估，并对意见作出决定。

(4) 强调重点利益。在前面的步骤里，销售员已经向客户提及利益问题。为了突出客户利益，需要销售人员简单地总结所有提议，然后重点强调客户最满意的利益，以表明本公司对客户的利益充分重视。

(5) 下一步建议。为了最终达成交易，要注意以下几点：① 要使行动容易展开；② 预先准备好所需要的材料。对于房地产销售来说，主要是结合客户的要求，陈述项目的优点(卖点)，投合客户的要求。

3. 说服销售的一般技巧及要点

(1) 说服销售的一般技巧。能够有效的使用恰当的销售技巧，才能使销售成功。

① 用明朗的语调和断言的方式。明朗的语调是使对方对自己有好感的重要基础。销售人员应保持专业的态度，从始至终使用明朗的语调与客户交谈。不自信的语言是缺乏说服力量的。拥有自信后，销售人员在讲话的最后可以作清楚、强劲的结束，由此给对方确实的信息，例如，“一定可以使您满意的”。此类语言会使客户对你介绍的商品产生一定的信心。

② 反复感染对方。销售员想强调说明的重要内容最好能从不同的角度反复说明，使客户相信并加深印象。另外，坦诚相待也十分重要。因此，对公司、产品、方法及自己本身都必须充满自信心，态度及语言要表现出内涵，这样自然会感染对方。

③ 学会当一个好听众。在销售过程中，尽量鼓励客户多讲话，自己转为一名听众，让客户觉得是自己在选择，按自己的意志在购买，这样的方法才是高明的销售方法。强迫销售和自夸的语言只会使客户感到不愉快。要有认真听取对方意见的态度，绝对避免中途打断对方的讲话而自己抢着发言，有时为了让对方顺利讲下去，也可以提出适当的问题。

④ 提问的技巧。高明的商谈技巧应使谈话以客户为中心而进行。好的销售人员会采

用边听边问的谈话方式，通过提问，可以根据客户有没有搭上话猜测其关心的程度；以客户回答为线索，拟定下次访问的对策；客户反对时，从“为什么？”“怎么会？”的发问了解其反对的理由，并由此知道接下去应如何做；制造谈话的气氛，获得信赖感。

⑤ 利用在场的其他人员。将客户的朋友、下属、同事通过技巧引向本方的立场或不反对本方的立场，会促进销售。

事实表明，让客户了解你的意图，成为你的朋友，对销售成功有很大的帮助。只靠推销自己的想法，不容易使对方相信；在客户心目中有影响的机构或有一定地位的人的评论和态度是非常有说服力的。

⑥ 利用资料。销售人员应熟练准确地运用能证明自己立场的资料。一般来讲，客户看了相关资料会对商品更加了解。销售员要收集的资料不要仅限于公司所提供的一般内容，还要注意收集、整理走访、调查记录、相关报道等资料以便于销售时利用。

⑦ 提问技巧。“您对这种商品有兴趣？”“您是否现在就可以做出决定了？”这样的问话会产生对销售人员不利的回答，也会因为谈话不能继续进行而出现冷场。“您对这种产品有何感受？”“如果现在购买的话，还可以获得特别的礼品呢！”要用像这样的话，去试探客户的心理。

⑧ 心理暗示。使用肯定性动作给客户以心理暗示，避免否定性动作。销售人员本身的心态会在态度上表现出来，业绩良好的销售人员在商谈的时候，常常表现出肯定性的身体语言。

在说服销售的过程中不仅仅是某一种方法的应用，而是各种方法的组合、创新，只有这样才能达到出人意料的效果。熟悉常用的一般方法对实际销售不无裨益。

(2) 说服销售的要点

① 为实现目的，尽力向客户提供帮助和支援，使客户对自己所购买的产品及作出的购买选择真正感到满意。

② 记住你的策略，引导客户理解并感受到你在销售准备时的构思。在销售介绍中，销售人员还要根据客户的需求变化随时调整自己的构思。

③ 时刻牢记有 4 种情况会阻碍客户去购买你的产品或服务：不信任；无需求；认为无帮助；不急需。

④ 用说服的方式告诉客户，凡是你该做到的，你都能做到，并让客户仔细了解全部销售过程和他们的收益，以此建立客户对你的信任。

⑤ 留心倾听客户意见并及时总结归纳，让客户知道你已明白他的想法；

⑥ 根据客户需求，明确告之可帮助的与无力解决的事情，并将可提供帮助的事情尽快落实，对无力解决的事情应向客户提供可提供帮助的人选或方向。

二、销售心理学的应用

1. 判断客户心理障碍

令所有客户百分之百满意的房子不可能存在。“我们回家再研究研究”之类的话是大多数客户最常讲的，“研究”的结果可能就是不买，而客户所以需要“研究”的原因就是心理上产生了障碍，他们对任何一种因素的不满和顾虑，都会导致犹豫不决甚至销售失败。从某种意义上说，楼盘销售就是不断排除障碍的过程，遇到障碍只是销售的“初级阶段”，排除障碍才能成为一名合格的专业售楼员。

(1) 诚实的回报。诚实是解决问题的有效方法,你可以适当要求客户与你一样担当一个角色——诚实的人。你可以对他说:"既然您又一次回来找我,那就是相信我,想让我帮您买一套合心意的房子。但是您对我还不够坦率。对于这笔生意,您好像有顾虑不愿告诉我,咱们还是将心比心,跟我说说您的真正想法吧。"这种方法几乎每次都能奏效,值得试试看。

(2) 开门见山。如果客户是个爽快的人,或缺乏经验和足够的警惕性,你开门见山地提出问题可以加快洽谈速度。"您能不能告诉我您为什么不想买?"可能会得到一两条意见,接下来可以再追问:"就只有这些吗?"如果对方肯定,那么你就已经找到了核心问题,排除了这个最大的心理障碍,销售可能会马上成功。

(3) 指出客户可能存在的问题。"昨天,有个客户来我这谈了好长时间没有结果,直到我讲明了我们的入伙保证制度,他才下决心买了603房,您是不是也想让我详细谈谈这方面的问题?"巧妙指出客户心中疑问,才能有效帮助解决。

(4) 排除客户的借口。客户的障碍可能有很多,但真正重要的可能只有一两个,你可以不断地追问还有什么问题,使客户说出很多不能成立的意见,当编造的借口全部用完,最后剩下的就是真正的障碍。这种方法对那些有经验的客户非常有用。

(5) 机智设问。对于那些一言不发"我就是不买"转身就走的客户,有时一个设计的小玩笑有可能让他开口。"假设说您正在吃饭,两个警察进来就给您上了铐子,没有经过任何法律程序就把您给判了无期,连个分辨的机会都没有,您会有什么感觉? 我现在就有这种感觉。给我个辩护的机会吧,这座房子最好的辩护律师等着您呢,别稀里糊涂就判我死刑。要是您给我辩护的机会,我死也瞑目。"

(6)"四不"调查。你可以在纸上写上四个不购买的基本原因——"不需要、不想要、不够钱、不急着要",然后对客户说:"如果您能在相应的地方画个勾,我会非常感谢。"这个办法会让那些不愿用口头表达的客户顺利敞开心扉,一旦大的范围确定下来,细节的探讨就变得容易多了。

通常客户的心理障碍是有迹可寻的,你要善于从对方的每一个细微反应中准确地加以把握,真正老练的售楼员往往只靠观察就能完成探寻障碍的过程,这样做的好处是能让客户切实感到你的关心和细心,从而为顺利排除障碍打下良好的心理基础。

2. 购房心理障碍及对策

促使客户购买有8个要素:他同意你的意见;他同意听你介绍房子;已经意识到某种不便和不利,或对正在使用的东西不满意;已经看出来你的房子能改变不便或不利的现状,或令人更满意;已赞同你的推荐;喜欢你的公司;喜欢你这个售楼员;愿意马上购买。

在以上8个要素中,前两个已讲过,以下将对后6种要素中的障碍做评述并提出一些排除的建议。

(1) 可买可不买。对于楼宇销售中的散户来说,既到了现场,就意味着客户已意识到了自己对房子的切实需要,售楼员要做的就是找出客户的需求特点并加以引导,"无需要"的客户是比较少的,但也有散户没有充分意识到他改变现状的迫切性和必要性,而对于集团客户来说,无需要的例子就非常多了。

(2) 对房子不满意。当客户表达这一种异议时,可以断定他心中已意识到自己的某种需要,但尚未确定你的房子能否使他完全满意。如果这种不满意是正当的,在绝大部分情况下应该用优势补偿法弥补，如果不正当，则要启用迂回否定法。总之要千方百计满足客户的需要，迎合他的想法，就有可能成交。

（3）对价格不满。这里所说的价格，主要指每平方米单价而言，在实际工作中还包括物业管理费、按揭费用、入伙费、水电费、可能发生的相关费用，与价格有关的付款方式和折扣、施工期、入伙时间、房屋产权证和按揭办理期限。对此可采取如下的对策。

（4）对你代表的公司不满。售楼员面对客户时所代表的可以是发展商、代理商、物业管理公司、按揭银行等，如果是出于不了解而产生的误会，可以用前面讲过的方法予以解释。

（5）对售楼员不满。这类情况比较特殊，绝大部分客户一般都不会主动向你表露这一点，因此，售楼员要时刻警惕和检讨自己，并充分利用前期准备时所发现的客户个人情况来避免与之发生冲突。

（6）不想马上购买。常见的拖延用语有："我得先跟我太太商量"、"我得再考虑一下"、"我想再到别处转转"、"下个星期二才能来交钱"、"你下个月再来，那时我们就会买了"，应该承认，客户的拖延有些是合理的，必须请示上级或等待形势有所变化后才能作出决定，施加的压力过大反倒会失去顾客。

无法对付拖延问题的售楼员永远不会取得重大成就，你必须做好全面对付拖延的准备，因为此时客户已经同意购买你的房子，只是购买时间尚有争议。

附件 1

《房地产委托出售合同》

委托方：________________________________（以下简称甲方）

受委托方：________××房地产经纪有限公司________（以下简称乙方）

根据《中华人民共和国合同法》及有关法律、法规的规定，就甲方委托乙方转让房屋的有关事宜自愿订立以下条款，共同严格遵守：

(1) 甲方委托乙方代理（甲方有处分权的）市区______路______号______巷______幢单元____室，建筑面积______ m^2 房屋出售事宜，委托出售的底价约为人民币（大写）______________元。

以上房屋房产所有权证编号：________________

国有土地使用权证编号：________________

其余委托事项：____________________

(2) 委托期自本合同签订之日起 6 个月有效，期满后需延长委托日期的，甲、乙双方另行签订委托合同。

(3) 委托期内，乙方以自己的名义处理以下委托事务：

● 在乙方各经营场所及其业务信息渠道展示甲方委托房屋的信息；

● 介绍购房意向人看房；

● 全权代理甲方与购房意向人洽谈转让房地产的所有事项；

● 与甲方及购房意向人三方共同签订甲方委托上述房地产成交合同；

● 根据成交合同，乙方代甲方接受购房意向人的购房定金，并在__________日内转交甲方。

(4) 委托期间，甲方应履行以下义务：

● 甲方保证所提供给乙方的材料合法有效，无其他纠纷。如有经济法律纠纷，由甲方承担；

● 不得拒绝乙方介绍购房意向人的看房要求，并按规定签核看房单回执；

● 未经乙方同意，在委托期内不得再委托他人办理上述事务；

● 在甲、乙方与购房人共同签订成交合同当日，甲方应将上述房屋的产权证[《房屋所有权证》和《国有土地使用权证》(原件)]交付乙方代办有关手续。

(5) 乙方完成本合同约定委托事务的，在甲方委托的房屋买卖成交（以甲、乙方与购房意向人三方签订的《房屋置换成交合同》为准）当日，甲方应按委托转让房地产成交价____%的比例支付服务费给乙方。

(6) 乙方代办上述房屋买卖手续所涉及甲方的有关税费由甲方承担。

(7) 甲方撤销委托应以书面形式，挂号邮寄通知乙方，乙方收到通知之日起第 7 天，本合同终止。合同终止后 60 天内，上述房屋买卖由甲方自行成交的，且房屋买受人或其同住人系乙方在本合同期内介绍察看过上述房屋的购房意向人，甲方应支付乙方本合同约定的服务费。

(8) 合同期内，甲方未经乙方同意将上述事务再委托他人或撤销委托的，应支付委托价格____%的违约金。

(9) 甲方对所委托房屋转让的合法性负法律和经济责任。由于甲方的原因造成买受人经济损失的，甲方应负全额赔偿责任。

(10) 乙方超越本合同约定的委托权限而造成甲方损失的，乙方承担相应的法律及经济责任。

(11) 双方约定的其他事项____

(12) 本合同条款空格部分书写与铅印文字具有同等效力；

(13) 合同自双方签章后即行生效。本合同一式两份，双方各执一份。

委托方(签字)：	受托方：××房地产经纪有限公司
身份证号：	授权代表签字盖章：
通讯地址：	通讯地址：
联系电话：	联系电话：
	签订地址：
	签订日期：　　　年　月　日

附件 2

《房屋租赁合同》

甲方(出租方):________________________________

乙方(承租方):________________________________

丙方:__________××房地产经纪有限公司__________

甲、乙、丙三方根据《中华人民共和国合同法》及其他相关规定,就乙方承租甲方出租的房屋事宜自愿订立以下条款,共同严格履行。

1. 甲方所出租的房屋权属为__________,具备××市规定的上市出租条件,甲方同意此房屋给乙方用于________用途,在租赁期限内,如未征得甲方的书面同意,乙方不得擅自改变该房屋使用用途。该房屋坐落________市________区________路________号________巷________幢________单元________室,建筑面积________m²。

甲方就该出租房屋的家具、家电及设备等情况说明见合同附件。

乙方对甲方所出租的房屋和附属设施及装潢已充分了解,愿意承租上述房屋。

2. 租赁期限为________年,自________年________月________日至________年________月________日止。

3. 甲、乙双方同意,上述房屋的月租金为人民币(大写)__________元。本合同签订之日起,乙方应向丙方预付人民币(大写)__________元作为前______月的租金,由丙方转交甲方,以后乙方须每月向甲方定期交付租金,同时乙方应按约定的标准支付服务费给丙方。

4. 本合同签订之日,甲方应将房屋交付丙方,待乙方应交的租金到账后,由丙方转交乙方。

5. 在乙方进住前,该房屋应付的水、电、煤气及其他物业管理费等费用由甲方负责;租赁期内则由乙方承担,另行约定除外。

6. 在租赁期内,甲方未经乙方许可不得进行抵押、出租或出售等其他涉及此房屋的交易活动。

7. 在租赁期内,乙方未经甲方许可不得将此房屋转租给他人。乙方不得在此房屋进行任何违法活动,否则由乙方承担全部法律责任。

8. 丙方仅向甲、乙双方提供房地产租赁的居间服务,对上述房地产租赁过程中的其他事项不承担责任。

9. 房屋修缮责任

(1) 在租赁期限内,甲方应保证出租房屋的使用安全。乙方应爱护并合理使用其所承租的房屋及其附属设施。如乙方因使用不当造成房屋或设施损坏的,乙方应立即负责修复或予以经济赔偿。

(2) 除房屋内已有装修和设施外,乙方如要求重新装修或变更原有设施的,应事先征得甲方的书面同意。租赁期满,根据原书面约定,要求恢复原状的,乙方必须恢复原状,经验收认可,方可办理退租手续。

(3) 该房屋的维修责任除双方在本合同和补充条款中约定的以外,均由甲方负责。

(4) 甲方维修房屋及其附属设施，应提前7天书面通知乙方，乙方应积极协助和配合。因乙方阻挠甲方进行维修而产生的后果，则概由乙方负责。

(5) 如因不可抗力原因，导致房屋损坏或造成乙方损失的，甲、乙双方互不承担责任。

甲、乙双方发生纠纷应尽量协商解决，如协商不成可向甲方所在地仲裁机构申请仲裁，或向人民法院提起诉讼。

10. 在租赁期限内，非下列情况之一的，不得变更或者解除本合同。

(1) 甲方或乙方因有特殊原因，经双方协商一致，同意甲方提前收回或乙方提前退交部分或者全部该房屋的；

(2) 因出现非甲方能及的情况，使该房屋设施不能正常使用；或水、或电、或煤气等正常供应中断，且中断期一次超过7天，乙方认为严重影响正常使用房屋的；

(3) 因乙方违反本合同的约定，且经甲方提出后的15天内，乙方未予以纠正的；

(4) 因不可抗力的因素致使该房屋及其附属设施损坏，本合同不能继续履行的；

(5) 在租赁期间，该房屋经市或区(县)政府有关部门批准动迁，或经司法、行政机关依法限制其房地产权利的，或出现因法律、法规禁止的非甲方责任的其他情况。

11. 本合同随租赁期限的结束而终止。如需续约，任何一方可在合同期满30天前提出，经双方协商后方可续约。

12. 甲、乙双方约定的其他事项：________________________

13. 本合同各条款空格部分书写文字与铅印文字具有同等效力。

14. 本合同自三方签章后生效。本合同一式三份，合同各方各执一份。

甲方：	乙方：	丙方：××房地产经纪有限公司
身份证号码：	身份证号码：	单位地址：
联系电话：	联系电话：	授权代表签章：
		联系电话：
		签订地址：
		签订日期：　　　　年　月　日

合同附件

该房屋的家具、家电及设备清单：

出租方(甲方)确认：	承租方(乙方)确认：	见证方确认：
		日期：

参考文献

1. 中国房地产估价师学会.房地产经纪概论[M].北京:中国建筑工业出版社,2002
2. 中国房地产估价师学会.房地产经纪实务[M].北京:中国建筑工业出版社,2002
3. 顾国祥.市场学[M].上海:复旦大学出版社,1995
4. 陈劲松.地产市场解读[M].广州:华南理工大学出版社,1999
5. 茅巍.住的革命[M].北京:海潮出版社,2000
6. 石旭升.地产诡计[M].广州:广东经济出版社,2000
7. 喻颖正.大型地产项目全案策划应用指南[M].广州:暨南大学出版社,2002
8. 上海市统计局.上海市房地产市场[M].上海:中国统计出版社,1999~2002
9. 蔡育天.房地产市场[M].上海:同济大学出版社,1999
10. 楼江.房地产市场[M].上海:百家出版社,1995
11. 陆红生.土地管理学总论[M].北京:中国农业出版社,2001
12. 董潘.房地产营销与管理[M].大连:东北财经大学出版社 ,2000
13. 周政,邹巍,蔡志强.房地产营销[M].北京:企业管理出版社,1995
14. 吴翔华.房地产中介运作[M].南京:江苏科学技术出版社 ,2003
15. 马洪波.房地产销售代表培训教程[M].北京:中信出版社 ,2002
16. 何永祺.市场营销学[M].大连:东北财经大学出版社,2001